普通高等学校应用型教材 · 金融

金融衍生工具理论与实务

FINANCIAL DERIVATIVES IN THEORY AND PRACTICE

李杰辉 编著

中国人民大学出版社
· 北京 ·

基金页

本书在原《期货投资实验教程》（荣获2017年福建省优秀特色教材奖）的基础上，根据金融衍生品市场的最新变化和发展趋势进行了全面修订。本书是福建省本科高校教育教学改革研究重大项目“以产为教 知行合一——金融类专业产教融合实践之路”（项目编号：FBJG20200164）的研究成果之一。

在编写过程中，福建江夏学院金融风险管理研究中心和兴业证券投资者教育基地给予了大力支持，在此表示衷心感谢！

兴业证券 INDUSTRIAL SECURITIES | 投资者教育基地

前 言

党的二十大报告要求要加快构建新发展格局，着力推动高质量发展，深化金融体制改革，加强和完善现代金融监管，守住不发生系统性风险底线，健全资本市场功能，提高直接融资比重。中央金融工作会议明确了“金融强国”的战略目标，并强调要坚持以人民为中心的价值取向，坚持把服务实体经济作为金融工作的根本宗旨。期货行业作为金融行业的重要组成部分，应秉承党的二十大精神，服务实体经济，提升产业链供应链的韧性和安全水平。具体而言，期货行业应打造完备的大宗商品期货市场，确保粮食、能源资源和重要产业链供应链的安全；利用期货期权等衍生工具，加大公益帮扶，推进乡村振兴战略，助力实现共同富裕；发挥衍生品市场的价格发现、风险管理和财富管理功能，满足交易者特别是实体企业的风险管理需求，创新业务和产品，提升服务中小企业、产业链和供应链韧性与安全、现代农业、绿色低碳发展等能力，全面推进绿色金融以支持企业低碳转型等。

近年来，国内期货及衍生品市场在丰富品种、服务实体经济、优化资产配置与风险管理等方面取得了长足发展。然而，在金融衍生品领域，目前市场上的书籍主要是理论性图书，缺乏实践性教材。因此，我们编写了这本适用于应用型本科的《金融衍生工具理论与实务》教材，修订自原《期货投资实验教程》（荣获 2017 年福建省优秀特色教材奖）。该教材增加了互换类金融衍生工具、信用衍生产品等内容，引入了视频材料、素养目标、案例分析等元素。

该教材以期货行业相关岗位为切入点，面向初级管理人员、专业人员、投资分析和咨询人员、经纪人和投资者等不同群体，确定了结构和内容，并提供有针对性的实践训练。通过教材的学习，学生能够更直观地理解理论知识，调动主观能动性和创造性，在理论与实践中相互融合，打下坚实的专业基础，为从事风险管理、金融衍生品交易等相关业务做好准备。此外，教材注重思想政治教育，推进专业课程的“课程思政”建设，传达正确的世界观、人生观、价值观和金融职业道德观。

本教材是福建江夏学院精品自编教材，分为理论篇和实训篇两个部分。理论篇包括金融衍生工具概述、远期与期货类金融衍生工具、期权类金融衍生工具、互换类金融衍生工具、信用衍生产品、金融衍生品市场监管与风险控制等内容，涵盖了金融衍生工具的定义、特点、分类、功能、作用、定价、交易、结算、风险管理、投资策略等方面，体现了全面性和系统性。每章开头有导入案例，章节中穿插案例、知识链接模块，并在章末设置本章小结、实训案例、二维码视频材料、练习与思考等模块。

实训篇主要介绍了期货业务咨询服务、期货交易开户与销户、期货交易流程、期货交割流程、套期保值、期货投机交易、期货套利交易、期权投资实操、期货期权基本面分析、期货期权技术分析、利率互换设计及信用违约互换设计等内容，涵盖了金融衍生工具的实际操作过程和技能要求。

为了培养学生的实践能力，本教材在部分章节的附录中提供了 Python 编程代码。学生可以通过这些代码亲自模拟操作布莱克-斯科尔斯模型、二叉树模型等定价模型和方法。同时，本教材也提供了大量期货实务操作中需要使用的资料，包括期货公司工作岗位设置、期货交易手势等，力求满足初学者、期货投资者及相关从业人员的需要，反映当前期货市场的发展趋势。期货行业岗位分析及工作任务分解如图 1 所示。

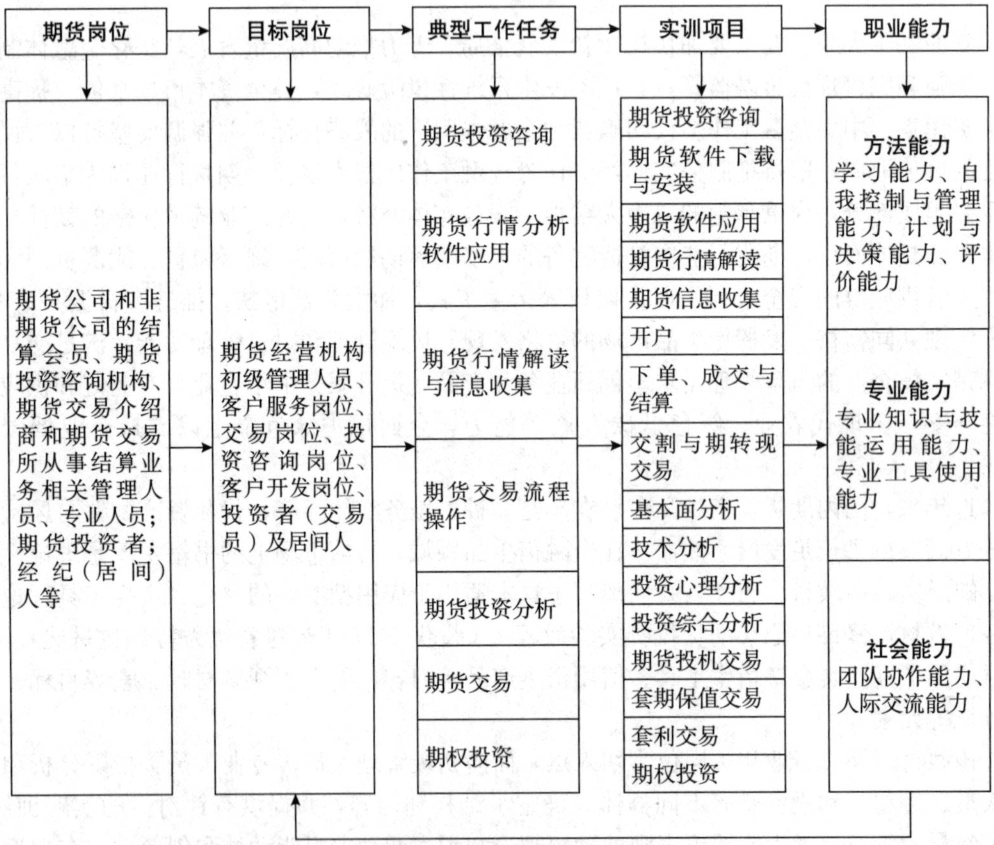

图 1　期货行业岗位分析及工作任务分解

全书设计原则如下：一是系统性，涵盖金融衍生工具的全部知识点；二是与时俱进，反映最新的学术和实践进展；三是有序性，按照期货从业人员的标准操作流程进行编排；四是可读性，通过案例和视频等形式提高阅读的趣味性；五是实用性，将理论知识与实践操作相结合，贴近市场需求，与业界合作，提高学生的专业认知水平。

在编写过程中，我们力求做到以下几点：

（1）多角度、全覆盖搭建课程思政体系。将中国特色金融衍生品市场实践融入教材，推进课程思政建设，传达正确的世界观、人生观、价值观和金融职业道德观。

（2）校企合作编著。借助兴业证券投资者教育基地资源，补充最新的投资者教育材料和案例。通过二维码提供相关课程视频等内容，丰富学习形式。

（3）注重通俗性和适用性。教材结构凸显应用型人才培养目标，理论篇的讲解简洁明了，其中计算部分以案例展示，由易到难，帮助基础较差的学生轻松学习。将期货从业人员资格考试内容融入教材，同时提供投资者教育通识读物。

（4）强调实践性和高仿真。教材真实还原期货公司各岗位职责，操作流程基于实际文件和制度规定，情景设计符合真实场景，并配备相应的教学软件，可及时更新以满足期货行业发展需求。

（5）具有时效性并反映现实。教材中的数据、图表和案例均为近两年内的最新资料，教材内容包含最新金融衍生工具的操作规程和风险防范，与时俱进。

本教材视频课程由兴业证券投资者教育基地编制，同时在编写过程中参考了已出版的相关教材，在此向这些工作人员及教材的作者表示感谢!

本教材的编写得到了中国人民大学出版社的大力支持，在此表示感谢!

鉴于编写时间紧迫和编著者水平有限，书中难免存在疏漏和错误，欢迎同行专家、学者和读者提出宝贵意见及建议。

编著者

目录

理论篇

实训篇

理论篇

第一章

金融衍生工具概述

导入案例

2022年8月1日，《中华人民共和国期货和衍生品法》正式施行。该法是我国期货和衍生品市场30多年发展经验和监管实践的系统集成，它的施行标志着我国期货和衍生品市场发展进入新的法治化轨道，对整个期货和衍生品行业发展具有鲜明的指引作用，并将给行业带来更广阔的发展空间。那么，什么是金融衍生工具？它在当前的金融市场中扮演着怎样的角色？通过本章的学习，我们将初步全面了解金融衍生工具，并为后续深入学习打下坚实基础。

学习目的

通过本章的学习，掌握金融衍生工具的定义、特点和基本分类；理解金融衍生工具市场的功能；理解金融衍生工具的产生和发展的内在动因和外在动因；了解金融衍生工具与金融创新、金融工程、金融发展的关系。

素养目标

党的二十大报告强调，加快构建新发展格局，着力推动高质量发展。金融作为现代经济的核心和血液，是国家治理体系和治理能力的重要组成部分。金融衍生工具作为金融创新和金融工程的重要成果，是金融发展的重要标志。学习和掌握金融衍生工具相关知识和技能，不仅有助于提升我们的专业素养和创新能力，也有助于增强我们的国家意识和责任感，为实现中华民族伟大复兴的中国梦贡献力量。

第一节 金融衍生工具的定义及分类

一、金融衍生工具的定义

金融衍生工具（financial derivatives）也称金融衍生产品、金融衍生品、金融派生品，是指以现货市场或其他金融工具为基础，通过契约或协议确定的，在未来某一时点或时段，以约定价格买入或卖出某种金融资产或商品的金融合同。它们具有以下三个主要特点：

首先，金融衍生工具是基于其他市场存在的基础变量（如利率、金融工具价格、商品价格、汇率、价格指数、费率指数、信用等级等）的变动而变动的产品，被称为“派生”或“导出”产品。它们本身不直接代表实物资产或权益。

其次，金融衍生工具是一种杠杆产品，投入的初始净投资较少或甚至不需要。这使得市场参与者可以以较低成本获取高收益或规避更大风险。

最后，金融衍生工具是一种延期产品，在未来某一时点或时间段结算。这意味着市场参与者可以通过购买或出售金融衍生工具将现有的风险和收益转移到未来的特定时间。

二、金融衍生工具的基本分类

（一）按照交易场所和交易对象分类

根据交易场所和交易对象的不同，金融衍生工具可分为场内市场和场外市场两类。

1. 场内市场

场内市场是指有组织的交易场所，如期货交易所和证券交易所等，主要提供标准化合约的交易服务。场内市场的特点是交易规则统一，交易价格公开，交易合约标准化，交易结算有保障，交易监管有力。场内市场的优势是交易效率高，交易成本低，交易风险小，交易透明度高。场内市场的劣势是交易灵活性低，交易创新性差，交易需求难以满足。

2. 场外市场

场外市场是指无组织的交易场所，如银行间市场等，主要提供定制化合约的交易服务。场外市场的特点是交易规则灵活，交易价格保密，交易合约多样化，交易结算自行协商，交易监管较弱。场外市场的优势是交易灵活性高，交易创新性强，交易需求容易满足。场外市场的劣势是交易效率低，交易成本高，交易风险大，交易透明度低。

（二）按照金融衍生工具合约类型分类

金融衍生工具可根据合约类型分为远期、期货、期权和互换等。

1. 远期合约

远期合约是指在未来某一时点，以约定价格场外交割非标准化商品的合同，具有定制化程度高、无中间机构担保、存在信用风险和无二级市场流通的特点。金融远期合约主要包括远期利率协议、远期股票合约、远期外汇合约等。

2. 期货合约

期货合约是指在未来某一时点，在交易所以约定价格交割标准化商品的合同，具有标准化程度高、无中间机构担保、不存在信用风险和有二级市场流通的特点。金融期货一般分为货币期货、利率期货、股票指数期货三种。

3. 期权合约

期权合约是指在未来某一时点或时段，以约定价格在未来某一时点或时段买入或卖出金融资产或商品权利的合同，包括现货期权和期货期权。期权合约具有不对称性、选择性，并且有中间机构担保或自行协商、存在信用风险或无信用风险以及有二级市场流通或无二级市场流通等特点。

4. 互换合约

互换合约是指在未来某一时点，按约定方式交换两种不同类型现金流的合同，具有无中间机构担保、存在信用风险和无二级市场流通等特点。金融互换主要有货币互换和利率互换两大类。

5. 其他金融衍生工具

除了基本的远期、期货、期权和互换工具，还有其他金融衍生工具，如信用衍生产品、可转换工具和存托凭证等。信用衍生产品是金融合约，允许投资者在不实际拥有或转让标的资产的情况下进行信用风险的买卖或保险。其价值与标的资产的信用状况和违约概率相关。信用衍生产品的目的是分散和转移信用风险，提高资产流动性和市场效率，并增加投资者的选择和收益。常见的信用衍生产品包括信用违约互换、总收益互换、信用联结票据、信用期权、信用价差期权、担保债务凭证、资产互换和一揽子信用组合产品等。

第二节 金融衍生工具市场的功能

金融衍生工具市场在现代市场体系中发展壮大并成为不可或缺的重要组成部分，这是因为衍生品市场具有独特且难以替代的功能。

一、风险管理功能

风险管理功能指金融衍生工具能够帮助市场参与者规避或转移市场价格波动所带来的风险，从而提高经营效率和盈利能力。通过购买或出售金融衍生工具，市场参与者可以锁定未来的收入或成本，减少不确定性，降低损失，增加收益。这种功能主要体现在以下两个方面：

(一) 套期保值

套期保值是指市场参与者通过在金融衍生工具市场上建立与现货市场方向相反的头

寸，以抵消现货市场价格变动所带来的损益变化。例如，一个原油进口商担心未来原油价格上涨，会增加其进口成本，影响利润。对此，它可以在期货市场上卖出与其进口量相等的原油期货合约，以锁定未来进口价格。这样，如果未来原油价格真的上涨，进口商在现货市场上支付更高的进口成本，但在期货市场上赚取更高的期货收益，两者相互抵消，就实现了套期保值。

（二）风险转移

风险转移是指市场参与者通过在金融衍生工具市场上将自己不愿承担或超出自身承受能力的风险转移给其他愿意承担或有能力承担的风险承担者，从而实现风险的分散或减轻。例如，一家银行担心贷款客户违约，会导致资产质量下降，影响资本充足率。对此，它可以在场外市场购买与其贷款金额相等的信用违约互换（CDS）合约，将信用风险转移给其他机构。如果贷款客户真的违约，银行在现货市场上遭受损失，但在场外市场上获得CDS收益，两者相互抵消，就实现了风险转移。

二、价格发现功能

价格发现功能是指金融衍生工具市场反映市场对未来价格的预期和判断，为现货市场提供参考信息，促进供需平衡和资源优化配置。通过竞价交易机制，金融衍生工具市场能快速形成和传递价格，反映市场对基础变量未来走势的看法，引导生产者和消费者做出合理决策。这种功能主要体现在以下两个方面：

（一）预期价格发现

预期价格发现是指金融衍生工具市场反映市场对未来某一时点或时段价格水平的预期和判断，为现货市场提供未来价格的信号和预警。例如，期货价格约定了未来某一时点交割商品的价格，反映市场对该商品未来供需状况的预期和判断，为现货市场提供未来价格的参考和指导。如果期货价格高于现货价格，说明市场预期未来供不应求，价格将上涨，激励生产者增加生产、消费者减少消费，缓解未来的供需矛盾；如果期货价格低于现货价格，说明市场预期未来供大于求，价格将下跌，激励生产者减少生产、消费者增加消费，缓解未来的供需矛盾。

（二）即时价格发现

即时价格发现是指金融衍生工具市场反映市场对当前某一时点或时段价格水平的看法和判断，为现货市场提供当前价格的信号和反馈。例如，期权价格约定了在未来某一时点或时段购买或出售商品权利的价格，反映市场对该商品当前波动性和方向性的看法和判断，为现货市场提供当前价格的参考和指导。如果期权价格高于内在价值，说明市场认为该商品当前波动性大、方向性不明，风险高，抑制生产者和消费者的交易意愿；如果期权价格低于内在价值，说明市场认为该商品当前波动性小、方向性明确，风险低，促进生产者和消费者的交易意愿。

三、资产配置功能

资产配置功能是指金融衍生工具市场帮助参与者最大化收益或最小化成本。参与者通过利用价格差异或预期差异进行投资活动，根据风险偏好、收益预期和资金状况等因素，在购买或出售金融衍生工具时选择适当的投资策略，调整投资组合，优化资产结构。这种功能主要体现在以下两个方面：

（一）投资功能

金融衍生工具市场通过购买或出售工具，利用市场价格变化进行投资活动，帮助参与者追求最大化收益。参与者根据对基础变量未来走势的判断建立相应头寸，以期望未来获得正向收益。例如，投资者可在期权市场购买看涨期权合约，锁定未来以固定价格购买某股票的权利。如果股票未来上涨超过行权价加期权费用（保本点），投资者可行使期权并获利；若股价下跌或未达到保本点，则只损失期权费用，避免了下跌风险。

（二）套利功能

金融衍生工具市场通过利用市场价格差异或预期偏离进行套利活动，帮助参与者实现最小化成本的目标。参与者可根据不同市场之间或不同时期的价格关系建立相反头寸，以期望未来获得无风险收益。例如，商品交易商发现现货市场和期货市场存在价格差异（正向基差），则可在现货市场买入商品，在期货市场卖出相应数量的期货合约。当期货价格和现货价格趋于一致时，交易商可交割期货合约并卖出现货商品，获得无风险收益。

四、效率改进功能

效率改进功能是指金融衍生工具市场能够提高市场的流动性和活跃度，降低交易成本和摩擦，增加市场的透明度和信任度，提高市场的效率和稳定性。通过建立信息披露制度、交易规则制度和风险管理制度等，金融衍生工具市场实现了公开、公平和公正的交易，保护投资者权益，维护金融秩序，促进金融创新。这种功能主要体现在以下两个方面：

（一）对金融体系的完善

金融衍生工具市场与其他金融市场相互补充和配合，形成了多层次、多元化和多功能的金融体系。金融衍生工具市场为其他金融市场提供风险管理、价格发现和资产配置等服务，提高了它们的运行效率和稳定性。而其他金融市场则为金融衍生工具市场提供基础变量、资金来源和监管支持等条件，促进了它的发展和创新。

（二）对实体经济的完善

金融衍生工具市场与实体经济相互联系和影响，构建了良性循环和协调发展的经济体系。金融衍生工具市场为实体经济提供风险管理、价格发现和资产配置等服务，提高了实体经济的生产效率和竞争力。而实体经济则为金融衍生工具市场提供需求动力、创新源泉和监管依据等因素，促进了它的适应性和规范性发展。

第三节 金融衍生工具的产生和发展

金融衍生工具是一种特殊的金融产品，它的产生和发展与金融创新、金融工程、金融发展有着密切的关系。

一、什么是金融创新、金融工程、金融发展

（一）金融创新

金融创新是指在金融理论、制度、产品、服务、技术等方面进行的有益于提高社会福利的创造性活动。它可以分为制度创新和技术创新两大类。制度创新是改革和完善法律法规、监管政策和市场规则，以适应市场需求的发展变化。技术创新是应用计算机科学、通信技术、人工智能等领域的突破，以提高交易效率和服务质量。

（二）金融工程

金融工程是运用数学、统计学、计算机科学等方法对金融理论、制度、产品、服务和技术进行设计、分析、评估和优化的应用科学。在理论研究方面，金融工程建立模型和推导定价模型，为金融市场提供理论指导。在实务应用方面，金融工程开发金融策略和方案以解决实际问题。

（三）金融发展

金融发展是指不断改善和完善金融体系规模、结构、效率和稳定性的过程。金融体系由金融理论、制度、产品、服务和技术等组成，形成各种金融工具和金融机构的形式、性质和规模。金融发展可分为深度发展和广度发展两类。深度发展提升市场参与者数量和质量，增加产品种类和功能，提高交易频率和规模，提高资源利用率和配置效率。广度发展开拓新的市场领域和对象，满足新的需求，履行新的功能，促进合作和竞争，增加新的机遇和挑战。

二、金融衍生工具与金融创新、金融工程、金融发展的关系

金融衍生工具的产生和发展与金融创新、金融工程和金融发展密切相关。在 20 世纪 60 年代初，金融创新崛起，金融衍生工具开始涌现。金融创新的动因主要有两个方面：一方面，金融机构通过创新来回避政府对其的税收和金融管制；另一方面，金融机构通过创新，包括开发期货合约、期权合约、互换协议、资产证券化和结构化金融衍生品等金融衍生产品来规避风险，这些金融衍生产品因而成为人们进行风险管理的工具。

金融工程的兴起也推动了金融衍生工具的发展。金融工程运用数学、统计学等方法对金融产品进行设计和分析，为金融市场提供理论指导。金融工程的发展促进了金融衍生工具的创新和应用，提高了金融市场的效率和稳定性。

随着金融发展的推进，金融衍生工具得到了更广泛的应用。金融发展提高了金融市场参与者的数量和质量，增加了金融产品的种类和功能，促进了金融衍生工具的创新和发展。金融衍生工具的产生和发展使得金融市场更加健全和完善，为投资者提供了更多的选择和机会。

金融衍生工具与金融创新、金融工程、金融发展相互促进，推动了金融体系的进步和经济发展。一方面，金融衍生工具为金融创新、金融工程、金融发展提供了动力和空间，激发了市场参与者的创造力和创新意识，扩大了产品种类和功能，提高了交易效率和稳定性。另一方面，金融创新、金融工程、金融发展为金融衍生工具提供了支持和保障，完善了市场制度和规则，提供了技术和方法，增加了市场需求和条件。

三、金融衍生工具产生和发展的微观影响因素及内在动因

（一）市场参与者的需求

金融衍生工具可以满足风险管理、价格发现、资产配置等需求，提高市场效率。譬如，投资者通过期权规避价格波动或获取收益；企业通过远期合约或互换锁定未来交易价格，规避不确定性；金融机构通过信用衍生产品转移信用风险，提高资本效率和信用评级；监管机构可以引入指数期货或期权增加市场的流动性和透明度，促进稳定和有效监管。

（二）风险偏好的变化

金融衍生工具满足不同风险偏好的投资者，增加市场多样性和活跃度。保守型投资者通过期货合约降低风险；进取型投资者通过购买期权或杠杆证券放大收益；中立型投资者通过套利或对冲策略利用市场差异或波动性来实现无风险或低风险收益。

（三）技术进步的推动

先进技术为金融衍生工具的创新和应用提供了可能性和便利性，包括数学模型、计算机软件、网络通信和数据库管理。例如，Black-Scholes 模型为期权定价提供了理论基础和计算方法；电子交易平台为标准化合约的交易提供了高效和低成本的渠道；区块链技术为清算和结算提供了安全和快速的解决方案。

四、金融衍生工具产生和发展的宏观影响因素及外在动因

（一）制度变革的促进

法律法规、监管机制、会计准则等制度方面的变革支持金融衍生工具的合规发展，如标准化合约框架和信用评级指导。国际掉期与衍生工具协会（ISDA）制定了标准化合约

的定义，统一了合约框架；《巴塞尔协议》指导银行使用金融衍生工具进行风险管理；国际会计准则委员会（IASC）制定会计准则，规范了金融衍生工具的会计核算和信息披露。

（二）市场竞争的激励

金融衍生工具提升市场参与者的竞争力和盈利能力，吸引资本和人才，推动市场创新和优化。金融机构通过金融衍生工具提供多样化的金融产品和服务，扩大市场份额；投资者通过衍生工具获取高收益或低风险，提高投资效率和信心；金融专业人士通过衍生工具展示知识和创造力，提升职业素养和获得更多机会。

（三）经济全球化的影响

金融衍生工具促进国际贸易和资本流动，增加了市场深度和广度。跨国公司通过衍生工具规避汇率、利率或商品价格风险，降低成本，增加效益；国际投资者通过衍生工具参与不同地区的投资，实现资产多元化，提升收益稳定性；国际组织利用衍生工具监测和干预经济波动，维护国际金融秩序，增加全球经济稳定性。

本章小结

金融衍生工具是基于其他资产或指标价值而产生的合约，可以进行风险管理、价格发现、资产配置和效率改进。它与金融创新、金融工程和金融发展密切相关，作为金融创新和金融工程的成果，同时推动着金融发展。金融衍生工具的产生和发展受到市场参与者需求和环境变化的影响，并反过来影响市场。微观影响因素包括市场参与者的需求和风险偏好的变化以及技术进步的推动；宏观影响因素包括制度变革的促进、市场竞争的激励和经济全球化的影响。

实训案例

某公司计划在2023年6月30日从美国进口一批价值1 000万美元的设备，合同规定在货到后30天付款。该公司担心汇率波动会增加其支付成本，因此决定在2023年4月1日使用金融衍生工具进行风险管理。该公司可以选择以下三种方案：

方案一：在2023年4月1日以6.5元/美元的汇率签订一份到期日为2023年7月31日的人民币兑美元的远期合约，合约金额为1 000万美元。

方案二：在2023年4月1日以6.5元/美元的汇率购买一份行权日为2023年7月31日的人民币兑美元的看跌期权，期权金额为1 000万美元，期权费为200万元。

方案三：在2023年4月1日以6.5元/美元的汇率与一家银行签订一份期限为4个月的人民币兑美元的利率互换合约，合约金额为1 000万美元，固定利率为4%，浮动利率为美国联邦基金利率（设为3%）。

请分析这三种方案的优缺点，并给出该公司应该选择哪种方案的建议。

二维码视频材料

练习与思考

第二章

远期与期货类金融衍生工具

导入案例

2022 年 3 月，中国国家发展和改革委员会宣布调整国内汽油和柴油价格，全国汽、柴油价格每吨累计分别提高 1 875 元和 1 805 元，涨幅分别达到 21%和 23%。这对于中国的石油进口商来说是一个利好消息，它们可以通过提高销售价格来增加利润。然而，对于中国的石油消费者来说，这意味着他们需要支付更高的油费。为了规避价格上涨的风险，一些消费者选择在 3 月底前购买远期合约或期货合约，锁定未来的油价。那么，什么是远期合约和期货合约？为什么它们能规避油价上涨的风险呢？本章将深入探讨远期合约和期货合约这两种金融衍生工具。我们将学习它们的特点、功能、定价以及市场机制，揭示它们在产品交易和风险管理方面的重要作用。

学习目的

通过本章的学习，掌握远期合约和期货合约的定义、特点和种类；掌握远期合约和期货合约的损益计算和风险管理方法；理解远期利率协议的设计和运用；理解期货合约与远期合约的联系和区别；理解期货市场的基本制度、组织结构、交易流程和监管机制；了解我国远期交易市场和期货市场的概况和发展趋势。

素养目标

党的二十大报告指出，要坚持自信自立、坚持守正创新、坚持问题导向和坚持系统观念。学习远期与期货类衍生金融工具的概念、特点、种类、损益、设计、运用和市场情况，有助于提高我们的金融理论素养和实践能力，树立守正创新的思想观念和工作态度；

有助于我们掌握风险防范和监管措施，培养问题导向和系统观念，增强风险意识和责任意识，更好地应对金融领域中的挑战。

第一节 远期合约及其应用

一、远期合约的定义

远期合约（forward contract）是交易双方根据自身需求定制的合约，约定在未来某一确定时间以协议价格买入或卖出一定数量的商品或金融资产。它确立了双方未来的权利和义务，保证在约定时间完成交割，不受标的资产价值影响，并具有法律约束力。其主要功能是规避未来价格波动风险，确保双方的收益。

远期合约的内容包括标的资产的类型和数量、交割时间和地点、协议价格和支付方式等。标的资产可以是商品或金融工具，买入标的资产的一方被称为多头，卖出标的资产的一方被称为空头。远期合约规定了双方进行交割的具体日期，即到期日或结算日。在该日期，空头将标的资产交付给多头，而多头则支付相应的资金。有些远期合约采用现金结算方式，即不涉及实物交割。在到期日或约定的结算时间，一方向另一方支付协议价格与标的资产市场价格之间的差额。

二、远期合约的损益

远期合约到期时，买方和卖方都必须按协议价格买卖标的资产。假设 K 是远期合约的交割价格，T 是合约的到期时间，S_T 是远期合约到期时标的资产的即期价格。

在执行远期合约后，多头支付 K 金额，并从空头方获得相应的标的资产。如果多头立即以 S_T 价格在即期市场上卖出该资产，每单位标的资产的损益就是 S_T-K。当 $S_T>K$ 时，多头获利；反之，当 $S_T<K$ 时，多头亏损。即多头每单位的到期损益为 S_T-K。

空头则将标的资产卖给多头，并获得 K 的收入。如果空头以 S_T 价格在即期市场上买入该资产，每单位标的资产的损益就是 $K-S_T$。当 $S_T<K$ 时，空头获利；反之，当$S_T>K$ 时，空头亏损。即空头每单位的到期损益为 $K-S_T$。

因此，可以看出，当 $S_T>K$ 时，多头会获得正收益，而空头会获得负收益。这个关系在图 2-1 中有所展示。

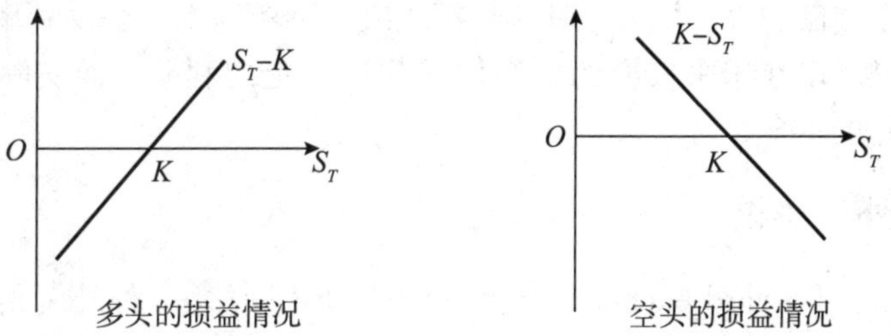

图 2-1　远期合约到期时多头和空头的损益情况

从图 2-1 可以看出，远期合约中多空双方面临的风险是对称的，它们都有可能获得收益或遭受损失。如果不考虑交易成本，远期合约中多方和空方的损益总和为零，因此远期合约也被称为“零和交易”或“零和游戏”。

案例 2-1

一些农户在 2022 年 10 月 1 日种植了 100 亩小麦，计划于 2023 年 5 月 1 日收获。为了规避小麦价格下跌的风险，他们与一家粮食加工厂签订了一份远期合约。根据合约，农户将在 2023 年 5 月 1 日以每公斤 2 元的价格向加工厂交割 100 吨小麦。该远期合约是通过场外市场协商达成的，双方没有进行任何保证金或抵押物的交付。到了 2023 年 5 月 1 日，根据不同市场价格，多空双方的损益如下：

当市场价格为 2 元/公斤时，多头和空头的损益均为零。

当市场价格为 2.5 元/公斤时，空头（农户）损失了 0.5 元/公斤，总损失为 5 万元，多头（加工厂）获得了 0.5 元/公斤的利润，总收益也为 5 万元。

当市场价格为 1.5 元/公斤时，空头（农户）获得了 0.5 元/公斤的利润，总收益为 5 万元，多头（加工厂）遭受了 0.5 元/公斤的损失，总损失也为 5 万元。

三、远期合约的类型

远期合约的类型主要取决于标的资产的不同，常见的有远期利率协议、远期外汇协议和远期股票合约等。

（一）远期利率协议

远期利率协议（forward rate agreement，FRA）是一种管理利率风险的金融工具，起源于 20 世纪 80 年代的金融创新。它是一种关于利率的远期合约，交易双方约定了未来某个时间的协议利率，并以某种参考利率为基准。在结算日，如果参考利率与协议利率不同，就需要一方向另一方支付差额作为补偿。这个差额根据实际的利率偏差、合约期限和本金进行计算，并经过贴现处理。

远期利率协议实质上是由买方和卖方订立的一种远期合约。买方是希望避免利率上升风险的交易者，通常是未来需要借入资金的主体；而卖方是希望避免利率下降风险的交易者，通常是未来准备贷出资金的主体。

在远期利率协议中，买方在签订时并不支付任何费用（甚至无须支付保证金）。只有在结算日才会发生差额的收付行为，具体金额取决于参考利率与协议利率的偏差方向。买方和卖方之间只是承诺在未来按照约定支付或收取一定的利差，而实际本金只是名义上的，并不进行实际的本金交付。

（二）远期外汇协议

远期外汇协议（forward exchange agreement，FXA）是一种外汇衍生工具，根据合约起始日的远期汇率与结算时的即期汇率之差进行结算。该协议由外汇买卖双方在成交时就货币种类、数额、汇率和交割期限等达成协议，并以合约形式确定，在规定的交割日履行合约并进行实际收付结算。远期外汇协议的主要目的是规避汇率风险。出口企业和进口企业都可以与银行签订远期外汇协议，以预定价格在未来约定日期进行交割，从而控制结算风险。

远期外汇协议具有以下特点：

首先，远期外汇协议在场外市场通过协商达成，不经过交易所进行买卖，无履约担保机构，且难以转售。协议的内容可根据买卖双方需求进行个性化定制。

其次，结算持仓通常采用现金交割或实物交割方式。现金交割是基于协议汇率与即期汇率之间的差额进行结算，而实物交割则是按照协议汇率进行实际货币交割。

最后，远期外汇协议涉及双方承担信用风险，即一方无法履行合约义务可能导致另一方遭受损失。为了降低信用风险，通常需要签订正式的合同文件，并可能要求提供一定的保证金或抵押物作为担保。

（三）远期股票合约

远期股票合约（equity forwards）是一种约定在未来特定日期按特定价格交付一定数量的单只股票或一揽子股票的合约。其内容主要包括所交易股票的名称和数量、结算日期、特定价格以及双方的违约责任。远期股票合约的历史不长，总体交易规模也较小。

远期股票合约具有以下功能：

（1）对冲股票价格风险。通过购买或出售远期股票合约，可以锁定未来股票价格水平，从而避免因股票价格波动而带来的损失。

（2）投资组合管理。通过购买或出售远期股票合约，可以调整投资组合中股票资产的比例和结构，以优化投资组合的收益和风险。

（3）投机获利。通过预测未来股票价格走势，可以买入或卖出远期股票合约来获取差价收益。

以下仅以远期利率协议的设计和运用为例进行详细介绍。

四、远期利率协议的设计

（一）即期利率与远期利率

即期利率是当前市场上的利率，表示从现在到未来某一时段内的利率。远期利率则指的是未来某一时点到更远时点期间的利率。

远期利率与即期利率密切相关。即期利率的计息起点是当前时刻，例如银行的利率牌价反映了不同期限的即期利率数值。相应地，远期利率的计息起点在未来某一时刻。举例来说，假设某银行的即期利率牌价为：3 个月期年利率为 5.25%，9 个月期年利率为 5.75%。我们可以用图 2-2 来描述远期利率和即期利率之间的关系。

在图中，两条实线双向箭头标注了 3 个月和 9 个月期即期利率的起止点。而虚线双向箭头则表示 3 个月后开始的 6 个月期远期利率。如果客户申请了这种形式的远期贷款，贷款将在 3 个月后开始，并持续 6 个月，记 3×9 表示贷款期限。

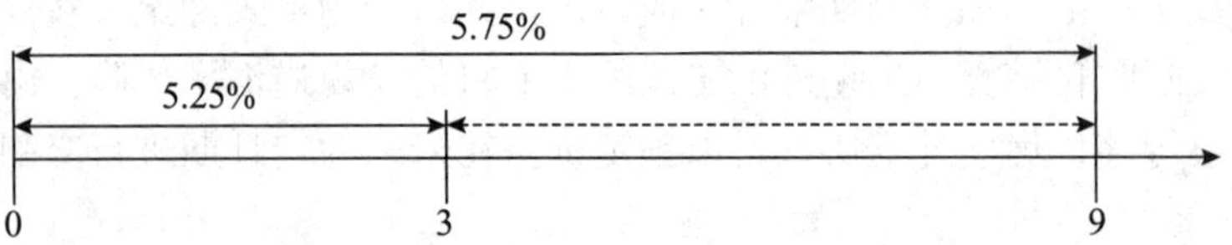

图 2-2　远期利率与即期利率的关系图

(二) 远期利率的计算方法

为了计算 3×9 的远期利率，我们可采用无套利分析法。根据该原则，如果资产 A 与通过组合得到的资产 B 完全相同，它们的价格和现金支付在任何时候都应该相等。否则就会存在套利机会，套利者可以通过低买高卖来获取利润，导致被低估的价格上涨、被高估的价格下跌，最终两种资产的价格将完全相等，套利机会消失。

假设投资者有一笔金额为 A 的本金，他有两种选择：

方法一：一次性将本金存入银行 9 个月，并且期间不进行支取。

方法二：先将本金存入银行 3 个月，然后将获得的本息取出，并以 3×9 的远期利率重新存入银行 6 个月。

在无套利分析的框架下，这两种选择应该得到相等的本息，否则就会存在套利机会。大量投资者会利用低买高卖的方式，最终导致套利机会消失。因此，在单利计息情况下，我们可以通过以下方程来计算 3×9 的远期利率：

$$A\left(1+5.75\%\times\frac{9}{12}\right)=A\left(1+5.25\%\times\frac{3}{12}\right)\left(1+r_F\times\frac{6}{12}\right)$$

简化求解上述方程，我们可以得到 $r_F=5.92\%$，这就是 3×9 的远期利率。

接下来，我们以通用公式的形式来表示这个结论。假设即期利率分别为 r_1 和 r_2，对应的期限分别为 t_1 和 t_2 年，求 $t_1\times t_2$ 的远期利率 r_F（见图 2-3）。

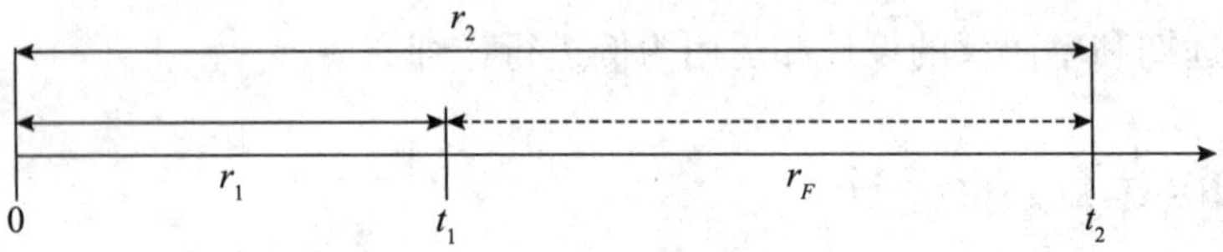

图 2-3　远期利率计算示意图

单利计息情形如下：

$$(1+r_1t_1)[1+r_F(t_2-t_1)]=(1+r_2t_2)\quad\Rightarrow$$

$$r_F=\frac{\dfrac{1+r_2t_2}{1+r_1t_1}-1}{t_2-t_1}=\frac{r_2t_2-r_1t_1}{(t_2-t_1)(1+r_1t_1)}\tag{2-1}$$

复利计息情形如下：

$$(1+r_1)^{t_1}(1+r_F)^{t_2-t_1}=(1+r_2)^{t_2}\quad\Rightarrow$$

$$r_F=\left[\frac{(1+r_2)^{t_2}}{(1+r_1)^{t_1}}\right]^{\frac{1}{t_2-t_1}}-1\tag{2-2}$$

连续复利情形如下：

$$\exp[r_1t_1]\exp[r_F(t_2-t_1)]=\exp[r_2t_2] \quad \Rightarrow$$

$$r_1t_1+r_F(t_2-t_1)=r_2t_2 \quad \Rightarrow \quad r_F=\frac{r_2t_2-r_1t_1}{t_2-t_1} \tag{2-3}$$

（三）远期利率协议中的重要术语

英国银行家协会于 1985 年制定了远期利率协议的规范条款（FRABBA），旨在降低交易成本并便于交易进行。虽然不强制，但几乎所有参与方都接受 FRABBA，除非事先声明使用其他规范或全自定义条款。

以下是远期利率协议交易中基本术语的明确定义：

（1）协议本金：名义上的本金额。

（2）协议货币：协议金额的货币币种。

（3）交易日：远期利率协议成交的日期。

（4）起算日：一般在交易日后两个工作日，是递延期的起始时间。

（5）结算日：协议借贷开始的日期，也是交易双方计算并交付利息差额的日期。

（6）基准日：也称确定日，确定参考利率的日期。

（7）到期日：名义借贷到期的日期。

（8）协议期：结算日至远期利率协议到期日之间的天数。

（9）递延期：起算日至结算日之间的天数。

（10）协议利率：协议中双方商定的借贷利率。

（11）参照利率：亦称结算利率，是协议中预定的市场利率。过去，市场主要采用伦敦同业拆借利率（LIBOR）作为标准，但现在已逐渐转向使用美国担保隔夜融资利率（SOFR）来替代 LIBOR。

（12）结算金：在结算日根据参照利率与协议利率之差在结算日计算的买卖双方交割资金。

（13）PA（per annum）：年利率。

通过远期利率协议交易的时间流程图可以理解这些基本术语之间的相互关系（见图 2-4）。

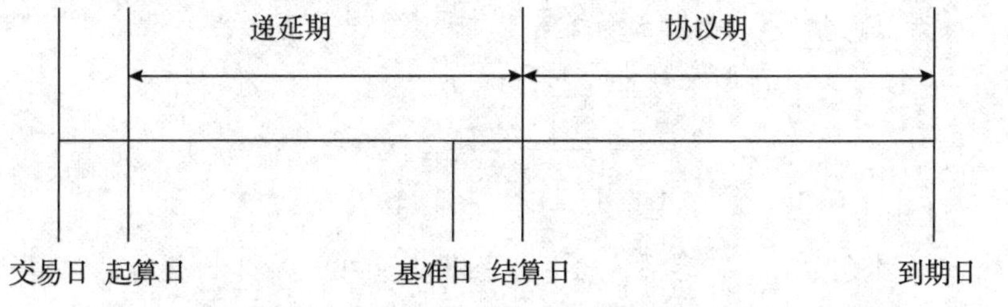

图 2-4　远期利率协议交易时间流程图

远期利率协议可以用 $M \times N$ 表示，其中 M 表示递延期，N 表示从起算日开始到协议结束的时间。例如，3×9 表示起算日和结算日之间的递延期为 3 个月、起算日至名义贷款最终到期日之间为 9 个月、协议期为 6 个月的远期利率协议。

案例 2-2

假设在2023年8月1日，两家金融机构同意成交一份3×6远期利率协议，名义金额为500万美元，协议利率为0.3%。那么递延期为3个月，交易日为2023年8月1日，起算日为8月3日，结算日为11月3日。以11月2日的SOFR为参照利率进行协议结算。协议期为3个月，合约到期日为2024年2月3日。

（四）结算金的计算方法

为了防范利率风险，远期利率协议的结算金交割应反映协议利率与参考利率的利息差额。

在实际情况下，结算金在贷款期初（例子中的2023年11月3日）就已支付，而投资者理想情况下应在贷款到期日（例子中的2024年2月3日）收到利息差额的支付来防范利率风险。由于存在支付时间差，计算结算金时需要对利息差额进行贴现操作。假设投资者将得到的结算金以未来时刻的参考利率进行再投资，并在贷款到期日获得本利和用于对冲增加的利息支出。因此，结算金数额是利息差额的贴现，贴现率使用未来时刻的参考利率。

案例 2-3

假设投资者计划在3个月后筹集9个月短期资金100万美元，并参与3×9远期利率协议以避免筹资成本增加。协议利率为6.25%，协议金额为100万美元，协议天数为90天（3月3日至6月1日），参照利率为6个月SOFR。如果到了结算日，SOFR为6.5%，那么投资者从事远期利率协议的结算金数额应为多少？

解答：首先，我们可以计算出这笔价值为100万美元、为期185天（6月3日—12月5日）的借款的额外利息支出：

$$(6.5\%-6.25\%)\times\frac{185}{360}\times1\,000\,000=1\,284.72\text{（美元）}$$

其次，根据前述分析，由于结算金支付时间（6月3日）早于真实利息支出发生时刻（12月5日），需要对利息差额进行贴现操作：

$$\text{结算金}=\frac{1\,284.72}{1+6.5\%\times\frac{185}{360}}=1\,243.2\text{（美元）}$$

这样做的原因是货币具有时间价值。理性投资者在6月3日获得的结算金可以市场利率再投资，并获得利息收入。如果以6.5%的利率投资185天，在未来时刻（12月5日），1 243.2美元的本金将变成1 284.72美元的本息和。

根据案例2-3的分析，远期利率协议中结算金的计算公式如下：

$$S=\frac{A\cdot(r_r-r_c)\cdot t}{1+r_r\cdot t} \tag{2-4}$$

其中：S 是结算金数额，A 是名义本金数额（即合同金额），r_r 是参考利率，r_c 是协议利率，t 是远期借贷的期限（以年为单位）。这里远期借贷的期限 t 通常使用天数来推算，即协议期 D 与天数计算惯例 B 的比值 D/B。天数计算惯例 B 的取值，美元为 360 天，英镑为 365 天。

从结算金的计算公式可见，它与参考利率 r_r 和协议利率 r_c 之差有关：若 $r_r > r_c$，则结算金为正，说明远期利率协议的卖方要向买方支付这笔结算金；若 $r_r < r_c$，则结算金为负，说明远期利率协议的买方要向卖方支付结算金。

五、远期利率协议的运用

（一）利率风险管理

远期利率协议用于管理利率风险，规避未来利率变动的风险。通过签订远期利率协议，保值者可以固定利率水平，以避免潜在的损失。金融机构若预计在未来持有大额负债时面临利率上升和负债成本增加的风险，可以购买远期利率协议；相反地，金融机构若在未来拥有大额资产时面临利率下降和收益减少的风险，可以出售远期利率协议。

案例 2-4

在某年 6 月 1 日，X 公司计划在 3 个月后借入 10 000 000 美元资金，期限为 3 个月，以满足经营需求。当时市场利率以 SOFR 为基准，为 8.10%。然而，根据预测，市场利率将大幅上升。为规避利息负担增加的风险，X 公司于 6 月 1 日与 B 银行签订了一份远期利率协议，具体条款如下：

协议期限：3×6；

名义本金：10 000 000 美元；

协议利率：8.10%；

参考利率：美元 3 个月期 SOFR。

假如到 9 月 1 日时，SOFR 上升到 9.25%，求结算金的数额。

解答：根据协议的条款，可知：

$$r_r=9.25\%,\quad r_c=8.10\%,\quad A=10\,000\,000,\quad t=\frac{3}{12}=0.25$$

因此，结算金的计算结果如下：

$$S=\frac{A\cdot(r_r-r_c)\cdot t}{1+r_r\cdot t}=\frac{10\,000\,000\times(9.25\%-8.10\%)\times 0.25}{1+9.25\%\times 0.25}=28\,100.18\text{（美元）}$$

最终，X 公司将收到 B 银行所支付的 28 100.18 美元的结算金。

假设三个月后（9 月 1 日），X 公司将这笔结算金以 SOFR 进行再投资，则到六个月以后（12 月 1 日），这笔结算金的本息之和等于：

$$28\,100.18\times\left[1+9.25\%\times\frac{3}{12}\right]=28\,750\text{（美元）}$$

另外，X公司以9月1日的SOFR进行借款，未来要支付的利息为：

$$10\ 000\ 000\times\left[9.25\%\times\frac{3}{12}\right]=231\ 250\text{（美元）}$$

将结算金未来的本息和用于冲抵借款的利息，最终净利息数额为：

$$231\ 250-28\ 750=202\ 500\text{（美元）}$$

因此，X公司最终的借款利率等于：

$$r=\frac{202\ 500}{10\ 000\ 000}\times\frac{12}{3}=8.10\%$$

通过购买远期利率协议，X公司成功将未来借款的利率从三个月后的市场利率（9.25%）降至期初的市场利率（8.10%），实现了利率风险的规避。然而，如果三个月后市场利率下降至8.10%以下，X公司仍需向B银行支付结算金，借款利率仍为8.10%。这表明，作为套期保值工具，远期利率协议只能帮助套期保值者避免潜在损失，但也意味着套期保值者可能放弃了一些获取意外收益的机会。

（二）投资获利

对于投资者来说，他们在事先没有大额资产或负债的情况下，并不面临利率风险。然而，投资者预测利率将有所波动，并希望从未来的利率变动中获取利润。一旦获得远期利率协议头寸，投资者将面临利率风险。与套期保值者不同的是，这种风险是投资者为追求投资收益而自愿承担的风险。

案例 2-5

某投资公司根据对市场利率走势的分析，认为一个月后的3个月期市场利率将会下跌，该公司决定用远期利率协议进行投资交易。其操作为以6.5%的价格卖出名义本金5 000万美元的1×4的远期利率协议，参照利率为SOFR。

假定一个月后，SOFR下跌为5.5%，按此计算结算金，该投资公司将在这笔远期利率协议中获利。即：

$$S=\frac{A\cdot(r_r-r_c)\cdot t}{1+r_r\cdot t}=\frac{50\ 000\ 000\times(6.5\%-5.5\%)\times 90/360}{1+5.5\%\times 90/360}$$

$$=123\ 304.56\text{（美元）}$$

假定一个月后，SOFR上升为7.5%，按此计算结算金，该投资公司将在这笔远期利率协议中遭受损失。即：

$$S=\frac{A\cdot(r_r-r_c)\cdot t}{1+r_r\cdot t}=\frac{50\ 000\ 000\times(6.5\%-7.5\%)\times 90/360}{1+7.5\%\times 90/360}$$

$$=-122\ 699.39\text{（美元）}$$

六、我国远期交易市场概况

我国金融类远期交易主要在银行间市场进行。中国银行间市场交易商协会

(NAFMII) 作为自律组织引入了 ISDA 主协议，并于 2007 年发布了《中国银行间市场金融衍生产品交易主协议》，涵盖了利率类、债券类、外汇类远期和其他金融衍生品。

(一) 我国远期利率协议业务

2007 年 9 月 29 日，中国人民银行发布了《远期利率协议业务管理规定》，自同年 11 月 1 日起允许开展远期利率协议业务。中国外汇交易中心（全国银行间同业拆借中心）发布通知，将以上海银行间同业拆放利率（SHIBOR）为基准开展远期利率协议报价。同年，中信银行与汇丰银行达成第一笔人民币远期利率协议，该协议本金为 2 亿元，期限为 3×6，以 3 个月期 SHIBOR 为基准利率。目前我国主要的远期利率协议的品种为：1×4、2×5、3×6、6×9、9×12 等。表 2-1 所示的是远期利率协议的报价。

表 2-1 远期利率协议的报价

SHIBOR FRA		
A/360		
Tenor	Mid	Δbp
1×4	4.3	−10
2×5	4.3	−10
3×6	4.3	−10
6×9	4.1	−10
9×12	4	−10

表 2-1 中，A/360 表示计息的方式采用实际天数/360 来计算，此处的天数计算惯例采用一年有 360 天。表中的三列数据分别表示远期利率协议的期限、中间价（单位：百分比）和变动数额（单位：基点）。

参与远期利率协议的交易双方共同确定参考利率，可选择中国人民银行授权的全国银行间同业拆借中心等机构发布的基准市场利率或中国人民银行公布的基准利率。目前的参考利率为 3 个月期 SHIBOR，即 3 个月期上海银行间同业拆放利率。

为推动远期利率协议的发展，我国于 2014 年推出了标准化的远期利率协议合约。标准化的远期利率协议在 X-SWAP 平台采用双边授信方式，通过匿名点击达成交易。标准化的远期利率协议可选择双边自行清算或中央对手方清算两种方式。在合约交割日，交易双方根据交易后处理服务平台生成的交割单进行现金交割。尽管如此，标准化的远期利率协议和利率期货在市场设计机制和结构上还是存在差异。

(二) 我国人民币外汇远期交易

我国人民币远期外汇市场始于 1997 年 4 月，中国银行推出了人民币远期结售汇业务。该业务自推出以来，在国际外汇市场为客户规避风险方面发挥了良好作用。2005 年 8 月 10 日，我国银行间外汇市场推出了人民币外汇远期交易，采用询价交易模式和做市商制度，从而引入了人民币外汇衍生品合约。目前可交易的货币除包括美元/人民币、欧元/人民币等 27 个人民币外汇品种，还包括欧元/美元、英镑/美元等远期外汇交易品种。标准期限包括 1D（T+3）、1W、2W、3W、1M、2M、3M、4M、5M、6M、9M、1Y、18M、2Y、3Y 等。为促进银行间外汇市场远期交易的活跃度，提高市场交易效率，中国外汇交易中心于 2016 年 5 月 3 日在外汇交易系统中推出了标准化人民币外汇远期交易。银行间外汇市场的人民币外汇远期交易会员均可参与该交易。

第二节 期货合约与期货交易制度

一、期货合约的定义

期货合约是经期货交易所制定的标准化合约，规定在未来某一特定时间和地点交割一定数量和质量的标的物。期货合约是期货交易的对象，参与者可以通过在期货交易所买卖期货合约，来转移现货经营的价格风险或获得期货交易的风险收益。期货合约的标准化使得连续买卖更加方便，市场流动性更高，极大地简化了交易过程，降低了交易成本，并提高了交易效率。

二、期货合约的种类

期货品种可分为商品期货和金融期货两大类。

（一）商品期货

目前世界上的商品期货品种非常多，但大体上可分为农产品期货、黄金期货以及金属和能源化工期货三个子类。

1. 农产品期货

农产品期货是最古老的期货品种，分为谷物和油菜籽、牲畜和肉类、食品和纤维三类。大连商品交易所和郑州商品交易所是我国农产品期货的主要交易所。

谷物和油菜籽期货是最早且活跃的品种，参与交易的主要有农场主、食品加工厂、仓储公司、出口商和外国进口商等。价格受农产品产量、气候、政府农业政策和国际贸易等影响。

牲畜和肉类期货的价格受需求、谷物价格、政府政策、人口趋势和国际贸易等因素影响。参与交易的主要有农场主、肉类包装厂和使用者。

食品和纤维期货涵盖广泛的品种，如咖啡、可可、棉花、橙汁、白糖等。价格同样受多种因素影响，包括上述因素以及国际经济和政治条件。

2. 黄金期货

世界黄金市场由近 40 个国际性黄金市场组成，是全球买卖黄金的主要场所。黄金期货交易已普及西欧、北美、亚洲和澳大利亚等地。纽约、伦敦、苏黎世和香港是全球四大黄金交易中心。在中国，上海期货交易所设有黄金期货交易。

3. 金属和能源化工期货

金属期货商品除了黄金外，还包括白银、铜、铝、铅、锌、镍、钯和铂等 8 种。能源产品有原油、取暖用油、无铅普通汽油和丙烷等 4 种。这些商品被视为不可恢复的自然资源，其中许多由政治不稳定的国家生产。伦敦、巴黎、阿姆斯特丹和苏黎世是这些商品现货和期货交易的主要市场。国际政治和经济因素对此类期货交易具有重要影响。

（二）金融期货

金融期货可分为外汇期货、利率期货和股价指数期货三大类。

1. 外汇期货

外汇期货，又称外币期货或货币期货，是指交易双方约定在未来特定时期进行外汇交割的标准化合约。它起源于 1972 年，由芝加哥商品交易所的国际货币市场首创。初期涵盖了英镑、联邦德国马克、瑞士法郎、加拿大元和日元等货币。随后，美国中美洲商品交易所、费城期货交易所以及伦敦国际金融期货期权交易所和新加坡国际金融交易所也纷纷推出了外汇期货交易。目前，世界上主要的期货市场都提供外汇期货交易。

2. 利率期货

利率期货是金融期货的一种，它的标的资产价格依赖于利率水平。常见的利率期货包括长期国债期货、短期国债期货和欧洲美元期货等。利率期货交易的目的是确定固定资金的价格，即预先确定的利率或收益。1975 年，芝加哥期货交易所推出了第一张利率期货合约，随后短期利率期货得到迅速发展。1977 年，芝加哥期货交易所又推出了美国长期国债期货合约，从此长期利率期货得到广泛发展。目前，利率期货市场涵盖了多个品种，交易活跃。

3. 股价指数期货

股价指数期货交易是期货交易中最复杂、技巧性最强的一种交易形式。在股价指数期货交易中，期货交易所与买卖双方达成协议，在未来特定时期，买卖双方向交易所结算公司支付或收取相当于股价指数倍数的金额。股价指数期货的交易标的物是股价指数，而非实际商品，可以说是买入和卖出的最高表现形式。该交易形式始于 1982 年，由美国堪萨斯期货交易所首创，随后得到芝加哥商品交易所、纽约证券交易所和芝加哥期货交易所的跟进。

此外，还存在一种金融期货产品被称为股票期货，其以单只股票作为标的物，属于股票衍生品的一种。股票期货起源于 20 世纪 80 年代后期，并且至今其交易量都较小，市场影响力有限。

三、期货合约的解读

下面我们以上海期货交易所铝期货标准合约（表 2－2）和中国金融期货交易所的沪深 300 股指期货合约（表 2－3）为例，来介绍期货合约的具体内容。

表 2-2　上海期货交易所铝期货标准合约

交易品种	铝
交易单位	5 吨/手
报价单位	元（人民币）/吨
最小变动价位	5 元/吨
每日价格最大波动限制	不超过上一交易日结算价的±3%
合约月份	1—12 月
交易时间	上午 9：00—11：30、下午 13：30—15：00 和交易所规定的其他交易时间
最后交易日	合约交割月份的 15 日（遇法定假日顺延）
交割日期	最后交易日后连续 2 个工作日
交割等级	标准品：铝锭，符合国标 GB/T1196-2017 AL99.70 规定，其中铝含量不低于 99.70%
	替代品：1. 铝锭，符合国标 GB/T1196-2017 AL99.80，AL99.85 规定；2. 铝锭，符合 P1020A 标准
交割地点	交易所指定交割仓库
最低交易保证金	合约价值的 5%
交割方式	实物交割
交割单位	25 吨
交易代码	AL
上市交易所	上海期货交易所

资料来源：根据 2023 年 1 月 17 日上海期货交易所发布的公告〔2023〕2 号修订。

表 2-3　沪深 300 股指期货合约

合约标的	沪深 300 指数
合约乘数	每点 300 元
报价单位	指数点
最小变动价位	0.2 点
合约月份	当月、下月及随后两个季月
交易时间	上午 9：30—11：30，下午 13：00—15：00
每日价格最大波动限制	上一个交易日结算价的±10%
最低交易保证金	合约价值的 8%
最后交易日	合约到期月份的第 3 个周五，遇国家法定假日顺延
交割日期	同最后交易日
交割方式	现金交割
交易代码	IF
上市交易所	中国金融期货交易所

资料来源：中国金融期货交易所.

（一）合约名称

注明该合约的品种名称及其上市交易所名称。以上海期货交易所铝期货合约为例，合约名称为“上海期货交易所铝期货合约”。

（二）交易单位/合约价值

每手期货合约代表的是标的商品的数量。一手合约的价值等于期货价格乘以交易单位。例如，沪深300指数期货的合约价值计算公式为：“300元×沪深300指数期货的点数”（其中300元为沪深300指数期货的合约乘数）。在进行期货交易时，只能以交易单位的整数倍进行买卖。

（三）报价单位

报价单位是指在公开竞价过程中，用于表示期货合约报价的单位。商品期货合约通常以元（人民币）/吨的形式进行报价，而金融期货合约则以点数为基础进行报价。

（四）最小变动价位

最小变动价位是指每个报价单位的最小变动数值。通过将最小变动价位与交易单位相乘，可以得到该合约价值的最小变动值。

（五）每日价格最大波动限制

每日价格最大波动限制规定了合约在一个交易日内的价格波动范围。涨停板是指期货合约上一交易日结算价加上允许的最大涨幅，构成当日价格上涨的上限；跌停板则是指期货合约上一交易日结算价减去允许的最大跌幅，构成当日价格下跌的下限。例如，如果铝的上一个交易日结算价为18 000元，那么当日价格最大波动限制为540元/吨，涨停板为18 540元/吨，跌停板为17 460元/吨。

（六）合约月份

合约月份是指某种期货合约到期交割的月份。商品期货合约的交割月份受合约标的商品的生产、使用、储藏、流通等特点的影响。举例来说，农产品期货的交割月份通常具有明显的季节性特点。

（七）交易时间

期货合约的交易时间由期货交易所统一规定。交易者只能在规定的交易时间内进行交易。日盘交易时间一般分为上午和下午，每周5天，此外，我国期货交易所还对部分品种开展夜盘交易，从而形成期货合约的连续交易。

（八）最后交易日

最后交易日是指某种期货合约在合约月份中进行交易的最后一个交易日，过了这个期限的未平仓合约，必须按规定进行实物交割或现金交割。

（九）交割日期

交割日期是指合约标的物所有权进行转移，以实物交割或现金交割方式了结未平仓合约的时间。

（十）交割等级

交割等级是指期货交易所统一规定和准许在交易所上市交易的合约标的物的质量等级。交割品的品质要符合规定，对于品质与标准不符的替代交割品会有价格升水或贴水的规定。

（十一）交割地点

我国所有商品期货合约都需要在交易所指定的仓库进行交割。金融期货没有交割仓库，但交易所会指定交割银行。

（十二）交易手续费

期货交易所根据成交合约金额或手数收取一定比例的费用。交易手续费对市场流动性和成交量有一定影响，过高的手续费会增加交易成本、扩大无套利区间并降低市场活跃度，但也可以起到抑制过度投机的作用。

（十三）交割方式

期货交易的交割方式分为实物交割和现金交割两种。商品期货、股票期货、外汇期货和中长期利率期货通常采取实物交割方式；股价指数期货和短期利率期货通常采用现金交割方式。

（十四）交易代码

每个期货品种都有特定的交易代码，以方便进行交易。具体的交易代码可参考相关的表格或资料。

四、期货合约与远期合约的联系与区别

远期合约和期货合约都涉及买卖双方在未来特定日期以特定价格交付一定数量的标的物，但它们在以下几个方面存在区别：

1. 交易地点不同

远期合约通常在场外市场上通过协商达成，没有经过交易所进行买卖，也没有履约担保机构，因此难以转售。远期合约的内容可以根据买卖双方的需求定制。

期货交易需在正规的交易所内进行集中交易，具有统一规则和监管，并设有专门的履约担保机构，具有高度流动性。

2. 履约保证不同

期货交易采用保证金制度，交易双方必须按规定比率缴纳保证金，这是确保履约的重要手段。任何人只要缴纳保证金就可以参与期货交易。

而在远期交易中，只有信用等级较高的大机构才能参与。远期交易没有保证金制度，履约依赖客户的信用。这意味着远期合约双方需要承担信用风险，且可能需要签订正式合同文件并提供抵押物来降低风险。

3. 结算方式不同

远期合约通常采用现金交割或实物交割方式来结算持仓。现金交割根据协议汇率与即期汇率之间的差额进行结算，实物交割则按照协议汇率进行实际货币交割。远期交易的实际交割率接近100%。

期货合约也可以选择现金交割或实物交割，但更常见的做法是通过对冲平仓来结束合约义务。对冲平仓是指在到期前以相反方向开立等量新仓位，抵消原有仓位，从而完成交割的义务。这种对冲平仓方式在期货交易中更为普遍。

4. 合约的标准化程度不同

期货合约的显著特点是标准化。合约制定了统一的品质标准，以避免品质纠纷，并规定非标准品的质量升贴水。此外，合约规定了商品的计量单位和交易数量的标准，方便结算和统计。合约按照交割月份划分，明确指定可进行交割的时期和最后交易日。交易所还指定商品交割的地点，尤其对于可能存在较高运输费用的商品期货，标准化的交割地点十分重要。

期货交易与远期交易的主要区别如表2-4所示。

表2-4 期货交易与远期交易的主要区别

	期货交易	远期交易
交易的数量	标准化	自由协定
交割的日期	标准化	自由协定
交易的方式	场内交易	场外交易
履约保证	双方均须缴纳保证金	信用
结算业务	由专门的清算所结算	交易双方直接结算
承担的风险	价格风险	价格风险和信用风险
实际交割率	1%～2%	90%
价格决定	公开竞价	由银行报价
现金流动	每天发生（逐日盯市）	到期日发生

根据以上分析可知，选择期货合约还是远期合约依赖于不同的情况。期货合约适用于具有高流动性和标准化的资产，如商品期货和金融期货。它适合于交易双方对未来价格或利率有不同预期或风险偏好的情况，包括生产者、消费者和投资者等参与者。期货合约也适用于希望通过锁定未来价格或利率来规避风险或进行投机的策略，例如套期保值、套利和投机。

对于具有低流动性或非标准化的资产，如定制化商品或服务、特殊的金融资产等，远期合约更加适用。它适用于交易双方对未来价格或利率有相同预期或风险偏好的情况，例如同一行业或同一市场的参与者。远期合约还适合于希望通过确定未来价格或利率来规避风险或进行套利的策略，如固定收益、固定成本和固定汇率策略。

因此，在选择期货合约或远期合约时，需要考虑资产的流动性和标准化程度，以及交易双方对未来价格或利率的预期和风险偏好。

五、期货市场基本制度

（一）保证金制度

在期货交易中，交易者需要按照所买卖的期货合约价值的一定比例（通常为5%～10%）缴纳保证金。这些资金用于结算和确保合约的履约。交易所会批准交易员使用标准仓单或其他经交易所认可的质押物（如国债、有价证券）来充抵交易保证金。交易所可以根据中国证监会的批准来调整交易保证金的水平。一般而言，持仓量越大、离交割月份越近，保证金水平越高（见表2-5及表2-6）。调整保证金的目的是控制风险。

表2-5　铜期货合约上市运行不同阶段的交易保证金收取标准

交易时间段	铜交易保证金比例
合约挂牌之日起	5%
交割月份前第二月的第十个交易日起	7%
交割月份前第一月的第一个交易日起	10%
交割月份前第一月的第十个交易日起	15%
交割月份的第一个交易日起	20%
最后交易日前二个交易日起	30%

表2-6　铜、铝、锌期货合约持仓量变化时的交易保证金收取标准

从进入交割月份前第三月的第一个交易日起，当持仓总量（X）达到下列标准时	铜、铝、锌交易保证金比例
$X \leqslant 12$万	5%
12万$< X \leqslant 14$万	6.5%
14万$< X \leqslant 16$万	8%
$X > 16$万	10%

（二）当日无负债结算制度

每日期货交易结束后，结算机构会根据当天的盈亏情况对保证金账户进行结算和资金划转。若交易亏损导致保证金不足，交易者必须在规定时间内追加保证金以实现当日无负债。该制度有助于及时调整资金账户，控制风险，并对维护期货市场正常运行和风险控制起到重要作用。

（三）涨跌停板制度

涨跌停板制度也被称为每日价格最大波动限制，即期货合约在一个交易日内的价格波动不能超过规定的涨跌幅度。超过规定的涨跌幅度的报价将被视为无效、无法成交。涨跌停板的限制通常以合约上一交易日的结算价为基准确定，交易所可以根据市场风险状况进行调整。新上市品种和合约的涨跌停板幅度可能是规定涨跌幅度的 2 倍或 3 倍。在特定情况下，交易所还可以根据市场风险调整涨跌停板幅度。

（四）持仓限额制度

持仓限额制度规定了交易所允许会员或客户在某一合约上持有的投机头寸的最大数量，按单边计算。该制度旨在防止市场价格操纵行为和避免风险过于集中于少数投资者。商品期货合约在交割月份接近时，持仓限额逐渐减小，交割月份的合约对会员和投资者实行绝对量限仓。

（五）大户报告制度

大户报告制度与持仓限额制度密切相关，旨在防范大户操纵市场价格和控制市场风险。通过大户报告制度，交易所可以重点监控持仓量较大的会员或投资者，了解他们的持仓动向和意图，积极有效地防范市场风险。

（六）强行平仓制度

强行平仓制度是交易所在会员或投资者违规时采取的强制措施，用于风险控制。它涵盖了交易所对会员持仓的强制平仓和期货公司对客户持仓的强制平仓。强行平仓制度适用于账户交易保证金不足和违反持仓限额制度等情况。超出持仓限额且未在规定时间内自行减仓的部分也会被强制平仓。

（七）信息披露制度

信息披露制度是指期货交易所按照规定公布期货交易相关信息的制度。根据我国《期货交易管理条例》，交易所应及时公布上市品种合约的成交量、成交价、持仓量、最高价与最低价、开盘价等即时行情，并确保其真实准确。交易所不得发布价格预测信息。

（八）交割制度

交割是指合约到期时，按照交易所的规则和程序，通过实物交割转移标的物所有权或按规定的结算价格进行现金差价结算，完成到期合约交割的过程。实物交割是指以标的物所有权转移进行的交割，而现金交割是指根据结算价进行现金差价结算。通常，商品期货以实物交割为主，而金融期货以现金交割为主。

（九）风险警示制度

风险警示制度是指交易所认为必要时采取的一系列措施，用于警示和化解风险。例如，当期货价格异常、会员或客户交易异常、持仓异常、资金异常、涉嫌违规或违约、涉及投诉、涉及司法调查或其他交易所认定的情况出现时，交易所可能采取报告情况、谈话提醒、书面警示、公开谴责、发布风险警示公告等措施。在需要的情况下，交易所可能约见会员高级管理人员或客户进行谈话提醒，并要求会员或客户报告情况。

六、期货市场的组织结构与参与者

（一）期货市场的组织结构

期货市场的组织结构包括期货交易所、期货结算所和期货经纪公司。

1. 期货交易所

期货交易所是供参与期货交易的交易者买卖合约的场所，提供交易场所和服务。其职能包括设计和安排合约上市、制定并实施市场制度和交易规则、组织并监督期货交易以及发布市场信息。期货交易所可以采用会员制或公司制组织形式。

2. 期货结算所

期货结算所负责期货交易的结算和清算，承担交易合约的交割和平仓责任，并提供清算服务。其重要作用包括：充当买卖双方的第三方，简化结算手续，促进交易的活跃度；为期货合约的履行提供担保，保护合约持有者权益；简化期货交易的实物交割手续。结算所可以独立存在，也可以作为期货交易所的一部分，其会员分为普通结算会员和全权结算会员。

3. 期货经纪公司

期货经纪公司接受非期货交易所会员委托进行期货交易并收取佣金。它是期货交易所的延伸，为非交易所会员参与期货交易提供桥梁，并发挥重要作用。期货经纪公司为交易者提供财力保证，设立客户专用保证金账户，并监督客户的保证金状况，防止超出经济能力的交易。同时，期货经纪公司推动期货交易的制度化和规范化，确保交易者遵循一定的程序和义务。此外，期货经纪公司还拓宽了信息传播渠道，帮助客户根据市场信息及时调整交易方针，避免因信息不足而导致损失。期货经纪公司内部通常设立保证金账户部、结算部、信贷部、交易部、客户服务部等部门来发挥各自的功能。

（二）期货市场的参与者

期货市场的参与者包括保值者、投机者、套利者、期货交易顾问和期货基金经理等。

1. 保值者

保值者将期货市场视为规避和转移价格风险的场所。他们利用期货合约作为将来在现货市场上买卖商品的临时替代品，以规避将来需要买入或售出商品的价格风险。保值者主要从事与其企业生产经营相关的商品期货交易，旨在寻求价格保障并降低价格风险，以便专注于企业的生产经营活动，实现正常利润。

2. 投机者

投机者通过预测期货价格的未来变动趋势，以低价买入和高价卖出期货合约来获取价格波动的差额利润。与保值者不同，投机者追求的是期货价格的波动，对实际商品不感兴趣，很少进行实物交割。投机者根据价格上涨或下跌的预期选择买入或卖出期货合约，投机者的利润取决于他们对价格的预测能力。

3. 套利者

套利者通过利用市场上暂时存在的不合理价格关系，在同时买入和卖出相同或相关的期货合约中获取价差收益。套利者利用这种价格差异进行风险无损或低风险交易，并通过市场的自我纠正机制来实现利润。套利者与投机者的区别在于交易方式、利润来源和风险承受程度。

4. 期货交易顾问

期货交易顾问通过提供买卖期货或期权合约的建议，直接或通过出版物、文件或电子媒介向他人提供服务，并为此收取报酬。由于期货交易的专业性和复杂性，投资者经常借助专业的期货交易顾问进行交易。

5. 期货基金经理

期货基金经理向公众募集资金，并将全部或部分资金用于期货投资。相比期货交易顾问，期货基金经理能够以较低的成本提供专业服务，但投资策略相对稳定，不允许随意变更，最终投资决策权在投资者手中。

七、期货的交易流程

客户进行期货交易通常包括开户、下单、竞价、成交回报与确认、结算和交割等环节。

（一）开户

1. 如何选择期货经纪公司

凡国家法规允许参与国内期货交易的法人和自然人，均可委托期货经纪公司（简称期货公司）代理其期货业务，成为期货经纪公司的客户。投资者在选择期货经纪公司的时候需重点关注以下几个方面：

（1）选择资本雄厚、信誉良好的期货经纪公司。对于商品期货，重点考虑具有深入现货市场的研究能力的期货经纪公司。对于股指期货，可以考虑具有券商背景的期货经纪公司。

（2）确保期货经纪公司的服务器性能良好，并具备灾备系统。优质的服务器机房能提供稳定的交易速度。

（3）确保通信联络工具快捷先进，并提供优质服务。

（4）期货经纪公司应主动向客户提供详尽且有价值的期货市场信息。

（5）合理收取履约保证金和交易手续费，过低的手续费可能意味着不可靠的服务和支持。

（6）期货经纪公司应为客户提供开户后的各类服务，包括软件下载、银期转账和交流会议等。

知识链接

2023 年期货公司分类评价结果

2. 开户手续

与期货经纪公司建立委托代理关系时，客户需办理相应的开户手续，包括填写相关开户文件并签字确认期货经纪公司开户文件中的所有内容，否则无法建立期货委托代理关系。

在开户过程中，客户需要了解并同意遵守期货合同文件中规定的事项和相关细则，包括：

（1）签署《期货交易风险说明书》。期货经纪公司提供标准化的《期货交易风险说明书》供客户阅读和理解。个人客户需在该文件上签字确认，企业客户由单位法定代表人签字并加盖单位公章。该风险说明书主要涉及以下几点：保证金不足时可能被强行平仓；若投资者的头寸因交易所或不可抗力因素发生变化，投资者需自行承担相应后果；交易结果以交易所书面确认为准；套期保值交易也存在风险。

（2）签署《客户须知》。该文件说明客户的开户条件、开户文件的签署及投资者需要具备基本期货交易知识。签署该文件有助于保护期货经纪公司的利益。特别是客户需手写并签字确认："以上《客户须知》的各项内容，本人/本公司已阅读并完全理解。"

（3）填写《开户申请单》。客户根据自身情况填写该表格，期货经纪公司按交易所统一编码规则编号，确保每个客户有独立的交易编码且专用于自己的交易，不得混用。该表格由期货经纪公司提交给交易所，用以申请客户的专用交易编码。交易编码由12位数字构成，前4位为会员号，后8位为客户号。同时，期货经纪公司还会为客户分配一个专用的资金账号。

（4）签署《期货经纪合同》。该合同是核心部分，涉及委托交易、资金管理、风险控制和交割等多个方面。投资者应仔细阅读合同内容，要特别关注保证金及其管理、交易指令的执行与错单处理、通知与确认、风险控制、现货月份平仓和交割等相关内容。某些内容可选择或待商定，如交易方式、保证金调整通知及追加保证金和强行平仓通知方式、手续费标准等。

知识链接

《期货经纪合同》指引

3. 办理银期转账

银期转账是为期货市场客户设计的资金转移系统，可在全国范围内实现投资者银行账户和指定保证金账户之间的定向和实时划转。个人客户可通过电话银行、网上银行、柜台交易或期货自助委托交易系统便捷地进行期货保证金和银行结算账户之间的资金划拨。

办理银期转账的步骤如下：

（1）获取带有期货经纪公司公章的《银期转账协议书》。

（2）期货经纪公司的结算人员设置客户的银期转账权限，提供资金调拨密码，并要求客户签署《资金调拨密码确认书》。

（3）客户携带本人身份证原件、银行储蓄卡以及盖有期货经纪公司公章的《银期转账协议书》前往选择的银行营业网点。

（4）在银行填写《银期转账业务申请表》，签署《银期转账协议书》，并办理其他相关手续。

（5）个人客户可通过银期转账系统进行出入金操作。机构客户通常使用票据或电子划款方式交纳保证金。标准仓单和国债可以作为质押保证金。客户资金到账后，即可进行期货交易。

知识链接

《银期转账协议书》（机构投资者）

4. 销户

客户需前往期货经纪公司办理相关手续以销户。填写《客户销户申请表》并签署《客户销户确认书》。

(二) 下单

客户在期货经纪公司开户后，缴纳开户保证金后即可开始委托下单进行期货交易。

下单是指客户向期货经纪公司发送交易指令，明确买卖合约的类型、数量、价格等要求。交易指令通常包括以下内容：期货品种、交易方向、数量、交割月份、价格、日期和时间、所属期货交易所名称、交易者姓名、交易者编码和账户信息以及期货经纪公司和交易者的签名等。

1. 常用交易指令

(1) 限价指令是指执行时必须按限定价格或更好的价格成交的指令。下达该指令时，客户必须指明具体的价位。

(2) 市价指令是指按当时市场价格即刻成交的指令。下达该指令时，无须指明具体的价格，而是以市场上最优价格进行交易。该指令下达后，成交速度快，但不能更改或撤销。

(3) 取消指令是指交易者要求取消某一特定指令的指令。

(4) 套利指令是同时买入和卖出两种期货合约的指令，其中一个指令执行后，另一个指令会立即执行。可以通过固定的价差来确定指令，无须指定具体买卖价格。

(5) 止损指令是当市场价格达到客户预期水平时转为市价指令执行的指令。通过止损指令，客户可以锁定利润、降低潜在损失，并有机会以相对较小的风险建立新头寸。

(6) 停止限价指令是指当市场价格达到预设的触发价格时转为限价指令并执行的指令。该指令可以将损失或利润锁定在预期范围内，但成交速度较慢，有时可能无法成交。

(7) 触发指令是在市场价格达到指定价位时以市价指令执行的指令。触发指令的预设价位与止损指令有所差异。对于卖出指令，卖出止损指令的触发价低于当前市场价格，而卖出触发指令的触发价格高于当前市场价格；对于买入指令，则相反。止损指令通常用于平仓，而触发指令通常用于开立新仓。

(8) 时限指令是要求在指定时间段内执行的指令。若未能在该时间段内执行，指令自动取消。

(9) 长效指令是指除非成交或由委托人取消，否则持续有效的交易指令。

我国交易指令有市价指令、限价指令、止损指令、取消指令等，各交易所的规定不同(见表 2-7)。

表 2-7　各期货交易所交易指令类型

交易所	交易指令
上海期货交易所	限价指令、取消指令
郑州商品交易所	限价指令、市价指令、套利指令和交易所规定的其他指令
大连商品交易所	限价指令、市价指令、止损指令、停止限价指令、套利指令
中国金融期货交易所	市价指令、限价指令、取消指令

2. 下单方式

期货交易的下单方式有：书面下单、电话下单、网络下单。

(1) 书面下单。客户填写并签署交易单，提交给期货经纪公司的交易部。交易部通过电话向期货经纪公司在期货交易所的代表报单，代表在交易所主机上输入指令以进行撮合成交。

(2) 电话下单。客户直接通过电话向期货经纪公司的交易部下达指令，交易部通知代表进行下单。期货经纪公司需要录音记录客户指令以备查证。之后，客户需在交易单上补签姓名。

(3) 网络下单。客户使用期货经纪公司提供的交易软件进行下单，将交易指令发送至期货经纪公司的服务器。经过核对客户账户和密码无误后，期货经纪公司将交易指令发送至期货交易所的交易系统进行处理。

(三) 竞价

国内期货合约的价格形成采用计算机撮合成交方式。计算机撮合成交是期货交易所的自动化交易系统根据公开喊价原理设计的方式，通过对买卖指令进行配对来实现交易，具有准确性和连续性等特点。

国内期货交易所的计算机交易系统通常按照价格优先和时间优先的原则对买卖委托单进行排序。当买入价格大于或等于卖出价格时，系统会自动进行撮合成交，成交价取决于买入价（BP）、卖出价（SP）和前一成交价（CP）中的中间值，即：

当 BP≥SP≥CP 时，最新成交价为 SP（卖出价）

当 BP≥CP≥SP 时，最新成交价为 CP（前一成交价）

当 CP≥BP≥SP 时，最新成交价为 BP（买入价）

开盘价和收盘价由集合竞价决定。集合竞价根据最大成交量原则来确定价格，在某一价格能够达到最大成交量的情况下确定价格。高于集合竞价产生价格的买入申报全部成交，低于集合竞价产生价格的卖出申报全部成交。与集合竞价产生价格相等的买入或卖出申报，根据买入和卖出申报量的比例进行成交。

开盘价集合竞价在每个交易日开市前 5 分钟内进行，其中前 4 分钟为买卖价格指令申报时间，后 1 分钟为集合竞价撮合时间，得到开盘价。收盘价集合竞价在每个交易日收市前 5 分钟内进行，其中前 4 分钟为买卖价格指令申报时间，后 1 分钟为集合竞价撮合时间，得到收盘价。

交易系统会自动控制集合竞价申报的开始和结束，并在计算机终端上显示。开盘集合竞价中未成交的申报单会自动参与开市后的竞价交易。

(四) 成交回报与确认

一旦期货经纪公司的出市代表收到交易指令并确认无误，他们会立即将指令输入计算机系统进行撮合成交。当计算机显示指令已成交时，出市代表必须迅速向期货经纪公司的交易部反馈成交结果。交易部记录下出市代表反馈的成交结果，并在交易单上加上时间戳后将记录单报告给客户。成交回报记录单应包括成交价格、成交手数、成交时间等信息。

如果客户对交易结算单中的记载事项有异议，他们应在下一个交易日开市前以书面形式向期货经纪公司提出异议。而对于交易结算单中的记载事项，如果客户无异议，则应在交易结算单上签字确认或按照期货经纪合同约定的方式确认。如果客户既没有确认交易结算单中的记载事项，也没有提出异议，那么就视为对该交易结算单的确认。对于客户提出异议的情况，期货经纪公司应根据原始指令记录和交易记录进行核实。

（五）结算

结算是根据交易结果和交易所规定，对会员的交易保证金、盈亏、手续费等进行计算和划拨的过程。期货交易所采用了保证金制度、每日无负债制度和风险准备金制度等来进行结算。

根据期货市场的层次结构，结算也是分级、分层进行的。交易所仅对会员进行结算，非会员机构和个人通过期货经纪公司会员进行结算。

1. 交易所对会员结算的步骤

（1）每个交易日结束后，交易所对会员的盈亏、交易手续费、交易保证金等款项进行结算。

（2）会员可通过会员服务系统获取当日的结算数据表，包括平仓盈亏表、成交合约表、持仓表和资金结算表。

（3）会员应及时核对和保存交易所提供的结算结果，如对结算结果有异议，会员需在第二天开市前三十分钟以书面形式通知交易所。若会员未提出异议，则被视为认可结算数据的准确性。

（4）交易所在结算完成后，将会员资金的划转数据传递给相关结算银行。

2. 期货经纪公司对客户结算的过程

（1）每个交易日结束后，期货经纪公司对客户的盈亏、交易手续费、交易保证金等款项进行结算。

（2）交易所规定的交易手续费和交易保证金要求通常会比期货合约规定的标准高。

（3）期货经纪公司在闭市后向客户发出交易结算单。

（4）如果客户的保证金低于交易所规定的水平，期货经纪公司将按照合同约定通知客户追加保证金。若客户未能及时追加保证金，期货经纪公司有权强行平仓客户的持仓。

3. 结算的基准

交易所对会员进行分账管理，设立明细账户记录每一会员的出入金、盈亏、交易保证金和手续费等信息。

交易所实行保证金制度，包括结算准备金和交易保证金。结算准备金有最低余额要求，会员在每个交易日交易开始前必须满足最低余额要求，否则无法开新仓，并可能被强行平仓。

交易保证金是为确保合约履行而在交易所专用结算账户中被占用的资金。交易所根据持仓合约价值的比率向买卖双方收取交易保证金。

交易所实行每日无负债结算制度，即在每个交易日结束后，根据当日结算价计算合约的盈亏、交易保证金、手续费和税费等，将应收应付款项一次性划转，调整会员的结算准备金。

4. 结算单查收确认方式

客户可以通过交易终端或登录中国期货市场监控中心（https://investorservice.cfmmc.com/）查询结算单，见图 2-5。

图 2-5　结算单登录界面

结算单详解：

（1）中国期货市场监控中心盈亏计算方式有两种：逐日盯市与逐笔对冲（见图 2-6）。

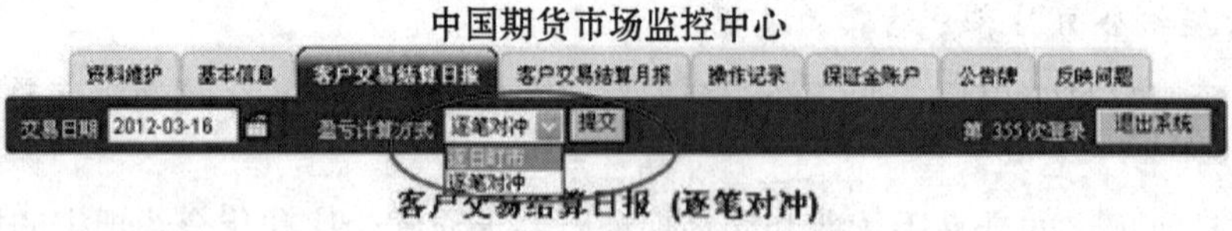

图 2-6　结算单盈亏计算方式选择界面

逐笔对冲日报图见图 2-7（账单中体现浮动盈亏，不计入可用）：

客户交易结算日报 (逐笔对冲)

下载

基本资料			
客户内部资金账户	******	交易日期	2012-03-16
客户名称	***	查询时间	2012-03-19 16:00:43
期货公司名称	徽商期货有限责任公司		

资金状况			
上日结存	0.00	客户权益	0.00
当日存取合计	0.00	质押金	0.00
平仓盈亏	0.00	保证金占用	0.00
当日手续费	0.00	可用资金	0.00
当日结存	0.00	风险度	0.00 %
浮动盈亏	0.00	追加保证金	0.00

图 2-7　逐笔对冲日报图界面

逐日盯市日报图见图 2-8（账单中体现浮动盈亏，计入可用）：

客户交易结算日报（逐日盯市）

下载

基本资料			
客户内部资金账户	******	交易日期	2012-03-16
客户名称	***	查询时间	2012-03-19 16:02:38
期货公司名称	徽商期货有限责任公司		

资金状况			
上日结存	0.00	客户权益	0.00
当日存取合计	0.00	质押金	0.00
当日盈亏	0.00	保证金占用	0.00
当日手续费	0.00	可用资金	0.00
当日结存	0.00	风险度	0.00%
		追加保证金	0.00

图 2-8　逐日盯市日报图界面

逐日盯市和逐笔对冲是两种不同的结算方式，它们在盈亏计算、未平仓合约处理和历史持仓结算价格等方面存在区别。两种方式在保证金占用、当日出入金、手续费、客户权益、质押金、可用资金、追加保证金和风险度等参数上没有差别，并且对于当日仓位的合约，盈亏计算方法也相同。具体的对比内容可参考表 2-8。

表 2-8　逐笔对冲和逐日盯市结算方式对比

类别	逐笔对冲结算方式	逐日盯市结算方式
平仓盈亏	平仓盈亏＝开仓价与平仓价之差×手数×交易单位	平仓盈亏＝平当日仓盈亏＋平历史仓盈亏 ①平当日仓盈亏＝当日开仓价与平仓价之差×手数×交易单位 ②平历史仓盈亏＝当日平仓价与昨日结算价之差×手数×交易单位
持仓盈亏	无此概念	持仓盈亏＝持当日仓盈亏＋持历史仓盈亏 ①持当日仓盈亏＝当日结算价与当日开仓价之差×手数×交易单位 ②持历史仓盈亏＝当日结算价与昨日结算价之差×手数×交易单位
浮动盈亏	浮动盈亏＝当日结算价与当日开仓价之差×手数×交易单位	无此概念
当日盈亏	无此概念	当日盈亏＝平仓盈亏＋持仓盈亏
当日结存	当日结存＝上日结存＋平仓盈亏＋当日存取合计（入金－出金）－当日手续费	当日结存＝上日结存＋当日盈亏＋当日存取合计（入金－出金）－当日手续费
客户权益	客户权益＝当日结存＋浮动盈亏	客户权益＝当日结存

注：1. 表中公式旨在提示两种盈亏计算方式的不同之处。若为股指期货，则算式中的价格改为“点数”，“交易单位”改为“合约乘数”。若为国债期货，运用上述平仓盈亏、持仓盈亏、浮动盈亏公式计算的结果应除以 100。

2. 盈亏计算方式不同，不影响当日出入金、当日手续费、客户权益、质押金、保证金占用、可用资金、追加保证金、风险度等参数的金额或数字。

案例 2-6

某客户期初保证金为200 000元，10月7日开仓买入PTA811期货合约5手，成交价为6 800元/吨，后又在6 802元/吨时，买入5手PTA，同一天该客户卖出平仓5手PTA期货合约，成交价为6 878元/吨，当日PTA结算价为6 918元/吨，昨日结算价为6 870元/吨。假定交易保证金比例为10%，手续费为单边每手15元，PTA期货合约为5吨/手，则该客户当日资金变动情况如表2-9所示。

表2-9 上海期货交易所铝期货合约

逐日盯市结算		逐笔对冲结算	
当日平仓盈亏	(6 878－6 800)×5×5＝1 950	当日平仓盈亏	(6 878－6 800)×5×5＝1 950
当日持仓盈亏	(6 918－6 802)×5×5＝2 900		
手续费	15×10＝150	手续费	15×10＝150
当日权益	200 000＋1 950＋2 900－150＝204 700	当日结存	200 000＋1 950－150＝201 800
		当日权益	201 800＋2 900＝204 700
保证金占用	6 918×5×5×10%＝17 295 （注：结算盈亏后保证金按当日结算价而非开仓价计算）	保证金占用	6 918×5×5×10%＝17 295
可用资金	204 700－17 295＝187 405	可用资金	204 700－17 295＝187 405

（2）成交汇总（见图2-9）。

成交汇总							成交明细	平仓明细
合约	买/卖	投机/套保	成交价	手数	成交额	开/平	手续费	平仓盈亏
L0905	买	投机	8,885.00	20	888,500.00	平	0.00	5,500.00
L0905	买	投机	8,890.00	30	1,333,500.00	平	0.00	7,500.00
L0905	买	投机	8,895.00	10	444,750.00	平	0.00	2,250.00
L0905	买	投机	8,920.00	20	892,000.00	平	0.00	2,000.00
L0905	买	投机	8,925.00	20	892,500.00	平	0.00	4,500.00
L0905	买	投机	8,930.00	20	893,000.00	平	0.00	1,000.00
L0905	买	投机	8,950.00	40	1,790,000.00	平	0.00	4,000.00
L0905	买	投机	8,970.00	20	897,000.00	平	0.00	-2,000.00
L0905	卖	投机	8,940.00	100	4,470,000.00	开	1,200.00	--
L0905	卖	投机	8,950.00	20	895,000.00	开	240.00	--
L0905	卖	投机	8,970.00	60	2,691,000.00	开	720.00	--
RU0905	卖	投机	13,575.00	20	1,357,500.00	平	160.00	-21,500.00
TA905	买	投机	6,180.00	10	309,000.00	平	0.00	3,600.00
TA905	买	投机	6,236.00	50	1,559,000.00	平	0.00	4,000.00
TA905	买	投机	6,302.00	200	6,302,000.00	平	0.00	8,000.00
TA905	卖	投机	6,252.00	100	3,126,000.00	开	600.00	--
TA905	卖	投机	6,310.00	200	6,310,000.00	开	1,200.00	--
合计				940	35,050,750.00		4,120.00	18,850.00

图2-9 成交汇总界面

合约：所成交的合约代码。

买/卖：指交易方向。

投机/套保：投机盘与套期保值头寸，通常客户参与的是投机交易，但是若为套期保值头寸，就要注明是套保。

成交价：成交的价格。

手数：成交的手数。

成交额＝成交价×手数×交易单位。

开/平：开仓、平仓，当日平仓被称为平今仓。

手续费：按期货代理合同的约定收取。

(3) 持仓汇总（见图 2-10）。

合约	买持仓	买均价	卖持仓	卖均价	昨结算价	今结算价	浮动盈亏	交易保证金	投机/套保
TA905			40	6,252.00	6,308.00	6,244.00	1,600.00	149,856.00	投机
合计	0		40				1,600.00	149,856.00	

图 2-10　持仓汇总界面

合约：交易的期货品种。

买持仓：买单持仓量。

买均价：买入开仓的平均价。

卖持仓：卖出持仓量。

卖均价：卖出开仓的平均价。

昨结算价：昨日交易结算价。

今结算价：当日交易结算价。

浮动盈亏：指买入价或卖出价与当日交易结算价之差×手数×交易单位。

交易保证金：未平仓合约所占用的保证金，即今结算价×持仓手数×合约单位×保证金比例。

投机/套保：投机或套期保值。

（六）交割

期货交割是指期货合约到期时，通过转移所载商品所有权来完成未平仓合约的结算过程。交割方式分为实物交割和现金交割两类。

1. 实物交割

实物交割是指根据合约和规则的规定，交易双方通过转移所载商品的所有权来了结未平仓合约。这种方式适用于郑州商品交易所、大连商品交易所和上海期货交易所的商品期货合约。

实物交割的方式可以包括滚动交割和集中交割。

(1) 滚动交割。

滚动交割是在进入交割月第一个交易日至最后交易日前一天期间，买方会员持有交割月合约，卖方会员持有交割月合约和标准仓单时，在每个交易日下午 2 时 30 分交易时间内，可以提出交割申请，并得到买方响应。交易所按照最小配对原则完成配对交割。

交割时间为交割月第一个交易日至最后交易日前一交易日下午 2 时 30 分之前。最后交易日由交易所集中配对，棉花合约不再进行交易。交割结算价为期货合约配对日前 10 个交易日（含配对日）交易结算价的算术平均价。配对结果确定后，买卖双方确认，并进行发票处理。交割日，交易所划转 80%的货款给卖方，并交付卖方会员的仓单，随后再划转 20%的余款给卖方。

（2）集中交割。

集中交割也被称为一次性交割，是指在最后交割日闭市后集中进行交割的模式。买卖双方在最后交割日实行一次性交割，同时划转仓单和货款，交割价格按交割月份所有交易日结算价的加权平均价格计算。采用集中交割可以有效避免交割违约，并为卖方提供增值税发票和给买方筹措货款留出充足时间。

交割时间为最后交易日，即每个合约允许进行交易的最后一天。在最后交割日，买方申报意向并提交所需商品的意向书，卖方交出标准仓单。交易所根据已有资源，在第二交割日按时间优先、数量取整、就近配对、统筹安排的原则分配标准仓单给买方。在第三交割日，买方交付货款并取得标准仓单，交易所将货款付给卖方。在第四和第五交割日，卖方交付增值税专用发票。

（3）实物交割的载体。

实物交割是通过标准仓单来完成的。标准仓单是指经指定交割仓库验收并确认合格后，交易所注册的实物所有权凭证，可以在交易所进行流通。标准仓单分为通用标准仓单和非通用标准仓单。

通用标准仓单允许持有人按照交易所规定，在标准仓单所载商品品种对应的任一交割仓库提取货物。

非通用标准仓单要求持有人按照交易所规定，只能在标准仓单所载明的特定交割仓库提取相应的货物。

其中，采用实物交割的三家交易所具体交割方式及标准仓单形式不同，具体如表 2-10 所示。

表 2-10　期货交易所交割方式及标准仓单

	交割方式		标准仓单
郑州商品交易所	实物交割	滚动交割	通用标准仓单（棉花除外）、非通用标准仓单（棉花）
大连商品交易所		滚动交割、集中交割	非通用标准仓单
上海期货交易所		集中交割	非通用标准仓单
中国金融期货交易所	现金交割		

2. 现金交割

现金交割是合约到期时，交易双方按照交易所规定的程序和公布的交割结算价进行现金差价结算，了结到期未平仓合约。股指期货和短期利率期货通常采用现金交割方式。中国金融期货交易所的股指期货合约也采用现金交割方式，在最后交易日收市时，以交割结算价为基准，划付持仓双方的盈亏，完成所有未平仓合约的了结。股指期货交割结算价取自最后交易日标的指数最后 2 小时的算术平均价。

3. 期货转现货

期货转现货是指持有同一交割月份合约的交易双方通过协商达成现货买卖协议，按照协议价格了结各自持有的期货持仓，并进行相应数量的货款和实物的交换。

期转现可在期货合约上市后至该合约最后交易日之间进行。期转现可分为标准仓单期转现和非标准仓单期转现两种方式。标准仓单期转现可由交易所进行货款划转，而使用非标准仓单进行期转现时，需要提供相关现货买卖协议。货物交收和货款划转由买卖双方自行协商确定，任何由此产生的纠纷由双方自行解决，交易所不承担责任。

持有同一交割月份合约的买卖双方达成协议后，需在每个交易日的下午 2 时 30 分之前到交易所办理期转现审批手续。经交易所批准后，按照约定的平仓价格对买卖双方持有的期货头寸进行平仓操作。

期转现申请获批准后的下一个交易日，交易所将为成功平仓的期转现买卖双方办理仓单过户手续。

4. 交割违约的处理

交割违约的认定是指期货合约的买卖双方在以下情况下构成交割违约：①卖方未能在规定交割期限内如数交付有效标准仓单；②买方未能在规定交割期限内如数解付交割货款或解付不足；③卖方交付的商品不符合规定标准。

交割违约的计算方式在不同交易所有所不同。大连商品交易所和上海期货交易所在计算买方交割违约合约数量时，需要预留合约价位 20%的违约金和赔偿金。郑州商品交易所在计算买方交割违约合约数量时，需要预留合约价值 30%的违约金和赔偿金。

对于不履行交割责任的违约方，交易所会采取强制执行措施。交易所可通过征购和竞卖等方式处理违约事宜，并要求违约方承担由此引起的损失和费用。此外，交易所还有权对违约方处以违约金、赔偿金等处罚。

一旦发生交割违约，交易所将在结算日后通知违约方和守约方。对于构成交割违约的情况，按照以下方式处理：

（1）卖方违约时，买方可选择终止交割并由交易所退还货款，或选择继续交割。若选择继续交割，交易所将发布标准仓单征购公告并组织征购。征购成功，交易所支付给买方标准仓单；征购失败，卖方需支付给买方一定比例的赔偿金，并在交割后退还买方货款后终止交割。买方需承担因征购产生的损失和费用。

（2）买方违约时，卖方可选择终止交割并由交易所退还标准仓单，或选择继续交割。若选择继续交割，交易所将发布标准仓单竞卖公告并组织竞卖。竞卖成功，交易所支付给卖方交割货款；竞卖失败，买方需支付给卖方一定比例的赔偿金，并在交割后退还卖方标准仓单后终止交割。卖方需承担因竞卖产生的损失和费用。

（3）若买卖双方都违约，则交易所将终止交割，并对双方分别处以违约部分合约价值 5%的罚款。

八、我国期货市场概况

（一）我国境内期货交易所

我国境内有五家期货交易所，分别是上海期货交易所、大连商品交易所、郑州商品交易所、中国金融期货交易所和广州期货交易所。其中，上海、大连和郑州交易所是商品期货交易所，中国金融期货交易所专注于金融期货和期权的交易与结算。广州期货交易所是首家混合所有制交易所，旨在提供风险管理工具和加强金融服务实体经济的功能。

期货交易所可以采取会员制或公司制组织形式。上海、大连和郑州交易所采用会员制，而中国金融期货交易所和广州期货交易所为公司制。会员包括自然人和法人，需在中国境内注册登记为企业法人或其他经济组织。非会员需要通过期货经纪公司代理交易。会员享有交易权利和使用交易设施的权益，同时也有遵守规则和承担义务的责任。

1. 上海期货交易所

上海期货交易所由上海金属交易所、上海粮油商品交易所和上海商品交易所合并组建而成，于1999年12月正式开始运营。截至2023年7月26日，该交易所的主要交易品种包括铜、铝、锌、铅、镍、锡、氧化铝、黄金、白银、螺纹钢、线材、热轧卷板、不锈钢、原油、低硫燃料油、燃料油、石油沥青、天然橡胶、20号胶和纸浆等。此外，还有原油、铜、铝、锌、螺纹钢、黄金、白银、天然橡胶的期权交易。

2. 郑州商品交易所

郑州商品交易所在郑州粮食批发市场的基础上发展而成，成立于1990年10月12日。该交易所最初进行即期现货交易，后来发展为现货远期交易，并于1993年5月28日推出标准化期货合约。截至2023年7月26日，郑州商品交易所主要交易品种包括白糖、棉花、普麦、强麦、晚籼稻、粳稻、早籼稻、菜籽粕、油菜籽、菜籽油、棉纱、苹果、红枣、花生、动力煤、PTA、甲醇、玻璃、硅铁、锰硅、尿素、纯碱和短纤等。此外，还有基于期货合约的白糖、棉花、PTA、甲醇、菜籽粕、动力煤、菜籽油和花生的期权交易。

3. 大连商品交易所

大连商品交易所成立于1993年2月28日。截至2023年7月26日，大连商品交易所主要交易品种包括玉米、玉米淀粉、黄大豆1号、黄大豆2号、豆粕、豆油、棕榈油、纤维板、胶合板、鸡蛋、粳米、生猪、聚乙烯、聚氯乙烯、聚丙烯、焦炭、焦煤、铁矿石、乙二醇、苯乙烯和液化石油气等。此外，还有豆粕、玉米、铁矿石、液化石油气、聚乙烯、聚丙烯、聚氢乙烯、棕榈油、黄大豆1号、黄大豆2号、豆油、乙二醇和苯乙烯的期权交易。

4. 中国金融期货交易所

中国金融期货交易所是由上海期货交易所、郑州商品交易所、大连商品交易所、上海证券交易所和深圳证券交易所共同发起设立的金融期货交易所。它成立于2006年9

月8日，总部位于上海。该交易所主要交易金融期货和金融期权品种，截至2023年7月26日，交易的主要品种包括沪深300股指期货、中证500股指期货、中证1000股指期货、上证50股指期货、2年期国债期货、5年期国债期货、10年期国债期货和30年期国债期货等。此外，还有沪深300股指期权、中证1000股指期权和上证50股指期权的交易。

5. 广州期货交易所

广州期货交易所是经国务院同意、中国证监会批准设立的创新型期货交易所。它由上海期货交易所、郑州商品交易所、大连商品交易所、中国金融期货交易所、中国平安保险(集团)股份有限公司、广东珠江投资控股集团有限公司、广州金融控股集团有限公司和香港交易及结算所有限公司共同投资组建。广州期货交易所是我国第一家混合所有制的交易所，股东构成多元，包括4家期货交易所、广东国资企业、民营企业和境外企业。2021年1月22日，中国证监会批准了广州期货交易所的设立，它于2021年4月19日正式揭牌。该交易所致力于为实体经济和绿色发展提供服务，并秉持创新型、市场化、国际化的发展定位。截至2023年7月26日，交易的品种包括碳酸锂和工业硅期货。

6. 场内衍生品交易的多元化平台

我国的场内衍生品除了可以在5家期货交易所进行交易外，还可以在经国务院及其衍生品监督管理部门批准的场所进行交易。例如，2015年2月9日，上海证券交易所上市了上证50ETF期权；2019年12月23日，华泰柏瑞沪深300ETF期权也在上海证券交易所上市；同样，在2019年12月23日，深圳证券交易所上市了嘉实沪深300ETF期权。

7. 境内期货交易所场外交易平台

境内期货交易所的场外交易平台旨在满足实体企业的风险管理需求，提供安全、高效和规范的交易环境。上海期货交易所、郑州商品交易所和大连商品交易所都设立了场外交易平台，提供标准仓单交易、基差贸易等服务。这些平台解决了实体企业对不同商品交割的多样化需求，促进了交割商品流通效率，使期货市场更好地服务实体经济的发展。

(二) 我国境内期货结算机构与结算制度

我国境内的5家期货交易所设有结算机构，提供期货交易和结算服务。除了组织和监督期货交易外，它们还负责组织并监督结算和交割，确保合约履行，并监管指定交割仓库。期货交易所兼具期货结算职能。我国的期货结算制度分为全员结算制度和会员分级结算制度两种类型。

1. 全员结算制度

所有期货交易所会员都具备与交易所进行结算的资格，没有结算会员与非结算会员之分。中国郑州商品交易所、大连商品交易所、上海期货交易所和广州期货交易所采用全员结算制度。会员包括期货公司会员和非期货公司会员。期货公司会员根据中国证监会批准的业务范围开展相关业务，并代理客户进行期货交易；而非期货公司会员不得从事《期货交易管理条例》规定的期货公司业务。期货交易所对会员进行结算，会员则对其受托的客户进行结算。

2. 会员分级结算制度

在这种制度下，期货交易所将会员划分为结算会员和非结算会员，根据会员是否具备直接与期货交易所进行结算的资格来划分。中国金融期货交易所采用会员分级结算制度。会员被划分为交易会员、交易结算会员、全面结算会员和特别结算会员四种类型，这些会员根据业务范围具备不同程度的结算和交割业务办理权限。

此外，期货交易所实行会员分级结算制度时，需建立结算担保金制度。结算会员缴纳结算担保金来承担违约风险，以保障其他会员和市场参与者的利益。结算担保金由基础结算担保金和变动结算担保金组成，必须以现金形式缴纳。这样的结算担保金制度有助于管理会员的违约风险，弥补潜在损失，并增强市场的稳定性和信心。

(三) 我国期货市场的机遇与挑战

我国期货市场是一个重要的金融市场，能够为实体经济提供价格发现和风险管理的功能。在改革开放和市场经济的背景下，期货市场经历了从萌芽到发展的过程，目前已形成以农产品、金属、能源和金融为主体的市场，并逐步推出了期权、跨境合作等业务。展望未来，期货市场面临新的机遇和挑战。机遇方面包括国家战略和实体经济需求的提升、金融市场的开放和创新，以及法律法规和监管制度的完善。挑战方面包括国内外经济形势的不确定性和波动性，以及市场参与者的多样化和人才资源的不足。期货市场需要适应变化并不断创新发展，以提升竞争力和服务水平。

(四) 我国期货市场的发展趋势与展望

展望未来，我国期货市场需要在品种、业务、制度和技术等方面进行进一步发展和创新。通过推出新的期货品种，满足国家战略和实体经济的需求，扩大产品范围，提升市场代表性。同时，开展期权、跨境合作和仓单融资等业务，拓展市场功能和服务范围，增加市场灵活性。完善法律法规和监管制度，建立风险防控和应急处置机制，确保市场安全稳定。加强信息化建设和科技应用，利用大数据、人工智能和区块链等技术提高市场效率和透明度。这些发展和创新将推动我国期货市场进一步壮大，并提升其国际竞争力和影响力。

本章小结

本章系统介绍了远期与期货类金融衍生工具的概念、特点、种类、损益、设计、运用和市场情况。这些工具通过以事先约定的价格在未来某一特定日期买卖资产的协议来实现对冲风险、投机获利和套利交易等目的。远期合约是私下达成的，缺乏标准化、保证金、清算和交割等制度；而期货合约则是在交易所达成的标准化协议，受到严格的制度和规范约束。此外，我们还详细探讨了远期利率协议，它是一种通过在未来某一特定日期以事先约定的利率交换两种货币的本金和利息来管理利率风险和调整资产负债结构的协议。我国的远期与期货市场经过多年的发展和变革，已建立了健全的法律法规、监管机构、交易所和中介机构体系，为投资者提供了多样化的交易品种和服务。通过学习本章内容，读者将初步了解远期与期货类金融衍生工具，并对我国相关市场有所认识。

本章可与实训项目一到四配套学习，理论联系实际。实训项目一为期货业务咨询服务，帮助读者了解期货市场、交易规则和风险管理等方面的知识。实训项目二关注期货交易开户与销户，读者可以学习办理期货账户的流程和步骤。实训项目三涉及期货交易流程操作，读者可以了解具体的下单、成交确认、持仓管理、平仓结算等环节。实训项目四重点介绍期货交割流程，读者可以了解交割通知、仓单准备、货物调运、交割验收等环节。通过实训项目，读者能够将所学理论知识应用于实际操作，加深对远期与期货类金融衍生工具及其相关市场的理解，提高在未来从事相关职业时的熟练度和自信心。

实训案例

某公司计划在 2023 年 6 月 30 日购买 1 000 吨大豆，目前大豆的现货价格为 3 000 元/吨，2023 年 6 月的大豆期货合约价格为 3 200 元/吨。该公司担心大豆价格上涨，因此决定使用期货合约进行对冲。请回答以下问题：

该公司应该买入还是卖出期货合约？买入或卖出多少张合约？假设每张合约的交割数量为 10 吨。

假设到了 2023 年 6 月 30 日，大豆的现货价格上涨到 3 500 元/吨，2023 年 6 月的大豆期货合约价格为 3 700 元/吨。该公司的对冲损益是多少？该公司的总成本是多少？

假设到了 2023 年 6 月 30 日，大豆的现货价格下跌到 2 500 元/吨，2023 年 6 月的大豆期货合约价格为 2 700 元/吨。该公司的对冲损益是多少？该公司的总成本是多少？

二维码视频材料

练习与思考

微信公众号推荐

兴业证券投教基地

图解金融

中国货币市场

华尔街见闻

第三章

期货定价的理论与分析

导入案例

2020 年 4 月 20 日，美国 WTI 原油期货市场发生了一场前所未有的“负油价”事件。由于新冠疫情导致原油需求大幅下降，加上储存空间不足，5 月份交割的原油期货合约在最后一个交易日出现了恐慌性抛售，价格一度跌至−37.63 美元/桶，创下历史最低纪录。卖方不仅无法从买方获得收入，反而要付钱给买方以摆脱交割义务。这一事件引发了对原油期货定价机制和风险管理的深入思考，并揭示了金融市场与实体经济之间的错位和脱节。

期货作为投资者进行套期保值、投机、套利等的重要工具，其定价对投资者的风险管理和收益优化至关重要，也对监管部门维护市场稳定和防范危机具有重要意义。本章将探讨期货定价的原理以及各类金融期货的定价方法。通过学习本章内容，读者可以全面了解期货定价的原理和方法，并培养在实践中运用期货进行风险管理和投资决策的能力。

学习目的

通过本章的学习，理解并掌握期货的定价原理，包括无套利定价理论和持有成本理论；了解商品期货和金融期货的定价分析，包括期货价格与现货价格的关系、期货价格的波动因素和期货价格的预测方法；熟悉外汇期货、利率期货和股指期货的定价，包括它们的基本概念、特点、市场情况和定价模型。

素养目标

党的二十大报告指出，要坚持问题导向、坚持系统观念，坚决维护国家安全，防范化解重大风险，保持社会大局稳定。本章通过深入分析期货定价原理和方法，展示我国期货市场的创新能力和发展水平，彰显金融理论与实践方面的自信自立和守正创新。同时，本章重视国际形势和规则对我国期货市场的影响，倡导加强与国际金融组织及其他国家的交流合作，推动我国期货市场更好地融入全球金融体系，为构建人类命运共同体做出贡献。以利率期货为例，本章介绍其在国际金融市场的作用以及我国国债期货市场的发展历程和现状。总之，本章旨在培养学生求真务实、实事求是、诚实守信等良好的职业道德。

第一节 期货的定价原理

一、无套利定价理论

（一）无套利假设的含义

无套利假设是指在有效市场中，不存在可以以零风险获得正净现值的投资机会。换言之，如果两种投资在未来具有相同的现金流，它们在当前应该具有相同的价格。如果存在价格不一致，就会出现套利机会，即通过买入低价的投资并卖出高价的投资来获取无风险利润。然而，市场参与者很快会发现并消除这种套利机会，使价格恢复到均衡水平。

（二）无套利假设下远期价格与期货价格之间的关系

远期和期货是两种金融衍生品，是双方约定在未来某一时间以确定价格买卖一定数量某种商品的合约。当远期合约和期货合约具有相同期限时，远期价格和期货价格通常非常接近。因此，在后续讨论中，我们不区分远期合约和期货合约。

在本章中，我们使用以下符号来讨论远期和期货定价：

(1) T 表示合约的期限（以年计）；

(2) S_0 表示标的资产的当前价格，S_T 表示标的资产在 T 时刻的价格；

(3) F_0 表示远期或期货合约的当前价格，F_T 表示 T 时刻的期货理论价格；

(4) r 表示按连续复利的无风险零息利率；

(5) t 表示现在的时间，单位为年。变量 T 和 t 是从合约生效之前的某个日期开始计算的，$T-t$ 代表远期和期货合约中以年为单位表示的剩下的时间。

计算时，按 1 年有 360 天或 12 个月。

为了实现投资者在 T 时刻获得 1 单位资产的目标，可以采用两种资产组合方式：

资产组合 A：持有远期价格为 F_0 的 1 单位标的资产多头头寸，并将额度为 F_0e^{-rT} 的资金按照无风险利率 r 贷出（在 T 时刻将收回 F_0）。该组合可以在到期日以 F_0 的现金买入资产，到期时组合价值为 S_T。

资产组合 B：直接购买 1 单位标的资产 S_0，持有至 T 时刻，到期时组合价值为 S_T。

根据无套利定价思想，如果两个资产组合在到期时价值相等，那么它们在期初的价值也应该相等，否则存在套利机会。期初时 A 组合的价值为 $0+F_0e^{-rT}$，B 组合的价值为 S_0，因此，根据无套利定价原理，可以得到远期和期货的无套利定价公式（3-1）。

$$F_0 = S_0 e^{rT} \tag{3-1}$$

后续的讨论将主要围绕这一核心公式展开。

该公式表明，远期或期货价格应等于即期或现货价格加上持有成本（或扣除持有收益），以确保合约在签订时的价值为零。如果价格偏离了该公式所给出的水平，就存在套利机会，参与者可以通过买入低价合约和卖出高价合约来获得无风险利润。

需要注意的是，该公式是一个简化模型，忽略了实际中存在的因素，如交易费用、税收、保证金、违约风险和流动性等。实际情况下，远期和期货的定价还需考虑标的资产的收益情况、收益是否已知、收益的连续性以及标的资产价格与利率之间的相关性等因素。因此，根据不同情况，远期和期货的定价公式可能具有不同的形式和变量。

在特殊情况下，远期价格和期货价格可能不相等，这主要受到标的资产价格与利率的相关性的影响。如果标的资产价格与利率正相关，期货价格将高于远期价格，因为期货多头可以通过每日结算制度在利率上升时获得更高的利息收入。相反，如果标的资产价格与利率负相关，远期价格将高于期货价格，因为期货多头需要在利率下降时支付更高的利息。这种差异随合约有效期的增长而增大。

二、持有成本理论

持有成本理论是无套利原则在商品期货定价中的具体应用。根据该理论，期货价格等于标的资产现货价格加上持有该商品至期货合约交割日期间的持有成本。持有成本理论主要以商品持有为核心，分析期货市场的机制，并阐述期货交易对供求关系的积极影响。该理论逐渐应用于金融期货定价。

根据定义，期货价格可以表述为如下形式：

期货价格＝现货价格＋持有成本

（一）持有成本的分类

1. 储存成本

储存成本包括商品的仓储和保管成本。实体商品需要放置在设施完善的仓库，而部分金融商品的储存成本很低（如国债与股票），有些无实体的金融商品根本不需要储存，因而无储存成本（如股价指数），所以金融商品的储存成本相对较低。

2. 运输成本

运输成本指商品交割时的运输费用。各种商品的运输成本因地点不同而有所差异，金融商品通常具有较低的运输成本或无须花费运输成本。

3. 保险成本

某些储存的商品需要保险，例如黄豆需要防范水灾，木材需要防范火灾。整体而言，保险成本在现货价格中占比较低，在期货定价中通常会被忽略。

4. 融资成本

融资成本指购买现货商品所需支付的借款融资费用。融资成本通常是最主要的持有成本，无论是实体商品还是金融商品，其融资成本通常远高于其他持有成本。

(二)便利收益

持有现货商品除了会产生持有成本外，有些商品的持有还能带来收益。这种持有的收益被称为便利收益或持有收益。例如，制造业企业通过拥有稳定的原材料供应可以规避原材料暂时短缺对生产的影响，这种便利性就是便利收益。金融产品在持有期内也会产生股利（股票）或利息收益（债券）。

因此，持有成本与便利收益对期货价格产生反向影响。将这两个因素考虑在内，期货价格可以改写为：

$$F=S+W-R \tag{3-2}$$

其中，F 表示期货价格，S 表示现货价格，W 表示持有成本，R 表示便利收益。从公式（3-2）可以看出，期货价格与现货价格的相对高低取决于持有成本和便利收益的大小关系。当持有成本大于便利收益时，期货价格高于现货价格，被称为正向市场；当持有成本小于便利收益时，期货价格低于现货价格，被称为反向市场。

三、商品期货的定价分析

对于所有的商品期货，如果将持有成本和便利收益用连续复利的方式表示，即设持有成本率为 μ，便利收益率为 z，则商品期货价格的一般形式为：

$$F_t=S_t e^{(r+\mu-z)(T-t)} \tag{3-3}$$

对于期货多头而言，持有成本率 μ 相当于收益，因此在远期价格中需要加上一部分来弥补空头的仓储费用。而对于期货空头而言，便利收益相当于持有现货的好处，因此在远期定价时会向多头少索要一部分价格。

案例 3-1

假设某玉米期货还有 60 天到期，目前玉米现货价格为每吨 1 800 元，无风险连续利率为 6%，储存成本为 3%，便利收益率为 2%，则该玉米期货的理论价格是多少？

解答：该玉米期货的理论价格为：

$$F_t=S_t e^{(r+\mu-z)(T-r)}=1\,800e^{(6\%+3\%-2\%)\times\frac{60}{360}}\approx 1\,821.12(\text{元}/\text{吨})$$

因此，该玉米期货的理论价格为每吨 1 821.12 元。

四、金融期货的定价分析

下面我们以股票期货为例，运用无套利定价原则来对金融期货进行定价。我们将重点考虑只具有“投资”或“投机”功能的金融期货。

(一)不支付红利情况下的金融期货定价

不支付红利的标的资产通常指单只股票或股票指数。这类标的资产没有便利收益，持有成本仅包括购买股票所需资金的利息。因此，其期货定价公式相对简单，即：

$$F_t = S_t e^{r(T-t)} \tag{3-4}$$

在 t 时刻建立期货头寸，以复利计算，经过 $T-t$ 期后，股票期货的价格为 $S_t e^{r(T-t)}$。

案例 3-2

有一投资者手头持有 XYZ 股票，他想在 6 个月后出售以获得现金。由于担心未来的股票价格下跌，他到期货市场上卖出 XYZ 股票期货。假设当前的股票价格为每股 100 元，6 个月期的年利率为 10%。另外，假设这 6 个月内 XYZ 股票不发红利。问题：他以多少价格卖出这个期货是合理的呢？

解答：为了得到该股票期货的理论价格，假定不存在交易成本（如保证金、佣金等），我们构造一个资产组合：

（1）以 6 个月期的年利率借入资金 100 元；

（2）以借入的 100 元去购入 1 股 XYZ 股票；

（3）卖出 1 股 6 个月后交割的 XYZ 股票期货。

观察这个资产组合在期初和期末的现金流情况。由于期货交割是在期末进行的，我们假设不考虑买卖期货的保证金费用，因此期货交易的现金流只在期末发生。然而，6 个月后交割的期货的价格在期初就已确定，这也是我们想要得到的期货理论价格。

在期初，借入的 100 元正好用于卖空一股股票，因此净现金流为 0。到了期末，使用买入的一股股票进行交割以平掉卖空头寸，从中获得现金，同时还需要收回期初借出的 100 元本金和利息。因此，期末的净现金流应为 0。根据无套利原则，由于期初的净现金流为 0，期末的净现金流也应该为 0，即得到期货价格。具体的现金流情况如表 3-1 所示。

表 3-1　XYZ 股票多头和期货空头的无套利组合现金流

	期初现金流	期末现金流
借入 100 元	100	$-100e^{10\%\times\frac{6}{12}}=-105.127$
多头 1 股 XYZ 股票	-100	0
空头 1 股 XYZ 股票期货	0	F
合计	0	$F-100e^{10\%\times\frac{6}{12}}=0$

解得：

$$F_t = S_t e^{r(T-t)} = 100e^{10\%\times\frac{6}{12}} = 105.127(\text{元})$$

因此，该股票期货的理论价格为每股 105.127 元。

（二）已知支付现金红利的标的资产

将在 t 时刻到 T 时刻期间所支付的现金红利在 t 时刻的折现值之和记为 I_t，此时期货定价公式转化为：

$$F_t = (S_t - I_t)e^{r(T-t)} \tag{3-5}$$

如果 $F_t>(S_t-I_t)e^{r(T-t)}$，套利者可以通过买入标的资产并卖出期货合约来盈利；如果 $F_t<(S_t-I_t)e^{r(T-t)}$，套利者可以通过卖空标的资产并买入期货合约来盈利。

案例 3-3

有一个投资者手头持有 XYZ 股票，他想在 6 个月后出售以获得现金。由于担心未来的股票价格会下跌，他到期货市场上卖出 XYZ 股票期货。假设当前的股票价格为每股 100 元，6 个月期的年利率为 10%。另外，假设 4 个月后 XYZ 股票派发红利，每股红利为 2 元。问题：他以多少价格买入该期货是合理的？

解答：如案例 3-2，我们同样地构造一个无套利组合：

(1) 以 3 个月期的年利率借入资金 100 元；

(2) 以借入的 100 元去购入 1 股 XYZ 股票；

(3) 卖出 1 股 3 个月后交割的 XYZ 股票期货。

在这个无套利组合的现金流考虑中，我们需特别关注组合持有期内派发的 2 元股票红利。假设 4 个月后，将此红利按照给定的 6 个月期年利率 10%投资于无风险资产两个月，最终可获得的现金为：$2e^{10\%\times\frac{2}{12}}=2.03361$ 元。具体的现金流情况如表 3-2 所示。

表 3-2 XYZ 股票多头和期货空头的无套利组合现金流

	期初现金流	期末现金流
借入 100 元	100	$-100e^{10\%\times\frac{6}{12}}=-105.127$
多头 1 股 XYZ 股票	−100	$2e^{10\%\times\frac{2}{12}}=2.03361$
空头 1 股 XYZ 股票期货	0	F
合计	0	$F-100e^{10\%\times\frac{6}{12}}+2e^{10\%\times\frac{2}{12}}=0$

解得：

$$\begin{aligned}F&=Se^{rT}-Ie^{r(T-t)}\\&=100e^{100\%\times\frac{6}{12}}-2e^{100\%\times\frac{2}{12}}\\&=105.127-2.03361\\&=103.093(\text{元})\end{aligned}$$

因此，该股票期货的理论价格为每股 103.093 元。

(三) 对已知支付连续红利率的标的资产的定价

考虑一种特殊情况，假设一个股票组合包含多只股票，在到期前的任何时刻都能获得固定比率的红利支付。为了考虑问题的方便，假设标的资产支付的连续红利率为 q，则其期货定价公式为：

$$F_t=S_te^{(r-q)(T-t)} \tag{3-6}$$

第二节 外汇期货的定价

一、外汇期货概述

（一）外汇期货的概念及合约解读

外汇期货（foreign exchange futures）是双方约定在未来特定时期进行外汇交割的标准化合约，其限定了标准币种、数量、交割月份及交割地点。在期货交易所中，通过喊价成交的外汇合约买卖即为外汇期货交易。外汇期货也被称为外币期货或货币期货。

以 IMM 为例，其具体的外汇期货合约规定如表 3-3 所示。

表 3-3 IMM 的外汇期货合约规定

币种	交易单位	最小变动价位	最小变动值	每日价格波动限制
欧元	EUR 125 000	0.000 1 (1 点)	USD 12.5	200 点 (USD 2 500)
日元	JPY 12 500 000	0.000 001 (1 点)	USD 12.5	150 点 (USD 1 875)
加拿大元	CAD 100 000	0.000 1 (1 点)	USD 10	100 点 (USD 1 000)
英镑	GBP 62 500	0.000 2 (2 点)	USD 12.5	400 点 (USD 2 500)
澳大利亚元	AUD 100 000	0.000 1 (1 点)	USD 10	150 点 (USD 1 500)
瑞士法郎	SFR 125 000	0.000 1 (1 点)	USD 12.5	150 点 (USD 1 875)

外汇期货的最小变动价位通常用“点”（point）表示。一个点指的是外汇市场报价中小数点后的最后一位数字。然而，由于不同货币对美元的汇率小数点后的位数不同，所以同样一个点在不同货币中具有不同的含义。在国际货币市场上，英镑、加拿大元和澳大利亚元的一个点为 0.000 1，而日元则为 0.000 001。

外汇期货每日价格波动限制通常以一定的点数表示，并且价格的波动幅度不能超过或低于前一交易日结算价的限制。需注意的是，不同货币的点数具有不同的含义，因此无法根据点数的绝对值来比较不同货币的每日价格波动限制的大小。

（二）外汇期货的特点

1. 外汇期货合约代表汇价预测

外汇期货合约代表交易双方对货币汇价变动方向的预测。购买或出售期货合约时，交易方无须实际支付合约面值所代表的外汇，而只需要支付手续费。若实际市场价格高于合约标明的价格，买方需支付差价，卖方则获得差价；反之，则买方获益，卖方亏损。

2. 外汇期货价格预示现货市场价格

投机者期望期货价格朝着预期的现货市场价格方向移动。因此，在投机者的参与下，现货价格与期货价格间保持一定差距，即期货价格与现货价格同向变动且幅度相近。当两者变动幅度完全相同时，避险者可完全规避价格变动风险。然而，由于预期因素的变化，两者变动幅度一般存在差异，故外汇期货交易无法完全回避价格风险，只能部分回避。

3. 外汇期货合约属有形商品

虽然外汇期货的货币是商品的一种特殊形式，但仍是实体商品，具有实际价值。这与商品期货合约相同。

随着外汇期货合约接近交割日，现货价格与期货价格差将缩小。在交割日，卖方可通过购买即期外汇来履行交割义务。因此，在外汇期货合约最后交易日收盘时，现货与期货的价格差为零，否则套利机会将出现。

二、外汇期货的定价

确定外汇期货价格的理论依据是国际金融领域著名的利率平价理论。该理论认为，在正常情况下，两种货币之间的利率差异决定了即期汇率和远期汇率的差异，并且这两种差异大致相等。

假设外汇的报价采用直接标价法，即一单位外币（foreign currency，FC）等于若干单位本币（domestic currency，DC），在此基础上，假设 t 时刻的即期汇率是 S，即一单位外币可兑换 S 单位本币。未来 T 时刻的远期汇率记作 F。

假设某投资者 t 时刻持有一单位外币，该外币可以在国际上自由移动，并且不存在任何的交易成本，则其有两种方式进行投资：一是直接将外币投资于以外币计息的无风险资产（利率为 r_f）；二是将外币兑换成本币，并投资于以本币计息的无风险资产（利率为 r）。在连续复利的前提下，外币形式的投资，在 T 时刻的本息和变为 $e^{r_f(T-t)}$（外币标值）；本币形式的投资，在 T 时刻的本息和变为 $Se^{r(T-t)}$（本币标值），如图 3－1 所示。

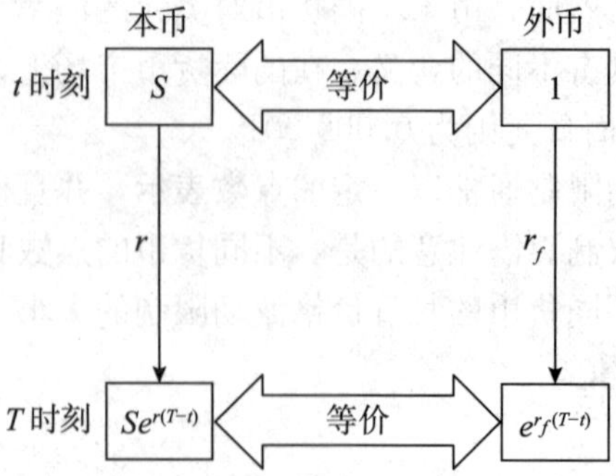

图 3－1　外汇期货定价框图

根据无套利定价原理，期初本币和外币的价值相等，则期末两者的价格也应该相等，否则就会出现无风险套利机会。因此，在 T 时刻，本币的本息和应当与外币的本息和价值相等。所以，未来时刻的远期汇率应当等于：

$$F=\frac{Se^{r(T-t)}}{e^{r_f(T-t)}}=Se^{(r-r_f)(T-t)} \tag{3-7}$$

在合理近似的情况下，这个价格也是外汇期货价格。这里特别要注意的是，该公式只适用于直接标价法（DC/FC）的情形，如果采用的是间接标价法（FC/DC），则上述公式有误。

第三节 利率期货的定价

一、利率期货概述

（一）利率期货的概念及分类

利率期货（interest rate futures）是一种以利率和债券类产品作为合约标的的期货品种。它在集中市场上以公开竞价方式进行交易，涉及交易双方之间的利率期货合约。合约规定买卖双方按照成交价格，在未来某日交割一定量的特定利率相关产品，如债券和存款。这些产品的价格主要由利率变动决定。

利率期货分为短期利率期货和长期利率期货两类。短期利率期货以期限不超过一年的各种利率产品为标的物，如商业票据期货、国库券期货和欧洲美元期货等。长期利率期货以期限超过一年的各类利率产品为标的物，如中长期国债期货。

在美国市场，利率期货主要集中在芝加哥期货交易所（CBOT）和芝加哥商品交易所（CME）的国际货币市场分部。CBOT 专注于长期利率期货，包括 30 年期美国长期国债期货和 10 年期美国中期国债期货。而 CME 专注于短期利率期货，包括 13 周美国国库券期货和 3 个月期欧洲美元期货。在欧洲市场，欧洲交易所（Eurex）提供了短期欧元债券期货、中期欧元债券期货和长期欧元债券期货等品种。在国内市场，中国金融期货交易所（中金所）上市了 2 年期、5 年期和 10 年期三个国债期货品种。

（二）利率期货的报价与交割

1. 短期利率期货的报价与交割

短期利率期货通常采用指数报价法。指数报价法是以 100.00 减去年收益率或年利率作为期货的价格报出。在 CME 市场，欧洲美元期货、美国短期国债期货以及 ICE 欧洲市场的 3 个月期欧元银行间同业拆借利率期货都采用指数报价法，并在合约到期时进行现金交割。

（1）欧洲美元期货。

欧洲美元期货是以 3 个月期欧洲美元定期存款为标的物的短线利率衍生品种。它由芝加哥商品交易所国际货币市场分部于 1981 年 12 月推出，并成为全球金融市场广泛交易的合约之一。

欧洲美元期货可用于对冲利率风险。投资者可通过卖空欧洲美元期货来规避利率上升带来的损失；反之，可通过买入欧洲美元期货来规避利率下降带来的损失。欧洲美元期货与外汇期货不同，不能混为一谈，两者的交易规则有明显区别。

欧洲美元期货的报价形式为“100.00－美元3个月期LIBOR”。例如，欧洲美元报价为99.805，表示美元3个月期LIBOR为0.195%（即100.00－99.805＝0.195）。欧洲美元期货的价格变动为0.01，称为1个点，相当于3个月期LIBOR变动1个基点，意味着合约价值变动25美元。

欧洲美元期货最近月份合约的最小变动价位是0.25个基点，其他月份合约的最小变动价位是0.5个基点。由于该合约的交易单位为本金1 000 000美元，期限为3个月，因而其最小变动值为最近月份合约6.25美元（即$1\ 000\ 000\times 0.002\ 5\%\times\frac{1}{4}=6.25$），其他月份合约12.5美元（即$1\ 000\ 000\times 0.005\%\times\frac{1}{4}=12.5$）。

欧洲美元期货采用现金结算方式。在最后交易日，交易所根据最后结算价格与前一交易日的结算价格计算未平仓合约的盈亏金额。通过调整买卖双方的保证金账户余额，完成期货头寸的结算。这种现金结算方式不仅方便了欧洲美元期货的交易，还解决了无法进行实物交割的问题，为其他各类期货的推出提供了借鉴。

欧洲美元期货合约价格的计算方式如公式（3-8）所示。

$$F=1\ 000\ 000-1\ 000\ 000\times \text{LIBOR}\times\frac{1}{4} \tag{3-8}$$

在计算欧洲美元期货交易的盈亏时，LIBOR的变动会导致期货合约价格相应变动，其变动数额如公式（3-9）所示：

$$\begin{aligned}\Delta F&=1\ 000\ 000\times\frac{1}{4}\times\Delta\,\text{LIBOR}=250\ 000\times\Delta\,\text{LIBOR}\\&=250\ 000\times\frac{\Delta Q}{100}=2\ 500\times\Delta Q\end{aligned} \tag{3-9}$$

其中，ΔLIBOR表示LIBOR的变动额，ΔQ表示欧洲美元期货报价的变动额。

案例 3-4

4月15日，交易员买入9月欧洲美元期货合约6张，报价为94.80。该交易员持有合约一直到9月份合约到期。合约最后交割价确定为95.20，假设不存在交易成本，求该交易员将收到收益的数额。

解答：根据欧洲美元期货的交易规则，4月15日买入时的3个月期LIBOR为5.2%（即100－94.80），未来合约到期卖出时的LIBOR为4.8%（即100－95.20），因此在不考虑交易成本的假设前提下，交易员的收益为：

$$\pi=6\times 250\ 000\times(5.2\%-4.8\%)=6\ 000\text{（美元）}$$

或者：

$$\pi=6\times 2\ 500\times(95.20-94.80)=6\ 000\text{（美元）}$$

由于LIBOR是一种基于银行间拆借市场的利率，而该市场在金融危机后流动性下降，且存在操纵和欺诈的风险，因此英国金融市场行为监管局（FCA）决定在 2021 年底终止除美元以外的所有币种的 LIBOR 报价，而美元 LIBOR 则在 2023 年 6 月终止报价。这意味着欧洲美元期货需要寻找一个新的利率基准来替代 LIBOR。

目前，美国的替代利率基准是 SOFR，它是基于美国国债抵押品的隔夜回购市场的利率，由纽约联邦储备银行每日发布。SOFR 是一种无风险利率，与 LIBOR 有着不同的特征和风险溢价，因此不能直接替换 LIBOR。为了实现平滑过渡，需要对 SOFR 进行期限和利差的调整，以使其与 LIBOR 的期限结构和信用风险相匹配。

根据 CME 集团的公告，欧洲美元期货将采用以下方法来实现从 LIBOR 到 SOFR 的过渡：对于在 2021 年 12 月 15 日或之前到期的欧洲美元期货合约，将继续使用 LIBOR 作为最终结算价格。对于在 2021 年 12 月 16 日至 2023 年 6 月 30 日之间到期的欧洲美元期货合约，将使用 LIBOR 和 SOFR 之间的固定利差来计算最终结算价格。该利差将在 2021 年 12 月 17 日公布，并在整个过渡期内保持不变。对于在 2023 年 7 月 1 日或之后到期的欧洲美元期货合约，将使用 SOFR 作为最终结算价格。

欧洲美元期货的报价方式也将相应地调整，从 100 减去 LIBOR 变为 100 减去 SOFR。例如，如果 SOFR 是 1.5%，那么报价就是 98.5。这种报价方式反映了欧洲美元期货合约的标的物是以欧洲美元为货币的期限为三个月的 SOFR。

（2）3 个月期欧元银行间同业拆借利率期货。

EURIBOR，即欧元银行间同业拆借利率，是基于欧元区资信较高的银行间欧元资金的利率。EURIBOR 涵盖了不同期限的利率，包括隔夜、1 周、2 周、3 周和 1～12 个月等，最长期限为 1 年。与 LIBOR 类似，EURIBOR 是欧洲市场上欧元短期利率的重要指标。

欧洲市场的 3 个月期欧元银行间同业拆借利率期货的合约标的物是“3 个月期欧元银行间同业拆借利率”，交易单位为“2 500 欧元×利率指数”。报价形式为“100.00－利率数值”，最小价格变动为 0.005 点（相当于 12.50 欧元）。合约到期时以“3 个月期欧元银行间同业拆借利率”作为基准进行现金交割。

2. 中长期国债期货的报价与交割

中长期国债期货按照百元面值国债净价（不含应计利息）报价。大部分国家和地区中长期国债期货合约报价采用十进位制。例如，中金所国债期货以此方式报价，如“99.335”表示面值为 100 元的国债期货价格为 99.335 元，不含应计利息。美国市场中长期国债期货的报价采用 32 进位制。价格以短横线分隔，短横线左侧的数字代表每 100 美元面值的整数期货价格，称为整数点。短横线右侧的数字代表一个整数点的 32 分之几。例如，报价“98－16”表示每 100 美元面值的期货价格为 98.50 美元。报价“97－08”表示每 100 美元面值的期货价格为 97.25 美元。

以 CBOT 市场 5 年期国债期货为例，会出现类似于“102－082”“101－125”“98－057”“97－050”的报价形式。这里的“08”“12”和“05”分别表示一个整数点的“8/32”“12/32”和“5/32”，而尾数的“2”“5”“7”“0”表示的是最小变动价位的“1/4 点”四个价位，即“2”代表“1/4 点”，“5”代表“2/4 点”，“7”代表“3/4 点”，“0”代表原报价“3/4 点”上涨“1/4 点”，向前进位“1 点”变为“0”，或原报价“1/4 点”下跌“1/4 点”，变为“0”。因此，上述四种报价形式表示每 100 美元面值的 5 年期国债期货价格分别约为 102.258 美元、101.391 美元、98.180 美元和 97.156 美元。

CBOT 四种中长期利率期货的合约内容如表 3-4 所示。

表 3-4　CBOT 四种中长期利率期货的合约内容

项目	30 年期长期国债期货	10 年期中期国债期货	5 年期中期国债期货	2 年期中期国债期货
标的资产	30 年期、息票利率为 6%的长期国债	10 年期、息票利率为 6%的中期国债	5 年期、息票利率为 6%的中期国债	2 年期、息票利率为 6%的中期国债
合约规模	100 000 美元	100 000 美元	100 000 美元	200 000 美元
最小变动价位	1/32 点	1/32 点的 1/2	1/32 点的 1/4	1/32 点的 1/4
最小变动值	31.25 美元	15.625 美元	7.812 5 美元	15.625 美元
到期交割方式	实物交割	实物交割	实物交割	实物交割
涨跌停	无	无	无	无

中长期国债期货通常采用实物交割方式。合约到期时，卖方需要提供合约规定的可交割国债，而买方支付相应的交割货款（包括持有期间应计利息的可交割国债全价）。国债期货合约的标的通常是具有固定期限和票面利率的名义标准券，同时规定了一篮子可交割国债。这样的设计旨在扩大可交割国债的范围，增强价格的抗操纵性，并降低交割时的逼仓风险。以中金所的 5 年期国债期货为例，其可交割券包括发行期限不超过 7 年、合约到期月份首日剩余期限为 4～5.25 年的记账式附息国债。

二、我国国债期货概况

（一）我国国债期货发展历程

我国于 1992 年 12 月至 1995 年 5 月试点开展了国债期货交易。上海证券交易所首先于 1992 年 12 月 2 日推出了面向机构投资者的合约，并于次年 10 月 25 日向个人投资者开放。此后，北京商品交易所等其他试点交易所也陆续推出了类似合约，交易活跃度逐步提高。然而，在 1994 年 10 月至 1995 年 3 月间，由于风险事件的发生，试点交易被迫暂停。随着我国利率市场化改革和现券市场的发展以及规范化建设，恢复开展国债期货交易的条件逐渐具备。2013 年 9 月 6 日，中金所推出了 5 年期品种；2018 年 8 月 17 日，2 年期品种开始交易；2020 年 3 月 20 日，10 年期品种上市；2023 年 4 月 21 日，首批 30 年期国债期货合约上市交易。中金所的四个品种覆盖了中短、中、长、超长四个不同区间的利率风险，满足了市场投资者的多样化需求，并且市场规模不断扩大。

（二）合约标的和可交割国债

目前，中金所上市的国债期货合约见表 3-5。

表 3-5　中金所国债期货合约

	2 年期国债期货合约	5 年期国债期货合约	10 年期国债期货合约	30 年期国债期货合约
合约标的	面值为 200 万元人民币、票面利率为 3%的名义中短期国债	面值为 100 万元人民币、票面利率为 3%的名义中期国债	面值为 100 万元人民币、票面利率为 3%的名义长期国债	面值为 100 万元人民币、票面利率为 3%的名义超长期国债

续表

	2年期国债期货合约	5年期国债期货合约	10年期国债期货合约	30年期国债期货合约
可交割国债	发行期限不高于5年，合约到期月份首日剩余期限为1.5～2.25年的记账式附息国债	发行期限不高于7年，合约到期月份首日剩余期限为4～5.25年的记账式附息国债	发行期限不高于10年，合约到期月份首日剩余期限不低于6.5年的记账式附息国债	发行期限不高于30年，合约到期月份首日剩余期限不低于25年的记账式附息国债
报价方式	百元净价报价			
最小变动价位	0.005元			
合约月份	最近的3个季月（3、6、9、12季月循环）			
交易时间	9：30—11：30，13：00—15：15；最后交易日9：30—11：30			
每日价格最大波动限制	上一交易日结算价的±0.5%	上一交易日结算价的±1.2%	上一交易日结算价的±2%	上一交易日结算价的±3.5%
最低交易保证金	合约价值的0.5%	合约价值的1%	合约价值的2%	合约价值的3.5%
最后交易日	合约到期月份的第二个星期五			
交割方式	实物交割			
最后交割日	最后交易日后的第三个交易日			
合约代码	TS	TF	T	TL

中金所以面值为200万元人民币、100万元人民币的名义中短、中、长、超长四类国债为标的推出了2年、5年、10年和30年四个品种的国债期货合约。这些名义标准券或名义虚拟券均以3%作为票面利率，并规定了相应的剩余期限。中金所的国债期货采用实物交割方式。

在实际操作中，可以将多种符合一定条件的现券与名义标准券进行对比，实现多样化替代交割。中金所对可交割国债有发行和剩余两方面的要求，覆盖了财政部发行的主要区间，保证了可交割国债在现货市场有良好流动性，满足了投资者对冲风险的需求。中金所四个品种对应的可交割国债如下：

（1）发行期限不超过5年，合约到期月份首日剩余期限为1.5～2.25年的记账式付息国债；

（2）发行期限不超过7年，合约到期月份首日剩余期限为4～5.25年的记账式付息国债；

（3）发行期限不超过10年，合约到期月份首日剩余期限不低于6.5年的记账式付息国债；

（4）发行期限不超过30年，合约到期月份首日剩余期限不低于25年的记账式付息国债。

（三）转换因子

国债期货实行一篮子可交割国债的多券种交割方式。多券种交割方式是指当合约到期时，卖方可以提供一篮子符合条件的不同现券作为可交割品种。这些现券有不同的剩余期限、票面利率和付息频率，需要通过转换因子（conversion factor，CF）来确定与名义标准券价格之间的折算比例。

转换因子是指按照名义标准券票面利率折现后，面值为 1 元的现券在其剩余期限内产生的现金流总值与 1 元之比。中金所计算转换因子的公式如下：

$$\mathrm{CF}=\frac{1}{(1+r/f)^{xf/12}}\times\left[\frac{c}{f}+\frac{c}{r}+\left(1+\frac{c}{f}\right)\times\frac{1}{(1+r/f)^{n-1}}\right]-\frac{c}{f}\times\left(1-\frac{xf}{12}\right) \tag{3-10}$$

其中，r 为国债期货合约标的的票面利率；x 为交割月到下一付息月的月份数；n 为剩余付息次数；c 为可交割国债的票面利率；f 为可交割国债每年的付息次数；计算结果四舍五入至小数点后 4 位。

可交割国债的票面利率是影响转换因子大小的重要因素。根据计算公式（3－10）可知，当可交割国债票面利率高于国债期货合约标的的票面利率时，转换因子大于 1；若两者相等，则转换因子等于 1；而当可交割国债票面利率低于国债期货合约标的的票面利率时，转换因子小于 1。此外，可交割国债的剩余期限和付息频率也会对转换因子产生一定影响。

可交割国债的转换因子在国债期货合约上市时由交易所公布，并在合约存续期间保持不变。如果在合约存续期间有新增可交割现券，交易所将同时公布其转换因子。图 3－2 为中金所 2023 年 7 月 28 日公布的 T2309 合约可交割现券和转换因子示例。

可交割国债信息　　产品：T　合约代码 2309　查询

国债全称	国债代码			到期日	票面利率	转换因子
	银行间	上交所	深交所			
2023年记账式附息（六期）国债	230006	019699	102234	20300325	2.80	0.9882
2020年记账式附息（六期）国债	200006	019632	102006	20300521	2.68	0.9808
2020年抗疫特别国债（三期）	2000003	019637	102063	20300624	2.77	0.986
2023年记账式附息（十四期）国债	230014	019707	102242	20300625	2.62	0.977
2020年抗疫特别国债（四期）	2000004	019639	102064	20300716	2.86	0.9914
2020年记账式附息（十六期）国债	200016	019646	102016	20301119	3.27	1.0173
2021年记账式附息（九期）国债	210009	019657	102109	20310527	3.02	1.0013
2021年记账式附息（十七期）国债	210017	019665	102117	20311118	2.89	0.9921
2022年记账式附息（三期）国债	220003	019668	102203	20320217	2.75	0.9815
2022年记账式附息（十期）国债	220010	019675	102210	20320515	2.76	0.9818
2022年记账式附息（十七期）国债	220017	019682	102217	20320815	2.69	0.9759
2022年记账式附息（二十五期）国债	220025	019690	102225	20321115	2.80	0.9841
2023年记账式附息（四期）国债	230004	019697	102232	20330225	2.88	0.9902
2023年记账式附息（十二期）国债	230012	019705	102240	20330525	2.67	0.9725

图 3－2　中金所公布的 T2309 合约可交割国债和转换因子示例图（2023 年 7 月 28 日）

（四）现金价格

现金价格（cash price），又称不纯价格（dirty price），是买方在现货市场上购买债券时需支付给卖方的金额。它由债券报价和应计利息两部分组成：

$$现金价格=P+I_a \tag{3-11}$$

其中，P 是债券的市场报价；I_a 是应计利息（accrued interest），也就是上一个付息日以来的累计利息。

在美国，中长期国债通常每半年支付一次利息，而付息日与交易日往往不同。因此，买方除了支付债券市场价格外，还要补偿卖方从上次付息日至交易日之间产生的利息。图 3-3 展示了应计利息的计算示意图。

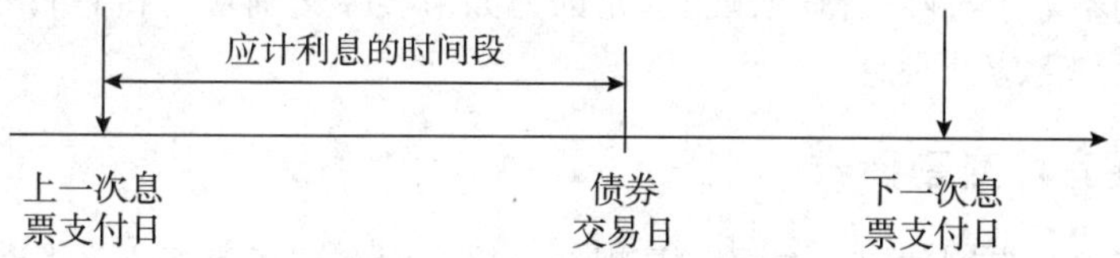

图 3-3　应计利息计算示意图

应计利息是以实际过去的天数与两次付息期间实际天数的比率为基础的，计算公式为：

$$应计利息=息票数额\times\frac{上次付息日到现在实际过去的天数}{上次付息日到下次付息日的实际天数} \tag{3-12}$$

我国中长期国债通常每年支付一次利息，中金所规定，国债期货交割时，应计利息的日计数基准为“实际持有天数/实际计息天数”。每 100 元可交割国债的应计利息计算公式如下：

$$应计利息=\frac{可交割国债票面利率\times100}{每年付息次数}\times\frac{第二交割日-上一付息日}{当前付息周期实际天数} \tag{3-13}$$

注：应计利息的计算结果应进行四舍五入至小数点后 7 位。

案例 3-5

假设现在是 2023 年 7 月 28 日，息票利率为 3%，2030 年 5 月 16 日到期的 10 年期长期国债的报价为 98.5。由于我国长期国债均为每年付一次利息，从到期日可以判断，上次付息日是 2023 年 5 月 16 日，下一次付息日是 2024 年 5 月 16 日。由于 2023 年 5 月 16 日到 7 月 28 日之间的天数为 73 天，2023 年 7 月 28 日到 2024 年 5 月 16 日之间的天数为 292 天，因此应计利息等于：

应计利息＝票面利率×票面金额×上次付息日到现在的天数/一年的天数

应计利息＝3%×100 元×73 天/365 天＝0.6 元

该国债的现金价格为：

现金价格＝债券价格＋应计利息＝98.5＋0.6＝99.1（元）

(五) 发票金额

发票金额（invoice amount）是指在中长期国债期货交割日，期货合约的买方实际支付给卖方的金额。该金额由交易所的结算单位根据卖方提供的可交割债券、实际交割日和交割结算价格计算得出。其计算公式如下：

$$发票金额=P_F\times CF+I_a \tag{3-14}$$

其中，P_F 是国债期货合约的交割结算价；CF 是可交割债券的转换因子；I_a 是可交割债券的应计利息。

如前所述，在实际交割时，由于卖方提供的不一定是标的债券，因此需要通过转换因子调整合约总值，称为"本金发票金额"（principal invoice amount）。但在一般情况下，本金发票金额仍不等于实际交割金额。这是因为如果实际交割日与付息日不同，则还需在本金发票金额上加上应计利息。

(六) 最便宜可交割债券

在现货市场上买卖国债时，参考的是现金价格；而在期货市场上进行实物交割时，参考的是发票金额。对于卖方而言，如果选择实物交割，他可以以现金价格买入国债，并以发票金额卖出给对手方。因此，卖方应在可交割债券中选择发票金额与现金价格差额最大或最小的债券，以获得最大利润或经受最小损失。

根据这一原则，我们可以找到最合适的债券，也称其为"最便宜可交割债券"（cheapest-to-deliver bond，CTD 债券）。最便宜可交割债券是指购买可交割债券的成本（即现金价格）与期货空方收入（即发票金额）之差最小的债券。换句话说，基差最小的债券就是最便宜可交割债券，其计算公式如下：

$$\begin{aligned}\min(基差)&=\min(现金价格-发票金额)\\&=\min[(P+I_a)-(P_F\cdot CF+I_a)]\\&=\min[P-P_F\cdot CF]\end{aligned} \tag{3-15}$$

案例 3-6

假设某投资者决定交割其持有的 10 年期国债期货合约。当时，期货市场的报价为 98.5；而现货市场有四种可交割债券可供选择，各种可交割债券的现货报价与转换因子如表 3-6 所示。

表 3-6 现货市场债券的报价与转换因子

债券	现货市场报价	转换因子
1	99.30	1.015 6
2	87.50	0.892 8
3	146.75	1.547 6
4	105.55	1.092 3

问：上述四种可交割债券，哪种是最便宜可交割债券？

解答：四种可交割债券的基差分别为：

债券1：99.3－98.5×1.015 6＝－0.736 6

债券2：87.5－98.5×0.892 8＝－0.440 8

债券3：146.75－98.5×1.547 6＝－5.688 6

债券4：105.55－98.5×1.092 3＝－2.041 55

由此可见，在这四种可交割债券中，债券3的基差最小，因此是最便宜可交割债券。

除了基差法外，另一种常用的确定最便宜可交割债券的方法是隐含回购率法。隐含回购率（implied repo rate，IRR）是指以现金价格买入国债并持有至期货交割日所能获得的假设年化收益率。计算公式如下：

$$IRR=\left[\frac{(P_F\times CF+I_{aT})-(P+I_{at})}{P+I_{at}}\right]\times\frac{365}{T-t} \tag{3-16}$$

其中，T 是国债期货的交割日，t 是买入国债的起始时间，I_{aT} 和 I_{at} 分别是 T 和 t 时刻的应计利息，P_F 是国债期货合约在 T 时刻的价格，P 是可交割债券在 t 时刻的价格，CF 是可交割债券的转换因子。

对于这个公式，可以将 $P+I_{at}$ 看作买入国债的成本，将（$P_F\cdot CF+I_{aT}$）看作期货交割的收入，而 $\frac{365}{T-t}$ 则是对期间收益率进行了年化处理，因此公式（3－16）可以理解为：

$$IRR=\frac{投资收益}{投资成本}\times 年化因子$$

显然，隐含回购率越高，国债价格就越低，对于期货合约的空头方越有利。因此，隐含回购率最高的国债就是最便宜可交割国债。

三、利率期货的定价

（一）短期国库券期货的定价

短期国库券期货合约的标的资产是90天期美国国库券。在实际交割时，可交割的国库券可以是新发行的90天期国库券，也可以是原本发行的6个月或1年期国库券中剩余期限为90天（即距离交割日还有90天的时间）。短期国库券是以贴现方式发行的债券，在期限内不支付利息，而投资者在到期日收到债券的面值。

与其他期货合约相比，短期国库券期货合约有一个显著特点，就是在合约到期之前，用于交割的国库券可能尚不存在。因此，将期货合约的标的资产视为在合约有效期内具有价值的贴现债券，且该债券在到期日具有与90天期国库券相同的价值。举例来说，如果一个国库券期货合约在120天后到期，那么可以认为其标的资产是210天期贴现债券。经过120天后，这种贴现债券的价值与当天发行的90天期国库券相等，并且面值与90天期国库券相同。

短期国库券期货定价示意图如图3－4所示。假设 t 为当前时刻（年）；t_1 为期货合约的到期时间（年）；T 是期货合约标的资产的贴现债券到期时间，其中 $T-t$ 约为90

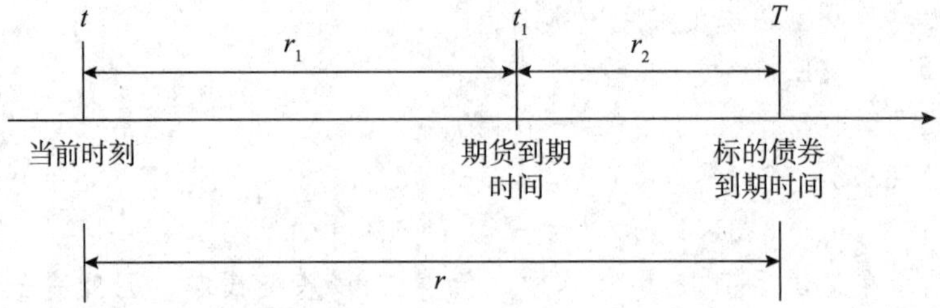

图 3-4　短期国库券期货定价示意图

天；r 表示从 t 到 T 期限内的无风险利率（连续复利）；r_1 是从 t 到 t_1 期限内的无风险利率；r_2 是在 t 时刻的 t_1 和 T 期间的远期利率。合约标的资产的贴现债券的面值为 100 美元，则：

$$S=100e^{-r(T-t)} \tag{3-17}$$

是 t 时刻的期货价格，从而：

$$\begin{aligned} F&=Se^{r_1(t_1-t)}=100e^{-r(T-t)}\cdot e^{r_1(t_1-t)} \\ &=100e^{[r_1(t_1-t)-r(T-t)]} \end{aligned} \tag{3-18}$$

根据本书第二章远期利率的知识，可以得出以下公式：

$$\because r_2=\frac{r(T-t)-r_1(t_1-t)}{T-t_1}$$

$$\therefore r(T-t)-r_1(t_1-t)=r_2(T-t_1)$$

最终可得：

$$F=100e^{-r_2(T-t_1)} \tag{3-19}$$

需要说明的是，公式（3-19）所得出的是期货合约的现货价格，即多头方在合约到期时购买 100 美元面值国库券所需支付的价格，它与短期国库券期货合约的报价 Q 有所不同，它们之间的关系为：

$$\begin{aligned} &\because F=100-(100-Q)\cdot(T-t_1) \\ &\therefore Q=100-\frac{100-F}{T-t_1} \end{aligned} \tag{3-20}$$

案例 3-7

假设 180 天即期利率是 7.5%，300 天即期利率是 7.75%，连续复利计息。则自第 180 天起至第 300 天止的这段时间里的远期利率为：

$$r=\frac{7.75\%\times300-7.5\%\times180}{300-180}=8.125\%$$

120 天后到期的 100 美元面值的短期国库券的期货价格为：

$$F=100e^{-8.125\%\times\frac{120}{360}}\approx97.33\text{（美元）}$$

该期货的报价为：

$$Q=100-\frac{360}{120}\times(100-97.33)=91.99\text{（美元）}$$

（二）国债期货的理论价格

国债期货的理论价格可以用持有成本模型进行计算。该模型认为，国债期货的理论价格等于国债现货价格加上持有国债的成本。

在实践中，通常用最便宜可交割债券的净价作为国债现货价格，并假设该国债在交割日期之前无券息支付。因此，国债期货的理论价格可以表示为：

$$国债期货的理论价格=\frac{\text{最便宜可交割国债净价}+\text{持有国债期间资金占用成本}-\text{持有国债期间利息收入}}{\text{转换因子}}$$

其中，持有国债期间资金占用成本是根据持有可交割国债的全价计算的，持有国债期间利息收入是指可交割债券从上一付息日到第二交割日的应计利息。

案例 3-8

2023 年 7 月 28 日，T2309 期货的价格为 102.06 元。最便宜可交割国债是“2022 年记账式附息（三期）国债”，其现货净价为 100.320 元，转换因子为 0.981 5。该国债于 2022 年 2 月 16 日发行，到期日为 2032 年 2 月 17 日，票面利率为 2.75%，每年付息两次，付息日为每年的 2 月 17 日和 8 月 17 日。假设市场利率为 3.5%，计算 T2109 合约的理论价格。

解答：根据已知的数据，2023 年 2 月 17 日是星期五，2023 年 7 月 28 日是星期五，2023 年 8 月 17 日是星期四，第二交割日 2023 年 9 月 12 日是星期二。因此，我们可以得到以下的天数：上一次付息日至购买日期的天数=161 天；购买日期至付息日的天数=20 天；付息日至第二交割日的天数=26 天。

第一步，计算购买价格，即债券全价。上次付息日为 2 月 17 日至计算日 7 月 28 日，应计利息天数是 161 天，应计利息为 2.75×161/365 元。

$$\begin{aligned}购买价格（债券全价）&=100.320+2.75/2\times161/(161+20)\\&=101.543（元）\end{aligned}$$

第二步，计算持有国债期间资金占用成本。“2022 年记账式附息（三期）国债”自购买日（7 月 28 日）至第二交割日（2023 年 9 月 12 日）是 46 天，在第二交割日之前没有利息支付，持有“2022 年记账式附息（三期）国债”的资金占用成本为：

$$\begin{aligned}持有国债期间资金占用成本&=101.543\times(46/365)\times3.5\%\\&=0.447\,9（元）\end{aligned}$$

第三步，计算持有国债期间利息收入。“2022 年记账式附息（三期）国债”自购买日（7 月 28 日）至第二交割日是 46 天，在第二交割日之前 8 月 17 日有利息支付，持有“2022 年记账式附息（三期）国债”期间利息收入为：

$$\begin{aligned}持有国债期间利息收入&=付息日利息+购买日至付息日的应计利息\\&\quad-付息日至第二交割日的应计利息\\&=2.75/2+2.75\times161/365-2.75\times26/365\\&=2.392\end{aligned}$$

第四步，计算7月28日T2309合约的理论价格。

T2309的理论价格=(100.320+0.447 9−2.396)/0.981 5=100.226（元）

第四节 股指期货的定价

一、股指期货概述

（一）股指期货的概念及合约解读

股指期货（stock index futures）是以股价指数为基础，按事先确定的指数大小在特定日期进行交易的标准化合约。它帮助股票投资者规避系统性风险。系统性风险是与国家经济和指标相关的普遍风险，对所有股票造成损失；非系统性风险是与公司所处行业和经营状况有关的特定风险，导致个别股票或行业损失。

传统分散投资无法应对系统性风险，而股指期货通过套期保值策略解决了这个问题。投资者可以通过股指期货交易盈利来弥补股票投资的亏损，从而规避系统性风险。股指期货合约为股票市场的稳定和发展提供了重要的保值手段。

股指期货合约在不同交易所有统一的规定，包括合约乘数、最小变动价位和合约月份等。以中国金融期货交易所的股指期货为例，具体规定如表3-7所示：

表3-7 我国的股指期货合约主要条款

合约标的	沪深300指数	中证500指数	中证1000指数	上证50指数
合约乘数	每点300元	每点200元	每点200元	每点300元
报价单位	指数点			
最小变动价位	0.2点			
最小变动值	60元	40元	40元	60元
合约月份	当月、下月及随后两个季月			
交易时间	上午：9：30—11：30，下午：13：00—15：00			
每日价格最大波动限制	上一个交易日结算价的±10%			
最低交易保证金	合约价值的8%			
最后交易日	合约到期月份的第三个周五，遇国家法定假日顺延			
交割日期	同最后交易日			
交割方式	现金交割			
交易代码	IF	IC	IM	IH
上市交易所	中国金融期货交易所			

股指期货以标的指数的点数报价，每变动一点，期货价值变动的现金值被称为合约乘数。合约乘数代表一份股指期货的价值，是指数点数与合约乘数的乘积。例如，当前沪深300指数期货合约为3 000点，一张合约的价值为90万元。

最小变动价位是股指期货合约报价变动的最小单位。对于沪深300指数期货合约，最小变动价位为0.2个点，意味着合约交易报价的指数点必须是0.2点的整数倍。每张合约的最小变动值为60元。

股指期货的合约月份是指合约到期进行交割的月份。不同国家和地区的股指期货合约月份设置有所不同。在欧美市场，通常采用季度和月份的模式（例如3月、6月、9月、12月）。而在中国大陆、台湾和香港等市场，则更常见以近期月份为主，并辅以远期季度月份。

(二) 股指期货的特点

1. 现金结算

股指期货合约交易以股票指数的点数为基础，按现金方式进行结算。到期时，根据股票市场收盘指数进行结算，合约持有人只需支付或收取购买合约时点数与到期时实际指数之差所折算的现金，完成交割手续。这种方式省去了实物交割的复杂步骤，降低了交易成本。

2. 高杠杆作用

股指期货采用保证金形式进行交易，保证金只占交易金额的一小部分，约为总价值的10%左右。低额保证金可以放大交易规模，产生杠杆作用，使投资者能够以较小的本金获得较大的利润。

3. 低交易成本

相比现货交易，股指期货交易成本较低。交易成本包括交易佣金、买卖差价、机会成本和可能产生的税费。在我国，股指期货的手续费通常为0.05‰～0.1‰，而股票交易的手续费约为1‰。股指期货的交易成本通常只有股票交易成本的10%左右。

4. 高流动性市场

股指期货市场的流动性远高于股票现货市场。仅在2023年前7个月，中国金融期货交易所的股指期货总成交额就达到了115.44万亿元，是同期股票市场42.20万亿元成交额的近三倍。

二、股指期货的定价

与其他金融期货相比，股指期货具有一个显著特点，即其标的资产并非实际存在的金融资产，而是一种假设的资产组合。大多数股票指数可被视为支付红利的证券，其中的证券指代构成该指数的股票组合，并且证券支付的红利即为该组合持有人所获得的红利。在合理的近似下，我们可以假设红利是连续支付的。假设红利收益率为 q，那么股指期货价格可以通过已知支付连续红利率的标的资产的定价公式计算：

$$F_t = S_t e^{(r-q)(T-t)}$$

案例 3-9

2023 年 9 月 20 日，美元 3 个月期无风险年利率为 3.7%，标准普尔 500 指数预期红利收益率为 1.5%。当标准普尔 500 指数为 1 550 点时，2023 年 12 月到期的标准普尔 500 指数期货的相应的理论价格为多少？

解答：由于标准普尔 500 指数期货在到期月的第三个星期五到期，故 2023 年 9 月 20 日距期货到期时间为 3 个月，因此该期货的理论价格为：

$$F=Se^{(r-q)(T-t)}=1\,550e^{(3.7\%-1.5\%)\times 0.25}=1\,558.55\text{（美元）}$$

如果分析者对计算红利收益率不感兴趣，还可以估计指数中股票组合将要收到的红利总额及其时间分布。这样，股票指数可以被看作提供已知收入的证券，并且可以使用已知支付现金红利的标的资产的计算公式来计算期货价格：

$$F_t=(S_t-I_t)e^{r(T-t)}$$

这个公式对于日本、法国和德国的指数非常有效，因为在这些国家，所有的股票都在相同的时间内支付红利。

本章小结

本章详细介绍了不同类型期货的定价原理和方法，并以外汇期货、利率期货和股指期货为例进行了具体的模型构建和案例分析。首先，本章阐述了无套利定价理论和持有成本理论这两种通用的期货定价原理。无套利定价理论认为期货价格应等于现货价格加上无风险利息；持有成本理论认为期货价格应等于现货价格加上持有成本减去持有收益。其次，本章分别探讨了商品期货、金融期货的定价分析。商品期货考虑了季节性、储存成本和便利收益等因素；金融期货重点关注时间价值、利率变动和股息支付等因素。通过学习本章内容，读者可以全面了解期货定价的原理和方法，并培养运用这些模型进行价格预测和交易决策的能力。实例分析有助于加深对定价模型的理解并提高其应用能力。掌握期货定价技巧将为读者在金融领域做出明智的投资决策提供有力支持，帮助其在期货市场上获取更好的回报并降低风险。

实训案例

1. 2023 年 10 月 20 日，欧元兑美元汇率为 1.15，即 1 欧元兑换 1.15 美元。2023 年 12 月到期的欧元兑美元期货合约的价格为 1.16，即 1 欧元兑换 1.16 美元。假设美国和欧洲的无风险年利率分别为 2% 和 1%，计算欧元兑美元期货合约的理论价格，并判断该合约是否存在套利机会。

2. 假定现在是 2023 年 7 月 30 日。在 2023 年 9 月到期的国库券期货所对应的最便宜可交割债券的息票利率为 13%，预计交割时间为 2023 年 9 月 30 日，债券息票的支付时间为每年 2 月 4 日和 8 月 4 日。期限结构为水平，连续复利的利率为每年 12%。这一债券的转换因子为 1.5，债券的当前价格为 110 美元。计算这一期货合约的报价。

二维码视频材料

练习与思考

第四章

期货的交易策略

导入案例

2021 年 3 月，浙江某石化公司（供方）与下游包装材料公司（需方）签订了一份基差贸易的采购合同。该合同涉及三批次共计 3 000 吨牌号为 7042 的聚乙烯。双方约定以大连商品交易所 LLDPE2109 合约价格为基准，需方通过点价方式购买，升贴水为＋300 元/吨。点价期为 2021 年 3 月 25 日至 7 月 30 日。若需方未在点价期内完成点价或点价未成交，则最终成交结算价为最后一天的日盘合约收盘价加上 300 元/吨。

供方通过锁定基差升贴水，规避了基差波动风险。无论 LLDPE2109 合约价格如何变化，供方都能按合约价格加 300 元/吨向需方出售聚乙烯。同时，供方在期货市场卖出相应数量的 LLDPE2109 合约，对冲了现货库存的价格风险，实现了收益稳定。

需方以 LLDPE2109 合约价格为基准进行点价，无论现货市场价格如何变化，需方都能按合约价格加 300 元/吨购买聚乙烯。通过选择最佳时机进行点价，需方可以实现成本优化和规避现货市场价格上涨的风险。

这种基差贸易方式使供方收益稳定，规避了现货价格下跌的风险；同时，需方可以获取成本优化空间，提高操作便捷性、拓宽采购和销售渠道，增强行业竞争力。期货交易策略是期货交易中把握机会和管理风险的重要手段。本章将详细介绍期货交易策略的定义、分类、原理、方法和实例，帮助读者更好地理解和运用期货市场。

学习目的

通过本章的学习，掌握期货交易策略的定义和分类，包括套期保值、投机和套利三种基本策略；熟悉期货的套期保值策略，包括套期保值的含义、原理、类型、基差、业务拓展和操作实例；了解期货的投机策略，包括期货投机的含义、作用、类型、准备工作、操作方法和需避免的行为；理解期货的套利策略，包括期货套利交易的概念、分类、注意要点和操作实例。

素养目标

党的二十大报告指出必须完整、准确、全面贯彻新发展理念，坚持社会主义市场经济改革方向，坚持高水平对外开放，加快构建以国内大循环为主体、国内国际双循环相互促进的新发展格局。我们希望学生通过对期货交易策略的类型、原理和应用的学习，提高解决实际问题的能力。同时，我们也将深入探讨期货交易策略在国家经济发展和社会进步中的作用，增强学生的社会责任感和使命感。此外，本章还将引导学生运用习近平新时代中国特色社会主义思想指导期货交易实践，培养他们成为有理想、有本领、有担当的高素质人才，坚定中国特色社会主义道路自信、理论自信、制度自信和文化自信。

第一节 期货交易策略的定义与分类

一、期货交易策略的定义

期货交易策略是指投资者在期货市场中，根据市场行情、预期目标、风险偏好等因素，制定并执行的买卖期货合约的计划和方法。期货交易策略可以帮助投资者实现收益最大化、成本最小化、风险控制等目的，也可以反映投资者对市场走势和未来价格的判断和预测。

二、期货交易策略的分类

期货交易策略可根据不同的依据和标准进行分类，常见的分类方法包括以下几种：

（一）根据参与者的目的和动机

根据参与者的目的和动机不同，可以将期货交易策略分为套期保值策略、投机策略和套利策略三种类型。套期保值策略是指通过在期货市场上建立与现货市场上相反的头寸，以对冲现货市场价格波动带来的风险的策略。投机策略是指通过在期货市场上买卖期货合约，以利用价格波动获得收益的策略。套利策略是指通过在不同的市场、品种或合约之间买卖期货合约，以利用价格差异来获得无风险收益的策略。

（二）根据参与者的头寸方向和数量

根据参与者的头寸方向和数量不同，可以将期货交易策略分为单向策略、双向策略和多向策略三种类型。单向策略是指只在一个方向上建立头寸的策略，如只买入或只卖出某个品种或合约。双向策略是指同时在两个方向上建立头寸的策略，如同时买入和卖出同一个品种或合约的不同月份或不同交割地点。多向策略是指同时在多个方向上建立头寸的策略，如同时买入和卖出不同品种或不同市场的期货合约。

（三）根据参与者的操作时机和频率

根据参与者的操作时机和频率不同，可以将期货交易策略分为定时策略、随机策略和动态策略三种类型。定时策略是指按照预先设定的时间或周期进行操作，如每天、每周或每月进行一次买卖操作的策略。随机策略是指根据市场情况或技术信号进行操作，如根据价格突破、趋势转折或交易量变化等进行买卖操作的策略。动态策略是指根据市场变化或风险调整不断修改操作方案，如根据价格波动、基差变化或杠杆比例等进行加仓、减仓或止损等操作的策略。

这些分类方法有助于投资者更好地理解和运用期货交易策略，以应对不同的市场条件和风险。本书将详细介绍第一种分类方法。

第二节 期货的套期保值策略

期货市场基本的经济功能之一就是为现货企业提供价格风险管理的机制。为了避免价格风险，最常用的手段便是套期保值。

一、套期保值的含义及原理

套期保值是指通过在期货市场上买进或卖出与现货市场交易数量相当但交易方向相反的商品期货合约，以期在未来某一时间通过相反的操作对冲平仓，抵消期货交易所带来的盈亏，从而补偿或抵消现货市场价格变动所产生的实际价格风险或利益，使交易者的经济收益保持稳定水平。

套期保值避免价格风险的基本原理（见图 4－1）如下：

第一，期货价格与现货价格虽然变动幅度不完全一致，但其趋势基本一致。当特定商品的现货价格上涨时，期货价格也趋于上涨，反之亦然。

第二，现货价格与期货价格不仅趋势相同，而且在合约到期时将大致相等或趋于一致。

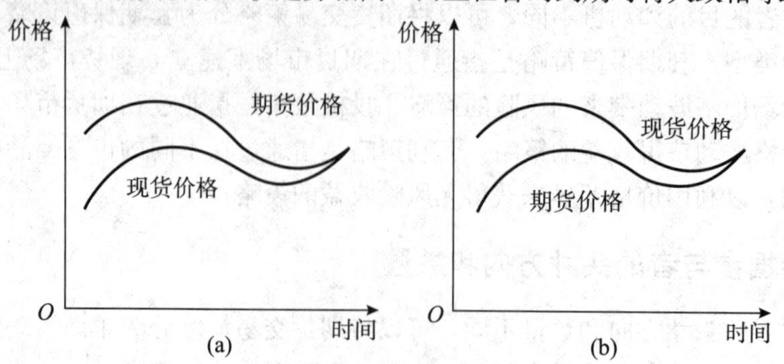

图 4－1　期货价格与现货价格的关系

当然，期货市场与现货市场不完全相同，会受到其他因素的影响，因此期货价格的波动时间和幅度未必与现货价格完全一致。此外，在期货市场上存在规定的交易单位，两个市场操作的数量通常不完全相等。因此，在对冲平仓时，套期保值者可能获得额外利润，也可能遭受小额亏损。

因此，在进行套期保值交易时，我们需要关注可能影响套期保值效果的因素，如基差、质量标准差异和交易数量差异，以确保套期保值交易能够达到预期的效果，并为企业的生产经营提供有效的服务。

二、套期保值的类型

套期保值可以根据操作手法分为买入（多头）套期保值、卖出（空头）套期保值和交叉套期保值。在期货市场上，套期保值的操作可分为两步：第一步，根据现货交易情况，通过买进或卖出期货合约建立第一个期货头寸；第二步，在期货合约到期前，通过建立另一个相反的头寸来平仓先前的合约。

（一）买入套期保值

买入套期保值，也称多头套期保值，是指在期货市场购入期货合约，用多头头寸来保护现货市场的空头风险，以规避价格上涨的风险（见图 4－2）。买入套期保值适用于加工制造企业、供货方和其他必须购买商品的经营者。

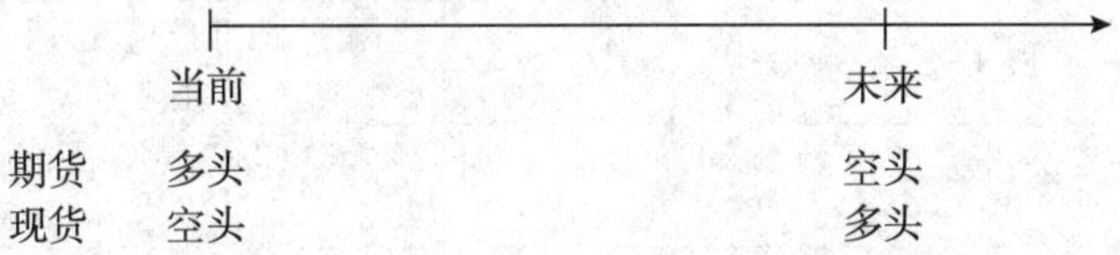

图 4－2　买入（多头）套期保值示意图

买入套期保值的优势包括：避免价格上涨带来的风险；提高企业资金使用效率（通过保证金）；对于需要库存的商品，节省仓储费、保险费和损耗费用；促成现货合同的早期签订。

买入套期保值的劣势包括：错失因价格波动而可能获取利润的机会；需支付交易成本，主要是手续费和资金占用利息。

案例 4－1

某电缆厂需要购买精铜作为原料。5 月份，精铜的现货价格为 25 000 元/吨。预计两个月后精铜价格将上涨，为了避免购买时价格上涨的风险，该厂决定进行买入套期保值。他们以 24 500 元/吨的价格买入了 500 吨 8 月份到期交割的精铜期货合约。到了 7 月份，该厂在现货市场购买精铜时发现价格已上涨至 27 500 元/吨。同时，8 月份期货合约的期货价格也上涨至 27 000 元/吨。表 4－1 显示了该厂的经营状况：

表 4-1　7月份现货精铜价格上涨的情况

时间	现货市场	期货市场
5月1日	25 000元/吨（现货价格）	买进500吨8月份沪铜期货合约，价格为24 500元/吨
7月1日	买入现货精铜500吨，价格为27 500元/吨	卖出500吨8月份到期的合约平仓，价格为27 000元/吨
	亏损2 500元/吨	盈利2 500元/吨

从上例可见，买入套期保值涉及两笔期货交易。第一笔是买入期货合约，第二笔是在现货市场买入现货的同时在期货市场平仓对冲头寸。通过这种套期保值交易，尽管现货市场价格的不利变动导致该厂损失了125万元（=2 500元/吨×500吨），但期货市场交易赚取了同样的金额，从而抵消了价格不利变动的影响。

如果该电缆厂不进行买入套期保值交易，当现货市场价格下跌时，他们可以获得更便宜的原料，但一旦现货市场价格上涨，就会承担相应的损失。相反地，通过在期货市场进行买入套期保值，虽然失去了在现货市场价格上涨时获取利润的机会，但同时也避免了现货市场价格不利变动导致的损失。

假设买入后价格下跌，现货价格和期货价格均下跌，到了7月份，现货价格降至23 000元/吨，期货价格降至22 500元/吨，则该电缆厂的经营状况如表4-2所示：

表 4-2　7月份现货精铜价格下跌的情况

时间	现货市场	期货市场
5月1日	25 000元/吨（现货价格）	买进500吨8月份沪铜期货合约，价格为24 500元/吨
7月1日	买入现货精铜500吨，价格为23 000元/吨	卖出500吨8月份到期的合约平仓，价格为22 500元/吨
	盈利2 500元/吨	亏损2 500元/吨

通过上述案例可见，该电缆厂通过买入套期保值能够确保精铜的进价成本稳定在25 000元/吨，无论未来价格上涨还是下跌。这样，它规避了价格上涨的风险，但也失去了价格下跌时获取更低原材料进货成本的机会。

（二）卖出套期保值

卖出套期保值，也称空头套期保值，是指在期货市场上先卖出与现货数量相当的合约来防止现货价格在交割时下跌的风险的交易方式（见图4-3）。通过持有空头头寸，交易者可以为将来要在现货市场上卖出的现货进行保值。卖出套期保值的目的是避免日后价格下跌所带来的损失风险，适用于农场主、矿业主、出口商等经营者。

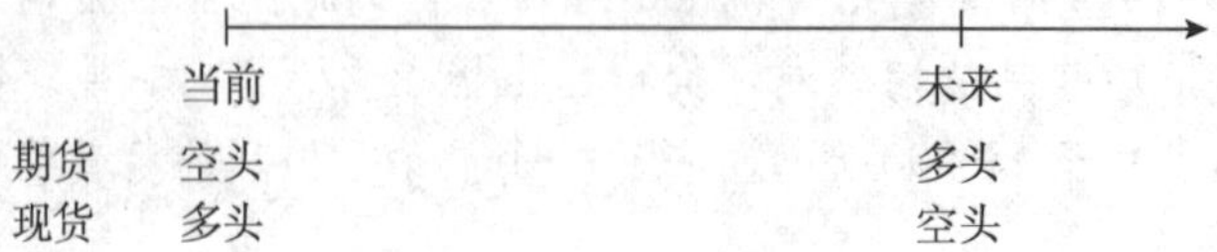

图 4-3　卖出（空头）套期保值示意图

卖出套期保值的优势包括：回避未来现货价格下跌的风险；经营企业通过卖出套期保值，可以使保值者能够按照原先的经营计划，顺利地完成销售计划；有利于现货合约的顺利签订。

然而，卖出套期保值的弊端是失去了由于价格上涨而可能得到更高利润的机会。如果不做卖出套期保值，反而能够获取更大的利润。

案例 4－2

作为豆油生产企业，为了避免产品价格不断下跌导致的利润损失，榨油企业可以采用卖出豆油套期保值的方式来规避价格风险。以某榨油厂为例，在 5 月 1 日，国标四级豆油现货价格为 5 600 元/吨，该榨油厂每月生产豆油 2 000 吨。然而，前 4 个月大量进口大豆和豆油到港，同时油菜籽产量可能比去年增加。因担心豆油销售价格可能下跌，该厂决定在大连商品交易所进行套期保值交易。当天，大连商品交易所 7 月豆油期货价格在 5 650 元/吨附近波动，该厂卖出 200 手 7 月豆油合约进行套期保值（1 手＝10 吨）。随后，由于加工厂加快了大豆压榨速度和油菜籽的大量上市，豆油价格开始下滑。到了 6 月 15 日，该厂以 5 400 元/吨的价格将 2 000 吨豆油在现货市场抛售，并以 5 420 元/吨的价格买入 200 手 7 月豆油合约进行平仓。尽管现货价格下跌，导致销售价格降低，但由于进行了套期保值操作，企业的销售利润得到了保护。该榨油厂的套期保值效果如表 4－3 所示（不考虑交易成本）：

表 4－3　某榨油厂的套期保值效果

时间	现货市场	期货市场
5 月 1 日	5 600 元/吨（现货价格）	卖出 200 手 7 月豆油合约，价格为 5 650 元/吨
6 月 15 日	卖出 2 000 吨豆油，价格为 5 400 元/吨	买入 200 手 7 月豆油合约，价格为 5 420 元/吨
	(5 400－5 600)×2 000＝－400 000（元）	(5 650－5 420)×200×10＝460 000（元）
盈亏变化状况	期货盈亏变化＋现货盈亏变化＝460 000－400 000＝60 000（元）	

通过以上案例可以看出，一笔完整的卖出套期保值涉及两笔期货交易。首先是卖出期货合约，然后在现货市场抛售现货的同时，在期货市场买入期货合约，以对冲原有的头寸。尽管豆油现货价格大幅下跌给工厂带来了不利影响，最终销售价格只有 5 400 元/吨，比 5 月份的 5 600 元/吨低 200 元/吨，导致现货市场少盈利 40 万元，但由于进行了期货套期保值操作，弥补了现货价格下跌带来的损失。

（三）交叉套期保值

交叉套期保值（cross hedge）是指在现货市场上，无法找到与欲买进或卖出的现货商品对应的期货合约时，选择与该现货商品具有相似价格走势且互相影响的相关商品的期货合约进行保值交易。

实际应用中，交叉套期保值非常常见。例如，利用棉花期货对冲棉纱头寸。由于棉花可转化为棉纱，并存在替代性，因此可以使用棉花期货来对冲棉纱的价格风险。举例说明，某棉纺企业计划在 1 月份购买 1 000 吨棉纱（3 月份交付）。为规避成本上涨风险，该企业可在 1 月份买入 1 000 吨棉花期货合约，并在 3 月份卖出相同数量的棉花期货合约，同时购买 1 000 吨棉纱。这样，无论棉纱价格如何波动，该企业都能以锁定价格购得棉纱。

交叉套期保值还可使用其他相关商品的期货作为替代品进行保值交易。例如，用银期货对冲白金头寸，用股票指数期货对冲单个股票头寸，用国债期货对冲公司债头寸，用甲地小麦期货对储存在乙地的小麦进行套期保值等。

在进行交叉套期保值时，宜选择与原现货商品具有较高相关性和替代性的期货商品，以获得更好的保值效果。相关性指两种商品价格变化之间的统计关系，替代性则表示两者价格变化之间的因果关系。一般而言，相关性越高，替代性越强，则交叉套期保值效果越佳。

三、基差与套期保值

（一）基差的定义

基差（basis）是指某一特定商品在特定时间和地点的现货价格与该商品近期期货合约价格之间的差异，即：

$$\text{基差}=\text{现货价格}-\text{期货价格} \tag{4-1}$$

例如，2023 年 7 月 1 日，在大连市，大豆现货价格为 3 000 元/吨，当天的 7 月到期黄大豆期货合约价格为 2 900 元/吨，则基差为 100 元/吨。

（二）正向市场与反向市场

基差可以为正数或负数，取决于现货价格相对于期货价格的高低。当现货价格低于期货价格时，基差为负数，被称为正向市场，代表正常市场状况；当现货价格高于期货价格时，基差为正数，被称为反向市场或现货溢价。

在现货商品供应充足、库存量大的情况下，期货价格通常高于现货价格，因为期货价格包含持仓费用（如仓储费、保险费、利息等）。反向市场出现有两个主要原因：一是近期对该商品的需求迫切，超过了近期产量和库存，推动现货价格大幅上涨，甚至超过远期价格；二是预计未来该商品供应将大幅增加，导致期货价格或远期价格大幅下跌，使得远期合约价格低于现货价格。

（三）基差走强与基差走弱

基差走强与基差走弱是期货价格和现货价格之间的差异变化。随着期货合约到期日的临近，基差逐渐趋向于零，表示期货价格与现货价格逐渐接近。基差与价差不同，价差指两个价格的绝对差值。

基差走强表示基差从负值变为正值，或从较小的正值增大到较大的正值。这意味着期货价格上涨幅度超过现货价格上涨幅度，或者期货价格下跌幅度小于现货价格下跌幅度。基差走强让持有多头头寸的套期保值者受益，他们可以以高价卖出期货合约，以低价买入现货商品，获得更大的保值收益。

基差走弱指基差由正值变为负值，或从较大的负值减小到较小的负值。这意味着期货价格上涨幅度小于现货价格上涨幅度，或者期货价格下跌幅度超过现货价格下跌幅度。基差走弱对持有空头头寸的套期保值者有利，他们可以以低价买入期货合约，以高价卖出现货商品，获得更大的保值收益。

基差的扩大或缩小指的是基差绝对值的变化。例如，基差从 30 缩小到 15、从 15 缩小到－10、从－10 进一步缩小到－20，表示基差缩小了。而基差从－30 扩大到－15、从－15 扩大到 10、从 10 进一步扩大到 20，表示基差扩大了。对于套期保值者而言，基差的扩大或缩小并不重要，关键在于能够在建立头寸时锁定适当的基差水平，并在解除头寸时实现相同或接近的基差水平，以实现有效的套期保值。

（四）基差变化对套期保值的影响

基差变化对套期保值的影响分析见表 4－4。

表 4－4 基差变化与套期保值效果

基差变动情况	套期保值种类	保值效果
基差不变	卖出套期保值	盈利＝亏损
	买入套期保值	盈利＝亏损
基差走强（包括正向市场走强、反向市场走强、正向市场转为反向市场）	卖出套期保值	盈利＞亏损
	买入套期保值	盈利＜亏损
基差走弱（包括正向市场走弱、反向市场走弱、反向市场转为正向市场）	卖出套期保值	盈利＜亏损
	买入套期保值	盈利＞亏损

案例 4－3

A 公司是某大型钢铁厂的焦炭供应商。2023 年 9 月 1 日，A 公司与钢铁厂签订了一份合约，约定在 12 月份以现货市场价格提供 100 吨焦炭。当时现货价格为每吨 40 000 元。为了防止可能的亏损，A 公司在同一天购买了 10 手（即 100 吨）12 月份的焦炭期货合约用于套期保值，价格为每吨 39 000 元。

到了 12 月份，由于全国发生寒潮，煤炭供应紧张，导致焦炭价格上涨。受到天气影响，A 公司的库存已不足 100 吨，面临违约风险。考虑到与钢铁厂的长期合作关系，A 公司决定以目前每吨 42 000 元的价格从现货市场购买 100 吨焦炭以履行合约，这使得公司亏损了 20 万元。

同时，A 公司注意到焦炭期货市场上合约的价格已上涨至每吨 40 000 元。因此，它决定平仓出售 9 月份购入的焦炭期货合约。通过这次交易，A 公司在焦炭期货市场上获得了 10 万元的盈利。具体操作如表 4－5 所示：

表 4-5　A 公司套期保值操作

	现货市场	期货市场	基差
9 月 1 日	卖出 100 吨焦炭，价格为 40 000 元/吨	买入 10 手 12 月份焦炭合约，价格为 39 000 元/吨	1 000 元/吨
9 月 20 日	买入 100 吨焦炭，价格为 42 000 元/吨	卖出 10 手 12 月份焦炭合约，价格为 40 000 元/吨	2 000 元/吨
套保结果	亏损 2 000 元/吨	盈利 1 000 元/吨	基差走强 1 000 元/吨
	净损失 100×2 000−100×1 000＝100 000（元）		

综合分析：根据以上情况可知，基差走强导致买入套期保值的结果是亏损大于盈利。然而，如果 A 公司不进行套期保值，价格波动可能带来每吨 2 000 元的损失。因为基差的变化远小于价格的波动，基差不利变化所带来的损失是有限的。同样地，如果基差走强，卖出套期保值将获得净收益；如果基差走弱，卖出套期保值将产生净损失，但这远低于价格波动所引起的损失。因此，基差走弱时可能会出现盈利的情况。

四、套期保值的业务拓展

随着我国期货市场规模扩大和企业套期保值需求增加，以期货公司风险管理为代表的专业机构通过多种方式开展业务创新，促进现货企业更充分地利用衍生品市场进行风险管理。套期保值方式也得到相应拓展，包括合作套保、基差贸易和“保险＋期货”等多种形式。

（一）合作套保

中小企业常因专业人才短缺和条件限制而难以利用期货市场进行套期保值。为解决这一问题，出现了合作套保。合作套保是指中小企业与期货公司风险管理子公司开展合作，后者根据企业实际需求全程参与风险管理，提高风险识别和计量能力，并为企业提供个性化套期保值服务和风险管理产品，帮助中小企业充分利用期货市场。

合作套保模式主要有两种：一种是中小企业在期货公司指导下从事现货业务，期货公司负责套期保值策略和风险管理；另一种是中小企业将套期保值操作委托给期货公司风险管理公司，后者通过期货或现货工具帮助企业实现保值目标。

根据《期货公司风险管理公司业务试点指引》（2019 年修订），合作套保是风险管理公司为规避客户现货生产经营中的市场风险，提供套期保值服务的行为。合作套保的保值标的必须与客户现货生产经营相关，并使用能够抵消被套期项目价格风险的公允价值或现金流量变动预期的套期工具。双方需在协议中约定合作套保资金的管理和使用，不得与金融机构、私募基金等签订业务合同或从事禁止行为，也不得挪用客户资金。

（二）基差贸易

在传统大宗商品现货贸易中，价格波动受供需关系影响，存在较大风险，不利于长期合作。套期保值交易利用期货市场时面临基差变动风险。虽然基差风险通常小于价格风险，但仍对交易者、消费者和生产者不利。为避免基差变化的负面影响，可采用基差贸易方法确定现货价格，以一定基差和期货价格为依据。通过以期货价格为基准的点价交易方式，买卖双方商议以升贴水作为现货价格，并进行套期保值操作。这种“点价＋套期保值”操作可以有效降低基差变动风险，被称为基差贸易（或基差交易）。

基差贸易通过特定公式（4－2）确定实际现货交易价格，以锁定基差实现完全套期保值。在这种交易中，选择某一期货合约的价格作为基准，加上或减去商定的基差，即可确定现货商品的价格。发达国家主要采用基差贸易方式进行大宗商品贸易定价。

交易的现货价格＝商定的期货价格＋预先商定的基差　　(4－2)

基差贸易有多种策略，包括买方叫价策略、卖方叫价策略、双方叫价策略和固定基差策略。买方叫价策略适用于预计期货价格下跌的情况，卖方叫价策略适用于预计期货价格上涨的情况，双方叫价策略适用于期货价格波动较大的情况，而固定基差策略适用于预计基差变化较小的情况。

根据《期货公司风险管理公司业务试点指引》（2019 年修订），风险管理公司参与的基差贸易是指提供确定价格、点价、均价等报价，并与客户进行现货交易的业务行为。基差贸易可以采用线下或线上方式。

传统上，基差贸易是在线下进行的。企业通过多方询价或与有合作基础的企业协商基差报价来完成交易。然而，这种方式存在连续性不足、影响可参考性等问题，并且在行情波动较大时难以达成一致，增加了交易成本。为解决这些问题，大连商品交易所在 2019 年 9 月推出了基差贸易平台。该线上交易模式在很大程度上解决了线下基差贸易中的问题。平台汇集各方信息，便于企业寻找合适的交易对手和标的物，提高了基差贸易的效率。

（三）“保险＋期货”

农民缺乏相关知识和经验，使得直接运用期货和期权等衍生工具进行套期保值变得不现实。相反，农民更加熟悉保险产品。因此，将保险产品与期货市场有机结合形成了“保险＋期货”模式。这种模式充分利用了期货的专业套期保值优势和保险行业的渠道优势，并且在我国试点中已经取得显著成效。具体操作流程包括农业经营者或涉农企业购买保险产品，保险公司购买场外期权，期货公司进行风险对冲，从而逐级转移风险。这为农业经营者提供了强大的工具来管理价格风险，解决了农业价格的不可预测性和市场风险难以规避的问题。《中共中央 国务院关于全面推进乡村振兴加快农业农村现代化的意见》明确指出了“保险＋期货”在乡村产业发展中的作用，并连续 7 年将其写入中央一号文件。该模式在支持乡村产业发展方面的作用逐渐显现，成为我国农业风险管理体系的有益补充。详细操作流程请参考图 4－4。

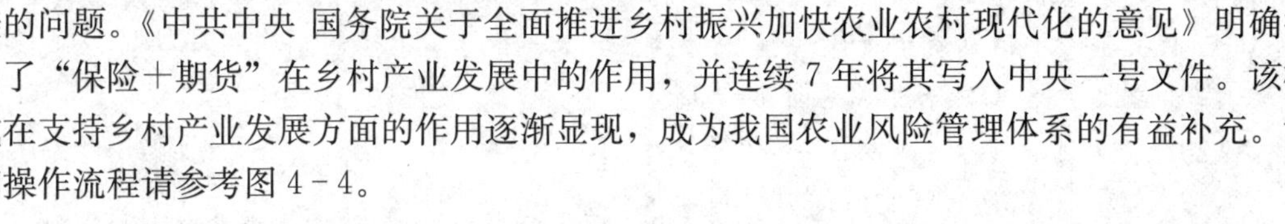

图 4－4　“保险＋期货”模式示意图

根据不同的风险类型，“保险＋期货”模式主要包括价格保护型、收益保障型和双向保险＋期货模式。

价格保护型模式旨在帮助农户应对农产品价格下跌风险。农户购买保险，在收获季节，如果农产品价格低于保险约定的最低价格，保险公司支付差价。保险公司通过购买场外看跌期权将风险转移给期货公司，后者利用期货市场进行对冲。

收益保障型模式旨在保护农户获得稳定的农产品收益。农户支付保险费并获得收益保险。在收获季节，如果农户的实际产值低于目标产值，保险公司会支付差额。针对价格风险，保险公司向期货公司支付期权费购买场外看涨期权，将自身承担的价格风险转移给期货公司。期货公司通过对冲操作转移风险。

双向保险＋期货模式适用于农户与农业企业签订农产品收购合同的情况，为双方提供价格保险。农户购买价格保险，若农产品市场价格高于合同价格，农户只能按合同价格出售给农业企业，保险公司会支付一定比例的赔付。为避免农产品市场价格低于合同价格，农业企业购买价格保险，若市场价格低于合同价格，农业企业只能按合同价格购买农产品，保险公司会支付一定比例的赔付。

五、套期保值操作实例

在进行套期保值交易时，需要注意以下事项：首先，必须密切关注基差的变化，因为基差的波动对套期保值的效果有重要影响。其次，套期保值数量原则上应与现货数量相当，以达到有效的风险对冲效果。最后，套期保值交易的目的是追求稳定收益，而不是实物交割，所以投资者应明确这一点。

针对具体操作，制订套期保值方案非常重要，包括评估和规划企业的套期保值业务，并在实施过程中执行该方案，以更好地实现套期保值的目标。

案例 4-4

某大型上市公司套期保值的实例

（1）可行性分析——企业背景介绍。

某大型上市矿业企业是中国500强之一的大型矿业资源公司，主要从事铜、铅、锌、铝、铁等基本金属、黑色金属和非金属磷矿的采选、冶炼、贸易等业务。在本案例中，该企业选择了铅期货为套期保值的标的。

（2）企业自身风险分析（见图4-5）。

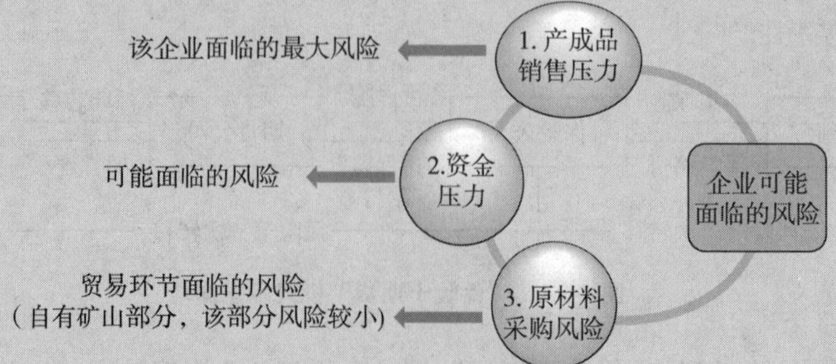

图4-5　企业自身风险分析

（3）该企业套期保值策略设计流程（见图 4－6）。

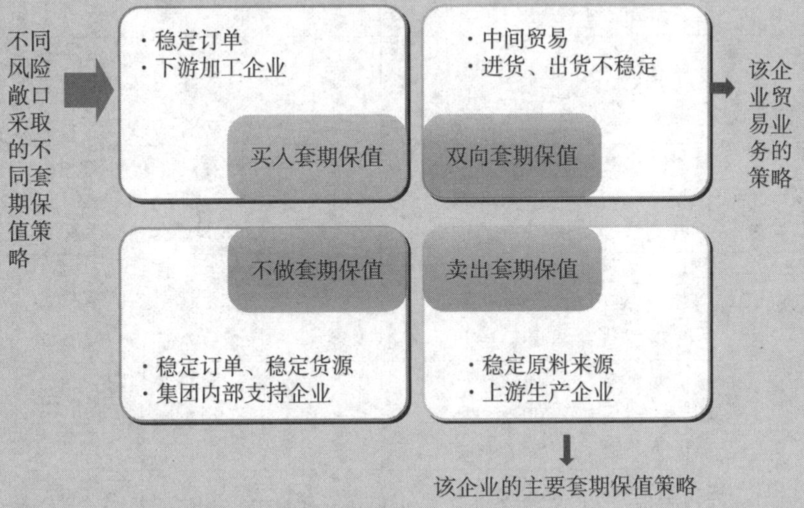

图 4－6 该企业套期保值策略设计流程

（4）拟定套期保值方案（见图 4－7）。

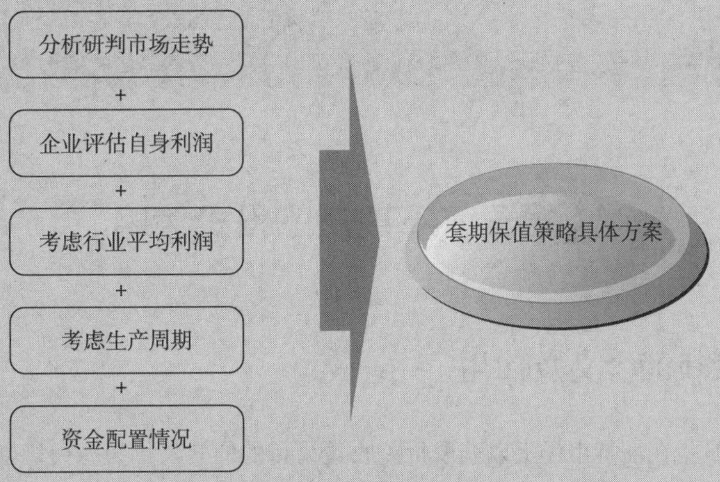

图 4－7 拟定套期保值方案

该企业进行套期保值策略设计时考虑了自身风险分析。对于国内的铅锌冶炼企业而言，它们更关注精矿价格快速上涨对产品盈利能力的削弱以及铅锌价格下跌直接影响盈利的风险。根据不同的市场风险，该企业采取买入或卖出套期保值策略。

在现货经营中，该企业面临产成品销售压力、资金压力和原材料采购风险。其中，产成品销售压力最为突出，因此企业进行了卖出套期保值交易以提前锁定利润并减少损失。

在具体操作方面，该企业通过卖出套期保值交易锌锭期货来规避风险。以目标销售价 18 500 元/吨为基准，企业在期货市场上以 19 200 元/吨、19 400 元/吨和 19 600 元/吨的价格建仓，分别卖出 4 月、5 月和 6 月的期货合约，每个月 4 000 吨。随着现货锌价下跌至 18 000 元/吨，该企业分批平仓，最终实现了盈利。具体套期保值效果如表 4－6 所示：

表 4-6 套期保值效果

	现货市场	期货市场
2月	目标销售价：18 500 元/吨 计划销售量：每月 4 000 吨	以 19 200 元/吨、19 400 元/吨、19 600 元/吨的价格卖出 4 月、5 月、6 月合约各 4 000 吨（800 手）
4月	实际销售量：4 000 吨 平均销售价格：17 800 元/吨 销售亏损：280 万	4 月合约买入平仓 4 000 吨（800 手） 平仓均价：18 000 元/吨 盈利：480 万
5月	实际销售量：4 000 吨 平均销售价格：16 000 元/吨 销售亏损：1 000 万	5 月合约买入平仓 4 000 吨（800 手） 平仓均价：16 100 元/吨 盈利：1 320 万
6月	实际销售量：4 000 吨 平均销售价格：16 800 元/吨 销售亏损：680 万	6 月合约买入平仓 4 000 吨（800 手） 平仓均价：17 100 元/吨 盈利：1 000 万
累计	销售亏损：1 960 万	盈利：2 800 万

经过期现盈亏相抵后，该企业获得了 840 万元的盈利。通过卖出套期保值交易，该企业成功规避了锌价下跌带来的风险，并提前锁定了利润，达到了预期的目标销售价。

这个实例展示了该大型上市公司在套期保值方面的操作策略和风险管理能力。它对于理解套期保值在企业中的应用以及如何有效应对市场风险具有重要的参考价值。

第三节 期货的投机策略

一、期货投机的含义及作用

期货投机是指在期货市场上以获取价差收益为目的的交易行为。投机者根据自己对期货价格走势的判断，决定买进或卖出。如果判断准确，投机者在平仓时获得利润；如果判断错误，将承担亏损。由于投机的目的是赚取价差收益，所以，投机者通常只进行平仓操作，不进行实物交割。

在期货市场中，投机交易具有重要作用。它增加市场流动性，承担了套期保值者转嫁风险的责任，并促使期货市场正常运转。投机交易是实现期货市场套期保值功能和价格发现功能的重要条件之一。

然而，投机交易减缓价格波动的实现有前提条件。首先，投机者需要理性操作，违背市场规律的行为会被淘汰出市场。其次，投机需适度，过度投机和操纵市场等行为不仅无法减缓价格波动，还会人为扩大供求缺口、破坏供求关系、加剧价格波动并增加市场风险，使市场失去正常功能。因此，应鼓励理性交易，遏制过度投机，并打击市场操纵行为。

二、期货投机者的类型

投机者类型的划分可以根据不同的标准来确定。

（一）按照交易量的大小

根据交易量的大小，投机者可以分为散户、中户和大户。散户是指在期货交易中拥有较少交易头寸的交易者；中户是指交易头寸介于散户和大户之间的交易者；大户则是指拥有较多交易头寸的交易者。由于大户拥有较多的资金、持仓量和交易量，当大户进行买入操作时，可能导致期货价格迅速上涨；而当大户进行卖出操作时，则可能导致期货价格迅速下跌。因此，大户的买卖行为会对市场行情产生重要影响。

（二）按照交易部位的不同

根据交易部位的不同，投机者可分为多头投机者和空头投机者。多头投机者是指预测期货价格将上涨的投机者，在低位买入期货合约，希望待价格上涨后平仓获利。而空头投机者则是预测期货价格将下跌的投机者，会在高位卖出期货合约，希望待价格下跌后再低位买入以平仓获利。

（三）按照投机者持有合约时间的长短

根据投机者持有合约时间的长短，投机者可以分为长线交易者和短线交易者。长线交易者是指持有期货合约较长时间的投机者，可能持有数日、数周甚至数月以上，等待价格变得有利并达到获利目标后平仓以获取利润。他们也被称为头寸交易者，专业交易人员和普通投资者都可以采用这种策略。

短线交易者可以分为两种类型。首先是当日交易者，他们只进行当日或某一天的交易，即在当日结束前平仓已持有的头寸，很少将头寸拖到下一个交易日。另一种类型是抢帽子者，他们通常是经验丰富的专业人士，拥有丰富的经验和完整的技术分析工具，能够相对准确地把握市场趋势。抢帽子者是短期内频繁进行交易的投机者。

三、期货投机操作前的准备工作

（一）了解期货合约

在决定买卖期货合约之前，应充分了解交易品种和交割制度，以更准确地判断未来价格变动趋势。在此基础上，选择合适的合约品种和数量。

（二）制订交易计划

交易计划是为实现特定时间内的交易目标而设计的措施、方法和步骤。投资者需要综合考虑市场的各种未知因素，对交易计划给予足够重视。需要思考以下几个方面：

（1）你将在哪些市场交易？（根据你的资金实力以及交易策略来决定。）

(2) 你将使用哪种分析工具?(采用的是技术分析中的某种或是基本面分析。)

(3) 你进入交易的市场,其分析情况是怎样的?

(4) 入场交易的条件是什么?

(5) 你将承担多大风险?(考虑自身的财务状况,一般来讲,期货交易投资额不应超过自身的流动资产的 50%。)

(6) 退出策略是什么?

(7) 你预期的操作时间和绩效是怎样的?

(8) 行情发展将会发生哪些可能?

(9) 盈亏目标和亏损限度是多少?(确定一个最低获利目标和所能够承受的最大亏损限度,做好交易前的心理准备。)

作为期货经纪人,还需向顾客提交投资计划书,其中包括以下要素:

(1) 投资项目的简介,根据具体品种进行说明;

(2) 建议的投资金额;

(3) 交易规则,包括合约单位、期货保证金(相对于合约总值的百分比)和手续费等;

(4) 走势回顾:对过去一段时间的走势作概括性说明,使顾客对该期货有所了解;

(5) 走势展望:对未来一段时间的走势作客观性分析,包括基本面因素、利多因素和利空因素,以及技术分析中的图表信号和指标分析;

(6) 投资原则:强调谨慎、分散风险和避免贪婪等;

(7) 入市策略,包括资金分段入市的分配方案、止损点的设定以及套利结算和离场时机的考虑;

(8) 盈亏比较和追加保证金的情况。

这些准备工作将有助于投机者制订明确的交易计划,并更好地管理风险和实现预期目标。

四、期货投机的操作方法

(一) 开仓阶段

1. 入市时机的选择

首先,通过基本面分析法分析价格走势的根本原因和供求因素,判断市场处于牛市还是熊市,以及升势或跌势的程度和持续时间。

其次,权衡风险和获利前景,只有在判断获利概率较大时入市,并充分考虑自身承担风险的能力。

最后,确定入市的具体时间,技术分析法可用于选择合适的入市时机,顺应中期趋势进行交易。

2. 金字塔式买入卖出

如果建仓后市场行情与预料相同并已经使投机者获利,可以增加持仓。增仓应遵循以下两个原则:第一,只有在现有持仓已经盈利的情况下,才能增仓;第二,持仓的增加应渐次递减。

3. 合约交割月份的选择

在正向市场中，当远期月份合约的价格高于近期月份合约的价格时，多头投资者应买入近期月份合约，空头投资者应卖出远期月份合约。这是因为在上涨行情中，近期月份合约的价格会同步上涨，以维持与远期月份合约之间的价差和持仓费用的相等关系。此外，近期月份合约的价格可能会上升更多。即使市场行情下跌，远期月份合约的跌幅通常也不会小于近期月份合约，因为远期月份合约对近期月份合约的升水很少会超过两者之间的持仓费用差异。

而在反向市场中，当远期月份合约的价格低于近期月份合约的价格时，多头投资者应买入交割月份较远的远期月份合约，空头投资者应卖出交割月份较近的近期月份合约。因为在上涨行情中，近期月份合约的价格会上涨，同时远期月份合约的价格也会随之上涨。而在下跌行情中，近期月份合约受到更大的影响，其跌幅很可能大于远期月份合约的跌幅。

（二）平仓阶段

投机者在建仓后应密切关注市场行情的变动，并适时平仓。平仓有两个主要目的：一是在有利行情中获取投机利润，二是在不利行情中限制损失。

1. 限制损失、滚动利润

这一方法要求投机者在交易出现损失，并且损失已经达到事先确定的数额时，立即对冲了结，认输离场。过分的赌博心理只会造成更大的损失。在行情变动有利时，不必急于平仓获利，而应尽量延长持仓时间，充分获取市场有利变动产生的利润。即使经验丰富的投机者也无法每次都获利，出现损失并非可怕之事，可怕的是不能及时止损而造成巨大损失。

2. 灵活运用止损指令

止损指令是实现限制损失、滚动利润的有力工具。正确运用止损指令可以为投机者提供必要的保护。然而，投机者需要注意，止损指令中的价格不能太接近当前市场价格，以免稍微波动就被迫平仓。同时，止损指令中的价格也不能离市场价格太远，否则可能遭受不必要的损失。在确定止损指令中的价格时，可以借助技术分析方法进行判断。

（三）资金和风险管理

资金管理是指交易者对资金的合理配置和运用。包括投资组合设计、资金在各市场的分配、止损点设定、收益与风险权衡、成功或挫折后的措施选择，以及保守稳健与积极大胆的交易方式选择等方面。资金账户规模、投资组合搭配和每笔交易中的金额配置都会影响最终的交易结果。

1. 一般性的资金管理要点

（1）投资额应限定在全部资本的1/3至1/2以内为宜；

（2）根据资金规模，单个品种上的最大交易资金应控制在总资本的10%～20%之内；

（3）单个市场中的最大总亏损金额宜控制在总资本的5%之内；

（4）任何一个市场群中投入的保证金总额必须限制在20%～30%之内；

(5) 头寸大小应占总金额的约 10%;

(6) 设置保护性止损;

(7) 利润风险比应达到 3:1 才可进场;

(8) 按日点图选择入市时机。

2. 分散投资与集中投资

尽管分散投资是限制风险的一种方法，但对于期货投机，需要把握好分散投资的程度。与证券投资不同，期货投机主张纵向投资的分散化，而证券投资主张横向投资的多元化。纵向投资分散化意味着选择几个熟悉的品种，在不同阶段分散投入资金。而横向投资多元化则是同时选择不同证券品种组成证券投资组合，以实现分散投资风险的目的。

五、期货投机者需避免的行为

(一) 资金不足

新手投机者常犯的错误之一是资金不足。缺乏足够的资金会使其难以应对市场波动和风险，无法有效地分散风险或调整仓位。若市场出现不利变化，可能导致爆仓或需要追加保证金，从而错失正确的预测和机会。

(二) 过度追求小幅价格变动

许多贪婪的投机者容易犯的错误之一是只关注小幅价格差异。这样做会忽视市场的大趋势和方向，增加交易次数和手续费用，无法获得稳定且可观的收益，可能因频繁操作而筋疲力尽，甚至账户被手续费吃光。

(三) 超出能力范围进行交易

自信过度的投机者容易犯的错误之一是超出能力范围进行交易。若超越自身能力，将面临更大的风险和挑战，失去对市场的掌控和判断。投机者应根据自身知识、经验、技能和资金等因素，选择适合自己的品种、合约和策略进行交易。

(四) 交易未了解的品种

好奇心旺盛的投机者容易犯的错误之一是交易未了解或不熟悉的品种。若交易未了解的品种，将缺乏对其基本面、技术面和供需关系等重要因素的分析和把握，难以应对可能出现的特殊情况和变化。投机者应尽量选择自己熟悉或感兴趣的品种进行交易。

(五) 延迟止损

情绪化的投机者常犯的错误之一是急于获利而延迟止损。这会放大亏损，并影响心态和决策。投机者应在交易前设定合理的止盈和止损点，并严格执行，不受贪婪或恐惧情绪的影响，不改变原有计划。

第四节 期货的套利策略

一、期货套利交易的概念

套利（arbitrage），又称套期图利，是指期货市场参与者利用不同月份、不同市场或不同商品之间的价差进行同时买入和卖出以获取利润的交易行为。在正常市场中，商品的现货价格与期货价格经常存在着稳定的价差，同种商品在同一交易所的不同交割月份的合约价格也存在差异，同时不同交易所的同种商品价格也有稳定的比价。正是这些差异的存在，使得期货市场的套利交易成为可能。相较于单向投机，期货套利具有较低的交易风险，并能获得相对稳定的交易利润，是一种较为稳健的投资方式。

二、期货套利交易的分类

一般而言，套利可分为四种类型：期现套利、跨期套利、跨市套利和跨商品套利。这四种套利类型面临的风险大小不同，投资者需根据自身定位和风险偏好选择适合的套利类型进行交易。

（一）期现套利

期现套利是指利用期货市场与现货市场的价格差异来低买高卖从而获利的交易策略。根据同一价格理论，期货价格代表商品的未来价格，而现货价格代表目前价格。基差（=现货价格－期货价格）应等于商品的持有成本（包括仓储费、资金利息等）。当基差与持有成本的偏离程度较大时，就会出现期现套利机会。期现套利可包括正向买进期现套利和反向买进期现套利两种。

确定期现套利交易机会可以分两步进行：首先确定是否存在套利机会，通过现货价格计算期货价格的合理区间，当期货价格偏离合理价格区间时，即出现套利机会；其次，利用价差比指标衡量期货价格与现货指数的偏离程度，进而确定套利空间的大小。

案例 4-5

7月20日，现货市场上铝锭现货价格为14 000元/吨，当时上海期货交易所期铝AL0908合约价格为14 350元/吨，两者的价差为350元/吨，此时是否存在期现套利机会呢？假设沪铜期货保证金率为13%，银行年贷款利率按6%计算，则相应的套利成本如下：

（1）资金成本：14 350×13%×6%×1/12≈9.33元/吨/月。

（2）交割手续费：3元/吨。

（3）仓储费：0.4元/吨/天。一个月仓储费为0.4×30=12元/吨。

（4）交易手续费：4元/手即0.8元/吨。

(5) 增值税：是按交割月配对日的结算价计算的，是变动的。为简化起见，以期现价差计算参与交割的抵减增值税，该项为 350×17%=59.5 元/吨。

(6) 其他杂费：包括进货卸车、理货、检验、点数检斤、单证检验、吊运码垛、计码标码、设立账卡、签发仓单等费用共计 60 元/吨。

持仓一个月的各项成本费用总计为 9.33+3+12+0.8+59.5+60=144.63 元/吨，小于 350 元/吨的期现价差，说明存在套利机会。

可以考虑在买入现货的同时卖出期货合约，8 月 15 日交割后，可获利 350−144.63=205.37 元/吨。

(二) 跨期套利

跨期套利，也称跨交割月份套利或跨月套利，是指投机者在同一市场利用同一种商品不同交割月份之间的价格差异变化进行交易，在买入某一交割月份的期货合约的同时卖出另一交割月份的相同类型期货合约以获取利润。它实质上是通过不同交割月份的同一商品期货合约之间的价差相对变动来获利。这是最常用的套利形式之一。例如，当 5 月份大豆与 7 月份大豆的价差超出正常的交割和储存费时，投资者可以买入 5 月份的大豆合约并卖出 7 月份的大豆合约。待到 7 月份大豆合约与 5 月份大豆合约的价格接近甚至两种合约的价差消失时，就能从价差的变化中获得收益。跨期套利与商品的绝对价格无关，只与不同交割期之间的价差变化趋势有关。

具体而言，这种套利可以分为三种类型：牛市套利、熊市套利和蝶式套利。

1. 牛市套利

当市场出现供给不足、需求旺盛导致较近期合约的价格上涨幅度大于较远期合约，或者较近期合约的价格下跌幅度小于较远期合约时，无论是在正向市场还是反向市场情况下，交易者通过同时买入近期月份合约和卖出远期月份合约进行套利被称为牛市套利。

案例 4-6

6 月 20 日，铝 9 月期货合约价格为 16 940 元/吨，12 月期货合约价格为 17 035 元/吨，两者的价差为 95 元/吨。交易者预计铝价格将上涨，9 月与 12 月的期货合约的价差将有可能缩小。于是，交易者在买入 10 手 9 月铝合约的同时卖出 10 手 12 月铝合约。7 月 20 日，9 月和 12 月合约的价格分别涨到 17 300 元/吨和 17 280 元/吨，两者的价差缩小为 20 元/吨。交易者同时将两种期货合约平仓，从而完成套利交易，交易结果见表 4-7。

表 4-7 套利交易结果

6 月 20 日	买入 10 手 9 月铝期货合约，价格为 16 940 元/吨	卖出 10 手 12 月铝期货合约，价格为 17 035 元/吨	价差为 95 元/吨
7 月 20 日	卖出 10 手 9 月铝期货合约，价格为 17 300 元/吨	买入 10 手 12 月铝期货合约，价格为 17 280 元/吨	价差为 20 元/吨
盈亏状况	盈利 360 元/吨	亏损 245 元/吨	价差缩小 75 元/吨
最终结果	盈利 75 元/吨，总盈利为 75 元/吨×5 吨/手×10 手=3 750 元/吨		

但是如果一个月后价格并没有出现预计的上涨行情，而是出现了一定程度的下跌，则交易者的情况见表4-8。

表4-8 套利交易结果

6月20日	买入10手9月铝期货合约，价格为16 940元/吨	卖出10手12月铝期货合约，价格为17 035元/吨	价差为95元/吨
7月20日	卖出10手9月铝期货合约，价格为16 840元/吨	买入10手12月铝期货合约，价格为16 900元/吨	价差为60元/吨
盈亏状况	盈利100元/吨	亏损135元/吨	价差缩小35元/吨
最终结果	盈利35元/吨，总盈利为35元/吨×5吨/手×10手=1 750元/吨		

在上述情况下，尽管价格出现了下跌而与预期相反，但最终交易结果是仍获得了1 750元的盈利。从这个例子中我们可以看出，只要两个月份合约的价差趋于缩小，交易者就能实现盈利，与铝的价格涨跌无关。

进行牛市套利时，在正向市场情况下，套利是通过卖出套利来实现价差收敛性交易；而在反向市场情况下，套利则是通过买进套利来实现价差发散性交易。在正向市场中，价差不宜随意扩大，因为会受到持仓成本的限制。如果牛市达到高潮，有可能正向市场转变为反向市场，并使牛市套利者获得巨大利润。

2. 熊市套利

熊市套利是指在卖出近期月份合约的同时买入远期月份合约的交易策略。通常情况下，在市场进入熊市时，近期合约的价格下跌幅度往往大于远期合约的价格下跌幅度。在正向市场中，远期合约价格与近期合约价格之间的价差会扩大，在反向市场中则会缩小。在这种情况下，可以进行熊市套利。

熊市套利应在基差走弱时平仓。如果基差走强，则可能面临亏损，并存在一定风险(例如遇到逼仓情况，风险较高)。然而，通过设置止损，可以在一定范围内控制风险。

当基差走强时，熊市套利可以通过两次交割来实现，前提是投资者有足够的资金将现货注册为标准仓单，适用于现货商。通过卖出近期合约和买入远期合约，投资者不仅能获得期货投资收益，还能节约仓储费用、银行利息等，并能有效控制货源。

3. 蝶式套利

蝶式套利是一种特殊的套利形式，涉及近期、居中和远期交割月份的三种相反方向的期货合约。交易策略是买入（卖出）近期合约，同时卖出（买入）居中合约，并买入（卖出）远期合约。其中，居中合约数量等于近期合约与远期合约之和。利润来自中间合约与前后两个合约的价差变化。例如，卖出1手近期合约，同时买入2手中期合约，再卖出1手远期合约；或者买入1手近期合约，同时卖出2手中期合约，再买入1手远期合约。

从风险角度分析，蝶式套利的风险较传统跨期套利小，但利润也相对较少。

另外，跨期套利还有一种特殊形式，被称为跨作物年度套利或持仓费套利。它通常指在同一期货交易所内，买入（卖出）某一作物当年期货合约的同时，卖出（买入）该作物下一年度期货合约，通过不同作物年度期货合约之间的价差变化来获利。这是一种常见的农产品期货套利交易形式。由于不同年度的农产品产量可能存在差异，不同年度的经济政策和形势也有所变化，特别是对上一年度商品（仓单）有效期规定的影响，因此，跨作物年度套利存在一些限制。例如，根据郑州商品交易所的商品检验规定，不适宜进行7月买入、9月卖出的小麦跨月套利。

（三）跨市套利

跨市套利是指投机者利用相同商品（合约）在不同市场出现的不合理价差，通过在一个市场买入并在另一个市场卖出来获得利润的交易活动。

当某一国际化程度较高的商品在不同国家市场的价差超过进出口费用时，就存在进行跨国际市场套利的机会。进出口费用通常包括关税、增值税、报关检验检疫费、信用证开证费、运输费用和港杂费等。例如，在国内期货市场中，如果美国大豆进口价格远低于大连大豆期货价格，就可以认为存在套利机会，可以进行买入CBOT大豆合约同时卖出大连大豆合约的跨市套利操作。

跨市套利有三个前提条件：一是期货交割标的物的品质相同或相近；二是期货品种在两个市场的价格走势具有很强的相关性；三是进出口政策宽松，商品可以在两国（或两个市场）自由流通。

案例 4-7

通常情况下，上海期货交易所（SHFE）与伦敦金属交易所（LME）之间的3月铝期货价格比为10∶1。例如，当SHFE铝价为15 000元/吨时，LME铝价为1 500美元/吨。然而，在6月1日，由于国内氧化铝供应紧张，国内铝价上涨至15 600元/吨，使得两市场之间的3月铝期货价格比变为10.4∶1。某金属进口贸易商判断随着美国铝业公司氧化铝生产能力的恢复，国内氧化铝供应将会缓解，这种比价关系有可能恢复到正常值。因此，该贸易商决定以1 500美元/吨的价格在LME买入3 000吨3月铝期货合约，同时以15 600元/吨的价格在SHFE卖出3 000吨3月铝期货合约。

一个月后，两市场的3月铝价差确实出现了缩小的情况，比价仅为10.2∶1，分别为15 200元/吨和1 490美元/吨。于是，该贸易商决定以1 490美元/吨的价格在LME卖出平仓，并同时以15 200元/吨的价格在SHFE买入平仓。通过这样的操作，该贸易商完成了一个跨市套利的交易过程。具体交易情况请见表4-9（不考虑交易手续费和汇率变化，汇率为美元∶人民币=6.5）。

表4-9 跨市套利交易情况

时间＼市场	SHFE铝市场	LME铝市场	价格比
6月1日	卖出3 000吨3月铝期货合约，价格为15 600元/吨	买入3 000吨3月铝期货合约，价格为1 500美元/吨	价格比为10.4∶1
7月1日	买入平仓3 000吨3月铝期货合约，价格为15 200元/吨	卖出平仓3 000吨3月铝期货合约，价格为1 490美元/吨	价格比为10.2∶1
盈亏状况	盈利400元/吨	亏损10美元/吨，折合人民币65元/吨	
最终结果	总盈利为400×3 000−65×3 000=1 005 000（元）		

（四）跨商品套利

跨商品套利是指利用两种不同但相互关联的商品之间的期货价格差异进行套利。这种套利策略涉及买入（卖出）一种商品的期货合约，并同时卖出（买入）另一种相关商品的期货合约，它们具有相同的交割月份。

跨商品套利的关键在于品种之间的高度关联性。不相关的品种无法进行套利。品种之间的相关性越强，当出现跨商品套利机会时，投资风险相对越低。相关性品种通常表现为两种形式：一是直接联系，例如大豆、豆粕和豆油之间的套利；二是替代性套利，如棉花和PTA期货之间的关系等。

案例 4-8

大豆、豆粕和豆油作为原料和成品存在紧密关联，它们的价格波动趋势相似，关联度高，为跨商品套利提供了机会。根据“100%大豆=18.5%豆油+80%豆粕+1.5%损耗”的关系以及“100%大豆×购进价格+压榨收益（含加工费用）=18.5%豆油×销售价格+80%豆粕×销售价格”的平衡关系，大豆、豆粕和豆油之间存在着必然的套利关系，即所谓的提油套利。

正向大豆提油套利是指在市场价格走势正向时进行的套利操作，旨在防范大豆价格突然上涨或豆油、豆粕价格突然下跌的风险。具体做法是同时买入大豆期货合约并卖出豆油和豆粕期货合约。反向大豆提油套利则是在市场价格走势反向时采取的套利策略，当大豆价格因某些因素大幅上涨时，卖出大豆期货合约，同时买入豆油和豆粕期货合约。

通过对现货市场和期货市场的统计分析，可以确定大连期货市场压榨收益的正常数值范围。当压榨收益超过正常范围时，必将吸引投资者进入期货市场，采用买大豆、卖豆粕、卖豆油的方式获取无风险套利利润，这将推动压榨收益回归至合理水平。因此，一旦市场出现这种机会，就是进行提油套利的良好时机。

以5月1日为例，大连期货市场9月大豆期货价格为2 700元/吨，9月豆粕期货价格为400元/吨，9月豆油期货价格为5 500元/吨。经计算，压榨收益约为238元/吨（包括所有压榨成本），而正常情况下，压榨收益应该在150元/吨左右。因此，投资者可以通过买入大豆、卖出豆粕和豆油的方式进行提油套利。假设套利时，大豆、豆粕和豆油的建仓比例按照压榨比例约1∶0.8∶0.2进行操作，并在压榨收益回归到正常水平时进行平仓（1手=10吨）。具体的建仓价格、建仓比例以及平仓价格和盈亏情况请参见表4-10。

表4-10　建仓及平仓情况

		多头大豆	空头豆粕	空头豆油	压榨收益
5月1日	建仓价位（元/吨）	2 700	2 400	5 500	238
	建仓手数	5	4	1	

续表

平仓情况 1	平仓价格（元/吨）	2 900	2 500	5 600	136
	平仓盈利（元/吨）	200	−100	−100	
	平仓手数	5	4	1	
	总盈利（元）	200×50−100×40−100×10=5 000			
平仓情况 2	平仓价格（元/吨）	2 600	2 250	5 300	181
	平仓盈利（元/吨）	−100	150	200	238
	平仓手数	5	4	1	
	总盈利（元）	−100×50+150×40+200×10=3 000			

由此可见，当压榨收益如预期那样缩小时，不论后期市场涨跌与否，此交易商均可获取稳定利润。

三、期货套利交易注意要点

为实现最大限度的风险规避和获利机会，套利交易者在操作过程中应注意以下基本要点：

（一）坚持同进同出

开仓时必须同时买入和卖出，平仓时也要同时卖出和买入。避免只进行有利的交易，而使套利变成了投机。套利交易在期货市场中比单纯的长线交易提供更可靠的潜在收益，尤其当交易者深入研究和有效利用套利的季节性和周期性趋势时。

（二）明确指出价差

在套利交易中，无论是开仓还是平仓，下达交易指令时，要明确写明买入合约与卖出合约之间的价差。套利的关键在于合约间的价差，与具体价格水平无关。使用价差代替具体价格更灵活，只要价差合适，就可以按任何价格成交。

（三）不要在陌生市场进行套利交易

套利者通常关注合约之间的价差，而对具体商品没有浓厚的兴趣。但在跨期套利和跨市套利中，必须了解各个合约的具体要求，如涨跌停板限制、保证金水平、追加保证金要求等。在套利之前，必须了解这些基本内容。

（四）不要超额套利

套利可以降低风险，而且国外交易所为鼓励套利，规定套利的保证金比一般投机交易低25%～75%。但不要盲目扩大交易数量，否则如果价格不按预期发展，亏损将与合约数量成正比，增加风险。此外，超额套利后，佣金也随套利量增加而增加，套利的优势无法正常发挥。

（五）不要使用锁单保护亏损交易

锁单无法利用不同合约间的价差收益，并不能挽回已有损失。在期货市场上，输赢是正常的，亏损时应忍痛了结，不要心存侥幸。有些投资者在价格下跌时依然期望反弹，继续观望，为了避免损失扩大，采取锁单方式形成套利模式。然而，锁单只能阻止损失进一步扩大，无法弥补早前买入合约的亏损。

（六）注意套利的佣金支出

进行套利一般涉及两笔交易，期货经纪商通常会收取双份全额佣金。不同交易所和各方在套利佣金收费上存在不同看法和规定。投资者应明确表示这是一笔套利交易，否则经纪商和交易所不会承认，仍然按两笔单独交易收取佣金。虽然佣金占交易额的比例较小，但对于大额交易来说也是不可忽视的支出。

（七）跨市套利的操作特别需要注意的因素

1. 资金成本

资金成本是决定同一品种在不同交易所间的价差的主要因素。投资者在进行跨市套利时，应着重考虑两地间资金成本的价差关系。

2. 交割品级的差异

虽然跨市套利涉及同一品种，但不同交易所对交割品质级别和替代品升贴水有不同规定，导致价差存在。投资者应充分了解这些差异。

3. 交易单位和报价体系

投资者在进行跨市套利时，可能会遇到交易单位和报价体系不一致的问题，应将不同交易所的价格按相同计量单位进行折算，才能进行价格比较。

4. 汇率波动

若在不同国家的市场进行套利，还需承担汇率波动风险。投资者在套利前应全面评估可能出现的损失。

5. 保证金和佣金成本

跨市套利需要投资者在两个市场缴纳保证金和佣金，保证金的占用成本和佣金费用应计入总成本。只有当预期的套利收益高于以上成本时，才可进行跨市套利。

四、期货套利操作实例

案例 4－9

2023 年 11 月 19 日，股票市场上沪深 300 指数收盘时为 1 953.12 点。此时，12 月 19 日到期的沪深 300 指数 IF0812 期货合约的价格为 2 003.6 点。假设某投资者的资金成本为每年 4.8%，预计 2023 年沪深 300 指数成分股在 IF0812 合约到期前不会分红，此时是否存在期现套利机会？

第一步，计算套利成本。

股票买卖的双边手续费为成交金额的 0.3%，即 1 953.12 点×0.3%= 5.86 点；

股票买卖的印花税为成交金额的 0.1%，即 1 953.12 点×0.1%=1.95 点；

股票买入和卖出的冲击成本为成交金额的 0.05%，即 1 953.12 点×0.05%=0.98 点；

股票组合模拟指数跟踪误差为指数点位的 0.2%，即 1 953.12 点×0.2%= 3.91 点；

一个月的资金成本约为指数点位的 0.4%（=4.8%/12），即 1 953.12 点×0.4%=7.81 点；

期货买卖的双边手续费按 0.01%计，为 0.2 个指数点；

期货买入和卖出的冲击成本按 0.01%计，为 0.2 个指数点；

套利成本合计为 TC=5.86+1.95+0.98+3.91+7.81+0.2+0.2=20.91（点）。

IF0812 期货合约的价格为 2 003.6 点，2 003.6 点−1 953.12 点=50.48 点>20.91 点，即 IF0812 期货合约的价格大于无套利区间的上界，市场存在正向套利机会。

第二步，实施套利操作。根据套利可用资金 2 500 万元，设计投入 2 000 万元左右的套利方案。期货保证金比例为 12%，因此投入股票和期货的资金分别为 1 780 万元和 220 万元。

IF0812 合约的价值为 2 003.6×300×1=601 080 元，每手合约的保证金为 601 080×12%=72 129.6 元，初步计算期货头寸规模为 2 200 000÷72 129.6≈30 手；即在期货市场以 2 003.6 的价格卖出 IF0812 合约 30 手，投入初始保证金 601 080×12%×30=216 万元。同时，收盘前买入事先计划好的沪深 300 指数成分股中权重排名前 100 位的股票组合，其市值为 1 780 万元。剩余资金约 500 万元用于预防股指期货头寸的保证金追加需要。

第三步，套利监测。

2023 年 12 月 19 日，沪深 300 指数 IF0812 期货合约到期交割，收盘时沪深 300 指数价格为 2 052.11 点，而 IF0812 收盘价为 2 058.4 点，期货价格与现货价格收敛基本一致。交割结算价是 2 062.66 点。

第四步，依据信号平仓。

与 11 月 19 日相比，12 月 19 日收市前，沪深 300 指数上涨 2 052.11−1 953.2=98.91 点，涨幅为 5.064%，此时在股票市场上卖出股票投资组合中的全部股票，价值约为 1 780×1.050 64=1 870.14 万元；收市后，在期货市场上以 2 062.66 点自动交割 30 手 IF0812 期货合约空头头寸，从而结束全部套利交易。

第五步，结算。

在股票市场上，卖出股票投资组合获利：1 870.14−1 780=90.14（万元）；在期货市场上，30 手 IF0812 期货合约交割后亏损：(2 003.6−2 062.66)×300×30=−53.15（万元）；盈亏相抵后，总利润为：90.14−53.15=36.99（万元）。1 个月的盈利率=36.99/2 500×100%=1.48%。年化回报率为 17.76%。

本章小结

本章重点介绍了期货交易策略，包括套期保值、投机和套利。首先对期货交易策略进行了定义和分类，然后详细解释了套期保值策略的含义、原理和不同类型，重点讨论了基差与套期保值之间的关系，并给出了具体的操作实例。其次解释了投机策略的含义和作用，介绍了不同类型的期货投机者，强调了进行投机前的准备工作的重要性，并列举了常用的投机操作方法，同时提醒投机者需要避免的行为以确保风险得到控制。最后讨论了套利策略的概念和分类，强调了套利交易中需要注意的要点，并提供了套利操作的实例。通过学习本章，读者可以深入了解期货交易策略的各种类型、原理和应用，这些知识有助于读者在实践中选择和运用适合自己的交易策略，以优化期货交易效果。

本章可结合实训篇中的实训项目五、六、七的内容进行实践。通过参与这些实训项目，读者可以应用本章所介绍的期货交易策略，包括套期保值、投机和套利，在真实市场环境中进行模拟交易，并体验实际操作中的风险和盈利机会。这样的实践经验有助于进一步巩固读者对期货交易策略的理解，并提升实际交易能力。

实训案例

假设您是一家大豆油加工企业的财务经理，您需要制定一个套期保值策略，以规避大豆油价格波动对您所在企业的利润的影响。请回答以下问题：

1. 请简要介绍套期保值的含义和原理。
2. 请说明您会选择哪种类型的套期保值，以及选择的理由。
3. 请计算您需要买卖多少张大豆油期货合约，以及选择哪个交割月份的合约。
4. 请根据市场数据，计算您的套期保值效果和成本。
5. 请分析您的套期保值策略可能面临的风险和限制。

二维码视频材料

练习与思考

微信公众号推荐

中国期货业协会

上期所发布

大商所发布

郑商所发布

上海国际能源交易中心

第五章

期权类金融衍生工具

导入案例

公元前4世纪，古希腊哲学家泰勒斯运用天文学知识成功预测了橄榄的丰收，并以此进行了一笔盈利丰厚的交易。他购买了榨油机的使用权，以较低价格租借给农民。当橄榄丰收时，他行使使用权并以高价出租给农民，从中获得了巨额利润。这个案例被视为最早的期权交易范例，类似于现代的看涨期权。那么，什么是看涨期权？它是如何运作的呢？本章将深入探讨期权类金融衍生工具的概念、特点和基本条款，包括不同类型的期权及其与远期和期货的区别。同时，本章着重分析期权价格的构成要素、影响因素，介绍奇异期权和其他衍生工具，并简要概述我国金融期权市场的发展情况。

学习目的

通过本章的学习，掌握期权的相关概念、基本类型、基本条款、功能和特点；熟悉期权价格的构成，包括期权的价值分析、影响因素、上下限和平价关系；了解奇异期权及期权类衍生工具，包括奇异期权的定义、分类、常见类型和特点，以及期权类衍生工具的概念和种类；理解我国期权市场的发展概况，包括期权市场的发展现状、存在的问题、发展趋势和展望。

素养目标

党的二十大报告指出加快构建以国内大循环为主体、国内国际双循环相互促进的新发展格局。期权类金融衍生工具在这一背景下发挥着重要作用。它们促进市场活跃度和效率，提高金融风险管理水平，增强金融开放度和竞争力。期权交易有助于推动现代化产业体系形成，构建高效畅通的市场体系，并促进国内外市场的联通。同时，期权交易有助于构建高水平的安全保障体系，确保国内国际安全相互促进。为促进金融服务实体经济、防范金融风险和深化金融改革的统一性，需要完善金融监管机制，提升监管能力，健全金融市场体系，并扩大金融业对外开放。通过了解期权市场发展历程，我们可以更好地理解建立期权交易市场的必要性。同时，分析当前期权交易制度存在的问题将培养学生的家国情怀和时代担当。

第一节 期权交易概述

一、期权的相关概念

期权（options），又称选择权，是一种能以协定价格买进或卖出一定数量某种商品的权利。期权交易实质上是一种权利的交易。

（一）期权购买者和期权出售者

期权购买者（buyer），也称期权持有者或买方，是支付费用以获得期权合约权利的一方。他们在特定日期或之前获得以特定价格买入或卖出标的资产的权利。

相反，期权出售者（seller），也称期权签发者或卖方，收取费用并履行期权合约义务。他们通过出售这样的权利来获取权利金，并承担兑付合约的义务。

（二）期权价格

期权价格，也称权利金、期权费或保险费，是期权买方购买权利或卖方出售权利时买方所支付的价格。买方向卖方支付期权费以获得按约定价格购买或售出标的资产的权利。一旦支付了期权费，无论期权是否被执行，期权费都不会被退还。期权费类似于保险费，用于避免风险和实现保值目标。

（三）行权价

行权价是期权合约规定的价格，决定了期权购买者在执行期权时以固定价格购买或售出标的物的权利。无论市场价格涨到何水平或跌到何水平，只要期权购买者要求执行期权，期权出售者就必须按照行权价履行义务。行权价确立了期权购买者在期权有效期内以固定价格买卖标的资产的权利。

二、期权的基本类型

期权可以根据不同标准进行多种划分，一般可进行以下六种划分。

(一)看涨期权和看跌期权

按期权赋予买方的权利不同,期权可分为看涨期权(call options)和看跌期权(put options)。看涨期权赋予合约的买方在未来某一特定时期以交易双方约定的价格买入标的资产的权利。看涨期权的期权费或价格一般用 C 表示。看跌期权赋予合约的买方在未来某一特定时期以交易双方约定的价格卖出标的资产的权利。看跌期权的期权费或价格一般用 P 表示。

需要指出的是,所谓的"看涨"和"看跌"是从期权购买者的角度来说的(参见表5-1)。买方购买看涨期权是因为他们预期市场行情将上涨。而买方购买看跌期权则是因为他们预期市场行情将下跌。

表5-1 期权交易中的双重买卖关系

	看涨期权	看跌期权
期权买方	以执行价格买入标的资产的权利	以执行价格卖出标的资产的权利
期权卖方	以执行价格卖出标的资产的义务	以执行价格买入标的资产的义务

(二)欧式期权和美式期权

按照期权买方执行期权的时限划分,期权可以分为欧式期权(European options)和美式期权(American options)。欧式期权的买方只能在到期日执行期权(即行使买进或卖出标的资产的权利),而美式期权的买方可以在到期日及其之前的任何时间执行期权。通常情况下,交易所为同一种标的资产的期权规定一种行权方式,要么是美式,要么是欧式。但也有例外,如CME集团交易的GBP/USD、EUR/USD等外汇期货期权既有美式期权,也有欧式期权。

此外,还存在一种介于美式和欧式之间的期权类型,称为百慕大期权(Bermuda options)。百慕大期权规定在到期日前有多个行权日期,例如3年到期的期权规定每年最后一个月才能行使。百慕大期权被视为美式期权与欧式期权的混合体,是修正的美式期权,属于时间依赖型奇异期权。我国证券交易所上市的权证多为百慕大期权。

(三)实物期权和金融期权

按期权合约的标的资产划分,有实物期权和金融期权。金融期权可分为现货期权和期货期权。现货期权分为利率期权、外汇期权、股票期权,期货期权分为利率期货期权、外汇期货期权、股价指数期货期权。

(四)场内期权和场外期权

按期权交易场所的不同,期权可分为场内期权和场外期权。场内期权也被称为交易所交易期权,一般在交易所内的交易大厅公开竞价,所交易的是标准化期权合约,即每份合约的交易规模、执行价格、到期日等合约要素均由交易所事先制定,合约唯一的变量即期权费;场外(OTC)期权也被称为柜台交易期权,是卖方为满足某一购买者特定的需求而设计的,合约的交易规模、执行价格、到期日等合约要素均由买卖双方自行协商确定。

（五）有担保期权与无担保期权

有担保期权与无担保期权通常指的是看涨期权。有担保的看涨期权（covered call options）是指期权出售者实际拥有该期权合约所规定的标的物，并将其作为履约的保证存放于经纪人处。相反，无担保的看涨期权（naked call options）是指期权出售者并不拥有该期权合约所规定的标的物。

对于期权出售者而言，有担保的看涨期权的潜在损失是有限且已知的，仅限于购进的标的资产价格与期权合约行权价的差额。然而，无担保的看涨期权的潜在损失是无限的。因为在期权购买者要求履约时，期权出售者必须以任何可能的市场价格购进标的资产，并以较低的行权价出售给期权购买者。

（六）实值期权、虚值期权和平值期权

按照行权价来划分，期权可以分为三类：实值（价内）期权、虚值（价外）期权、平值（平价）期权。实值期权指若期权买方立即执行该权利，有正的现金流；虚值期权指如果期权买方立即执行该权利，现金流为负；平值期权指如果期权买方立即执行该权利，现金流为零。实值期权、虚值期权、平值期权与看涨期权、看跌期权的关系如表 5-2 所示。

表 5-2　实值期权、虚值期权、平值期权与看涨期权、看跌期权的关系

	看涨期权	看跌期权
实值期权	市场价格＞执行价格	市场价格＜执行价格
平值期权	市场价格＝执行价格	市场价格＝执行价格
虚值期权	市场价格＜执行价格	市场价格＞执行价格

三、期权合约基本条款

期权合约基本条款，也被称为期权合约要素，根据交易所和品种的不同而有所不同。然而，几乎所有的期权合约都会涵盖以下基本条款：合约标的物、交易单位、合约类型、报价单位、最后交易日、到期日、行权价、行权方式、保证金标准和上市交易所。

最小变动价位、涨跌停板幅度、交易时间、交易代码等类似于期货合约的常规条款在此不再详述。下面将重点解释期权合约特有的条款，或者与期货合约条款相同但意义或规定不同的条款。表 5-3 是上证 50 股指期权合约。

表 5-3　上证 50 股指期权合约

合约标的物	上证 50 指数
合约乘数	每点人民币 100 元
合约类型	看涨期权、看跌期权
报价单位	指数点

续表

最小变动价位	0.2点
每日价格最大波动限制	上一交易日上证50指数收盘价的±10%
合约月份	当月、下2个月及随后3个季月
行权价	行权价覆盖上证50指数上一交易日收盘价上下浮动10%对应的价格范围： 对当月与下2个月合约：行权价≤2 500点时，行权价间距为25点；2 500点<行权价≤5 000点时，行权价间距为50点；5 000点<行权价≤10 000点时，行权价间距为100点；行权价>10 000点时，行权价间距为200点； 对随后3个季月合约：行权价≤2 500点时，行权价间距为50点；2 500点<行权价≤5 000点时，行权价间距为100点；5 000点<行权价≤10 000点时，行权价间距为200点；行权价>10 000点时，行权价间距为400点
行权方式	欧式
交易时间	9：30—11：30，13：00—15：00
最后交易日	合约到期月份的第3个星期五，遇国家法定假日顺延
到期日	同最后交易日
交割方式	现金交割
交易代码	看涨期权：HO合约月份-C-行权价 看跌期权：HO合约月份-P-行权价
上市交易所	中国金融期货交易所

（一）合约标的物

合约标的物指期权合约中买方行权或卖方履约时买入或卖出的资产。可以是现货资产、期货合约、实物资产、金融资产或金融指标（如股票价格指数）。

（二）合约乘数

合约乘数（或交易单位）表示期权合约所代表的标的物数量。期权交易应当以交易单位的整数倍进行。交易单位乘以期权价格等于合约价值。例如，上海证券交易所和深圳证券交易所的ETF期权交易单位为10 000份基金份额，境内商品期货交易所的期货期权交易单位为1张期货合约。

指数期权与股指期货相似，它们的标的资产都是指数，并以指数点进行报价。为了计算合约价值，需要将指数点转换为货币金额，这在合约条款中被称为合约乘数。表5-3中金所的上证50股指期权合约的合约乘数为每点100元，而上证50股指期货合约的合约乘数为每点300元。

（三）报价单位

报价单位是期权合约报价所使用的计量单位，即每计量单位权利的货币价格。例如，证券交易所 ETF 期权的报价单位为元/份基金，黄金期货期权的报价单位为元/克，股指期权的报价单位为指数点。

（四）合约月份

合约月份是期权合约的到期月份，与期货合约类似。在我国三家商品期货交易所，期权合约的合约月份对应着标的期货合约的交割月份。

（五）最后交易日

最后交易日是期权合约可以在交易所进行交易的最后日期。过了最后交易日，该月份的期权合约将在交易所终止交易，并且交易所会挂出新的到期月份的期权合约。

（六）期权到期日

期权到期日是期权买方可以执行期权的最后日期。如果买方在期权到期日或之前不行权，期权作废。最后交易日和到期日可以相同或不同，若不同，则到期日通常在最后交易日之后，以确保多头仍有机会行权。

（七）行权价

行权价（也称执行价格或履约价格或协定价格）是期权合约中约定的买方行使权利时购买或出售标的资产的价格。针对同一标的资产和到期月份，交易所会同时推出一系列具有不同执行价格的看涨期权和看跌期权。

（八）行权价间距

行权价间距是指相邻两个行权价之间的差，通常是整数倍。交易所可根据市场交易状况调整行权价间距和覆盖范围。

（九）涨跌停板制度

期权交易在一些发达国家和地区无涨跌幅限制，如在美国和我国香港地区，股票和期货交易没有涨跌幅限制，期权交易也无涨跌幅限制。然而，我国境内交易所的期权交易采用了涨跌停板制度。由于标的资产价格通常远高于期权价格，所以期权价格的涨跌幅可能远高于标的资产价格的涨跌幅。

（十）保证金规定

期权买方的最大亏损为支付的权利金，不存在违约风险，因此无须缴纳保证金；期权卖方的最大盈利为权利金，但最大亏损可能远远超过权利金，为避免卖方违约风险，交易所对卖方收取保证金，不同交易所的期权保证金收取方式有所不同。

（十一）交割方式

期权的交割分为现金交割和实物交割两种方式。现货期权（如 ETF 期权）交割时，交易双方直接以执行价格进行实物交收；指数期权按照执行价格与期权行权日当天市场价格之差以现金结算；期货期权采用实物交割，买方行权后，看涨（跌）期权买方按执行价格建立相应标的期货多（空）头持仓，看涨（跌）期权卖方按执行价格建立相应标的期货空（多）头持仓。

知识链接

上海证券交易所
股票期权试点交易规则

四、期权交易的功能

（一）期权交易的保值功能

期权交易可以用于套期保值，将对称性风险转化为不对称性风险。买方在期权市场购买期权，当价格发生不利的变化时，可以通过执行期权来避免损失；而当价格发生有利的变化时，可以选择放弃期权来保护利益。通过期权交易，可以避免价格不利变动所带来的损失，同时也能够保留价格有利变动所带来的收益。

（二）期权交易的投机功能

期权交易具有放大回报的功能，可实现较大的盈利回报。多头投机交易中，亏损仅限于已支付的期权费，而盈利潜力是无限的，常常可以获得超过 100 倍的回报。空头投机交易中，卖方只在标的物价格小幅波动或略微下降的情况下卖出看涨期权或看跌期权，目的是赚取期权费。

（三）期权交易的价格发现功能

期权交易具有透明度高、市场流动性强、信息质量高和价格公开等特点，因此具备价格发现功能。交易指令在期权交易所内公开竞争撮合成交，参与者众多，市场流动性得到极大增强，有助于价格的形成。参与者具备丰富的经营知识、广泛的信息渠道和科学的分析方法，他们将各自的经验、方法和信息带入市场，形成的价格代表了大多数人的预测，具有权威性和真实性。通过价格报告制度和传播媒介，交易者能够及时了解市场情况和价格变化，从而调整交易行为。期权价格反映了买方和卖方对未来价格的预期，同时连续交易形成的价格也能够反映市场供求情况及其变化。

五、期权交易的特点

作为金融衍生工具，期权交易和期货交易有许多相似之处。它们都在有组织的期货交易所或期权交易所进行，由交易所制定规则和合约内容，并管理交易时间和过程。场内交易采用标准化合约，统一规定交易规模、最小交易变动价位、涨跌停板、合约规格和月份，以方便交易。同一清算机构负责清算，起担保作用，采用分级清算方式。此外，两者都具有杠杆作用，只需支付相对较小比例的资金（保证金和期权费），就能以小搏大，成为投机和风险管理的有效工具。但期权交易相比其他交易具有以下特点：

（一）买卖双方的权利义务不同

通常情况下，权利和义务是不分离的，在享有权利的同时要承担相应的义务，但期权交易不同。期权交易是权利的买卖，买方支付期权费以获得权利，卖方则负有履约义务。买方只享有权利而无须履行义务，卖方则相反。

（二）买卖双方的收益和损失特征不同

买方的损失被限制在期权费范围内，但收益潜力较大；卖方的收益最大为期权费，但可能面临巨大损失。市场对买方有利时，买方可能获得高额收益，而卖方则承担较大损失。

（三）缴纳保证金要求不同

由于买方最大的损失仅限于期权费，因此无须缴纳保证金；卖方可能面临较大损失，所以交易所要求卖方缴纳保证金作为履约担保。有担保的期权空头可以使用持有的标的资产作为履约担保，被称为备兑期权空头；无担保的期权空头则需要缴纳保证金，被称为裸期权空头。

（四）期权与期货的避险功能不同

金融衍生工具的主要功能之一是规避标的资产价格变动的风险。期货交易的买卖都可以实现对冲标的资产的价格风险功能，而卖出期权只能收取权利金，无法实现对冲功能。因此，利用期权规避标的资产的价格风险时，只能通过买进期权来实现。

（五）利用期权和期货规避标的资产价格风险的结果不同

期货交易通过对冲实现风险的规避，两个市场之间存在对冲关系。而利用期权多头时，可以通过执行期权来避免损失，也可以通过放弃执行期权来获得价格有利变动带来的收益。买进期权合约既可以规避风险，又不会失去价格有利变动带来的收益机会。

（六）期权具有独特的非线性损益结构

与证券交易、期货交易等线性盈亏状态不同，期权交易具有非线性盈亏特征。非线性盈亏是指期权交易的收益和损失与标的资产价格的变动不成正比，而是呈现出一定的曲线形态。非线性盈亏的原因是期权具有固定的执行价格和到期日，以及买方可以选择是否执行期权。因此，期权交易的收益和损失不仅取决于标的资产价格的变动，还取决于期权费、行权价、剩余到期时间、波动率等因素。

第二节 期权价格的构成

一、期权的价值分析

期权价格由内在价值和时间价值组成，即：

$$期权价格=内在价值+时间价值$$

我们将内在价值和时间价值分别记作 IV 和 EV。

(一) 内在价值

内在价值（intrinsic value），又称内涵价值，是立即执行期权所带来的收益。对于看涨期权而言，内在价值为标的资产市价 S 与期权行权价 X 之差。由于价值不能小于零，因此，看涨期权的内在价值可以表示为：

$$\mathrm{IV}=\max(0,\ S-X)=\begin{cases}0, & S\leqslant X\\ S-X, & S>X\end{cases}$$

对于看跌期权而言，内在价值为期权行权价 X 与标的资产市价 S 之差，其内在价值可以表示为：

$$\mathrm{IV}=\max(0,\ X-S)=\begin{cases}0, & S\geqslant X\\ X-S, & S<X\end{cases}$$

根据内在价值的情况，期权可以分为实值期权（内在价值大于零）、虚值期权（内在价值小于零）和平值期权（内在价值等于零）。此外，还有深度实值期权和深度虚值期权。对于看涨期权，若 $S\geqslant X$，则称期权处于深度实值状态；若 $S\to 0$，则称期权处于深度虚值状态。相应地，对于看跌期权，若 $S\leqslant X$，则期权处于深度实值状态；若 $S\to 0$，则期权处于深度虚值状态。

(二) 时间价值

期权的时间价值，也称外在价值（extrinsic value），指的是期权价格超过内在价值的部分。它表示期权买方随着时间的推移和相关商品价格的波动，对可能获得的增值机会所支付的权利金金额。

从动态角度来看，期权的时间价值会随着到期日的临近而减小。这是因为对于期权买方来说，剩余期限越长，未来价格变动对其有利的可能性越大，从而获利机会越多，他们愿意支付越高的时间价值。相反，随着剩余期限的缩短，买方获利机会减少，他们愿意支付的时间价值也降低。因此，期权的时间价值实际上反映了期权的波动性价值。

(三) 期权价格、内在价值和时间价值三者之间的关系

期权价格由内在价值和时间价值组成。以看涨期权为例，它们之间的关系可以用图 5-1 表示如下：

图中横轴表示期权标的资产可能的价格，折线代表看涨期权的内在价值，曲线代表看涨期权的价格，两者之间的垂直距离即为时间价值。在折线的拐点处，期权处于平值状态；拐点左侧表示虚值状态，拐点右侧表示实值状态。从图中可以观察到，当期权处于平值状态时，时间价值达到最大，即期权价格与内在价值之间的垂直距离最大。同时，当价格远低于执行价格或远高于执行价格时，期权价格逐渐趋近于内在价值折线，即在深度虚值或深度实值状态下，时间价值趋近于零。

此外，随着到期日的临近，看涨期权价格曲线将逐渐靠近内在价值折线，直至到期日，看涨期权价格曲线与内在价值折线重合，此时期权的时间价值为零。

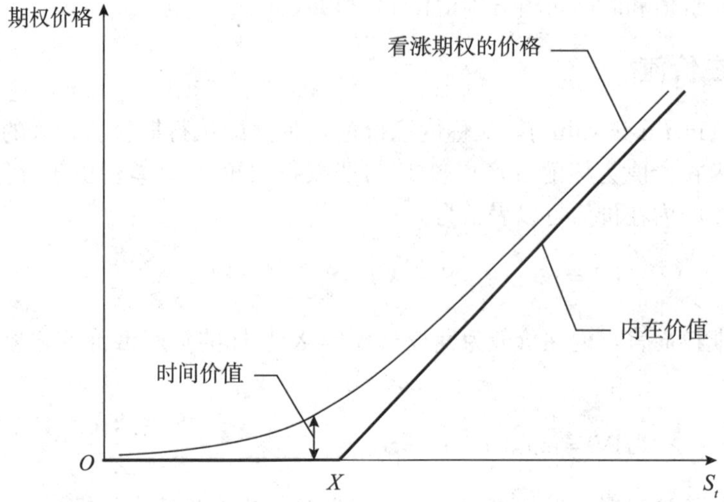

图 5-1　看涨期权的价格、内在价值、时间价值关系示意图

二、期权价格的影响因素

期权价格受多种因素影响，包括标的资产价格变化、执行价格、标的资产价格波动率、剩余期限、无风险利率和标的资产支付的收益等。此外，标的资产在期权有效期内是否支付收益也会对期权价格产生一定影响。

（一）标的资产价格变化对期权价格的影响

在期权有效期内，标的资产价格变化对期权价格起着重要的决定作用。

对看涨期权而言，通常情况下，看涨期权的价格随着标的资产价格的上涨而上涨，即标的资产价格对看涨期权价格有正向影响。但是，如果看涨期权处于深度虚值状态，即使标的资产价格上涨，期权仍然保持在深度虚值状态，此时标的资产价格对期权价格的影响较小，使得期权价格可能保持较低水平。

对看跌期权而言，通常情况下，看跌期权价格随着标的资产价格的上涨而下跌，即标的资产价格对看跌期权价格具有反向影响。

（二）期权的执行价格与期权价格的关系

同一系列但不同执行价格的期权，它们的价格应该是不同的。

对于看涨期权，执行价格是期权多头行权时购买标的资产的价格，因此较低的执行价格更有利。为此，执行价格越低的看涨期权，价格应该越高，即看涨期权价格与执行价格负相关。

对于看跌期权，执行价格是期权多头行权时卖出标的资产的价格，因此执行价格越高越好。为此，执行价格越高的看跌期权，价格应该越高，即看跌期权价格与执行价格正相关。

图 5-2 和图 5-3 中的实线表示期权价格，虚线表示内在价值，而实线与虚线之间的距离代表时间价值。这些图形展示了期权价格中内在价值和时间价值的变化模式。

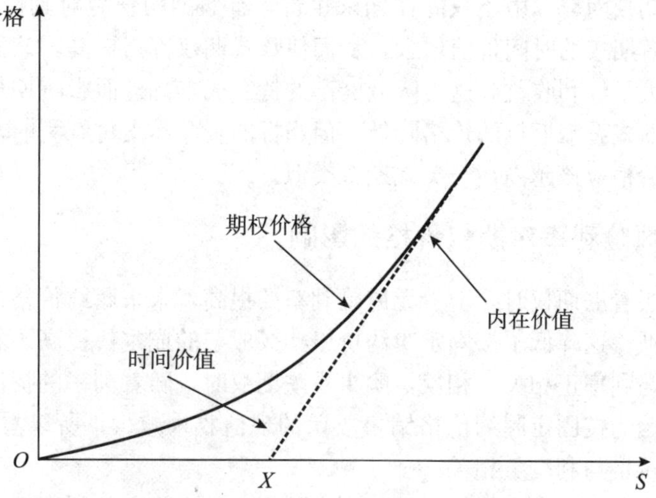

图 5－2　看涨期权的内在价值、时间价值与协定价格

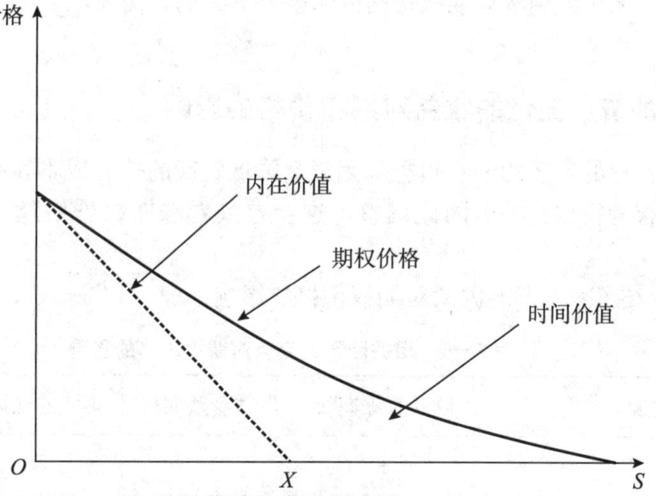

图 5－3　看跌期权的内在价值、时间价值与协定价格

（三）标的资产价格波动率对期权价格的影响

在其他因素不变的情况下，标的资产价格波动率越高，期权价格也应该越高。高波动率意味着标的资产价格有更大的上涨或下跌的机会，使得期权买方获取较高收益的可能性增加，而卖方的市场风险也增加。

（四）期权合约的剩余期限与期权价格的关系

美式期权可以在有效期内的任何时间行权，因此有效期越长，期权购买方的获利机会就越大。同时，有效期长的期权包含了有效期短的期权的所有执行机会，因此有效期越长，期权价格就越高。然而，对于标的资产不支付收益的美式看涨期权，剩余期限对期权价格的影响并不成立。

对于欧式期权而言，由于只能在期末执行，有效期的长短对其价格的影响比较复杂。有效期长意味着期权的时间价值增大，从而使欧式期权价格提高。然而，如果标的资产在有效期内支付大量红利收益，这会降低资产的持有成本，进而影响期权的内在价值，导致有效期延长时欧式看涨期权的价格降低。但当标的资产不支付红利时，剩余期限越长，欧式看涨期权的价格应该越高，与美式期权类似。

(五) 无风险利率对期权价格的影响

投资者购买看涨期权时，随着无风险利率的提高，未来履约价格的现值降低，投资成本的现值也降低。这降低了按固定履约价格购买股票的成本，提高了看涨期权价格，因此看涨期权价格与利率正相关。相反，购买看跌期权时，随着利率的提高，未来履约价格的现值也降低，因为按固定履约价格销售股票的现值收入减少，所以看跌期权价格会降低，因此看跌期权价格与利率负相关。

但需要注意的是，在实际情况中，利率的提高也意味着与利率变动方向相反的标的资产未来价格下降，进而影响期权的内在价值。这可能导致看涨期权价格下降、看跌期权价格上升。总之，无风险利率对期权价格的影响是复杂的，需要综合考虑其他相关因素进行全面分析。

(六) 标的资产支付的收益对期权价格的影响

研究表明，标的资产的分红付息等因素会降低资产的持有成本，导致标的资产价格下降。然而，期权的行权价并未因此调整，这会导致看涨期权价格降低，而看跌期权价格提高。

表 5-4 总结了六个影响因素对期权价格的影响：

表 5-4　相关因素的变化对期权价格的影响

变量	欧式看涨期权	欧式看跌期权	美式看涨期权	美式看跌期权
标的资产价格（S_t）	+	−	+	−
期权的执行价格（X）	−	+	−	+
标的资产价格波动率（σ）	+	+	+	+
期权的剩余期限（T）	+?	+	+	+
无风险利率（r）	+?	−?	+	−
标的资产支付的收益（D）	−	+	−	+

注：“+”表示期权价格与影响因素的变动方向相同，“−”表示期权价格与影响因素的变动方向相反，“?”表示不能确定。

从上表可以看出，不同因素对期权价格的影响有所差异。然而，部分因素的影响方向在某些情况下无法确定，需要综合考虑其他因素进行全面分析。

三、期权价格的上下限

在进行期权价格的定量分析之前，我们需要确定期权价格的上限和下限，以建立合理的价格范围。超过上限或低于下限的期权价格将存在套利机会。

为了叙述的一致性，我们对相关变量进行如下标记：

S_t：标的资产在时刻 t 的价格；

X：期权的行权价；

r：无风险年利率（使用连续复利计息）；

T：期权合约的期限。

同时，我们用以下符号表示特定类型的期权在时刻 t 的价格：

$C(X, t)$：行权价为 X 的欧式看涨期权在时刻 t 的价格；

$c(X, t)$：行权价为 X 的美式看涨期权在时刻 t 的价格；

$P(X, t)$：行权价为 X 的欧式看跌期权在时刻 t 的价格；

$p(X, t)$：行权价为 X 的美式看跌期权在时刻 t 的价格。

（一）欧式看涨期权价格的上下限

在任何情况下，期权的价格都不可能超过其标的资产的价格，否则将引发无风险套利机会。因此，对于欧式看涨期权而言，其价格上限就是标的资产的价格。

在任何到期前的时刻，欧式看涨期权的价格上限为标的资产的价格：

$$C(X, t) \leqslant S_t$$

关于欧式看涨期权的价格下限，我们可以通过构造组合 A 和组合 B 两种资产组合来进行分析。组合 A 包含一只股票，其当前价格为 S_0，期权到期时的价格为 S_T；组合 B 包含一份行权价为 X 的欧式看涨期权和一笔现金，其中现金数额为 Xe^{-rT}，用于购买年收益率为 r 的无风险债券，其在 T 时刻的本息为 X。两种资产组合在当前时刻和到期时刻的损益情况如表 5-5 所示：

表 5-5　组合 A 和组合 B 在当前时刻和到期时刻的损益情况

资产组合	资产现值（$T=0$）	期权到期时的资产价值（$T=t$）	
		$S_T<X$	$S_T\geqslant X$
A	S_0	S_T	S_T
B	$C(X, 0)+Xe^{-rT}$	X	$S_T-X+X=S_T$

无论期权到期时标的资产价格与行权价之间的关系如何，组合 A 的价值肯定不会超过组合 B。因此，组合 A 的期初价值也不应该超过组合 B，由此得出以下不等式：

$$C(X, 0)+Xe^{-rT} \geqslant S_0 \Rightarrow C(X, 0) \geqslant S_0 - Xe^{-rT}$$

因此，欧式看涨期权的价格下限为：

$$C(X, t) \geqslant \max(0, S_t - Xe^{-r(T-t)})$$

(二) 美式看涨期权价格的上下限

与前面的分析类似，美式看涨期权的价格也不能超过标的资产的价格，因此：

$$c(X, t) \leqslant S_t$$

对美式看涨期权的价格下限的分析，首先需要明确美式期权的价格不低于欧式期权，因为美式期权可以在到期前的任何时刻行权，所以我们有以下不等式：

$$c(X, 0) \geqslant C(X, 0) \geqslant \max(0, S_0 - Xe^{-rT})$$

其次，考虑到美式期权可以在到期前以行权价 X 进行行权，如果 $c(X, 0) > S_0 - X$，则将出现套利机会，套利者可以以 $c(X, 0)$ 的价格购买期权，并立即行使该期权以获得 $S_0 - X$ 的收益。因此，我们还有以下不等式：

$$c(X, 0) \geqslant \max(0, S_0 - X)$$

另外，由于 $S_0 - Xe^{-rT} \geqslant S_0 - X$，我们可以推导出以下关系：

$$c(X, 0) \geqslant \max(0, S_0 - Xe^{-rT})$$

综上所述，美式看涨期权的价格下限为：

$$c(X, t) \geqslant \max(0, S_t - Xe^{-r(T-t)})$$

(三) 欧式看跌期权价格的上下限

欧式看跌期权的买方在期权到期时的最大收益为行权价 X，此时标的资产价格为零。因此，欧式看跌期权的价格上限应为最大收益 X 的贴现值：

$$P(X, 0) \leqslant Xe^{-rT}$$

在到期前的任意时刻，欧式看跌期权的价格上限为：$P(X, t) \leqslant Xe^{-r(T-t)}$。

关于欧式看跌期权的价格下限，我们通过构造组合 C 和组合 D 两种资产组合进行分析。其中组合 C 包含一只股票，其当前价格为 S_0，期权到期时的价格为 S_t；组合 D 包含一份行权价为 X 的欧式看跌期权的空头和一笔现金，其中现金数额为 Xe^{-rT}，用于购买年收益率为 r 的无风险债券，该债券在时间 T 的本息为 X。两种资产组合在当前时刻和到期时刻的损益情况如表 5-6 所示：

表 5-6　组合 C 和组合 D 在当前时刻和到期时刻的损益情况

资产组合	资产现值（$T=0$）	期权到期时的资产价值（$t=T$）	
		$S_T < X$	$S_T \geqslant X$
C	S_0	S_T	S_T
D	$Xe^{-rT} - P(X, 0)$	$X-(X-S_T)=S_T$	X

可见，无论期权到期时标的资产价格与行权价之间的关系如何，组合 C 的价值肯定不小于组合 D。因此，组合 C 的期初价值也不应小于组合 D，由此得出以下不等式：

$$Xe^{-rT} - P(X, 0) \leqslant S_0 \Rightarrow P(X, 0) \geqslant Xe^{-rT} - S_0$$

因此，欧式看跌期权的价格下限为：

$$P(X, t) \geqslant \max(0, Xe^{-r(T-t)} - S_t)$$

（四）美式看跌期权价格的上下限

美式看跌期权可以在到期日前的任意时间以行权价 X 行权，因此其最大收益为行权价 X。

$$p(X, t) \leqslant X$$

对美式看跌期权的价格下限的分析，首先要明确美式期权的价格不低于欧式期权的价格，因为美式期权可以在到期前的任何时刻行权。因此，我们得到以下不等式：

$$p(X, 0) \geqslant P(X, 0) \geqslant \max(0, Xe^{-rT} - S_0)$$

考虑到美式期权可以在到期前以行权价 X 进行行权，如果标的资产价格 S_t 在到期前的任何时刻小于行权价 X，则会出现套利机会。套利者可以以较低的市场价格买进期权，然后立即行权获得 X 的收益。因此，我们还可以得到以下不等式：

$$p(X, 0) \geqslant \max(0, X - S_0)$$

由于 $Xe^{-rT} - S_0 \leqslant X - S_0$，因此美式看跌期权的价格下限为：

$$p(X, 0) \geqslant \max(0, X - S_0)$$

在到期前的任意时刻，美式看跌期权的价格下限是：

$$p(X, t) \geqslant \max(0, X - S_t)$$

以上内容的总结如表 5-7 所示：

表 5-7　期权价格上下限汇总表

期权种类	价格上限	价格下限
欧式看涨 $C(X, t)$	S_t	$\max(0, S_t - Xe^{-r(T-t)})$
欧式看跌 $P(X, t)$	$Xe^{-r(T-t)}$	$\max(0, Xe^{-r(T-t)} - S_t)$
美式看涨 $c(X, t)$	S_t	$\max(0, S_t - Xe^{-r(T-t)})$
美式看跌 $p(X, t)$	X	$\max(0, X - S_t)$

需要说明的是，以上内容的假设前提是在期权有效期内，标的资产没有收益支付。

四、看涨-看跌期权的平价关系

（一）欧式看涨期权和看跌期权的平价关系

构造两种组合：

组合 A：一份欧式看涨期权加上金额为 $Xe^{-r(T-t)}$ 的现金；

组合 B：一份有效期和协定价格与组合 A 中看涨期权相同的欧式看跌期权加上一单位标的资产。两种资产组合在当前时刻和 $t=T$ 时刻的损益情况分别如表 5-8 及 5-9 所示。

表 5-8　组合 A 的损益情况

资产组合	资产现值（$T=0$）	期权到期时的资产价值（$t=T$）	
		$S_T<X$	$S_T\geqslant X$
欧式看涨期权	$C(X, 0)$	0	S_T-X
现金投资	Xe^{-rT}	X	X
总计	$C(X, 0)+Xe^{-rT}$	X	S_T

表 5-9　组合 B 的损益情况

资产组合	资产现值（$T=0$）	期权到期时的资产价值（$t=T$）	
		$S_T<X$	$S_T\geqslant X$
欧式看跌期权	$P(X, 0)$	$X-S_T$	0
现金投资	S_0	S_T	S_T
总计	$P(X, 0)+S_0$	X	S_T

如表中数据所示，无论标的资产的到期价格与行权价之间的关系如何，两种资产组合的价值均相等。根据无套利原则，两种资产组合在期初的价值也应该相同，从而可以得到如下等式：

$$C(X, 0)+Xe^{-rt}=P(X, 0)+S_0$$

在到期前的任意 t 时刻，欧式期权的看涨-看跌平价关系是：

$$C(X, t)+Xe^{-r(T-t)}=P(X, t)+S_t$$

从这个平价关系，我们可以得到：

多头看涨期权＋多头国债＝多头看跌期权＋多头标的资产

这就是无收益资产欧式看涨期权和看跌期权之间的平价关系。

（二）看涨-看跌期权的平价关系的意义

期权平价关系是一种重要的金融概念，涵盖了看涨期权和看跌期权之间的关系以及组合金融工具的合成。

首先，平价关系表明看涨期权和看跌期权的价格可以相互根据对方计算出来，即通过已知的一个期权的价格，可以推算出对应条件下另一个期权的价格。

其次，在期权处于平值状态时，看涨期权的价格通常会高于看跌期权的价格。这个结论是根据期权平价公式得出的。

再次，平价关系还指出任何三项金融工具都可以组合成第四项金融工具，即合成证券。利用平价关系公式的变形，我们可以确定不同组合方式下的合成证券及其合成因素，见表 5-10。若平价关系被打破，就会产生套利机会，套利者可以通过买卖期权或合成证券来获利。

表 5-10 合成证券及合成因素

公式	被合成证券	合成因素
$C(X,t)=P(X,t)+S_t-Xe^{-r(T-t)}$	多头看涨期权	多头看跌期权、多头标的资产、空头国债
$Xe^{-r(T-t)}=P(X,t)+S_t-C(X,t)$	多头国债	多头看跌期权、多头标的资产、空头看涨期权
$P(X,t)=C(X,t)+Xe^{-r(T-t)}-S_t$	多头看跌期权	多头看涨期权、多头国债、空头标的资产
$S_t=C(X,t)+Xe^{-r(T-t)}-P(X,t)$	多头标的资产	多头看涨期权、多头国债、空头看跌期权

最后，期权平价关系还揭示了利率与看涨期权和看跌期权价格之间的关系。当利率上升时，看涨期权价格会上升，而看跌期权价格会下降。

需要注意的是，红利支付会对期权的上下限和平价关系造成影响，通过考虑现金红利的现值，可以重新调整期权的价格范围和平价关系表达式。

第三节 奇异期权及期权类衍生工具

一、奇异期权及分类

期权市场是金融市场中最活跃的领域，持续涌现出各种创新的期权产品。自 20 世纪 90 年代以来，非标准化期权成为市场上的一大亮点，与传统的普通期权（即标准期权）形成了对比，这些非标准化期权统称为奇异期权。相较于普通期权，奇异期权更加复杂，其回报取决于独特的条款和特殊的激活或终止机制，以满足投资者不同的需求，因此备受欢迎。

奇异期权可以按照不同的方式进行分类，常见的类型包括路径依赖型期权、多因子期权、时间依赖型期权、极值依赖型期权和支付修正型期权。

（一）路径依赖型期权

该类型期权的回报不仅取决于期权到期日或行权时的标的资产价格，而且还取决于期权有效期内标的资产价格的走势。亚式期权、阶梯形期权、棘轮期权、回望期权和呼叫期权都属于路径依赖型期权。

（二）多因子期权

多因子期权的标的资产不再局限于单项基础资产。期权的回报取决于两项或多项目标资产的价格，可以是普通期权作为标的资产的复合期权，也可以是其他多因子期权，如一篮子期权、交换期权、差价期权和彩虹期权等。

（三）时间依赖型期权

时间依赖型期权在期权到期之前赋予期权持有者某些选择特征，决定期权到期时的收益。常见的时间依赖型期权包括选择性期权和远期开始期权。

(四) 极值依赖型期权

有些分类将极值依赖型期权也归类为路径依赖型期权，因为它们的回报也依赖于标的资产价格变化的路径。这种类型的期权具有特殊的依赖方式，在标的资产价格达到某个临界值时激活或失效。常见的极值依赖型期权包括障碍期权和自定义执行期权。

(五) 支付修正型期权

支付修正型期权对普通期权的到期收益模式进行修正。普通看涨期权的到期支付为 $\max(0, S-K)$，而普通看跌期权的到期支付为 $\max(0, K-S)$。支付修正型期权通过修改这些支付模式来实现，常见的有数值期权和指数期权。

总结而言，奇异期权在期权市场中提供了更多的复杂多样的选择。表 5-11 展示了奇异期权的分类。

表 5-11　奇异期权的分类

产品子类	产品
路径依赖型期权	亚式期权、回望期权、棘轮期权、呼叫期权、阶梯形期权
多因子期权	复合期权、彩虹期权、一篮子期权、交换期权、差价期权
时间依赖型期权	远期开始期权、选择性期权
极值依赖型期权	障碍期权、自定义执行期权
支付修正型期权	数值期权、指数期权

二、常见的奇异期权

以下选取各类奇异期权的子类典型产品进行简要介绍。

(一) 亚式期权

亚式期权（Asian options）与欧式期权、美式期权相似，命名方式以地域为基础，但与实际地域无关。亚式期权是一种路径依赖型期权，也称平均价格期权。

与传统的股票期权不同，亚式期权的收益不是取决于到期日标的资产的市场价格，而是通过期权合同期间某段时间内标的资产价格的平均值来确定。这段时间被称为平均期。一般情况下，标的资产价格在一段时间内的平均变动较时点价格的变动要小，从而减少了期权的风险，降低了时间价值，更符合客户的需求。因此，亚式期权通常比标准期权价格更低廉。

根据计算的基础价格的不同，亚式期权可分为平均价期权和平均执行价格期权。平均价期权采用算术平均法计算预先确定的时期标的资产价格的平均值，而平均执行价格期权则采用算术平均法计算预先确定的时期行权价的平均值。

对于平均标的资产价格的亚式期权，假设 S_{ave} 为计算出的预先确定的时期的标的资产价格的平均值，其看涨期权和看跌期权的收益分别如下：

$$c_1 = \max(0,\ S_{ave} - X),\quad p_1 = \max(0,\ X - S_{ave})$$

对于平均行权价的亚式期权，假设计算出的预先确定的时期的平均行权价为 X_{ave}，其看涨期权和看跌期权的收益分别如下：

$$c_2 = \max(0,\ S_T - X_{ave}),\quad p_2 = \max(0,\ X_{ave} - S_T)$$

（二）复合期权

复合期权（compounded options）属于多因子期权，是一种以金融期权合约本身作为标的物进行交易的金融工具。投资者通常在波动性较高的时期购买复合期权，以减轻标准期权价格上涨带来的损失。持有复合期权的人可以在约定日期按约定价格买入或卖出一份期权，并持有或出售一份标准期权。复合期权可用作高杠杆投资工具，投机者只需用少量资金购买复合期权，再决定是否进一步投资购买最终标的金融工具。

复合期权有两个执行价格和两个到期日，由于受到两个到期日的影响，判断期权价值变得复杂。复合期权主要有四种类型：基于看涨期权的看涨期权、基于看涨期权的看跌期权、基于看跌期权的看涨期权和基于看跌期权的看跌期权。

假设复合看涨期权的行权价为 X_1，标的看涨期权的行权价为 X_2，复合看涨期权的到期日为 T_1，作为标的物的看涨期权的到期日为 T_2。假设这两个看涨期权在到期日时的市场价格都高于它们的行权价，因此这两个看涨期权都将被执行。其交易和履约过程如图 5-4 所示。

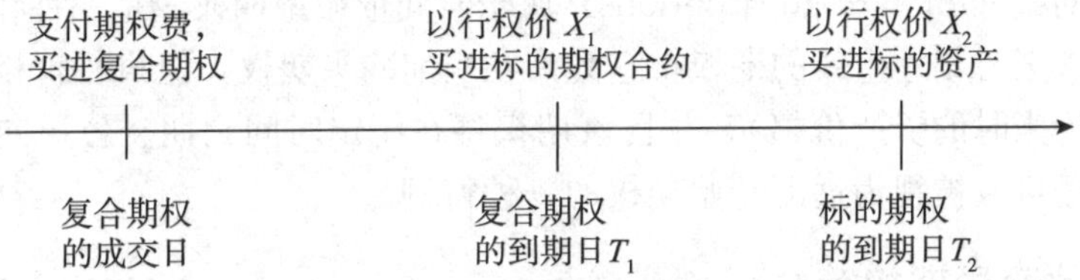

图 5-4　基于看涨期权的看涨期权的交易与履约

（三）障碍期权

障碍期权（barrier options）是一种极值依赖型期权，其收益取决于标的资产价格在特定时间内是否达到预设的障碍水平。

障碍期权分为敲出期权和敲入期权。敲出期权指当标的资产价格达到障碍水平时，期权作废；如果在规定时间内标的资产价格未达到障碍水平，则为普通期权。敲入期权指当标的资产价格达到障碍水平时，期权激活；反之，该期权作废。

由于障碍期权只在达到障碍水平时激活或作废，通常比普通期权价格更低廉。根据障碍值 H 与期权标的资产的初始价格 S 之间的关系，障碍期权又分为向上敲出期权、向下敲出期权、向上敲入期权和向下敲入期权。障碍期权的分类详见表 5-12。

表 5-12　障碍期权分类

类型	$H<S$		$S>H$	
敲出期权	向下敲出看涨期权	向下敲出看跌期权	向上敲出看跌期权	向下敲出看涨期权
敲入期权	向下敲入看涨期权	向下敲入看跌期权	向上敲入看跌期权	向下敲入看涨期权

（四）两值期权

两值期权（binary options），也称二项式期权或数值期权，属于支付修正型期权。它是一种具有不连续收益的期权形式。在到期日，当标的资产价格低于执行价格时，该期权价值为零；而当标的资产价格高于执行价格时，该期权支付一个固定金额。

在进行期权交易时，交易双方约定一个价格水平。在期权到期日或到期日之前，如果市场价格达到预先约定的价格水平，期权卖方向期权买方支付预先约定的金额；如果市场价格未能达到预先约定的价格，期权买方将无所获得。这种期权交易类似于赌博，期权买方要么获得全部收益，要么一无所获。

根据支付的收益方式，两值期权可以分为“或有资产”和“或有现金”两种类型。前者表示在未来价格达到约定的水平时，期权卖方向期权买方支付标的资产；后者表示在条件触发时，卖方向买方支付一定数额的现金。

两值期权还可以分为“全付或不付”和“一触即有”两种类型。前者指仅在到期日期权为实值期权时才有收益；后者指只要期权在有效期内的某个时间点为实值期权，就会有收益。通常，两值期权与其他金融工具结合使用。

（五）远期开始期权

远期开始期权（forward start options）属于时间依赖型期权，是一种在现在支付期权费用，并在未来某时刻才生效的期权。它允许在当前购买期权，但执行价格要在期权启动时才确定（即为当时的资产价格），并且该期权将在特定时间到期。公司向管理人员提供的股票期权激励可以被视为远期开始期权的一种特例。

（六）其他奇异期权简介

回望期权是一种特殊的欧式期权，其收益取决于期权有效期内标的资产曾经达到过的最高价格或最低价格。回望看涨期权在到期时的收益取决于标的资产的最终价格是否高于期间最低价格，而回望看跌期权则取决于最高价格是否高于最终价格。回望期权允许持有者以最有利的价格行使期权，因此通常比常规期权价格更高。

棘轮期权是一种分阶段期权，其行权价在交易开始时确定，并在事先约定的未来日期根据标的资产价格进行调整。棘轮期权的特点是每年根据标的资产价格重新设定执行价格，因此锁定了上一年的收益。这个特点与远期开始期权类似，实质上，棘轮期权是一系列远期开始期权的组合。

呼叫期权是一种特殊的欧式期权，持有者可以在期权有效期内的某一时间点锁定最小盈利。如果在期权有效期内的某一时间点，期权持有者向期权出售者“呼叫”，则在期权到期时，持有者可能获得普通欧式期权的盈利以及呼叫时期权的内在价值。呼叫期权与回望期权类似，但由于呼叫次数有限，所以期权价格相对回望期权低一些。

一篮子期权是一种多因子期权，其标的资产包括两项或更多资产。另一种具有代表性的多因子期权是彩虹期权，其损益结构依赖于多项资产中的其中一项资产，并以彩虹的颜色数表示标的资产的数量。彩虹期权既可以涵盖股票、大宗商品等基础资产，也可以包括普通欧式和美式期权等衍生资产，形式多样灵活。

指数期权是一种特殊的期权，其到期支付的不再仅仅是标的资产价格与执行价格之间的差额。在期权到期时，指数看涨期权的收益取决于标的资产价格超过执行价格的差额的幂函数，而指数看跌期权的收益则取决于执行价格超过标的资产价格的差额的幂函数。指数期权放大了实值状态下普通期权的收益，因此其价格高于普通期权。

三、期权类衍生工具

（一）权证

权证是由发行人或第三方发行的有价证券，持有人在规定期间内或特定到期日，可以按约定价格向发行人购买或出售标的证券，或以现金结算差价。

权证分为认股权证和认沽权证，类似于期权中的看涨期权和看跌期权。根据发行人的不同，权证分为股本权证和备兑权证。股本权证由上市公司自行或通过金融机构发行，其标的资产是上市公司或其子公司的股票。备兑权证则由第三方发行，发行商拥有或有权拥有相关资产，可以是除股票外的其他资产。

中国证监会在 1992 年推出了飞乐公司的配股权证交易，这是中国金融市场的首个权证产品。随后，多家上市公司也发行了配股权证。然而，投机炒作和市场操纵问题导致中国证监会在 1996 年底停止了权证交易。2005 年，宝钢权证作为与股权改革相关的创新业务开始上市交易。截至 2011 年 4 月，共有 95 只权证上市，其中 68 只是认购权证，27 只是认沽权证。由于缺乏做空机制，中国的权证市场成为投机的目标，并引发了剧烈的资本波动。随着股权改革的完成，权证退出了资本市场舞台。

（二）可转换债券

可转换债券是指发行人发行的公司债券，持有人在一定期限内可以按约定条件将其转换为股票。

可转换债券既具有债务性质又具有股权性质，因此其票面利率通常较一般债券低。持有者在约定时间内可以选择按预定价格或比率将债券转换为普通股票，相当于持有一只债券和一份看涨期权的组合。

可转换债券还涉及赎回权和回售权等期权，这些期权的价值会随着股价、到期期限和分红派现等因素的变化而变化，增加了投资的不确定性。投资者可以利用市场间的信息不对称进行套利，尤其是在转换过程中。对于可转换债券的投资策略需要借助复杂的期权定价理论进行精确分析。

（三）可赎回债券和可回售债券

可赎回债券是指发行人可以在债券到期前按约定价格提前偿还本金和利息的债券。当市场利率低于可赎回债券的票面利率时，发行人可能会选择赎回债券并以较低利率重新发行。可赎回债券相当于持有一个以债券本身为标的资产的看涨期权空头，持有者出售了这个期权给发行人。可赎回债券的价格曲线（见图 5－5）上限是赎回价，与普通债券相比，其价格差额代表了内嵌的看涨期权的价值。可赎回债券降低了融资成本，并规避了市场利率下降的风险。

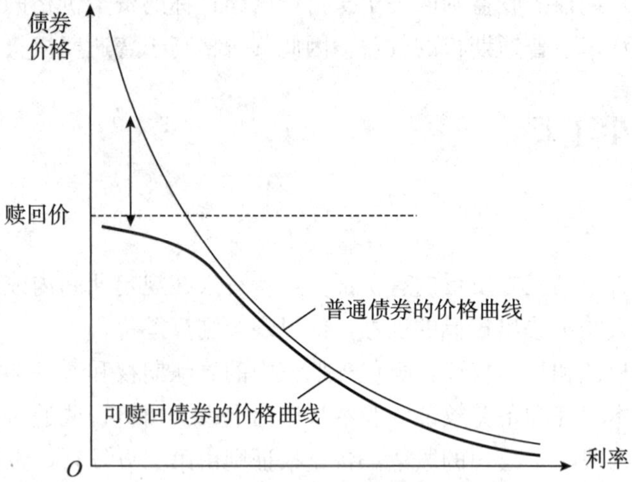

图 5-5　可赎回债券的价格曲线

可回售债券允许持有者在未来某一时间以约定价格提前将债券兑换为现金。它包含了一个以债券本身为标的资产的看跌期权多头，投资者有将债券以设定价格出售的权利。可回售债券的价格曲线（见图 5-6）有一个下限，即回售价。与普通债券相比，它的价格差额代表了内嵌的看跌期权的价值。可回售债券保护了投资者免受债券价格下跌的影响。购买可回售债券时，投资者支付的金额应较普通债券更高，这个差额是以债券价格为标的的看跌期权的期权费。

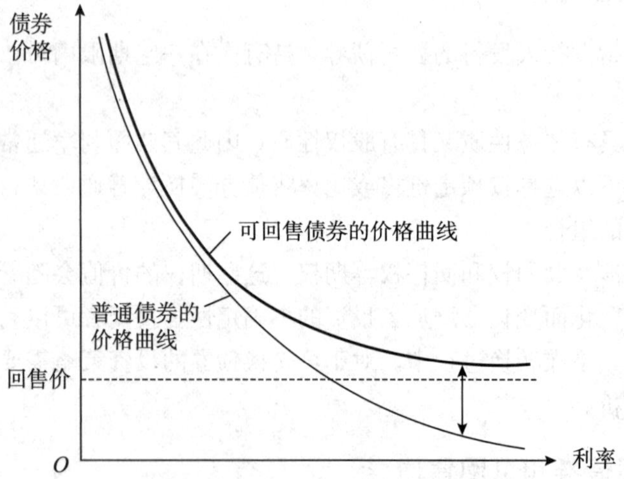

图 5-6　可回售债券的价格曲线

第四节 我国期权市场发展概况

一、我国期权市场的发展现状

（一）我国场内期权的发展

场内期权是指在交易所统一规范化交易的期权，它具有标准化、公开透明、交易便捷、具有履约担保等特点。我国场内期权市场起步较晚，但近年来发展迅速，业务类型、功能定位和监管体系基本成形。目前，我国场内期权市场主要包括以下几个方面：

1. 股票期权

我国股票期权市场于2015年2月9日正式启动，截至2023年上半年已有10个品种。这些期权以股票或股票基金（ETF）为标的资产。上交所推出了上证50ETF期权、沪深300ETF期权和中证500ETF期权，而深交所则推出了沪深300ETF期权、创业板ETF期权、中证500ETF期权和深证100ETF期权。此外，中国金融期货交易所还提供了沪深300股指期权、中证1000股指期权和上证50股指期权。

这些期权与上证50指数、沪深300指数、深证100指数、中证500指数、创业板指数或者中证1000指数密切相关。前三个指数主要涵盖大盘权重股，而后三个指数则主要关注中小盘成长股。各期权之间在定位和优势上存在差异，并相互补充，形成了完整的股票指数期权产品线，满足了投资者从大盘股、中盘股到小盘股的风险对冲需求。

2. 商品期权

我国的商品期权市场于2017年3月31日正式启动，截至2023年上半年已经涵盖了31个品种，包括农产品、能源、化工、黑色金属、有色金属和贵金属等板块。整体来看，市场发展良好，市场规模稳步快速增长，但与金融期权市场相比仍存在一定差距。随着未来商品市场成熟度的提高和上市品种的增加，预计商品期权市场的占比将继续增长。

根据WIND数据，2022年1月至11月，商品期权市场的总成交量累计达到34 402万张，同比增长约76.1%；累计成交额达到3 404亿元，同比增加约39.7%；截至11月底，总持仓量达到389万张以上，同比增加约23.2%。这表明商品期权市场在交易活跃度和参与者数量方面都呈现出积极的增长趋势。

（二）我国场外期权的发展

1990年，上海证券交易所推出了中国第一只场外期权——上海证券交易所股票认购权证。这种期权旨在促进股票市场活跃和稳定，但缺乏有效监管和风险控制，易导致市场混乱和失败。

2013年8月19日首只券商的场外期权诞生，2017年场外期权业务爆发式增长。根据挂钩标的物的不同，场外期权可以按A股股指、A股个股、商品期货、黄金期现货和境外标的分为五大类别。其中，A股股指主要涵盖沪深300指数、上证50指数和中证500指数。由于场内存在相应的股指期货合约可供对冲，A股股指场外期权的标的相对于其他标的更方便操作且成本较低，因此吸引了众多机构参与报价。A股个股场外期权以蓝筹股和指数成分股为主，如贵州茅台、中国平安、中国建筑、格力电器、创业板ETF、深100ETF和黄金ETF等。2017年大盘蓝筹行情推动了A股个股看涨期权业务的快速发展。商品期货场外期权主要以活跃品种的主力合约为基础，包括沪金、沪铜、沪铝、螺纹钢、铁矿石和橡胶等。

场外期权对证券公司的要求较高，大型券商具备优势，导致市场集中度较高。为了开展场外期权业务，证券公司需具备充足的自有资金用于风险管理，同时还需具备较强的定价能力和风险对冲能力，以及丰富的客户资源。

目前我国的场外期权产品主要包括普通欧式、普通美式、单鲨型、双鲨型、价差、二元、美式单鲨和亚式场外期权等。期限主要以一年以内的短期为主，如1个月、2个月、3个月和6个月等。由于场外期权具有灵活的“一对一”设计特点，产品种类丰富多样，具体的结构根据客户需求而确定，呈现出私人定制的特性。

二、我国期权市场发展趋势与展望

（一）法治建设促进市场发展

《中华人民共和国期货和衍生品法》填补了我国期货市场法治建设的空白。根据该法，期货品种上市由审批制改为注册制，交易场所需按照法定程序报经国务院期货监督管理机构注册，这促进了期货和期权品种的增长。此外，《中华人民共和国期货和衍生品法》还拓宽了期货公司的业务范围，不再局限于经纪业务。在违法行为查处方面，该法将跨市场操纵行为纳入操纵市场范畴，明确禁止编造、传播与股票期权交易相关的虚假或误导性信息以扰乱市场秩序。

证监会于2022年12月30日就《股票期权交易管理办法（征求意见稿）》公开征求意见，旨在落实《中华人民共和国期货和衍生品法》。该办法对《股票期权交易试点管理办法》进行了修订，主要包括完善期货公司业务范围，并新增了做市业务；补充完善证券交易风险管理制度要求，并新增了程序化交易管理要求。其中，新增的做市业务是修订中的重要亮点，具有重要意义。根据国际经验，做市商是期权业务成功的重要影响因素之一。在美国，近一半的期权交易都通过做市商完成，做市商为整个市场提供了良好的流动性。

（二）金融期权市场的发展趋势

为促进实体经济发展，我国需努力推动股票期权和股指类期权市场的发展。投资者在不确定的市场中需要更多风险管理工具，期权可有效管理不确定风险。引入股票期权吸引长期资金入市，引导价值投资理念，对中国股票市场有重要意义。目前沪深300ETF期权、上证50ETF期权、中证500ETF期权和中证1000股指期权等合约较成熟。应加快其他特色和风格指数衍生品的研发与上市，提高对冲效率并降低投资者成本。全面推进股票注册制改革并优化上市公司监管也是必要的。

股票期权的成功离不开稳固的现货市场基础。在注册制改革下，正确监管上市公司、引导资本市场良性发展既是机遇又是挑战。优化监管包括让市场发挥更重要和基础的监督作用，使中介机构能够有效介入，通过市场化方式提供专业服务，代表股东履行监督职责。

同时，提升信息披露的有效性可促进上市公司更规范、成熟地使用期货工具，推动套期保值业务发展。通过增加信息透明度，让投资者自行判断，更好地发挥市场的监督作用。沪深交易所最近修订了信息披露指引，对衍生品交易审议和披露做出了相关规定和优化，显示了对金融期权发展的重视。

（三）商品期权市场的发展趋势

近年来，全球商品期货与期权市场规模不断扩大，成交量增长显著。期权作为期货的补充工具，受到广泛认可，特别是在灰犀牛和黑天鹅事件频发的背景下，利用期权进行风险管理的需求进一步增加。全球商品期权市场成交量增速高于商品期货，但相对于金融期权的份额，商品期权仍有较大发展空间。

亚洲地区的新兴商品期权市场成交量快速增长，其中我国和印度是增长最为显著的国家。中国商品期权市场连续多年位居全球第一，并且在全球商品期权市场份额逐年攀升。譬如郑州商品交易所上市的8个期权品种中，有5个进入全球同类品种成交量前十位。市场运行质量的提升得益于投资者对期权工具的熟悉和认可，以及郑州商品交易所服务实体产业企业能力的增强。

当前外部环境的不确定性使得大宗商品价格波动明显，而商品期权市场可以更好地管理这种价格波动风险。交易所将继续丰富期权品种，优化交易规则与制度，深化市场培育，发挥商品期权的功能，为实体企业的稳健经营提供更好的服务。

（四）场内和场外期权的协同发展

场内和场外期权的协同发展可共同规避市场风险。场内期权是标准化产品，场外期权注重个性化非标产品。场外期权通常以场内产品为基础进行定制，并需要与场内产品对冲。交易所应提供便利以支持场外期权的对冲需求。

由于满足差异化和精细化投资需求，预计场外期权市场将蓬勃发展并受到投资者青睐。随着场外期权市场的增长，其涉及的范围和品种将扩大。越来越多投资者选择进入场外期权市场以满足个性化风险管理和资产配置需求。国际成熟衍生品市场中，场外期权市场的规模远超场内市场且产品更丰富。我国的场外期权市场正在兴起，包括股票期权、远期合约、互换协议、保险结构与期货的组合等，具有巨大发展潜力但也存在风险。场内期货和期权可满足场外期权的对冲需求，规避价格波动和流动性风险，并通过标准化产品防范场外非标产品的风险。证券、期货和基金公司等专业机构在此发挥重要作用，给投资者提供更好的服务。

本章小结

本章主要介绍期权类金融衍生工具的概念、特点、价格构成、分类以及我国期权市场的发展。期权是指以约定价格，在未来某时点或时段买入或卖出一定数量标的资产的权利。期权按赋予买方的权利可分为看涨期权和看跌期权，按买方执行期权的时限可分为欧式期权和美式期权。基本条款包括合约标的物、行权价、到期日、交易单位和行权方式等。期权交易具备保险、投机和套利功能，同时具有杠杆效应、非对称性、时间价值和流动性等。期权价格由内在价值和时间价值构成，受标的资产价格、行权价、标的资产价格波动率、无风险利率、标的资产支付的收益和期权的剩余期限等因素影响。期权价格还有理论上的上下限和平价关系，可用来判断价格是否高估或低估。奇异期权在标准期权基础上增加特殊条款，可分为路径依赖型期权、多因子期权、时间依赖型期权、极值依赖型期权和支付修正型期权。常见的奇异期权包括亚式期权、复合期权、障碍期权、两值期权和远期开始期权。期权类衍生工具是以期权为基础构建的组合产品，如权证、可转换债券、可赎回债券和可回售债券。我国期权市场经过多年发展，以股指期货为主体形成了多层次市场体系，但仍存在制度不完善、监管不到位和参与主体单一等问题。我国期权市场发展趋势是规模扩大、品种丰富、机制完善和国际化水平提高。

实训案例

某上市公司A是一家从事热电联产和新能源发电的公司。在2008年3月，该公司与美国投资公司B签署了两份涉及原油价格对赌的期权合约。第一份合约有效期从2008年3月3日到12月31日，第二份合约有效期从2009年1月1日到2010年10月31日。在第二份合约生效前的一天，投资公司B有权决定是否履行该合约。双方约定以纽约商品交易所（NYMEX）上市的西得克萨斯轻质原油（WTI）期货结算价的算术平均值作为收益支付的依据。这两份协议可以用以下两个公式来描述（单位：万美元）：

$$C_1=\begin{cases}(63.5-62)\times 20=30, & \bar{S}_t\geqslant 63.5\\ (\bar{S}_t-62)\times 20, & 62<\bar{S}_t<63.5\\ (\bar{S}_t-62)\times 40, & \bar{S}_t\leqslant 62\end{cases}$$

$$C_2=\begin{cases}(66.5-64.8)\times 20=34, & \bar{S}_t\geqslant 66.5\\ (\bar{S}_t-64.8)\times 20, & 64.8<\bar{S}_t<66.5\\ (\bar{S}_t-64.8)\times 40, & \bar{S}_t\leqslant 64.8\end{cases}$$

根据合约规定，当原油价格高于特定水平时，公司A可以获得固定收益；当原油价格低于特定水平时，公司A则需要向投资公司B支付巨额赔偿。由于2008年下半年国际油价大幅下跌，该公司面临着巨大的亏损风险。

请根据以下问题，结合您所学的金融知识和搜索工具提供的信息，进行分析和回答：

1. 请简要介绍期权合约的基本概念和特点，并说明该A公司与B投资公司签订的期权合约属于哪种类型。

2. 请评价该公司签订期权合约的动机、目的和风险。

3. 请提出您认为适合该公司的应对措施和建议，并说明理由。

二维码视频材料

练习与思考

第六章

期权的定价及交易策略

导入案例

1995年1月16日，巴林银行旗下的新加坡期货公司经理里森预测股价指数不会大幅波动，为此进行了跨式期权交易。然而，1995年1月17日，日本发生阪神大地震，导致亚洲市场急剧下滑，里森遭受巨大损失。他试图通过高风险投资决策弥补亏损，但再次失败，亏损不断积累。由于里森的错误操作和巴林银行内控机制的缺陷，这家拥有234年历史的老牌银行在短短一个多月后的2月26日宣布破产，净值亏损约为8.6亿英镑，超过集团净值的两倍。

那么，什么是跨式期权交易呢？购买期权的价格又是如何确定的呢？本章将深入探讨期权的定价原理和方法，包括布莱克-斯科尔斯（Black-Scholes）模型和二项式模型等。同时，本章重点分析希腊字母作为敏感性指标对期权价格变动的影响。此外，本章还将介绍期权的交易策略，包括基本交易策略、套期保值策略、套利策略和投机策略，并通过实例说明它们的应用场景和效果。

学习目的

通过本章的学习，深入理解期权定价模型，包括布莱克-斯科尔斯模型和二项式模型，以及它们的假设、公式、应用和局限；熟悉期权交易策略，包括期权基本交易策略、套期保值策略、套利策略和投机策略，以及它们的构建、损益、风险和效果，认识到它们在金融风险管理和资产配置中的重要性和应用价值；了解期权价格的敏感性指标，包括Delta、Gamma、Vega、Theta和Rho，以及它们的含义、计算和作用。

素养目标

党的二十大报告强调“实践没有止境，理论创新也没有止境”。本章论述了布莱克-斯科尔斯模型和二项式模型的原理、假设及应用方法，并对期权定价模型的局限性进行了说明。我们旨在培养学生运用辩证唯物主义和历史唯物主义方法分析和解决问题的能力，以及提升其创新能力。此外，通过介绍期权交易策略和价格敏感性指标要求，还能培养学生正确的金融观念和道德观念，使其遵守法规，不从事违法违规或不道德的金融活动，以及培养他们在复杂环境下洞察风险和机遇并妥善应对的能力。

第一节 期权定价模型

期权定价模型是一种用于计算期权合约公允价值的数学方法，它基于对期权的基础资产、行权价、到期时间、无风险利率和波动率等因素的分析。不同的期权定价模型有不同的假设和适用范围，本节将介绍两种常用的期权定价模型：布莱克-斯科尔斯模型和二项式模型。

一、布莱克-斯科尔斯模型

1973 年，美国芝加哥大学教授费希尔·布莱克（Fischer Black）和迈伦·斯科尔斯（Myron Scholes）发表了《期权定价与公司负债》一文。这篇论文提出了史上第一个期权定价模型，引起了学术界和实务界的强烈反响。

（一）模型的主要思想

布莱克-斯科尔斯模型的主要思想是，在无套利条件下，构建一个由期权和标的资产组成的无风险资产组合，其收益率等于无风险利率。然后，通过推导得出满足期权价格的偏微分方程，并可以据此计算出期权的价格。

该模型能够建立无风险交易组合的原因在于，标的资产价格和期权价格都受到相同不确定性的影响，即标的资产价格的变动。在任何短期内，衍生品的价格与标的资产的价格都有完美的相关性。通过适当组合标的资产和期权，标的资产的盈亏可以完全抵消期权的盈亏，使得这个组合在未来短期内的价值变化不再是随机的。

（二）模型的假设条件

（1）标的资产价格的变动符合几何布朗运动，即 $dS=\mu S dt+\sigma S dz$，其中 μ 是标的资产的平均收益率；σ 是标的资产价格的波动率；z 服从维纳过程；S 是标的物的市场价格。为此，标的资产价格服从对数正态分布，保证了标的资产的价格不可能取负值。

（2）标的资产可以自由买卖，无交易成本，并允许卖空操作。

（3）在期权有效期内，无风险利率 r 和标的资产的预期收益率是常数，投资者可以以无风险利率无限制地借入或贷出资金。

（4）标的资产的价格变动是连续的，没有价格的跳跃。

（5）标的资产的价格波动率是常数。

（6）市场不存在无套利机会。

（三）几种不同情况下的模型公式

为了保证公式中的符号统一，在介绍这些公式之前，我们列举相关符号如表 6－1 所示：

表 6－1　符号及说明

符号	说明	符号	说明
C	欧式看涨期权的价格	$N(\cdot)$	正态分布的累积概率分布函数
P	欧式看跌期权的价格	r	无风险利率
S	标的资产的价格	T	期权的剩余期限（以年表示）
X	期权的行权价	$\ln(\cdot)$	自然对数
F	期货的价格	σ	标的资产价格的波动性

1. 现货看涨期权的定价公式

基于上述假设条件，布莱克-斯科尔斯模型的推导涉及几何布朗运动和伊藤引理的相关知识。为了降低难度，这里不展开对该模型微分方程的推导，感兴趣的读者可以查阅相关资料。我们直接给出现货看涨期权的定价公式：

$$C=SN(d_1)-Xe^{-rT}N(d_2) \tag{6-1}$$

其中：

$$d_1=\frac{\ln(S/X)+(r+\sigma^2/2)T}{\sigma\sqrt{T}}$$

$$d_2=\frac{\ln(S/X)+(r-\sigma^2/2)T}{\sigma\sqrt{T}}=d_1-\sigma\sqrt{T}$$

从公式（6－1）中可以看出，除了标的资产的收益率以外，其他所有影响期权价格变动的因素都已经考虑进去了。标的资产的收益率没有出现在公式中，是因为在布莱克-斯科尔斯模型的假设中被忽略了。

接下来，考虑两种极端情况：

如果标的资产价格趋近于无穷大（即 $S\to\infty$），则期权价格趋近于 $C\to S-Xe^{-rT}$，与之前得到的期权价格下限一致。

如果标的资产价格趋近于零（即 $S\to 0$），则期权价格趋近于零，这也与之前得到的期权价格下限一致。

2. 期货看涨期权的定价公式

上述定价模型适用于以现货金融工具为标的物的看涨期权，不适用于以期货合约为标的物的看涨期权，因为两者具有显著的交易规则差异。为了解释期货期权的定价，布莱克（Black，1976）修正了现货看涨期权的定价公式，将期货定价公式 $F=Se^{rT}$ 代入，得到如下形式的期货看涨期权定价公式：

$$C_F = [FN(d_1) - XN(d_2)]e^{-rT} \tag{6-2}$$

其中：

$$d_1 = \frac{\ln(F/X) + (\sigma^2/2)T}{\sigma\sqrt{T}}$$

$$d_2 = \frac{\ln(F/X) - (\sigma^2/2)T}{\sigma\sqrt{T}} = d_1 - \sigma\sqrt{T}$$

3. 看跌期权的定价公式

前面介绍的期权定价公式仅适用于看涨期权。对于看跌期权的定价，需要利用第五章中介绍的看涨-看跌平价关系公式。我们需要对看涨-看跌平价关系公式 $P+S=C+Xe^{-rT} \Rightarrow P=C-S+Xe^{-rT}$ 进行变形，然后代入看涨期权公式，最后可得欧式现货看跌期权定价公式：

$$P = Xe^{-rT}N(-d_2) - SN(-d_1) \tag{6-3}$$

对于欧式期货看跌期权，则可以将期货定价公式代入上述公式，得到如下形式的期货看跌期权定价公式：

$$P_F = [XN(-d_2) - FN(-d_1)]e^{-rT} \tag{6-4}$$

（四）关于布莱克-斯科尔斯模型的提示

（1）从公式可以看出，在风险中性的前提下，预期收益率 μ 用无风险利率 r 替代。

（2）$N(d_1)$ 是看涨期权价格对标的资产价格的导数，反映了短时间内期权价格变动与标的资产价格变动的比率。为了抵消标的资产价格变化对期权价格的影响，一个单位的看涨期权多头需要进行 $N(d_1)$ 单位的标的资产空头对冲。

（3）$N(d_2)$ 表示在风险中性条件下，标的资产在 T 时刻的价格超过执行价格 X 的概率，或者说是欧式看涨期权被行权的概率。

（4）波动率 σ 用于衡量标的资产收益的不确定性，可以通过历史数据和隐含波动率来估计。隐含波动率与历史波动率有所不同。历史波动率是通过计算标的资产价格的历史数据得出的价格收益率的标准差。而隐含波动率是在期权定价模型中使用迭代算法，并将除波动率以外的所有因素代入模型后得出的波动率。

二、二项式模型

布莱克-斯科尔斯模型的提出对于期权定价问题是一个开创性的成就。然而，该模型涉及复杂的数学运算，限制了其在实际应用中的使用。为此，考克斯（Cox）、罗斯（Ross）和鲁宾斯坦（Rubinstein）于 1979 年发表了《期权定价：一种被简化的方法》一文，提出了一种较为简单的二项式模型来解决期权定价问题。该模型思路简洁且应用广泛，不仅可用于欧式期权定价，还可用于美式期权、奇异期权以及结构化产品的定价。

（一）模型的主要思想

使用无套利方法对二项式模型进行定价虽然原理简单，但计算过程较为复杂且结果难以一般化。因此，本书主要介绍风险中性定价法。

风险中性定价法基于一个重要的假设：在没有套利机会的市场中，衍生证券的价格与投资者的风险态度无关，而只取决于基础证券的价格和无风险利率。换句话说，风险中性定价法将投资者的主观风险偏好转化为客观的概率测度，使得衍生证券的期望收益等于无风险利率。

风险中性定价法包括以下三个步骤：

第一步：计算风险中性概率；

第二步：利用风险中性概率计算两种状态下期权价值的期望值；

第三步：将得到的期望值进行贴现，得到当前的定价结果。

接下来，我们以案例来具体说明风险中性定价法。

（二）单期二项式模型定价

假设一只股票当前价格为 22 元，3 个月后股价有可能涨至 25 元，也有可能跌至 20 元。其 3 个月后到期的看涨期权的行权价为 21 元，无风险利率为 12%。问：该看涨期权的当前价格应为多少？

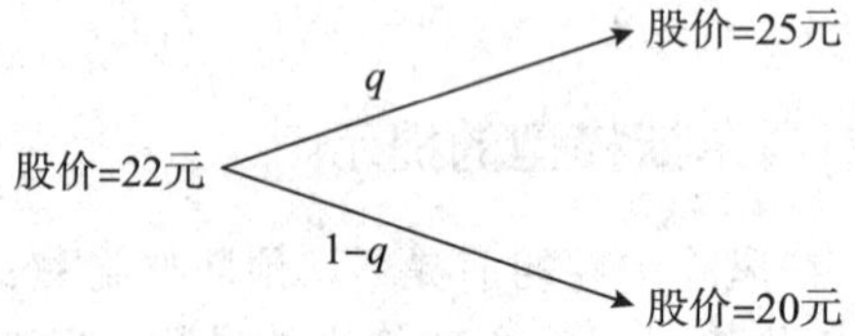

首先，通过求解风险中性概率 q，使得未来股票价格的期望值贴现等于当前股票价格，于是可得：

$$[25q+20(1-q)]e^{-0.12\times 3/12}=22$$

从而可以求出风险中性概率 $q=53.4\%$。

其次，利用风险中性概率，计算两种状态下期权价值的期望值。

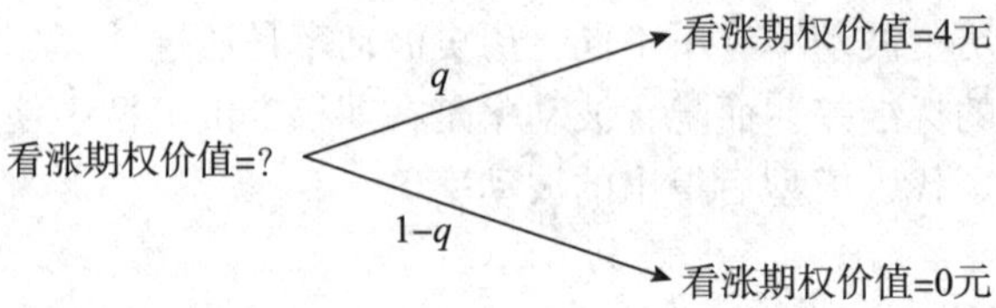

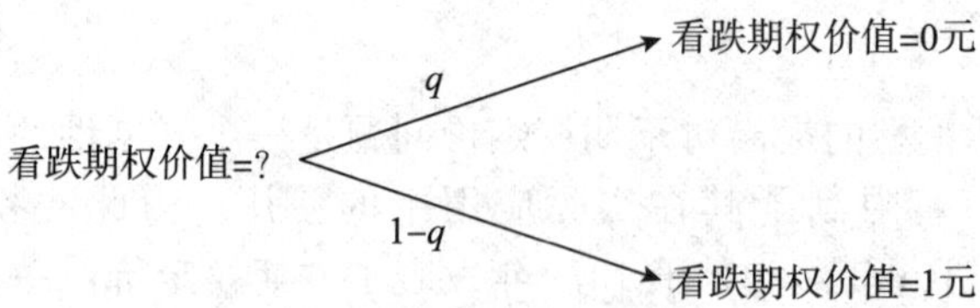

对于看涨期权：$4\times q+0\times(1-q)=2.136$。

对于看跌期权：$0\times q+1\times(1-q)=0.466$。

最后，对求出的数值进行贴现，可得：

$$C=2.136\times e^{-0.12\times 3/12}\approx 2.073\text{（元）}$$

$$P=0.466\times e^{-0.12\times 3/12}\approx 0.452\text{（元）}$$

需要注意的是，这里的风险中性概率并不是真实股票价格上涨和下跌的概率，而是在风险中性假设下所得到的概率。在使用风险中性概率时，不同风险资产的当前价值等于其未来可能价值期望的贴现值。

（三）多期二项式模型定价

为了使二项式模型的结果更符合实际情况，我们可以将单期模型扩展为多期模型，增加标的物价格变动的期间数。

考虑到期前有两个期间的看涨期权。假设标的股票的当前价格为 S，每期的时间跨度为 t。在每个期间结束时，标的股票价格有两种可能的变化：要么上涨至原来的 u 倍（$u>1$），要么下跌至原来的 d 倍（$0<d<1$）。根据这一假设，我们可以构建股票的二项式：

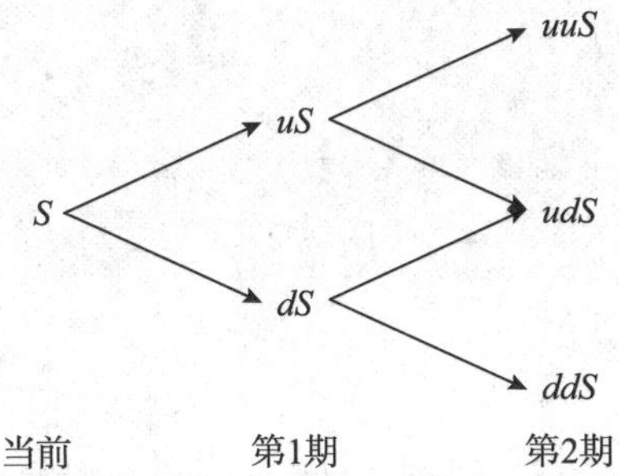

假设股价上涨的风险中性概率为 q，相应的下跌概率为 $1-q$。接下来，我们计算 q 的值。

$$[q\times uS+(1-q)\times dS]e^{-rT}=S$$

通过消除 S，最终得到以下公式：

$$q=\frac{e^{rt}-d}{u-d} \tag{6-5}$$

最后得到的风险中性概率与股票价格 S 无关，只与无风险利率 r、上涨因子 u、下跌因子 d 和每期的时间跨度 t 有关。因此，该风险中性概率可以适用于二项式的所有分支。

通过以下两个例子，我们可以说明如何使用多期二项式模型进行期权定价。

案例 6-1

假设标的股票的当前价格为 100 元，每期时间跨度为 1 年。在未来每期结束时，股票价格有两种可能的变化：要么上涨至原来的 1.1 倍，要么下跌至原来的 0.9 倍。当前距离期权到期还有两期，已知每期的无风险利率均为 5%。

求行权价为 105 美元的欧式看涨期权的当前价格。

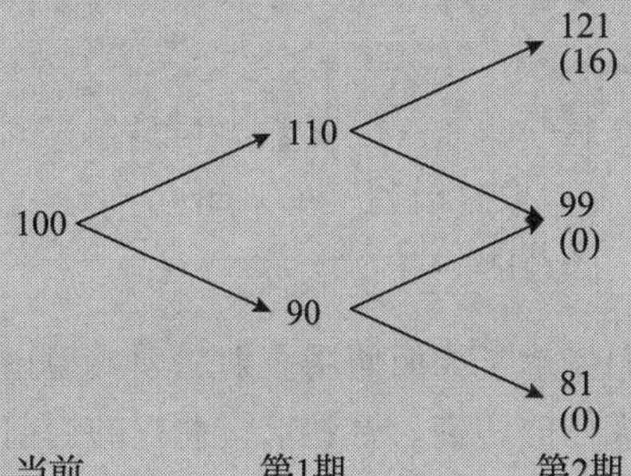

解答：第一步：构建股票价格的二项式，并计算第2期看涨期权的可能价值，计算结果反映在括号内。

已知：$u=1.1$，$d=0.9$，$X=105$，$r=5\%$。根据这些数据，可以计算出风险中性概率 q 为：

$$q=\frac{e^{rt}-d}{u-d}=\frac{e^{5\%}-0.9}{1.1-0.9}=0.756$$

第二步：利用风险中性概率和第2期看涨期权的可能价值，计算第1期期权的价值：

$$C_{11}=[0.756\times16+(1-0.756)\times0]e^{-5\%}=11.51(元)$$
$$C_{12}=0$$

第三步：使用求得的第1期期权的价值 C_{11} 和 C_{12}，计算期权的当前价格：

$$C_0=[0.756\times11.51+(1-0.756)\times0]e^{-5\%}=8.28(元)$$

案例 6-2

考虑与案例6-1相同的数据，求行权价为105美元的欧式看跌期权的当前价格。

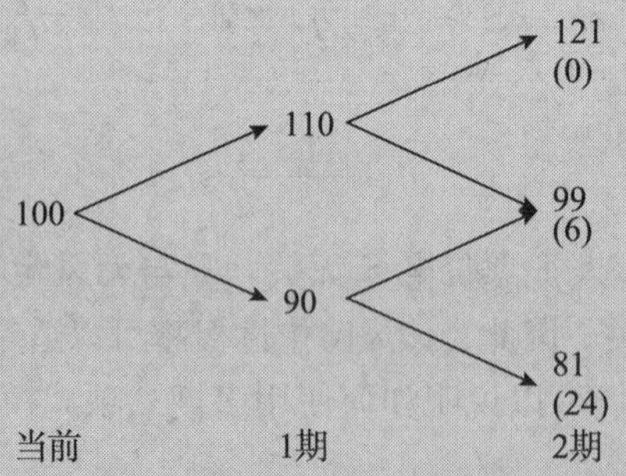

解答：第一步：构建股票价格的二项式，并计算第2期看涨期权的可能价值，计算结果反映在括号内。

已知：$u=1.1$，$d=0.9$，$X=105$，$r=5\%$。根据这些数据，可以计算出风险中性概率 q 为：

$$q=\frac{e^{rt}-d}{u-d}=\frac{e^{5\%}-0.9}{1.1-0.9}=0.756$$

第二步：利用风险中性概率和第2期看跌期权的可能价值，计算第1期期权的价值：

$$P_{11}=[0.756\times0+(1-0.756)\times6]e^{-5\%}=1.39(美元)$$
$$P_{12}=[0.756\times6+(1-0.756)\times24]e^{-5\%}=9.89(美元)$$

第三步：使用求得的第1期期权的价值 P_{11} 和 P_{12}，计算期权的当前价格：

$$P_0=[0.756\times1.39+(1-0.756)\times9.89]e^{-5\%}=3.3(美元)$$

通过以上两个例子，我们展示了如何使用多期二项式模型进行求解。求解采用的方式是从期权的到期日开始，逐级往前递推，直到求得期权的当前价格为止。

对于 n 期二项式模型，可以得出欧式看涨期权和看跌期权的价格分别为：

$$C=e^{-rn}\cdot\sum_{k=1}^{n}\binom{n}{k}q^{k}(1-q)^{n-k}\max[0,\ (u^{k}d^{n-k}S-X)]$$

$$P=e^{-rn}\cdot\sum_{k=1}^{n}\binom{n}{k}q^{k}(1-q)^{n-k}\max[0,\ (X-u^{k}d^{n-k}S)]$$

根据中心极限定理，当期数 n 趋向于无穷大时，二项式分布将逼近正态分布。因此，二项式模型的结果也会逼近布莱克-斯科尔斯模型的结果（见图 6-1）。只要参数选择得当（例如步长足够小），二项式模型与布莱克-斯科尔斯模型会得到相似的结果，实现殊途同归的效果。

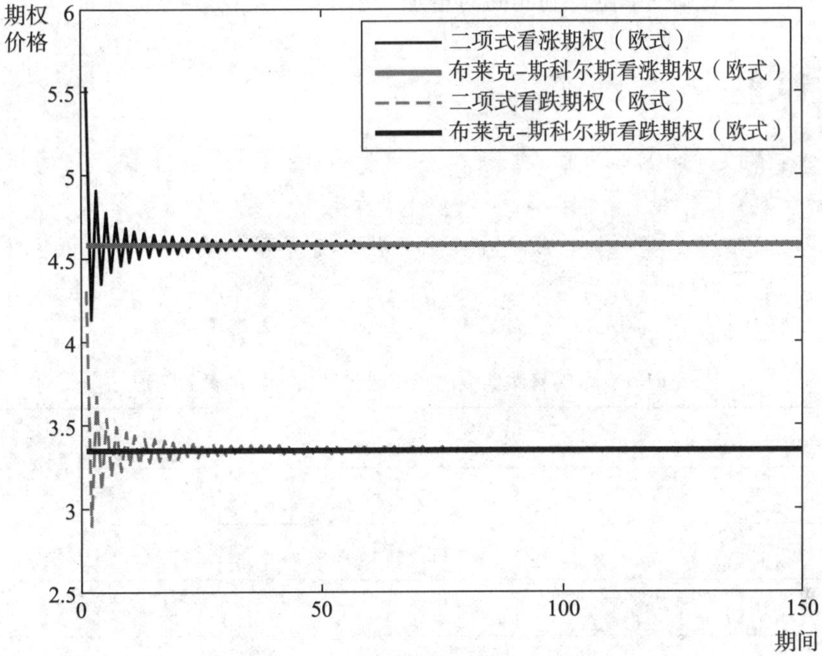

图 6-1　二项式模型与布莱克-斯科尔斯模型在欧式期权定价中的关系

第二节　期权交易策略

期权种类繁多，一个标的资产可以衍生出许多不同到期月份和执行价格的看涨和看跌期权。由于期权具有独特的非线性损益结构，期权交易策略变得丰富且复杂。交易策略可以使用单个期权进行构建，也可以使用多个期权进行构建，还可以结合期权和标的资产进行构建。

一、期权基本交易策略

期权交易中的基本策略是使用单个期权构建的。投资者可分为期权购买者和出售者两种角色。基于看涨期权和看跌期权的不同组合，形成了多头看涨、空头看涨、多头看跌和空头看跌四种基本策略。

（一）多头看涨期权

多头看涨期权（long call options）是指购买看涨期权并持有到期，买方可以选择行权买入标的资产，或放弃行权使其失效。当投资者预计市场波动加大或处于牛市，但隐含价格波动率低时采用这种策略。其风险有限且盈利的潜力巨大时买入看涨期权。

盈亏＝权利金卖出价－权利金买入价，最大损失为全部权利金。

标的物价格在盈亏平衡点以上时（盈亏平衡点＝履约价格＋权利金），买方有净收益。

履约（到期）收益＝标的物价格－执行价格－权利金。

标的物价格每上涨一单位，利润同时增加一单位。

案例 6-3

某投资者购买1份某公司欧式看涨期权，假设期权费为5元，该期权的执行价格为100元，期权的有效期是2个月，试画出2个月后期权到期时的盈亏图。

解答：在到期日，如果股价低于100元，投资者放弃行权并损失5元期权费；如果股价高于100元，则投资者选择行权，盈亏取决于行权收益与期权费之差。根据不同股价水平绘制的盈亏情况如表6-2所示：

表6-2　多头看涨期权的投资者到期日可能的盈亏情况

股价（元）	行权情况	盈亏（元）
92	放弃行权	－5
96	放弃行权	－5
100	两可	－5
104	行权	4－5＝－1
108	行权	8－5＝3
112	行权	12－5＝7
116	行权	16－5＝11

根据盈亏情况，绘制多头看涨期权到期时的盈亏图，如图6-2所示。横轴表示到期日股票价格，纵轴表示期权的盈亏。盈亏曲线（即折线）上的点表示在不同价格水平下的盈亏情况。横轴以上表示盈利，以下表示亏损。

通过分析可知，多头看涨期权的最大损失是有限的（5元），而最大盈利是无限的。图中折线在A点（价格为105元）与横轴相交，此点被称为盈亏平衡点（break-even point，BP）：

$$BP = X + C = 100 + 5 = 105(\text{元})$$

其中，X是期权的执行价；C是欧式看涨期权的期权费数额。

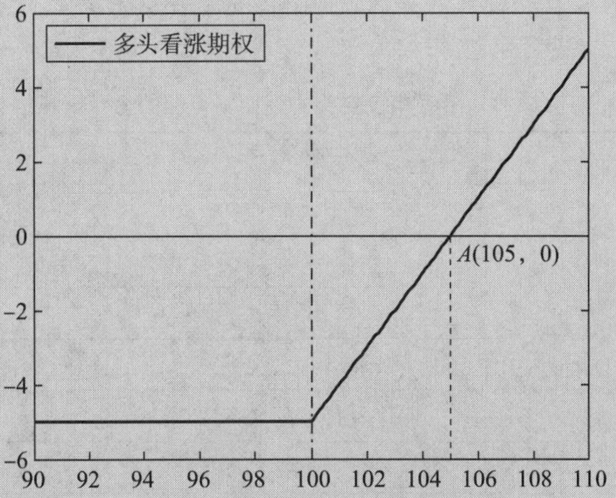

图 6-2 多头看涨期权到期日盈亏图

由此可见，即使投资者可以通过行权获利，若获利的数额小于期权费的支出，他还是会出现亏损，只有当未来的股票价格高过盈亏平衡点时，他才有获利的可能。在现实交易中，如果考虑到交易成本因素，实际的盈亏平衡点价格将比理论价格还要高。

一般来说，当标的资产的市场价格上升时，其看涨期权的期权费也将上涨。因此买进看涨期权的投资者既可以通过履约而获利，也可以通过转让期权合约而获利。如就投资收益率而言，转让期权的收益率往往比执行期权所获得的收益率更高。尤其是在期权合约临近到期，投资者又一时难以筹措到履约所需的资金时，转让期权合约不失为一个可取的策略。

（二）空头看涨期权

空头看涨期权（short call options）的盈亏与多头看涨期权正好相反。在空头看涨期权中，卖方有义务在买方选择行权时以约定价格卖出标的资产。卖方从所收取的期权费中获得利润，但面临巨大的潜在风险，因为如果市场价格上涨，卖方可能需要以较高价格买入标的资产来履行合约。当投资者对后市不看好，预计市场将盘整或小幅下跌、市场波动率收窄（不适用于波动率正在扩大的情况）或处于熊市、隐含价格波动率较高时，可以选择卖出看涨期权策略。

盈亏＝权利金卖出价－买入平仓价，最大收益为权利金。

标的物价格在盈亏平衡点以上时，卖方有净损失。

损失＝执行价格－标的物市场价格＋权利金。

案例 6-4

仍以案例 6-3 中的相关数据为例，画出期权到期时看涨期权空头方的盈亏图。

解答：在欧式看涨期权中，如果两个月后公司的股价低于 100 元，多头方将放弃行权，这将使空头方获得稳定的 5 元期权费。如果未来股价超过 100 元，则多头方会选择行权，此时空头方的盈亏取决于购买期权时收到的费用与履行行权义务所带来的损失之间的差额。不同股价水平下，空头方的盈亏情况如表 6-3 所示：

表 6-3　看涨期权空头方到期日可能的盈亏情况

股价（元）	行权情况	盈亏（元）
92	对方放弃行权	5
96	对方放弃行权	5
100	两可	5
104	履行行权义务	5－4＝1
108	履行行权义务	5－8＝－3
112	履行行权义务	5－12＝－7
116	履行行权义务	5－16＝－11

根据盈亏情况，可以绘制空头看涨期权到期时的盈亏图，如图 6-3 所示：

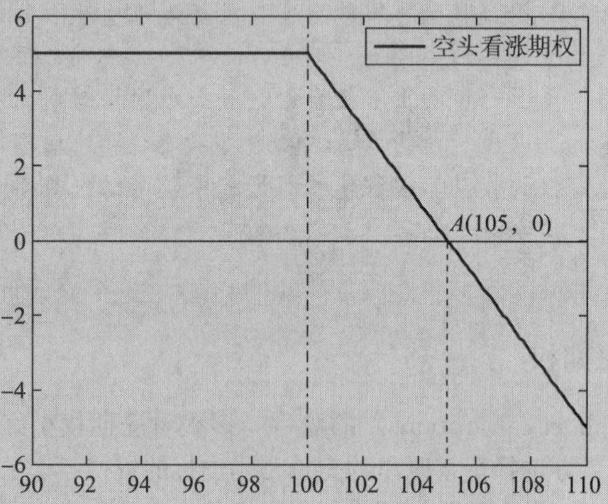

图 6-3　空头看涨期权到期日盈亏图

从上述分析可知，空头看涨期权的投资者最大收益有限（5 元），但最大损失则是无限的。在盈亏图中，盈亏曲线（即折线）存在一个拐点，对应的价格是期权的执行价格（100 元）。折线与横轴的交点是投资者的盈亏平衡点。此处的股票价格等于执行价格加上期权费，即：

$$\mathrm{BP} = X + C = 100 + 5 = 105(\text{元})$$

其中，X 是期权的执行价格；C 是欧式看涨期权的期权费数额。

将多头看涨期权和空头看涨期权的盈亏图放在一起，如图 6-4 所示。

从图中可以看出，期权买卖双方的盈亏图关于横轴呈现轴对称关系，并且两个图形交于盈亏平衡点 A。这说明，在不考虑交易成本的情况下，期权买卖双方是零和博弈关系，即标的资产价格的变动将导致买卖双方中有一方获利，而另一方发生亏损，而且一方的盈利将与另一方的亏损数额相等。

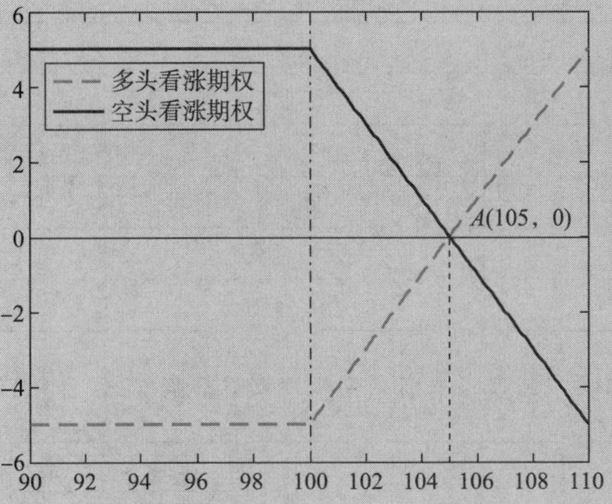

图 6-4 多头看涨期权和空头看涨期权到期日盈亏图

（三）多头看跌期权

多头看跌期权（long put options）是指买方购买了看跌期权合约，拥有在未来特定时间内以约定价格卖出标的资产的权利。持有期权到期时，买方可以选择行使期权以在市场下跌时获利，或者选择放弃行权使其失效。多头看跌期权的盈利与市场价格下跌成正比，潜在亏损则受限于购买期权支付的权利金。该类型期权通常用于对冲策略或者预测市场下跌时的投机交易。投资者会在预计后市将大跌或正在下跌、市场波动扩大、熊市或隐含价格波动率较高时买入看跌期权。

盈亏＝权利金卖出平仓价－买入价，最大损失为权利金。

标的物价格在盈亏平衡点以下时，有净盈利，履约（到期）收益＝执行价格－标的物价格－权利金。价格每下跌一单位，利润同时增加一单位。

案例 6-5

购买 1 份某公司欧式看跌期权。假设期权费为 7 元，该期权的执行价格为 70 元，期权的有效期是 3 个月，试画出 3 个月后期权到期时的盈亏图。

解答：由于这是一份欧式看跌期权，如果该公司股价在 3 个月后超过 70 元，多头方放弃行权，损失为 7 元的期权费。如果股价在 70 元以下，多头方选择行权，盈亏取决于期初购买期权的费用与期权行权收益之间的差额。表 6-4 展示了不同股价水平下的行权和盈亏情况：

表 6-4 看跌期权多头方到期日可能的盈亏情况

股价（元）	行权情况	盈亏（元）
55	行权	15－7＝8
60	行权	10－7＝3

续表

股价（元）	行权情况	盈亏（元）
63	行权	7−7=0
65	行权	5−7=−2
70	两可	−7
75	放弃行权	−7
80	放弃行权	−7

根据盈亏情况，可以绘制多头看跌期权到期时的盈亏图，如图 6-5 所示：

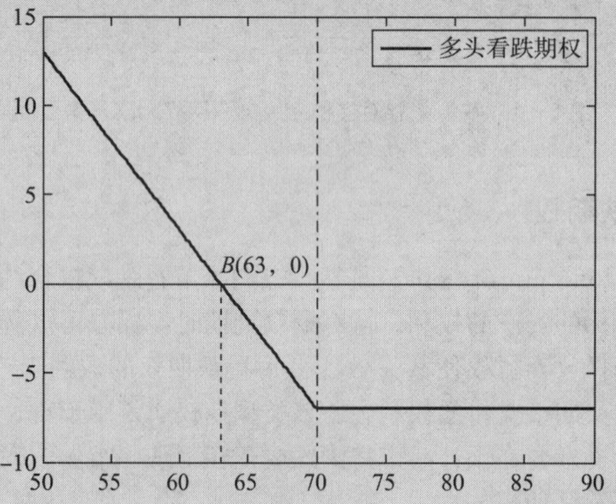

图 6-5　多头看跌期权到期日盈亏图

通过上述分析可知，多头看跌期权的投资者的最大损失是有限的（7 元），这也在图 6-5 中反映出来。图中的盈亏曲线存在一个拐点，对应的价格是期权的执行价格（70 元）。该曲线与横轴交于 B 点，表示投资者通过行权获得的收益正好抵消了期初支付的期权费，达到盈亏平衡。此处的股票价格等于执行价格减去期权费，即：

$$\mathrm{BP}=X-P=70-7=63(\text{元})$$

其中，X 是期权的执行价格；P 是欧式看跌期权的期权费数额。

需要说明的是，由于股票价格不能跌至零以下，与多头看涨期权不同，多头看跌期权的最大盈利是有限的，即当股票价格为 0 时盈利为：

$$\mathrm{MP}=X-S-P=70-0-7=63(\text{元})$$

其中，MP 就是看跌期权多头方的最大盈利（maximum profit，MP）数额。

（四）空头看跌期权

空头看跌期权（short put options）是指卖方出售了看跌期权合约，承担了在未来特定时间内以约定价格买入标的资产的义务。持有期权到期时，卖方根据市场价格与约定价格的关系获利或遭受损失。空头看跌期权的盈利与市场价格上涨成正比，潜在亏损取决于市场价格上涨幅度和购买期权所支付的权利金。该类型期权常用于投机性交易或在预计市场上涨时执行对冲策略。投资者通常会在预计市场行情趋于盘整或略有上涨、市场波动较小、隐含价格波动率较高时卖出空头看跌期权。

盈亏＝权利金卖出价－买入平仓价，最大收益为权利金。

在盈亏平衡点以下时，有净损失，损失＝标的物价格－执行价格＋权利金。标的物价格每下降一单位，亏损就增加一单位。

案例 6-6

仍以案例 6-5 中的相关数据为例，画出期权到期时看跌期权空头方的盈亏图。

解答：考虑到期权买卖双方的零和博弈关系（不考虑交易成本），期权多空双方的盈亏图在横轴上呈现轴对称的特点。基于这一性质，我们可以绘制空头看跌期权在到期日的盈亏图，如图 6-6 所示：

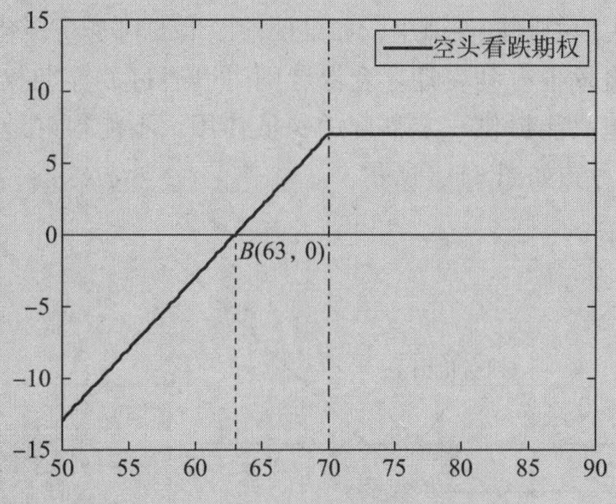

图 6-6 空头看跌期权到期日盈亏图

同样，我们将看跌期权的多头和空头盈亏图放在一起，如图 6-7 所示：

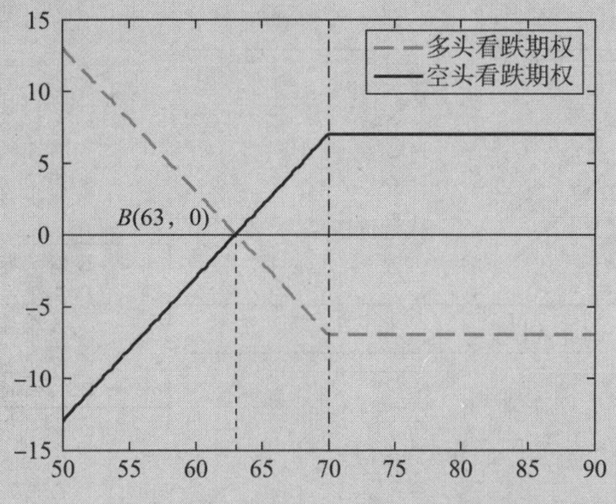

图 6-7 多头看跌期权和空头看跌期权到期日盈亏图

最后，我们可以将期权交易的四种基本策略总结如下，见表 6－5。

表 6－5　期权交易的四种基本策略

交易策略	买进看涨	卖出看涨	买进看跌	卖出看跌
市场预期	看涨	看跌	看跌	看涨
潜在利润	∞	C	$X-P$	P
潜在损失	C	∞	P	$X-P$
盈亏平衡点价格	$X+C$	$X+C$	$X-P$	$X-P$

二、期权套期保值策略

期货和期权是常见的避险工具，然而它们在套保中的作用和效果有所不同。在期货套期保值中，投资者可以锁定价格并规避价格风险，但同时也放弃了因价格有利变化而带来的意外收益。而在买入期权套期保值中，如果价格发生不利变动，套保者可以行使期权以避免损失；而如果价格发生有利变动，套保者则可以通过放弃期权权利来获利。相比之下，卖出期权套期保值只能提供一定程度的保值作用，不能很好地规避价格风险。现货（期货）及期权组合盈亏图如图 6－8 所示。

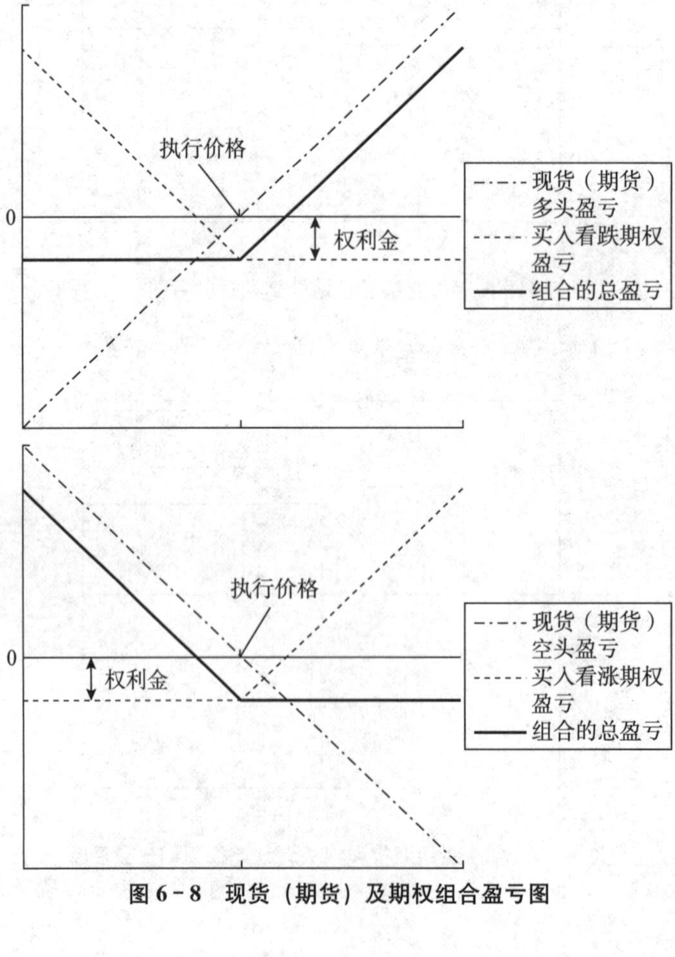

图 6－8　现货（期货）及期权组合盈亏图

案例 6-7

场景：投资者A持有10万份上证50ETF，担心未来ETF价格大幅下降导致资产缩水。现假设看跌期权的行权价为2.40元，期权费为0.030 0元，而上证50ETF的现价为2.500元。

操作：为了进行套期保值，投资者可以购买10张看跌期权合约，初期支付权利金0.030 0×10 000×10=3 000元。

到期时，若上证50ETF价格下降至2.20元，则有：

如果未购买期权，投资者将损失（2.5−2.2）×100 000=30 000元；

进行套期保值后，投资者可以2.40元的价格卖出上证50ETF，损失（2.5−2.4−0.03）×100 000=7 000元。

到期时，若上证50ETF价格上升至2.70元：期权不执行，投资者获取收益（2.7−2.5−0.03）×100 000=17 000元。

三、期权套利策略

（一）跨式套利

跨式套利，也被称为马鞍式期权、骑墙组合或底部跨式期权，指投资者同时以等量买入或卖出标的物、到期日和执行价格相同的看涨期权和看跌期权。它分为买入跨式套利和卖出跨式套利两种形式。

1. 买入跨式套利

买入跨式套利是指同时买入等量的看涨期权与看跌期权（标的物、到期日和执行价格相同）。

适用条件：预计标的物市场价格将有显著波动，市场方向不确定，希望有消息刺激，市场波动率上升。

盈亏分析：

高平衡点（P_2）=执行价格+总权利金；

低平衡点（P_1）=执行价格−总权利金；

最大风险为所支付的全部权利金；

标的物价格高于高平衡点时，收益=标的物价格−执行价格−权利金；

标的物价格低于低平衡点时，收益=执行价格−标的物价格−权利金。

如图6-9所示为买入跨式套利盈亏图。

2. 卖出跨式套利

卖出跨式套利是指同时卖出等量的看涨期权与看跌期权（标的物、到期日和执行价格相同）。

适用条件：预计价格会变动很小或没有变动，价格波幅收窄，市场波动率下跌。

盈亏分析：

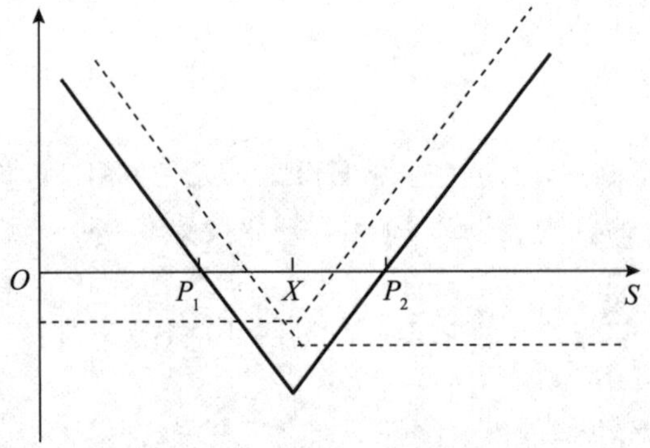

图 6-9　买入跨式套利盈亏图

最大收益为所收取的全部权利金；

盈亏平衡点与买入跨式套利相同；

价格变动超过盈亏平衡点时亏损。

价格高于高平衡点时，损失＝执行价格－标的物价格＋权利金；

价格低于低平衡点时，损失＝标的物价格－执行价格＋权利金。

如图 6-10 所示为卖出跨式套利盈亏图。

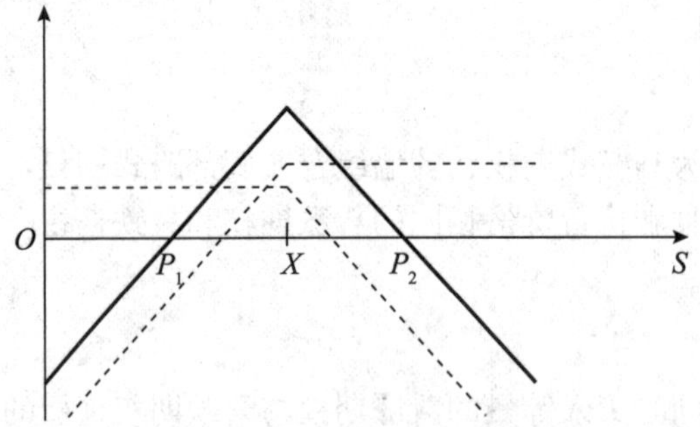

图 6-10　卖出跨式套利盈亏图

（二）宽跨式套利

宽跨式套利相比于跨式套利成本更低，因为投资者购买的看涨期权和看跌期权通常都是虚值期权。宽跨式套利包括买入宽跨式套利和卖出宽跨式套利两种形式。

1. 买入宽跨式套利

买入宽跨式套利是指同时购买较低执行价格（A）的看跌期权和较高执行价格（B）的看涨期权（标的物、到期日和数量相同）。

适用条件：预测标的物价格将有大幅波动，但无法确定其方向，市场波动率上升。

盈亏分析：

高平衡点（P_2）＝高执行价格＋总权利金；

低平衡点（P_1）＝低执行价格－总权利金；

最大风险为全部权利金；

当价格高于高平衡点时，收益＝标的物价格－高执行价格－权利金；

当价格低于低平衡点时，收益＝低执行价格－标的物价格－权利金。

如图 6－11 所示为买入宽跨式套利盈亏图。

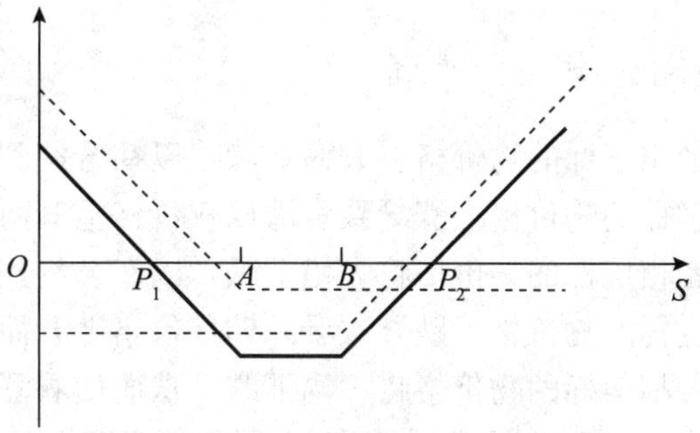

图 6－11 买入宽跨式套利盈亏图

2. 卖出宽跨式套利

卖出宽跨式套利是指同时卖出较低执行价格（A）的看跌期权和较高执行价格（B）的看涨期权（标的物、到期日和数量相同）。

适用条件：预测标的物价格将有变动但幅度不大，无法确定其方向，市场波动率下降。

盈亏分析：

盈亏平衡点与买入宽跨式套利相同；

价格高于高平衡点时，损失＝高执行价格－标的物价格＋权利金；

价格低于低平衡点时，损失＝标的物价格－低执行价格＋权利金；

当价格处于低执行价格和高执行价格之间时，可以获得最大收益，即所收取的权利金。

如图 6－12 所示为卖出宽跨式套利盈亏图。

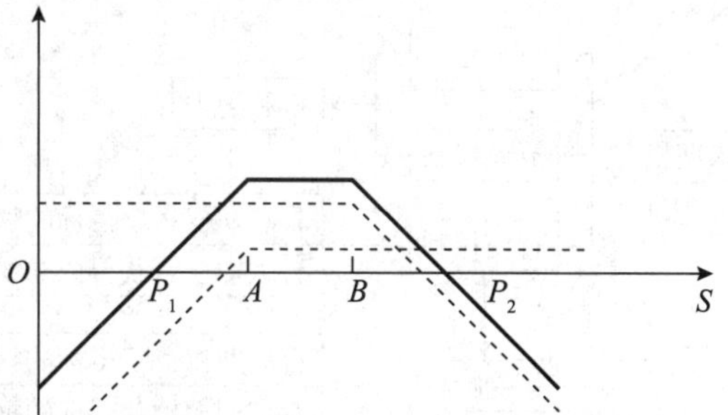

图 6－12 卖出宽跨式套利盈亏图

期权组合策略繁多，常见的还包括垂直套利、水平套利、蝶式套利和对角套利等。由于篇幅限制，无法逐一详述。

知识链接

上海证券交易所、中国证券登记结算有限责任公司股票期权组合策略业务指引

四、期权投机策略

（一）期权投机策略分类

多头看涨期权投机者相信标的物价格将大幅上涨，以在合约到期时以较低的行权价买入标的物而获利，或通过标的物价格上涨导致看涨期权价格上升而高价卖出获利。

多头看跌期权投机者相信标的物价格将大幅下跌，以在合约到期时以较高的行权价卖出标的物而获利，或通过标的物价格下跌导致看跌期权价格上升而高价卖出获利。

空头看涨期权投机者相信标的物价格将大幅下跌，从而使看涨期权无法行权而稳赚期权费收入，或通过标的物价格下跌导致看涨期权价格下跌而将空头头寸转为多头平仓获利。空头看涨期权投机者最担心未来标的物价格大幅上涨造成亏损。

空头看跌期权投机者相信标的物价格将大幅上涨，从而使看跌期权无法行权而稳赚期权费收入，或通过标的物价格上涨导致看跌期权价格下跌而将空头头寸转为多头平仓获利。空头看跌期权投机者最担心未来标的物价格大幅下跌造成亏损。

（二）期权部位的了结方式

1. 平仓

与期货交易类似，买入的期权可以通过卖出具有相同条件的期权来平仓对冲。不同之处在于期权的报价是权利金，而期货的报价是价格。这是最常用的了结期权合约的方法。

2. 执行

只要期权还有时间价值，通常不建议行使权利，而是选择进行平仓操作。对于深实值期权，在市场流动性不足无法进行平仓时，可以选择行使权利。执行后，投资者将获得相应的交易头寸，但需要做好充分的资金准备（参见图 6－13）。

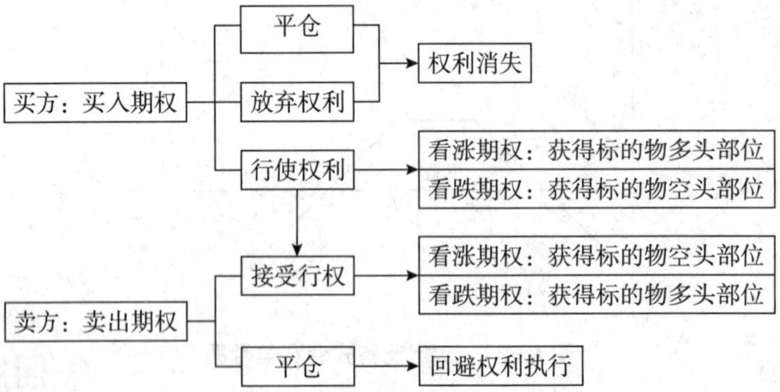

图 6－13　期权交易了结方式图

3. 放弃

期权买方有权选择不行使期权，而是让期权在到期时自动失效。对于实值期权，如果没有自动行使，投资者必须注意在规定日期内行使权利，否则权利将消失。因此，一般情况下，买方放任到期的是虚值期权。

（三）期权投资要点

1. 选择交易活跃的合约

对于刚进入期权市场的投资者而言，面对众多复杂的期权合约，包括看涨期权、看跌期权、不同月份和执行价格的期权，可能会感到困惑和无所适从。在选择何时买入或卖出时，可供选择的范围非常广泛。市场的交易量可以为投资者提供初步的选择依据。通过观察不同合约的交易量，投资者可以排除交易相对冷清的合约。因此，最好参与交易较为活跃的合约。

交易不活跃的期权合约存在较大的买卖价差，交易难度较大，成交价格对投资者也相对不利。除非打算进行长期投资，否则执行平仓操作也较为困难。

2. 谨慎买入深实值期权、深虚值期权

买入深虚值期权的优点是权利金便宜，但需要期货价格有较大变动才能转化为实值期权。然而，大多数情况下无法实现期望的价格大幅变动，导致即使价格变动有利，也未达到盈亏平衡点，最终可能一无所获。因此，购买深虚值期权的盈利概率很小，除非使用不重要的资金进行赌博并做好100%损失的心理准备。

购买深实值期权需要支付高额权利金成本，且杠杆作用有限。当期货价格发生有利变动时，深实值期权收益相对较低；而当期货价格发生不利变动时，深实值期权更容易遭受大幅下跌，导致投资者遭受较大亏损。期权交易的魅力在于时间价值和不确定性。购买深实值期权不仅支付时间价值，还向卖方支付大量内在价值，相当于额外支付了保费，对买方不划算。

在期权交易中，交易活跃的通常是接近平值的期权合约。对于波动率较高的品种，虚值期权因其较高的投机性而吸引到更多投资者。选择不同执行价格的期权合约将决定权利金成本、投资收益率和风险程度。

3. 对期货价格进行务实分析

在期权交易中，最直接的策略是根据对期货价格的预期进行交易。如果预期期货价格上涨，可以购买看涨期权；如果预期期货价格下跌，可以购买看跌期权。然而，期货价格的变化是波段性的，有上涨、下跌和盘整的情况。从技术分析的角度看，上行会遇到阻力，下行则有支撑。因此，在许多情况下，简单地购买期权并期待价格大幅波动是过于理想化的。期权市场提供了许多不同执行价格的合约，务实的交易者可以根据期货价格的变化和个人判断，灵活选择购买或卖出不同执行价格的合约，并进行动态调整，以较小的成本获取较高的盈利。

对价格的看法进行务实分析还涉及价格分析的细化。例如，上涨的对立面不仅仅是下跌，还包括盘整。对于看涨的预期，还需要区分是大幅上涨还是小幅上涨以及上涨的时间周期等因素。

4. 注意波动率的变化

对于期货投资者来说，波动率可能是一个陌生且难以理解的概念。然而，即使是初次接触期权的投资者，也不能忽视波动率的重要性，因为期权的价格受到期货价格和波动率的共同影响。

买入看涨期权与卖出看跌期权两种交易策略的共同点在于：认为期货价格会上涨。但是，两种交易策略对波动率的看法却截然相反。买入看涨期权，是认为波动率偏低；卖出看跌期权，是认为波动率偏高。换句话说，无论出于什么原因，只要你买入了期权，你就是在做多波动率；卖出了期权，你就是在做空波动率。投资者在交易期权中，要避免做对了方向，做错了波动率。否则，期货价格的有利变化将会被波动率的不利变化所抵消。

5. 注意时间的考量

除了期货价格和波动率，时间对期权的价值也有重要影响。有一句话说："期权是一种损耗性资产。"在相同条件下，到期时间越长，期权的价值越高。只要还没有到期，期权就具有时间价值，存在发生各种变化的可能性。但对于期权合约来说，从上市交易的第一天开始，到期时间就在不断减少，因此期权是一种价值递减的资产。

时间对期权买方和卖方的影响是不同的。对于买方而言，时间的流逝是不利的。只要还有时间，买方就抱有希望。而对于卖方而言，时间是他们的朋友。随着时间的减少，期权的价值将下降，从而降低卖方面临的不确定性风险。

第三节 期权价格的敏感性指标

期权价格的敏感性指的是期权价格决定因素的变动对期权价格的影响程度。换句话说，它反映了期权价格对于其决定因素变化的敏感程度。为描述这些因素对期权价格的影响，常用希腊字母 Delta、Gamma、Vega、Theta 和 Rho 来表示（见表 6-6）。

表 6-6 期权价格的敏感性指标

符号	风险因素	公式
Delta（Δ）	标的资产价格的变化	期权价格变化量/标的资产价格的变化量
Gamma（Γ）	Delta 的变化	Delta 的变化量/标的资产价格的变化量
Vega（Λ）	标的资产价格波动率的变化	期权价格变化量/标的资产价格波动率的变化量
Theta（Θ）	到期期限的变化	期权价格变化量/到期期限的变化量
Rho（ρ）	利率的变化	期权价格变化量/市场利率的变化量

一、Delta（Δ）

（一）Delta 的含义

Delta 是期权价格中最重要的敏感性指标，它表示期权标的资产市场价格变动对期权价格的影响程度。举例来说，如果看涨期权标的资产的市场价格上涨 1 元，该期权的期权费上涨 0.5 元，那么我们就称期权的 Delta 为 0.5。对于欧式看涨期权和看跌期权，它们的 Delta 可以分别表示为以下公式：

$$\Delta = \frac{\partial f}{\partial S}$$

根据布莱克-斯科尔斯模型 $C = SN(d_1) - Xe^{-rT}N(d_2)$ 可得到欧式看涨期权的 Delta：

$$\Delta_C = \frac{\partial C}{\partial S} = N(d_1) \qquad (6-6)$$

根据 $P = Xe^{-rT}N(-d_2) - SN(-d_1)$ 可得到欧式看跌期权的 Delta：

$$\Delta_P = \frac{\partial P}{\partial S} = -N(-d_1) = N(d_1) - 1 \qquad (6-7)$$

（二）Delta 的基本特征

根据上述公式和图 6-14，可推出 Delta 具有以下基本特征：

第一，对于看涨期权，其 Delta 必定大于零，因为看涨期权的价格和标的资产的市场价格呈正相关变动关系；

第二，对于看跌期权，其 Delta 必定小于零，因为看跌期权的价格和标的资产的市场价格呈负相关变动关系；

第三，无论是看涨期权还是看跌期权，其 Delta 的绝对值都小于 1；

第四，虚值期权的 Delta 绝对值接近 0，实值期权的 Delta 绝对值接近 1；

第五，从绝对值来看，平价期权的 Delta 为 0.5，虚值期权的 Delta 介于 0 和 0.5 之间，实值期权的 Delta 介于 0.5 和 1 之间；

第六，除了标的资产市场价格变动外，权利期限缩短会导致时间价值减少，从而影响 Delta 的变动。

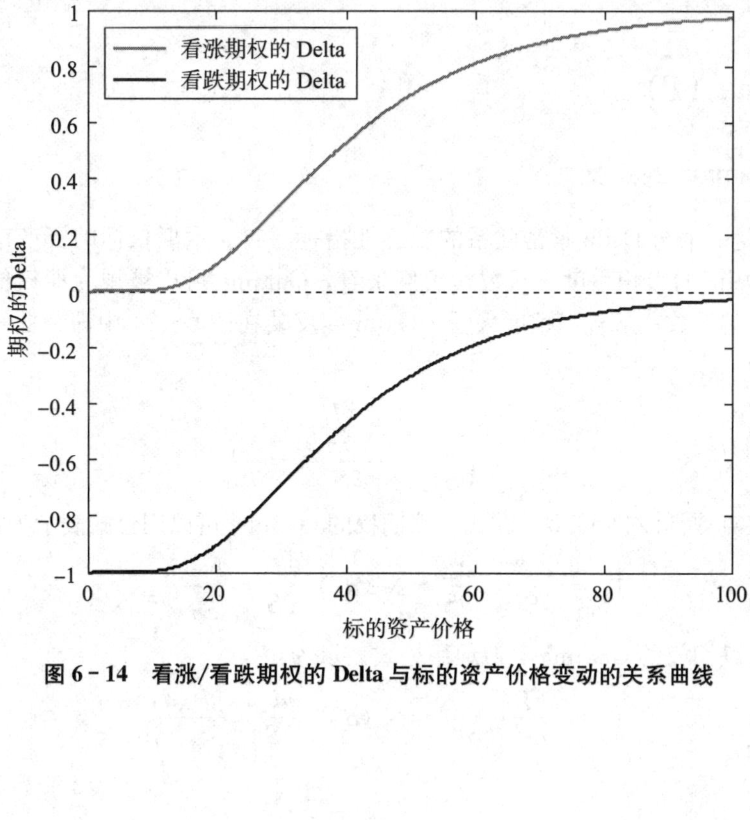

图 6-14 看涨/看跌期权的 Delta 与标的资产价格变动的关系曲线

（三）Delta 对冲

在投资中，为了规避资产组合的价格变动风险，常常采用期权对冲策略。这种策略是通过持有与期权 Delta 相反的头寸来抵消资产组合中的价格波动风险。当该策略能够完全抵消组合的价格波动风险时，称之为 Delta 中性策略。然而，标的资产价格的大幅波动会导致 Delta 值发生变化，因此静态的 Delta 对冲无法完全规避风险，需要根据市场变化不断调整对冲头寸。

案例 6-8

假设投资者持有 5 单位 Delta 为 0.8 的看涨期权和 4 单位 Delta 为－0.5 的看跌期权，期权的标的资产相同。如果预期标的资产价格下跌，那么这个投资者的持仓是否面临价格波动风险？该如何对冲这种风险？

解答：在这个案例中，投资者持有的期权组合初始的 Delta 值为 5×0.8＋4×(－0.5)＝2，表示标的资产价格每下跌 1 元，期权组合的价值将下降 2 元，因此面临价格波动风险。

为了对冲这种风险，可以采取多种解决方案，譬如：

方案 1：再购入 4 单位 Delta 为－0.5 的标的相同的看涨期权，使得组合的 Delta 值变为 5×0.8＋4×(－0.5)＋4×(－0.5)＝0，从而达到 Delta 中性。

方案 2：卖出 2 单位标的资产，使得组合的 Delta 值变为 5×0.8＋4×(－0.5)－2×1＝0，从而达到 Delta 中性。

二、Gamma（Γ）

（一）Gamma 的定义

Gamma 是一个与 Delta 紧密联系的敏感性指标。它表示期权标的资产市场价格的变动对该期权 Delta 的影响程度。从数学角度来看，Gamma 可以被视为期权价格对标的资产价格的二阶偏导数；从直观角度来看，Gamma 反映在图 6－14 中即为曲线的斜率。其数学表达式为：

$$\Gamma=\frac{\partial^2 f}{\partial S^2}=\frac{\partial\left(\frac{\partial f}{\partial S}\right)}{\partial S}=\frac{\partial\Delta}{\partial S} \tag{6-8}$$

根据布莱克-斯科尔斯模型，欧式看涨期权的 Gamma 可以用公式表示为：

$$\Gamma_C=\frac{\partial^2 C}{\partial S^2}=\frac{\partial\Delta}{\partial S}=N'(d_1)\frac{\partial d_1}{\partial S}=\frac{N'(d_1)}{S\sigma\sqrt{T}} \tag{6-9}$$

而欧式看跌期权的 Gamma 类似地用公式表示为：

$$\Gamma_P=\frac{\partial^2 P}{\partial S^2}=\frac{\partial\Delta}{\partial S}=N'(d_1)\frac{\partial d_1}{\partial S}=\frac{N'(d_1)}{S\sigma\sqrt{T}} \tag{6-10}$$

值得注意的是，所有属性相同的欧式看涨期权和看跌期权具有相等的 Gamma 值。从图形上看，由于图 6－14 中的两条曲线形状相同，只是纵轴取值范围不同，因此也可以直观地得出欧式看涨期权和看跌期权具有相等的 Gamma 值的结论。

（二）Gamma 的基本性质

第一，看涨期权和看跌期权的 Gamma 值均为正值。

第二，深度实值和深度虚值的期权具有较小的价值，只有当标的资产价格接近行权价时，平值期权的 Gamma 才达到最大值。标的资产价格的波动会导致 Delta 值发生剧烈变动（参见图 6－15）。由于 Gamma 较大，Delta 中性策略需要频繁调整期权头寸，因此平值期权通常交易活跃。

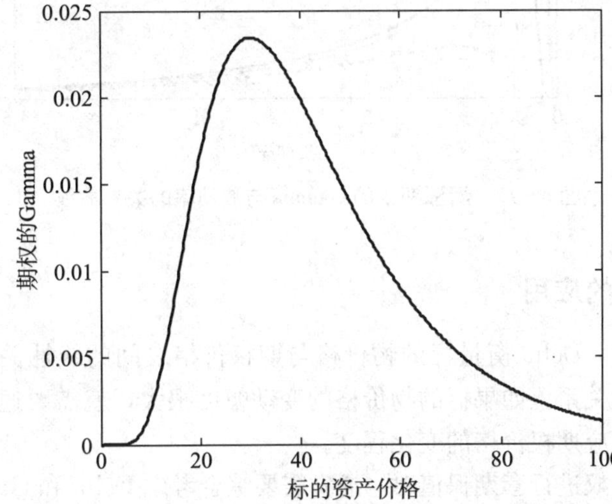

图 6－15　期权的 Gamma 与标的资产价格变动的关系曲线

第三，随着期权到期日的临近，平值期权的 Gamma 趋近于无穷大，而实值期权和虚值期权的 Gamma 先增大后减小，接近到期时趋于 0（参见图 6－16）。

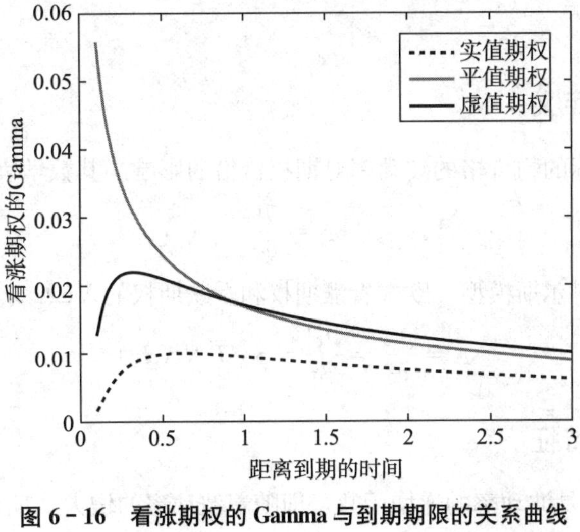

图 6－16　看涨期权的 Gamma 与到期期限的关系曲线

第四，波动率与 Gamma 最大值成反比。波动率增大将导致行权价附近的 Gamma 减小，而远离行权价的 Gamma 增大。图 6－17 展示了看涨期权的 Gamma 与波动率的关系曲线。

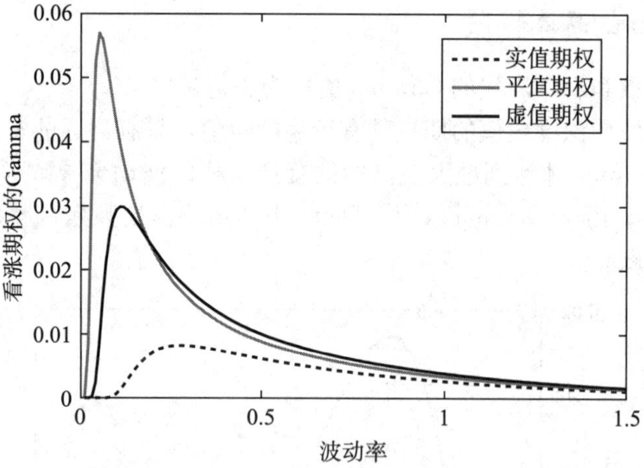

图 6－17　看涨期权的 Gamma 与波动率的关系曲线

（三）Gamma 的应用

从数学意义上看，Delta 衡量标的物价格与期权价格之间的线性关系，而 Gamma 衡量它们之间的非线性关系。如果标的物价格的变动幅度很大，就需要通过 Gamma 进行调整，才能准确计算相应期权价格的变化程度。

因此，在使用期权进行套期保值时，通常需要综合考虑 Delta 和 Gamma 这两个指标，计算套期保值比率，并进一步计算所需的期权合约数量。这种套期保值方法被称为 Delta-Gamma 中性套期保值。这种利用 Delta 和 Gamma 进行套期保值的方法类似于债券投资领域中管理利率风险的久期（duration）和凸性（convexity）套期保值方法。

三、Vega（Λ）

（一）Vega 的定义

Vega 反映的是标的物价格的波动率对期权价格的影响。其数学表达式为：

$$\Lambda=\frac{\partial f}{\partial \sigma} \tag{6-11}$$

根据布莱克-斯科尔斯模型，欧式看涨期权和看跌期权的 Vega 分别为：

$$\Lambda=\frac{\partial C}{\partial \sigma}=\frac{\partial P}{\partial \sigma}=S\sqrt{T}N'(d_1) \tag{6-12}$$

（二）Vega 的特征

第一，期权价格是波动率的递增函数，即随着波动率的增大，期权价格也会上涨。

第二，平值期权对波动率变动最为敏感；而深度实值期权和深度虚值期权中，资产价格和行权价对波动率的影响较小，因此，波动率的变化对这些期权的影响相对较弱。图 6-18 展示了期权的 Vega 与标的资产价格的关系曲线。

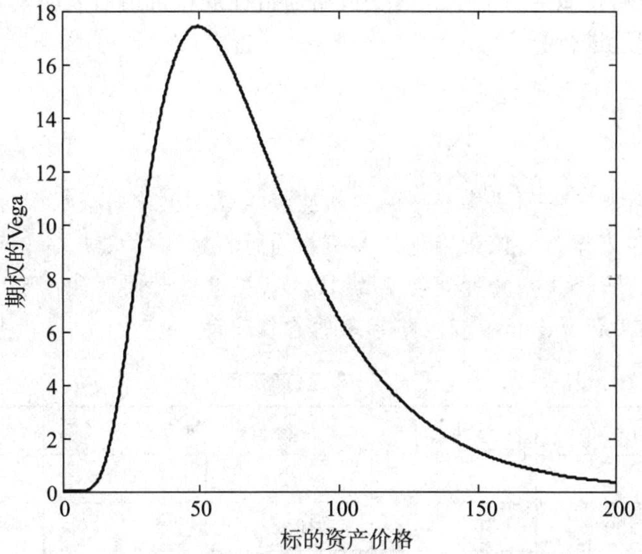

图 6-18 期权的 Vega 与标的资产价格的关系曲线

第三，随着期权到期日的临近，标的资产价格波动率对期权价格的影响逐渐减小（见图 6-19）。

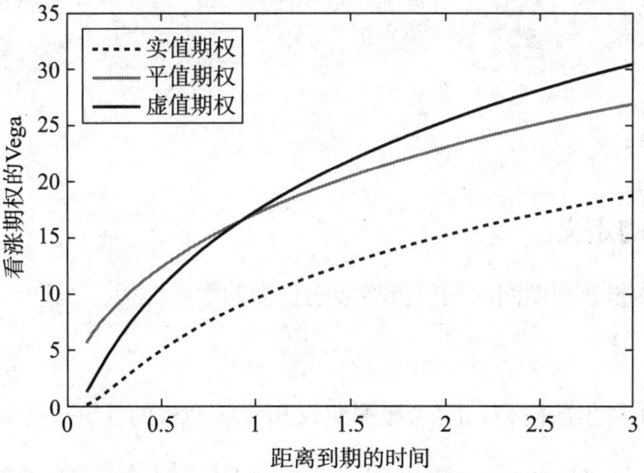

图 6-19 看涨期权的 Vega 与到期期限的关系曲线

一般来讲，标的资产价格的波动率越大，期权价格越高；波动率越小，期权价格越低。因此对于单一期权来讲，无论是看涨期权还是看跌期权，Vega 总是正的。

（三）Vega 的应用

通过应用 Vega，投资者能够更好地理解和利用标的资产价格波动率对期权价格的影响以及对波动率的预期，从而进行更有效的决策和风险管理。Vega 帮助投资者判断期权价格的相对高低和做出对未来波动率的预期。当投资者认为波动率过低时，可以采取买入跨式套利或宽跨式套利策略，做多波动率；相反，当波动率过高时，可以采取卖出跨式套利或宽跨式套利策略，做空波动率。这些策略通常在期权价格对波动率变化最敏感（Vega 值最大）的平值附近进行。

案例 6-9

当投资者预计未来一周资本市场的波动性会增强，但方向很难确定时，他们可以采取跨式期权组合投资策略。该策略包括购买相同行权价和行权期的一单位看涨期权和一单位看跌期权。假设下周市场的波动率为 40%（不考虑时间变化的影响），我们可以根据表 6-7 中的信息计算出该投资策略带来的价值变动。

表 6-7 资产信息

资产类型	行权价	到期日	Vega 值	市场利率（年）	标的资产价格波动率
$S=50$				4%	20%
C_1	50	6 个月	13.23		
C_2	50	6 个月	13.23		

根据表中给出的数据，看涨期权和看跌期权的 Vega 值都为 13.23。通过计算，我们得到组合的 Vega 值为 2×13.23=26.46。根据波动率由 20%增长到 40%，得出 Δ=Vega×(40%−20%)≈5.29，可以估算出在该投资策略下波动率变动带来的价值变动约为 5.29。

四、Theta（Θ）

（一）Theta 的定义

Theta 是用于衡量权利期间对期权价格影响程度的敏感性指标。Theta 的数学表达式为：

$$\Theta=\frac{\partial f}{\partial t} \tag{6-13}$$

根据布莱克-斯科尔斯模型，欧式看涨期权和看跌期权的 Theta 分别为：

$$\Theta_C=\frac{\partial C}{\partial t}=-\frac{S\sigma N'(d_1)}{2\sqrt{T-t}}-rXe^{-r(T-t)}N(d_2) \tag{6-14}$$

$$\Theta_P=\frac{\partial P}{\partial t}=-\frac{S\sigma N'(d_1)}{2\sqrt{T-t}}+rXe^{-r(T-t)}N(-d_2) \tag{6-15}$$

（二）Theta 的特征

第一，随着时间的流逝，期权的有效期缩短，导致期权价值下降，因此 Theta 值通常为负。

第二，在行权价附近，期权的内在价值为 0，而时间价值最高。在这个区域内，市场对未来价格的不确定性最大，使得期权在到期时实现收益的概率较高。随着到期期限缩短，不确定性逐渐消失，时间价值迅速下降。因此，在行权价附近，Theta 的绝对值最大，即到期期限变化对期权价值的影响最大。

第三，随着期权接近到期，时间价值减小，平值期权的内在价值始终为 0，因此平值期权的 Theta 单调递减至负无穷大。对于非平值期权而言，由于具有非零的内在价值，随着到期期限缩短，其 Theta 会受到内在价值和时间价值的共同影响，并最终趋近于 0。这意味着随着期权接近到期，平值期权受到的影响越来越大，而非平值期权受到的影响越来越小。

看涨/看跌期权 Theta 与标的资产价格的关系曲线如图 6－20 所示。

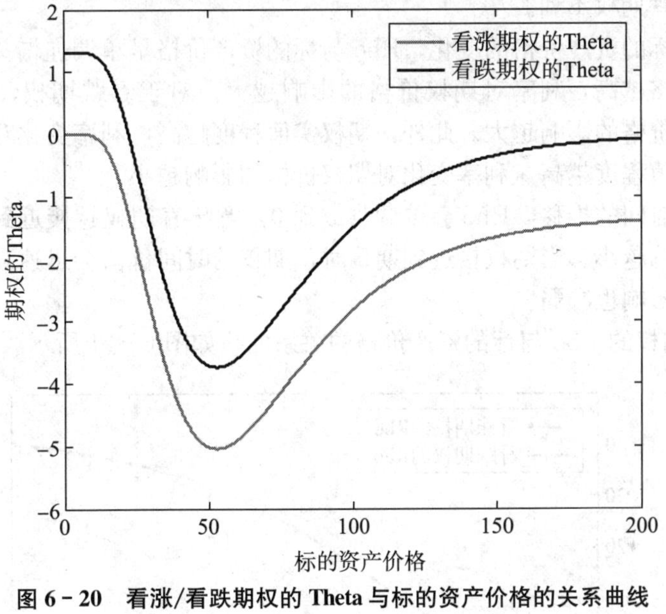

图 6－20　看涨/看跌期权的 Theta 与标的资产价格的关系曲线

（三）Theta 的应用

Theta 能使投资者更好地理解和管理期权交易中与时间相关的风险和机会。首先，它可用于期权定价，帮助投资者估算随时间流逝期权价值的变化，确定合理价格。其次，Theta 可用于期权套利，寻找到期期限不同的期权之间的套利机会，如日历套利和蝶式套利。再次，Theta 还可用于期权对冲，衡量对冲组合中时间价值的损耗，调整对冲比例和频率。最后，Theta 可在期权风险管理中发挥作用，评估持有者或卖出者面临的时间价值风险，帮助制定适当的风险控制策略。

五、Rho（ρ）

（一）Rho 的定义

Rho 是用来反映无风险利率对期权价格之影响程度的敏感性指标。Rho 的数学表达式为：

$$\rho = \frac{\partial f}{\partial r} \tag{6-16}$$

根据布莱克-斯科尔斯模型，欧式看涨期权和看跌期权的 Rho 分别为：

$$\rho_C = TXe^{-rT}N(d_2) \tag{6-17}$$

$$\rho_P = -TXe^{-rT}N(-d_2) \tag{6-18}$$

（二）Rho 的性质

第一，一般情况下，无风险利率的变动对看涨期权的价格有正影响，对看跌期权的价格有负影响。因此，看涨期权的 Rho 为正，看跌期权的 Rho 为负，表示利率上升对看涨期权有利，对看跌期权不利。

第二，随着标的资产价格的变化，Rho 与标的资产价格呈单调递增关系。对于看涨期权，标的资产价格越高，利率对期权价格的影响越大。对于看跌期权，标的资产价格越低，利率对期权价格的影响越大。此外，期权实值程度越高，利率变化对期权价格的影响越大；而期权虚值程度越高，利率变化对期权价格的影响越小。

第三，随着时间的推移，Rho 会单调收敛到 0，意味着期权越接近到期日，利率变化对期权价格的影响越小。当期权接近到期日时，期权的时间价值会迅速减少，因此利率变化对期权价格的影响也减弱。

看涨/看跌期权的 Rho 与标的资产价格的关系曲线如图 6－21 所示。

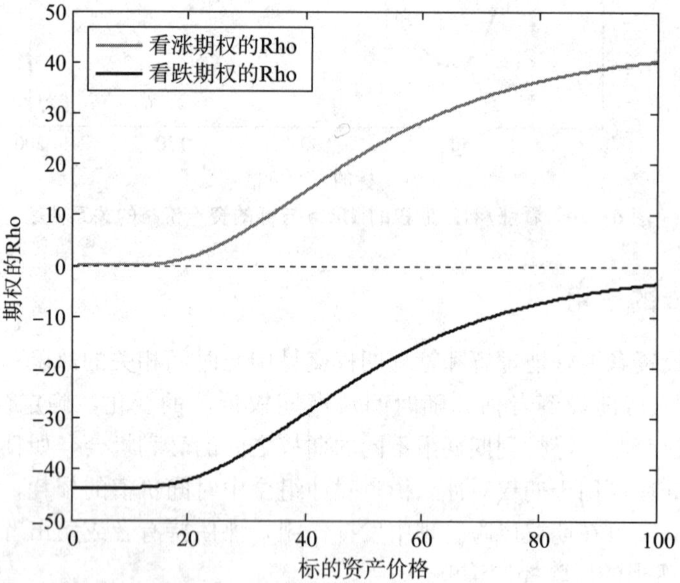

图 6－21　看涨/看跌期权的 Rho 与标的资产价格的关系曲线

（三）Rho 的应用

Rho 可用于期权定价，计算基于市场利率和预期变动的理论期权价格，并帮助投资者评估利率变动对期权价值的影响，指导采用合理的投资策略。此外，投资者可利用 Rho 确定利率变化对期权价格的影响程度，选择适当的套利组合，在不同市场或品种之间利用期权价格差异进行无风险或低风险交易。在期权对冲中，通过使用 Rho，投资者能确定购买或出售的期权数量，保护现有投资组合或未来现金流免受不利市场波动的影响，实现最佳的对冲效果。

本章小结

本章介绍了期权定价模型、交易策略和价格敏感性指标。其中，布莱克-斯科尔斯模型和二项式模型是用于计算期权价格的两种常用方法。期权交易策略包括基本策略、套期保值策略、套利策略和投机策略。期权价格敏感性指标有 Delta、Gamma、Vega、Theta 和 Rho，它们反映了期权价格对标的资产价格、波动率、到期期限和无风险利率变化的敏感程度。通过本章的学习，学生可以深入理解期权定价模型，并掌握常见的交易策略和价格指标，为进行期权交易奠定基础知识。

本章的学习可以结合实训项目八的期权投资实操来加强理解。在实操中，可以使用 Black-Scholes 模型或二项式模型计算期权的理论价格，并通过实际交易操作验证定价准确性。同时，运用基本策略、套期保值策略、套利策略和投机策略进行真实期权交易，深入了解各种策略的优缺点和应用场景。

实训案例

假设你是一位股票投资者，你持有 1 000 股某公司的股票，目前的市场价格为 50 元/股。你预计该公司在未来三个月内会发布一项重大的新产品，可能会导致股价大幅波动。为了保护你的投资，你决定使用期权来对冲风险。你可以在期权市场上买入或卖出执行价格为 50 元/股，到期时间为三个月后的欧式看涨或看跌期权。假设无风险利率为 4%，股票的年化波动率为 30%。目前，这些期权的权利金分别为：

期权类型	权利金
买入看涨	3 元/股
卖出看涨	2.5 元/股
买入看跌	2 元/股
卖出看跌	1.5 元/股

请回答以下问题：

如果你认为股价会上涨，你应该采取什么样的期权交易策略？请说明你的理由，并计算你的盈亏平衡点和最大损失。

如果你认为股价会下跌，你应该采取什么样的期权交易策略？请说明你的理由，并计算你的盈亏平衡点和最大损失。

如果你认为股价会大幅波动，但不确定方向，你应该采取什么样的期权交易策略？请说明你的理由，并计算你的盈亏平衡点和最大损失。

如果你认为股价会小幅波动，或者保持不变，你应该采取什么样的期权交易策略？请说明你的理由，并计算你的盈亏平衡点和最大损失。

二维码视频材料

练习与思考

本章附录

使用 Python 编写的二项式期权定价模拟器

第七章

期货及期权价格分析

导入案例

2015年4月，上海证券交易所推出了中国首批场内期权合约，其中包括50ETF期权。50ETF是一种交易型开放式指数基金，跟踪上证50指数，代表了中国最具影响力的50家上市公司。50ETF期权是以50ETF为标的物的欧式期权合约，允许投资者在未来特定日期以约定价格买入或卖出50ETF份额。该期权分为看涨期权和看跌期权，分别赋予投资者在到期日以约定价格买入或卖出50ETF份额的权利。在2015年4月期间，50ETF再度大幅上涨，涨幅接近20%。这为持有看涨期权的投资者提供了巨大的盈利机会，并吸引更多投资者进入市场。然而，在4月27日，股市突然暴跌，导致50ETF下跌超过6%。这对于持有看涨期权的投资者来说是一个灾难性的打击，他们不得不以非常低的价格平仓或放弃行权。相反，持有看跌期权的投资者则获得了巨额收益，他们可以以高价出售或行使看跌期权。这场期权交易风暴让很多人深刻体会到了期权交易的魅力和风险。

那么，如何分析这场风暴背后的原因呢？如何预测未来的价格走势呢？如何制定合理的交易策略呢？这就需要我们综合运用本章介绍的两种方法：基本面分析法和技术分析法。通过这些方法，投资者可以更全面、准确地了解市场情况，做出理性的决策。

学习目的

通过本章的学习，掌握期货与期权行情的解读，包括期货和期权的报价、合约规格、交易量、持仓量、结算价、涨跌幅、成交额等指标的含义；掌握基本面分析法，包括基本面分析法的含义、商品期货和金融类衍生品的基本面分析的方法和步骤、基本面分析的不足和改进；熟悉技术分析法，包括技术分析的概述、常见理论、方法和价量分析，以及技术分析的优缺点和适用范围。

素养目标

党的二十大报告强调了“坚持守正创新”“坚持系统观念”等世界观和方法论。本章通过期货与期权行情解读，培养学生的市场敏感度和数据分析能力，提升其创新意识和实践能力，增强其综合素质和竞争力。同时，通过对基本面分析法的介绍，培养学生的宏观经济分析和行业分析能力，加强其理论思维和逻辑推理能力，提高其判断力和决策力。此外，通过对技术分析法的介绍，培养学生的图形识别和趋势判断能力，增强其观察力和总结归纳能力，提高其应变和风险控制能力，以实现在复杂多变的国际国内形势下把握规律、抓住机遇、应对挑战、防范风险的目标。

第一节 期货与期权行情解读

一、期货行情解读

（一）报价画面信息介绍

期货报价画面中的信息包括最新、现手、买价、卖价、买量、卖量、成交量、涨跌、额/仓、仓差、结算价、开盘、最高、最低、昨结算、幅度、代码等。图 7－1 所示即为报价信息界面。

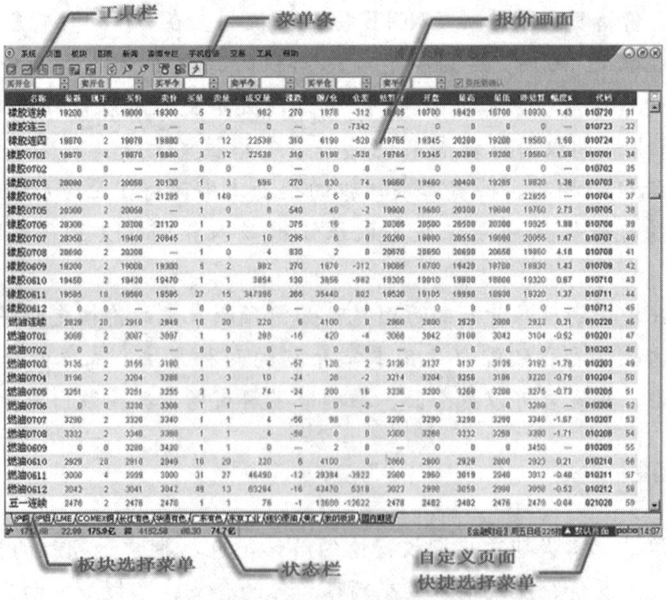

图 7－1 期货报价信息界面

各信息具体含义如下：

(1) 最新，是指某交易日某一期货合约交易期间的最新成交价格。

(2) 现手，是指最近一笔成交（最新价）的交易量。

(3) 买价，是指某一期货合约当日买方申请买入的即时最高价格。

(4) 卖价，是指某一期货合约当日卖方申请卖出的即时最低价格。

(5) 买量，即申买量，表示某一期货合约当日交易所交易系统中未成交的最高价位申请买入的下单数量。

(6) 卖量，即申卖量，表示某一期货合约当日交易所交易系统中未成交的最低价位申请卖出的下单数量。

(7) 成交量，是指某一商品（金融）期货合约在当日交易期间所有成交合约的双边（单边）数量。

(8) 涨跌，是指某交易日某一期货合约交易期间的最新价与上一交易日结算价之差。

(9) 额/仓，即持仓量，表示期货交易者所持有的未平仓合约的数量。

(10) 仓差，是指今日持仓量与上一交易日持仓量之差。仓差＞0 表示持仓量增加，仓差＜0 表示持仓量减少。

(11) 结算价，是进行当日未平仓合约盈亏结算和制定下一交易日涨跌停板价的依据。

(12) 开盘，就是开盘价，是指某一期货合约开市前五分钟内经集合竞价产生的成交价格。

(13) 最高，就是最高价，是指一定时间内某一期货合约成交价中的最高成交价格。

(14) 最低，就是最低价，是指一定时间内某一期货合约成交价中的最低成交价格。

(15) 昨结算，又称昨结、前结价、前结算价，即昨天的结算价，是指某一期货合约在上一交易日交易的最后一笔的成交价格。

(16) 幅度，是指涨跌与昨结算价之比，以百分比表示。

(17) 代码，是指期货合约的交易代码。

(二) 日内分时盘面介绍

日内分时盘面界面如图 7-2 所示。

成交量和持仓量的变化对期货价格产生影响，而期货价格的变化也会引起成交量和持仓量的变化。因此，通过分析它们之间的关系可以更好地预测期货价格走势。

(1) 成交量和持仓量增加，价格上升，意味着新买方正在大量收购，预示着价格可能继续上涨。

(2) 成交量和持仓量减少，价格上升，表示卖空者在大量补货平仓，导致价格短期内上升，但可能不久后回落。

(3) 成交量增加，价格上升，持仓量减少，表明卖空者和买空者都在大量平仓，这可能导致价格立即下跌。

(4) 成交量和持仓量增加，价格下跌，说明卖空者大量出售合约，预示着短期内价格可能下跌，但如果抛售过度，反而可能使价格上升。

(5) 成交量和持仓量减少，价格下跌，表示大量买空者急于卖货平仓，预示着价格将继续下降。

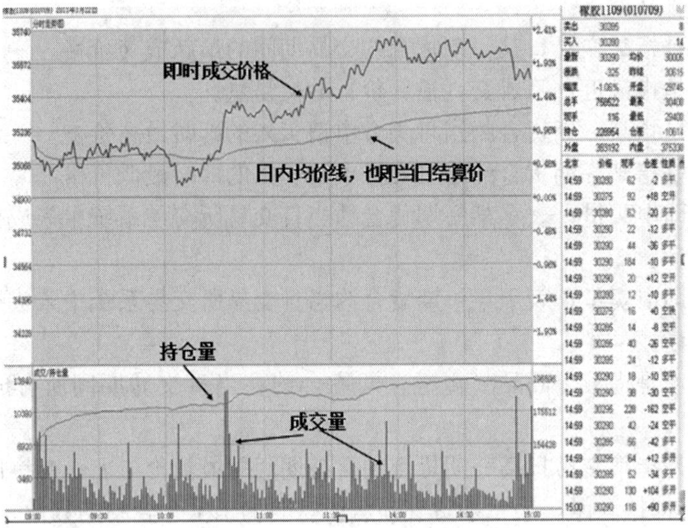

图 7－2　日内分时盘面界面

(6) 成交量增加，持仓量和价格下跌，表明卖空者利用买空者卖货平仓导致价格下跌之际陆续补货平仓获利，预示着价格可能转为回升。

从以上分析可见，在一般情况下，如果成交量和持仓量与价格趋势相同，那么价格趋势可能会维持一段时间。然而，如果成交量和持仓量与价格趋势相反，价格走势可能会转向。当然，这还需要进一步结合不同的价格形态进行具体分析。具体的盘面信息可以参考表 7－1。

表 7－1　盘面信息表

<table>
<tr>
<td>

<table>
<tr><th colspan="4">橡胶1109(010709)</th></tr>
<tr><td>卖出</td><td>30285</td><td></td><td>8</td></tr>
<tr><td>买入</td><td>30280</td><td></td><td>14</td></tr>
<tr><td>最新</td><td>30290</td><td>均价</td><td>30005</td></tr>
<tr><td>涨跌</td><td>-325</td><td>昨结</td><td>30615</td></tr>
<tr><td>幅度</td><td>-1.06%</td><td>开盘</td><td>29745</td></tr>
<tr><td>总手</td><td>758522</td><td>最高</td><td>30400</td></tr>
<tr><td>现手</td><td>116</td><td>最低</td><td>29400</td></tr>
<tr><td>持仓</td><td>228954</td><td>仓差</td><td>-10614</td></tr>
<tr><td>外盘</td><td>383192</td><td>内盘</td><td>375330</td></tr>
</table>
</td>
<td>昨结，是上一交易日的均价；
总手，是开盘后到目前为止该期货合约总成交量或手数；
现手，是刚刚撮合成交的该期货合约的数量或手数；
仓差，是与上一交易日相比持仓量的增减；
外盘，是红色数字，表示做多的力量，也即多开和空平的数量；
内盘，与外盘相反。</td>
</tr>
<tr>
<td>
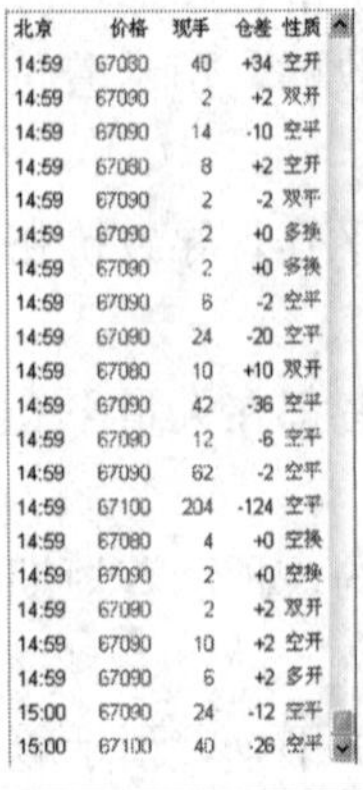
<table>
<tr><th>北京</th><th>价格</th><th>现手</th><th>仓差</th><th>性质</th></tr>
<tr><td>14:59</td><td>67030</td><td>40</td><td>+34</td><td>空开</td></tr>
<tr><td>14:59</td><td>67090</td><td>2</td><td>+2</td><td>双开</td></tr>
<tr><td>14:59</td><td>67090</td><td>14</td><td>-10</td><td>空平</td></tr>
<tr><td>14:59</td><td>67080</td><td>8</td><td>+2</td><td>空开</td></tr>
<tr><td>14:59</td><td>67090</td><td>2</td><td>-2</td><td>双平</td></tr>
<tr><td>14:59</td><td>67090</td><td>2</td><td>+0</td><td>多换</td></tr>
<tr><td>14:59</td><td>67090</td><td>2</td><td>+0</td><td>多换</td></tr>
<tr><td>14:59</td><td>67090</td><td>6</td><td>-2</td><td>空平</td></tr>
<tr><td>14:59</td><td>67090</td><td>24</td><td>-20</td><td>空平</td></tr>
<tr><td>14:59</td><td>67080</td><td>10</td><td>+10</td><td>双开</td></tr>
<tr><td>14:59</td><td>67090</td><td>42</td><td>-36</td><td>空平</td></tr>
<tr><td>14:59</td><td>67090</td><td>12</td><td>-6</td><td>空平</td></tr>
<tr><td>14:59</td><td>67090</td><td>62</td><td>-2</td><td>空平</td></tr>
<tr><td>14:59</td><td>67100</td><td>204</td><td>-124</td><td>空平</td></tr>
<tr><td>14:59</td><td>67080</td><td>4</td><td>+0</td><td>空换</td></tr>
<tr><td>14:59</td><td>67090</td><td>2</td><td>+0</td><td>空换</td></tr>
<tr><td>14:59</td><td>67090</td><td>2</td><td>+2</td><td>双开</td></tr>
<tr><td>14:59</td><td>67090</td><td>10</td><td>+2</td><td>空开</td></tr>
<tr><td>14:59</td><td>67090</td><td>6</td><td>+2</td><td>多开</td></tr>
<tr><td>15:00</td><td>67090</td><td>24</td><td>-12</td><td>空平</td></tr>
<tr><td>15:00</td><td>67100</td><td>40</td><td>-26</td><td>空平</td></tr>
</table>
</td>
<td>空开，是多头和空头同时开仓，以空头报价成交，反映主动性卖盘；
空平，是空头主动平仓；
双开，是新多买进开仓，新空卖出开仓，即双方都为开仓；
双平，是买卖双方都持有未平仓合约，一方卖出平仓，另一方买入平仓；
多开，是多头开仓；
多平，是多头主动平仓；
多换，是多头换手，老多卖出平仓，新多买进开仓；
空换，是空头换手，老空买进平仓，新空卖出开仓。</td>
</tr>
</table>

交易中，如果内盘较大，意味着多数买入报价都得到卖方认可，显示市场中卖方较强势；而外盘较大，则表示多数卖出报价都得到买方认可，显示市场中买方较强势。当内盘和外盘相近时，说明市场中买卖双方的力量相当。

在分时图中，按下 F2 键可以显示图 7－3 成交分价表价格及力量对比图界面。该界面的上半部分展示了不同价位的成交情况，而下半部分则表示多空双方的力量对比。

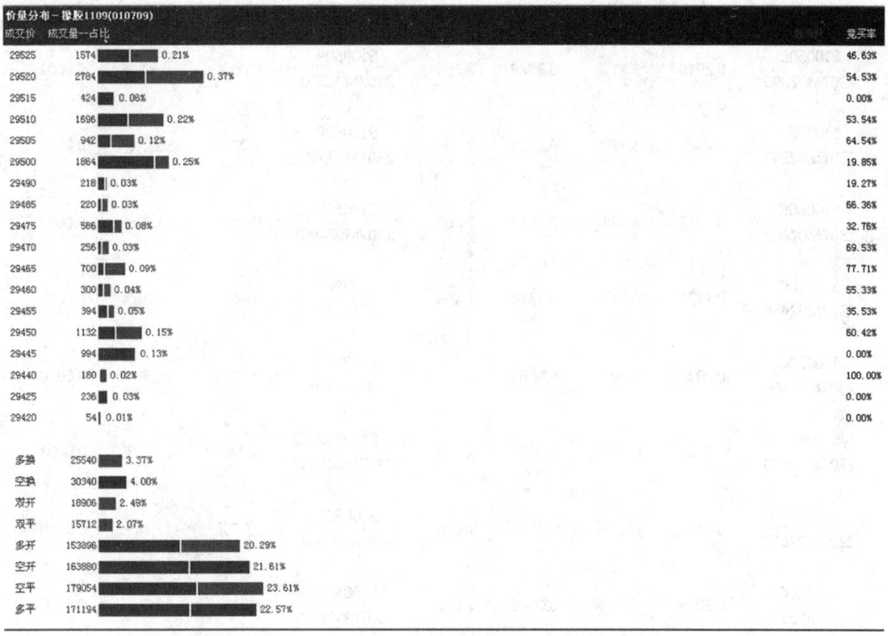

图 7－3　成交分价表价格及力量对比图

二、期权行情解读

投资者可以通过以下两种方式查看我国期权交易的行情：

(1) 期货交易所官网。访问相应期货交易所的官方网站即可获取期权交易行情的相关信息。官网上提供期权合约的报价、成交量和持仓量等重要数据，帮助投资者了解市场动态和价格走势。

(2) 下载安装期权交易行情软件。许多第三方金融软件或交易平台提供实时更新的期权交易行情。投资者可以选择下载并安装这些软件，获取最新的期权行情数据。这些软件通常提供丰富的功能和图表分析工具，有助于投资者更好地理解市场趋势并做出决策。

(一) 上海证券交易所期权行情

图 7－4 展示了上海证券交易所的期权行情表。表格上方是标的物的现货市场价格。表格中，顶部的横行中的时间表示到期时间，而中间的竖列则表示行权价，顶部的横行和中间的竖列组成了一个形如“T”的结构，因此被称为“T 形报价”。这种排列方式将相同到期时间的期权放置在同一个界面内，并且按照行权价从低到高的顺序对称地排列了平价关系的看涨期权和看跌期权在左右两侧。下面对表格中的相关内容和术语进行解读。

代码	名称	当前价	涨跌	涨跌幅	成交量(手)	成交额(万元)
510050	上证50ETF	2.590	0.009	0.35%	3540793	91439.130

更新时间：2023-07-19 16:00:01

认购				07月份	认沽			
合约交易代码	当前价	涨跌幅	前结价	行权价	合约交易代码	当前价	涨跌幅	前结价
510050C2307M02300	0.2916	3.11%	0.2828	2.300	510050P2307M02300	0.0001	0.00%	0.0001
510050C2307M02350	0.2425	4.12%	0.2329	2.350	510050P2307M02350	0.0001	0.00%	0.0001
510050C2307M02400	0.1913	3.74%	0.1844	2.400	510050P2307M02400	0.0003	50.00%	0.0002
510050C2307M02450	0.1425	6.34%	0.1340	2.450	510050P2307M02450	0.0004	-42.86%	0.0007
510050C2307M02500	0.0940	9.30%	0.0860	2.500	510050P2307M02500	0.0013	-35.00%	0.0020
510050C2307M02550	0.0488	12.96%	0.0432	2.550	510050P2307M02550	0.0066	-29.79%	0.0094
510050C2307M02600	0.0176	14.29%	0.0154	2.600	510050P2307M02600	0.0255	-17.74%	0.0310
510050C2307M02650	0.0045	12.50%	0.0040	2.650	510050P2307M02650	0.0624	-10.86%	0.0700
510050C2307M02700	0.0010	25.00%	0.0008	2.700	510050P2307M02700	0.1095	-7.98%	0.1190
510050C2307M02750	0.0003	0.00%	0.0003	2.750	510050P2307M02750	0.1587	-6.09%	0.1690
510050C2307M02800	0.0002	0.00%	0.0002	2.800	510050P2307M02800	0.2089	-4.61%	0.2190
510050C2307M02850	0.0001	0.00%	0.0001	2.850	510050P2307M02850	0.2582	-4.01%	0.2690

图 7-4　上证 50ETF 期权行情截图（2023 年 7 月 19 日）

资料来源：上海证券交易所网站 http://www.sse.com.cn/assortment/options/price/。

1. 期权合约到期月份

图 7-4 所示的期权合约都将在同一到期日“2023 年 7 月”到期。另外，还有 2023 年 8 月、2023 年 9 月和 2023 年 12 月到期的上证 50ETF 期权合约，它们分别列在其他三张表中。

2. 行权价与行权价间距

在行情表的中间一列，可以看到挂牌交易的期权合约的行权价。行权价从上至下按照从低到高的顺序排列，图中共有 12 个不同的行权价，行权价间距为 0.05 元。

3. 认购期权行情区和认沽期权行情区

在行权价左右两边的区域分别是认购期权行情区和认沽期权行情区。认购期权行情区列示了所有挂牌交易的认购期权（到期月份为 7 月），而认沽期权行情区则列示了所有挂牌交易的认沽期权（到期月份为 7 月）。相同行权价的认购期权和认沽期权对称地分列在左右两边。

4. 合约交易代码

认购期权行情区和认沽期权行情区的第一列都是期权合约的交易代码。上证 50ETF 期权合约的交易代码由 17 位数字和字母组成，包含了合约标的、合约类型、到期月份和行权价等要素。第 1 位到第 6 位是合约标的证券代码；第 7 位是 C 或 P，表示认购期权或者认沽期权；第 8 位到第 11 位表示到期年月；第 12 位期初设为“M”，当标的证券发生除权除息时根据合约调整次数按照“A”到“Z”依序变更；第 13 位到 17 位标识的是行权价，以 0.001 元为单位。例如，“510050C2307M02300”表示 2023 年 7 月到期、行权价为 2.3 的上证 50ETF 认购期权。

5. 当前价和前结价

当前价是指期权的最新成交价，如“510050C2307M02300”的当前价为 0.291 6，表示每份期权的价格为 0.291 6 元。由于一手期权为 10 000 份，因此一手期权的价格为 0.291 6×10 000=2 916 元。

前结价是指上一交易日的期权结算价，即该期权合约当日收盘集合竞价的成交价格。例如，“510050C2307M02300”的前结价为 0.282 8。

6. 涨跌幅

涨跌幅表示当前价相对于前结价的涨跌百分比。例如，“510050C2307M02300”的涨跌幅为 3.11%。涨跌幅可以通过计算当前价和前结价之间的差值，并以百分比形式表示出来。

（二）中国金融期货交易所期权行情

图 7－5 是中国金融期货交易所沪深 300 股指期权行情表，该表包含 2023 年 7 月到期的所有挂牌交易的沪深 300 股指期权行情信息。与上证 50ETF 期权行情表相比，该表提供更多的交易信息，包括当日的成交量和截至当日的持仓量。

（三）上海期货交易所期权行情

上海期货交易所的期权报价以纵列式呈现，所有挂牌合约按顺序排列在一张表格中。由于同时挂牌的期权数量众多，为了节省篇幅，我们在图 7－6 中展示了上海期货交易所黄金期权行情表的部分内容。

图 7－6 按照行权价从低到高依次列出了两个系列的期权合约：8 月到期的看涨期权、8 月到期的看跌期权。以 2023 年 8 月到期的看涨期权为例，当行权价为 360 元/克到 400 元/克时，间距为 4 元/克，共有 11 个合约；当行权价为 400 元/克到 512 元/克时，间距为 8 元/克，共有 14 个合约。因此，总共挂牌交易了 25 个到期日为 8 月的看涨期权合约。

延时行情　　2023年07月19日

图表	持仓量	成交量	涨跌	最新价	行权价	最新价	涨跌	成交量	持仓量	图表
		看涨			IO2307			看跌		
▼	44	15	↓2.80	452.80	3400	0.20	↑0.00	87	265	▼
▼	49	6	↓14.60	391.00	3450	0.20	↑0.00	98	716	▼
▼	41	12	↓15.20	340.40	3500	0.20	↑0.00	201	1256	▼
▼	36	42	↓6.40	299.20	3550	0.20	↑0.00	68	1118	▼
▼	196	82	↓4.20	251.60	3600	0.20	↑0.00	101	1252	▼
▼	343	63	↓4.20	201.80	3650	0.20	↑0.00	39	1020	▼
▼	815	515	↓3.40	153.20	3700	0.40	↑0.00	324	2062	▼
▼	1221	1587	↓6.40	102.00	3750	0.40	↓0.20	1374	2393	▼
▼	4454	11828	↓4.20	55.80	3800	3.20	↓1.60	8225	4981	▼
▼	7710	19870	↓4.00	20.80	3850	18.00	↓2.20	15631	6451	▼
▼	11555	10957	↓2.40	5.80	3900	53.60	↓0.20	7452	4883	▼
▼	6903	3191	↓0.60	1.40	3950	99.40	↑2.00	2498	1921	▼
▼	9618	1766	↓0.20	0.80	4000	147.20	↑2.00	560	2397	▼
▼	3134	231	↑0.00	0.40	4050	200.20	↑5.60	79	759	▼
▼	2699	262	↑0.00	0.40	4100	248.40	↑4.00	108	766	▼
▼	1026	125	↓0.20	0.20	4150	298.80	↑4.40	31	239	▼
▼	1592	54	↑0.00	0.40	4200	349.60	↑5.20	46	458	▼
▼	373	40	↑0.00	0.20	4250	404.20	↑9.80	26	136	▼
▼	593	32	↑0.00	0.20	4300	448.20	↑3.80	62	244	▼
▼	290	81	↑0.00	0.20	4350	498.40	↑4.00	25	94	▼
▼	365	59	↓0.20	0.20	4400	548.60	↑4.00	20	176	▼
▼	284	32	↑0.00	0.20	4450	598.40	↑3.80	3	50	▼
▼	313	19	↑0.00	0.20	4500	650.00	↑5.00	12	153	▼

图 7-5　沪深 300 股指期权行情表截图（2023 年 7 月 19 日）

资料来源：中国金融期货交易所网站 http://www.cffex.com.cn/hs300gzqq/。

延时行情　(延时三十分钟)　　2023-07-19 23:04:47　【市场概要】

合约代码	最新价	涨跌	成交量	持仓量	持仓量变化	申买价	申卖价	申买量	申卖量	结算价	开盘价	收盘价	最高价	最低价	前结算价
au2308C360	97.74	-1.72		3	0	100.48	103.84	2	2						99.46
au2308C364	93.74	-1.72		1	0	96.30	100.02	2	2						95.46
au2308C368	89.72	-1.74		2	0	92.20	96.16	2	2						91.46
au2308C372	85.72	-1.74		1	0	88.16	92.12	2	2						87.46
au2308C376	83.46	0.00		4	0	77.32	93.70	2	2						83.46
au2308C380	79.46	0.00		56	0	73.60	89.42	2	2						79.46
au2308C384	75.46	0.00		21	0	69.94	85.08	2	2						75.46
au2308C388	69.80	-1.66		23	0	72.60	76.18	2	2						71.46
au2308C392	69.08	1.62		84	0	68.60	72.18	2	2						67.46
au2308C396	63.46	0.00		60	0	58.92	72.18	2	2						63.46
au2308C400	61.10	1.64	5	98	-5	61.48	61.84	3	10		62.50		62.50	61.10	59.46
au2308C408	54.28	2.82	8	86	0	53.52	53.74	4	4		54.52		54.52	54.28	51.46
au2308C416	45.10	1.64	15	97	-5	45.50	45.74	6	6		46.24		46.52	45.10	43.46
au2308C424	37.12	1.66	24	296	-6	37.52	37.74	4	4		38.36		38.52	37.12	35.46
au2308C432	29.28	1.82	29	173	1	29.56	29.74	4	6		30.00		30.54	29.14	27.46
au2308C440	21.20	1.72	83	254	0	21.60	21.74	4	6		22.16		22.62	21.14	19.48
au2308C448	13.68	1.84	165	499	-6	13.66	13.78	3	8		14.16		14.74	13.12	11.84
au2308C456	6.04	0.52	1044	1575	-4	6.04	6.12	2	4		6.22		7.10	5.50	5.52
au2308C464	1.30	-0.44	3299	1909	106	1.28	1.30	7	5		1.50		1.86	1.04	1.74
au2308C472	0.28	-0.04	1760	1795	-30	0.26	0.28	44	40		0.42		0.44	0.22	0.32
au2308C480	0.12	0.10	511	1224	-58	0.10	0.12	72	128		0.16		0.18	0.10	0.02
au2308C488	0.08	0.06	235	3186	46	0.06	0.08	244	141		0.10		0.10	0.06	0.02
au2308C496	0.04	0.02	122	1600	9	0.02	0.04	252	124		0.02		0.04	0.02	0.02
au2308C504	0.02	0.00	99	1340	-36	0.02	0.04	186	205		0.04		0.04	0.02	0.02
au2308C512	0.04	0.02	1	4916	-1	0.02	0.04	339	199		0.04		0.04	0.04	0.02
au2308P360	0.02	0.00		404	0		0.62		2						0.02
au2308P364	0.02	0.00		174	0		0.02		21						0.02
au2308P368	0.02	0.00		196	0		0.02		2						0.02
au2308P372	0.02	0.00		378	0		1.30		1						0.02

图 7-6　黄金期权行情表部分截图（2023 年 7 月 19 日）

资料来源：上海期货交易所网站 https://www.shfe.com.cn/statements。

表 7－6 提供了更多行情信息。以下是一些相关术语的解释：

（1）持仓量变化，表示与上一交易日相比持仓量的增减情况。

（2）申买价，是指当前市场报价中买方的最高申报价。

（3）申卖价，是指当前市场报价中卖方的最低申报价。

（4）申买量，是指买方申报购买期权的数量。

（5）申卖量，是对应于申卖价的卖方申报数量。

（6）结算价，是当日期权合约的加权平均成交价格，根据一定原则在规定时段内确定。

（7）前结算价，是指上一交易日期权的结算价。

（8）开盘价，是期权合约当日的首次成交价格。黄金期权的开盘价是在开市前五分钟通过集合竞价产生的成交价格。如果没有集合竞价成交价格，那么以集合竞价后的第一笔成交价作为开盘价。

（9）收盘价，是当日期权合约最后一笔成交的价格。

（10）最高价，是当日期权合约交易中的最高成交价格。

（11）最低价，是当日期权合约交易中的最低成交价格。

（四）期权交易行情软件行情

以国信证券为例，通过网址 http://www.guosen.com.cn/下载并安装期权交易行情软件。打开行情软件后，可以看到如图 7－7 所示的初始界面。

图 7－7　国信证券期权交易行情软件初始界面

要查看行情，请点击上方中间位置的“独立行情”按钮。稍后，会弹出期权行情，如图 7－8 所示。

与股票交易行情不同，期权交易的行情报价有其独特之处，体现在图 7－8 右上方的若干选项上。接下来，点击“进入 T 型报价”按钮，可见如图 7－9 所示的期权报价。

图 7－9 反映的是当前时刻正在交易的 2023 年 8 月到期的 50ETF 期权的报价，距离到期日还剩 34 天。按行权价分类，左侧是认购期权（即看涨期权）的报价，右侧是认沽期权（即看跌期权）的报价。这些期权的标的物是 50ETF，其当前价格显示在行情图的左上方（现价为 2.576）。T 型报价中，以行权价 2.550 0 和 2.600 0 为准（50ETF 的现价

上海股票期权列表　　定价计算　期权筛选　卖方分析　波动设置　模型分析　进入T型报价

	代码	名称	涨幅%	现价	买价	卖价	现量	涨速%	买量	卖量
1	10000555	50ETF购9月1850	-0.49	0.4289	0.4285	0.4293	10	0.26	10	10
2	10000556	50ETF购9月1900	-0.55	0.3787	0.3788	0.3796	2	0.08	10	10
3	10000557	50ETF购9月1950	-1.21	0.3275	0.3290	0.3298	1	0.00	10	10
4	10000558	50ETF购9月2000	-0.68	0.2795	0.2792	0.2800	1	0.25	10	10
5	10000559	50ETF购9月2050	-1.20	0.2297	0.2299	0.2304	3	0.35	10	10
6	10000560	50ETF沽9月1850	0.00	0.0004	0.0003	0.0004	10	0.00	25	100
7	10000561	50ETF沽9月1900	0.00	0.0004	0.0003	0.0005	10	0.00	24	120
8	10000562	50ETF沽9月1950	0.00	0.0005	0.0004	0.0006	10	0.00	4	130
9	10000563	50ETF沽9月2000	0.00	0.0006	0.0004	0.0007	10	20.00	30	10
10	10000564	50ETF沽9月2050	-12.50	0.0007	0.0006	0.0008	10	-12.50	3	56
11	10000569	50ETF购9月1800	-0.73	0.4777	0.4784	0.4792	8	-0.06	10	10
12	10000570	50ETF沽9月1800	-50.00	0.0002	0.0002	0.0003	10	0.00	20	95
13	10000571	50ETF购9月2100	-1.15	0.1809	0.1809	0.1813	5	0.56	10	10
14	10000572	50ETF沽9月2100	-15.38	0.0011	0.0011	0.0013	1	0.00	8	10
15	10000573	50ETF购9月2150	-1.12	0.1329	0.1325	0.1330	2	1.22	10	10
16	10000574	50ETF沽9月2150	0.00	0.0029	0.0028	0.0030	10	3.57	28	30
17	10000591	50ETF购9月2200	-1.87	0.0890	0.0890	0.0892	1	0.91	1	10

分类▲ A股 中小 创业 B股 基金▲ 债券▲ 股转▲ 板块指数 自选 板块▲ 自定▲ 港股▲ 期货▲ 港股通 股票期权

图 7-8　期权交易报价行情图

期权分类报价　期权T型报价　期权看盘　期权策略交易　期权套利交易　期权交易版面　　定价计算　期权筛选　卖方分析　模型分析　计算设置

统计	代码	名称	涨幅%	现价	涨跌	买价	卖价	总量	现量
1	588080	科创板50	R -1.30	0.986	-0.013	0.985	0.986	632.2万	361
2	588000	科创50	R -1.18	1.007	-0.012	1.006	1.007	2625万	3034
3	510500	500ETF	R -1.08	6.027	-0.066	6.029	6.030	258.2万	239
4	510300	300ETF	R -0.72	3.888	-0.028	3.889	3.890	871.5万	788
5	510050	50ETF	R -0.54	2.576	-0.014	2.575	2.576	470.7万	5
6	159922	500ETF	R -1.03	6.153	-0.064	6.153	6.154	686428	378
7	159919	300ETF	R -0.75	3.957	-0.030	3.957	3.958	157.6万	2045
8	159915	创业板	R -1.04	2.103	-0.022	2.103	2.104	853.6万	59181
9	159901	深100ETF	R -0.77	2.828	-0.022	2.828	2.829	461784	3799

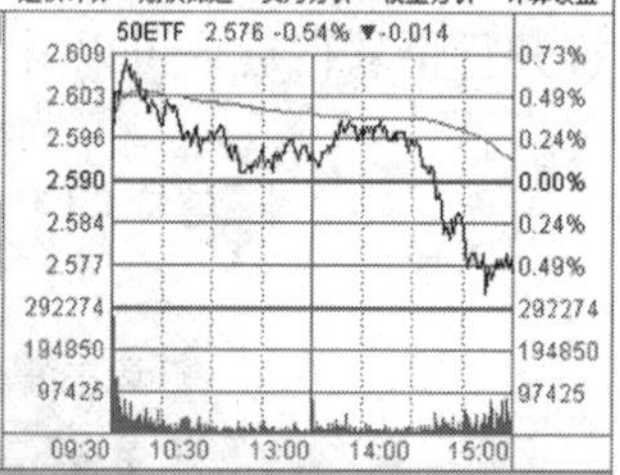

自定栏目　认购　2023年08月(34天)　认沽

持仓量	卖量	卖价	买量	买价	涨幅%	现价	行权价	现价	涨幅%	买价	买量	卖价	卖量	持仓量
1076	1	0.2404	1	0.2382	-4.87	0.2383	2.3500	0.0014	40.00	0.0014	2	0.0016	2	11393
1585	1	0.1924	1	0.1921	-5.21	0.1910	2.4000	0.0036	44.00	0.0035	1	0.0036	11	15748
5806	1	0.1454	1	0.1450	-6.94	0.1449	2.4500	0.0079	38.60	0.0077	12	0.0079	215	35333
9405	1	0.1036	1	0.1034	-8.16	0.1036	2.5000	0.0165	26.92	0.0160	7	0.0165	35	42977
21960	1	0.0688	22	0.0686	-9.11	0.0688	2.5500	0.0315	19.32	0.0315	11	0.0316	51	37678
63843	44	0.0420	7	0.0419	-10.47	0.0419	2.6000	0.0542	16.81	0.0542	47	0.0543	8	39565
50681	2	0.0238	48	0.0237	-7.78	0.0237	2.6500	0.0865	13.52	0.0863	5	0.0865	85	14681
51313	101	0.0119	9	0.0118	-12.59	0.0118	2.7000	0.1248	9.76	0.1237	1	0.1248	6	13177
35742	1	0.0055	2	0.0053	-12.90	0.0054	2.7500	0.1668	4.25	0.1666	2	0.1699	1	4113
20014	4	0.0024	1	0.0023	-7.69	0.0024	2.8000	0.2155	2.62	0.2128	1	0.2159	5	2279

图 7-9　期权交易 T 型报价行情图

2.576 位于两者之间)，报价表的背景颜色有所区别：认购期权（左侧区域）行权价从 2.350 0 到 2.550 0，背景色为粉红色，表示这些期权合约属于实值期权；行权价从 2.600 0 到 2.800 0，背景色为淡绿色，表示这些期权合约属于虚值期权。认沽期权（右侧区域）的颜色标注与左侧相反。

在该界面下按下键盘上的 Tab 键，可以自由切换 T 型报价的价值分析、统计指标等其他信息，如图 7-10 和图 7-11 所示。图 7-10 中的“内在价”“时间价”，以及图 7-11 中的“Gamma”“Vega”“Rho”“Theta”“隐波”“理论价”等内容在本书第六章中有详细介绍。

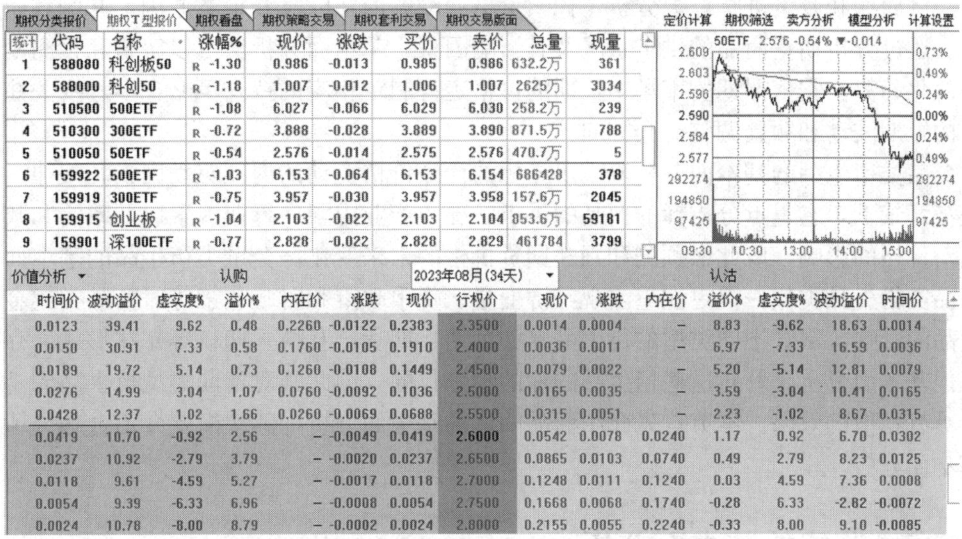

统计	代码	名称	涨幅%	现价	涨跌	买价	卖价	总量	现量
1	588080	科创板50	R -1.30	0.986	-0.013	0.985	0.986	632.2万	361
2	588000	科创50	R -1.18	1.007	-0.012	1.006	1.007	2625万	3034
3	510500	500ETF	R -1.08	6.027	-0.066	6.029	6.030	258.2万	239
4	510300	300ETF	R -0.72	3.888	-0.028	3.889	3.890	871.5万	788
5	510050	50ETF	R -0.54	2.576	-0.014	2.575	2.576	470.7万	5
6	159922	500ETF	R -1.03	6.153	-0.064	6.153	6.154	686428	378
7	159919	300ETF	R -0.75	3.957	-0.030	3.957	3.958	157.6万	2045
8	159915	创业板	R -1.04	2.103	-0.022	2.103	2.104	853.6万	59181
9	159901	深100ETF	R -0.77	2.828	-0.022	2.828	2.829	461784	3799

价值分析	认购						2023年08月(34天)	认沽						
时间价	波动溢价	虚实度%	溢价%	内在价	涨跌	现价	行权价	现价	涨跌	内在价	溢价%	虚实度%	波动溢价	时间价
0.0123	39.41	9.62	0.48	0.2260	-0.0122	0.2383	2.3500	0.0014	0.0004	–	8.83	-9.62	18.63	0.0014
0.0150	30.91	7.33	0.58	0.1760	-0.0105	0.1910	2.4000	0.0036	0.0011	–	6.97	-7.33	16.59	0.0036
0.0189	19.72	5.14	0.73	0.1260	-0.0108	0.1449	2.4500	0.0079	0.0022	–	5.20	-5.14	12.81	0.0079
0.0276	14.99	3.04	1.07	0.0760	-0.0092	0.1036	2.5000	0.0165	0.0035	–	3.59	-3.04	10.41	0.0165
0.0428	12.37	1.02	1.66	0.0260	-0.0069	0.0688	2.5500	0.0315	0.0051	–	2.23	-1.02	8.67	0.0315
0.0419	10.70	-0.92	2.56	–	-0.0049	0.0419	2.6000	0.0542	0.0078	0.0240	1.17	0.92	6.70	0.0302
0.0237	10.92	-2.79	3.79	–	-0.0020	0.0237	2.6500	0.0865	0.0103	0.0740	0.49	2.79	8.23	0.0125
0.0118	9.61	-4.59	5.27	–	-0.0017	0.0118	2.7000	0.1248	0.0111	0.1240	0.03	4.59	7.36	0.0008
0.0054	9.39	-6.33	6.96	–	-0.0008	0.0054	2.7500	0.1668	0.0068	0.1740	-0.28	6.33	-2.82	-0.0072
0.0024	10.78	-8.00	8.79	–	-0.0002	0.0024	2.8000	0.2155	0.0055	0.2240	-0.33	8.00	9.10	-0.0085

图 7-10 期权交易 T 型报价价值分析图

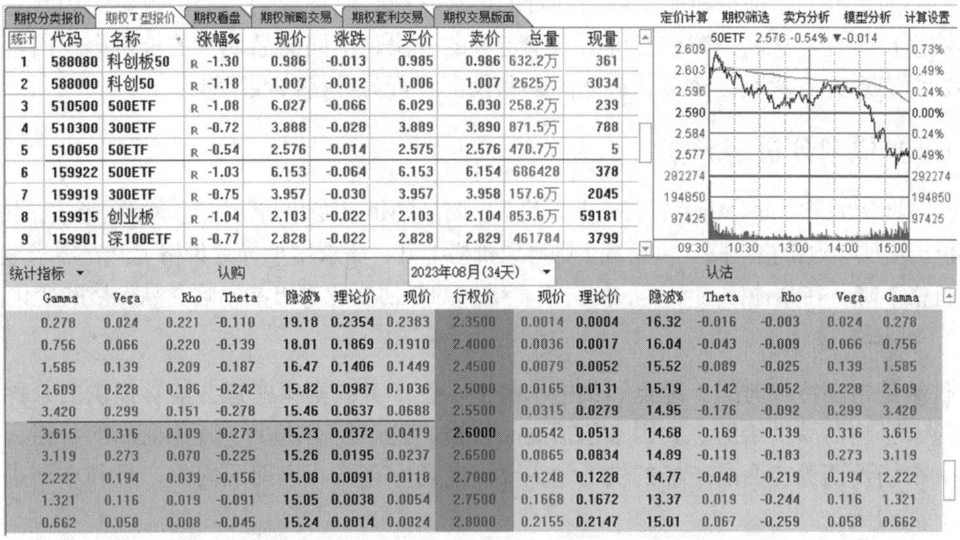

统计	代码	名称	涨幅%	现价	涨跌	买价	卖价	总量	现量
1	588080	科创板50	R -1.30	0.986	-0.013	0.985	0.986	632.2万	361
2	588000	科创50	R -1.18	1.007	-0.012	1.006	1.007	2625万	3034
3	510500	500ETF	R -1.08	6.027	-0.066	6.029	6.030	258.2万	239
4	510300	300ETF	R -0.72	3.888	-0.028	3.889	3.890	871.5万	788
5	510050	50ETF	R -0.54	2.576	-0.014	2.575	2.576	470.7万	5
6	159922	500ETF	R -1.03	6.153	-0.064	6.153	6.154	686428	378
7	159919	300ETF	R -0.75	3.957	-0.030	3.957	3.958	157.6万	2045
8	159915	创业板	R -1.04	2.103	-0.022	2.103	2.104	853.6万	59181
9	159901	深100ETF	R -0.77	2.828	-0.022	2.828	2.829	461784	3799

统计指标	认购						2023年08月(34天)	认沽						
Gamma	Vega	Rho	Theta	隐波%	理论价	现价	行权价	现价	理论价	隐波%	Theta	Rho	Vega	Gamma
0.278	0.024	0.221	-0.110	19.18	0.2354	0.2383	2.3500	0.0014	0.0004	16.32	-0.016	-0.003	0.024	0.278
0.756	0.066	0.220	-0.139	18.01	0.1869	0.1910	2.4000	0.0036	0.0017	16.04	-0.043	-0.009	0.066	0.756
1.585	0.139	0.209	-0.187	16.47	0.1406	0.1449	2.4500	0.0079	0.0052	15.52	-0.089	-0.025	0.139	1.585
2.609	0.228	0.186	-0.242	15.82	0.0987	0.1036	2.5000	0.0165	0.0131	15.19	-0.142	-0.052	0.228	2.609
3.420	0.299	0.151	-0.278	15.46	0.0637	0.0688	2.5500	0.0315	0.0279	14.95	-0.176	-0.092	0.299	3.420
3.615	0.316	0.109	-0.273	15.23	0.0372	0.0419	2.6000	0.0542	0.0513	14.68	-0.169	-0.139	0.316	3.615
3.119	0.273	0.070	-0.225	15.26	0.0195	0.0237	2.6500	0.0865	0.0834	14.89	-0.119	-0.183	0.273	3.119
2.222	0.194	0.039	-0.156	15.08	0.0091	0.0118	2.7000	0.1248	0.1228	14.77	-0.048	-0.219	0.194	2.222
1.321	0.116	0.019	-0.091	15.05	0.0038	0.0054	2.7500	0.1668	0.1672	13.37	0.019	-0.244	0.116	1.321
0.662	0.058	0.008	-0.045	15.24	0.0014	0.0024	2.8000	0.2155	0.2147	15.01	0.067	-0.259	0.058	0.662

图 7-11 期权交易 T 型报价统计指标图

第二节 基本面分析法

一、基本面分析法的含义

基本面分析主要研究商品或金融衍生品标的物的供求变化及政治经济状况、经济政策等因素对其价格的影响，从而预测价格走势。该方法以供求分析为基础，结合宏观经济因素、经济周期和政策进行综合分析，探索价格变动的内在因素和根本原因，并侧重于长期趋势。通过分析期货商品的供求状况及其影响因素，基本面分析法可以解释和预测期货价格的变化趋势。它依据期货市场中长期的价格走势制定相应的持仓策略，不过度关注日常价格的短期波动和频繁调整持仓方向。

商品类衍生品的基本面分析着重研究标的商品价格变动的内在驱动因素和规律。在宏观经济背景下，它重点分析标的商品的供求状况、产业因素、行业因素以及政治和政策性因素对价格的影响，以此来预测和判断期货价格的未来变化。金融类衍生品的基本面分析与商品类衍生品类似，但更注重宏观经济变量、货币政策和财政政策等对商品类或金融类衍生品的影响。尽管不同类型的衍生品（如远期、期货、互换、期权等）在形式上存在差异，但基本面分析是针对这些衍生品的标的物进行的，因此其对不同类型衍生品的基本面分析具有相似的效果。本节首先介绍商品期货的基本面分析，其次简要介绍金融类衍生品的基本面分析。

二、商品期货的基本面分析

商品期货的基本面分析是对商品期货的供求状况、经济周期、经济政策等因素对价格的影响进行研究，从而预测期货价格未来走势的方法。不同商品期货的价格影响因素各有差异，但宏观经济状况、政策、自然因素和投资者行为等是共性因素。

（一）供求分析

商品期货的基本面分析主要研究供需关系。商品的供求变化与价格变动相互影响、相互制约。供给增加导致价格下降，供给减少则导致价格上升；需求增加导致价格上升，需求减少则导致价格下降。在其他因素不变的情况下，供求的任何变化都可能影响商品价格的变化。

1. 供给分析

供给是指在特定时间、地点和价格水平下，生产者或卖家愿意并能够提供的某种商品的数量。影响商品供给的主要因素包括商品价格、生产技术水平、其他商品的价格、生产成本和市场预期等。商品市场的供给量主要由期初库存量、本期国内生产量和本期进口量三个方面构成。

（1）期初库存量。

期初库存量指的是上一期的期末结存量，对本期的供给产生直接影响。充足的库存可以抑制价格上涨，而较少的库存可能带来本期价格上涨的压力。因此，对于耐储藏的商品而言，分析期初库存量尤为重要。根据存货所有者的身份，期初库存量可分为生产供应者存货、经营商存货和政府储备。前两者可以根据价格的变动随时向市场供应商品，它们是市场商品供给的实际组成部分。而政府储备旨在为整个社会利益而存储商品，并不容易受到一般价格变动的影响而投放市场。然而，在市场供给严重短缺、价格大幅上涨的情况下，政府可能会动用储备以稳定物价，从而对市场供给产生重要的影响。

（2）本期国内生产量。

本期国内生产量是指当前年度或季度的国内商品产量。短期内，它受制于生产能力、资源和自然条件、生产成本以及政府政策等因素。通常情况下，本期国内生产量不会在短时间内发生较大变化，可以通过历史生产量进行预估。然而，不同产品的产量受到不同因素的影响，一些因素的变化可能导致实际产量有较大波动。例如，农产品的产量与播种面积和天气状况密切相关，恶劣天气会导致农产品大幅减产；矿产品的产能会随着新矿的发现和开采的增加而增加；原油产量受到石油输出国组织（OPEC）减产决议的影响等。因此，需要具体分析各产品产量的影响因素。

（3）本期进口量。

本期进口量是指当前年度或季度本国市场从国外购买的产品数量。它受多个因素的影响，包括国内市场的供求状况、内销和外销价格比、关税和非关税壁垒以及汇率等因素。作为国内生产量的补充，进口量通常会随着国内市场供需平衡状况的变化而进行调整。当国内市场需求旺盛时，进口量可能会增加，以满足市场需求的增长；相反，当国内需求较弱时，进口量可能会减少。因此，了解并分析影响进口量的因素对于理解市场供给和国内外贸易的动态变化至关重要。

2. 需求分析

商品市场的需求量指的是在特定时间、地点和价格水平下，消费者愿意并有能力购买的商品数量。商品需求的主要决定因素包括商品价格、消费者的收入、消费者偏好、相关商品价格的变动以及消费者预期等。通常情况下，商品市场的需求量由当期国内消费量、当期出口量和期末结存量组成。

（1）当期国内消费量。

当期国内消费量由居民消费量和政府消费量组成，受多个因素的影响。主要影响因素包括消费者的收入水平或购买能力、消费者人数、消费结构、商品新用途的发现、替代品的价格及获取的方便程度等。这些因素的变化往往对期货商品的需求和价格产生较大的影响，相较于现货市场，其影响更为显著。

（2）当期出口量。

当期出口量指的是本国产品销往国外市场的数量，受多个因素的影响。这些因素包括国际市场的供求状况、内销和外销价格比、关税和非关税壁垒以及汇率等。出口量反映了国外对本国产品的需求。在总产量不变的情况下，增加出口量会减少国内市场供应，而减少出口量则会增加国内市场供应。例如，我国是玉米出口国之一，玉米出口量是影响玉米期货价格的重要因素。

（3）期末结存量。

期末结存量是指当期供给数量超过需求数量的部分，并与以往期末结存量相加而得。它具有两个重要作用：首先，作为商品需求的组成部分，是实现正常社会再生产所必需的；其次，在一定程度上平衡短期的供求关系。当本期商品供不应求时，期末结存将减少；相反，当本期商品供过于求时，期末结存将增加。因此，通过分析本期期末结存的实际变动，从商品实物运动的角度可以了解本期商品供求状况，以及对下期商品供求状况和价格的影响。

3. 供需变动对价格的影响

供求关系“失衡”或“矛盾”是产生趋势性大机会的最明确信号。供需变动对价格的影响如表 7－2 所示。

表 7-2 供需变动对价格的影响

需求		供给		综合	
变动方向	影响价格	变动方向	影响价格	均衡数量	均衡价格
增长	上升	减少	上升	不定	上升
增长	上升	增长	下降	上升	不定
减少	下降	减少	上升	减少	不定
减少	下降	增长	下降	不定	下降

供需平衡表分析是常用的供求分析方法之一。针对重要的大宗商品，有专业的统计机构负责整理和跟踪相关数据，包括官方和非官方机构。例如，美国农业部定期发布各种农产品的数据报告，而国际橡胶研究组织则向会员提供全球橡胶的统计研究报告。

在这些统计报告中，供需平衡表备受市场关注。供需平衡表列出了大量供给与需求方面的重要数据，如上期结转库存、当期生产量、进口量、消费量、出口量以及当期结转库存等。此外，供需平衡表还包括前期的对照值和未来的预测值。

案例 7-1

如何使用 USDA 大豆供需平衡表

首先来看一下美国农业部（USDA）公布的美国大豆的供需平衡表，即表 7-3。

表 7-3 USDA 2023 年 6 月公布的美国大豆供需平衡表

项目	2021—2022 年度	2022—2023 年度估计值	2023—2024 年度预测值
播种面积（百万英亩）	87.2	87.5	87.5
收获面积（百万英亩）	86.3	86.3	86.7
每英亩收获产量（蒲式耳）	51.7	49.5	52.0
期初库存（百万蒲式耳）	257	274	215
产量（百万蒲式耳）	4 465	4 276	4 510
进口量（百万蒲式耳）	16	20	20
总供应量（百万蒲式耳）	4 738	4 571	4 745
压榨量（百万蒲式耳）	2 204	2 220	2 310
出口量（百万蒲式耳）	2 158	2 000	1 975
种子用量（百万蒲式耳）	102	102	101
调整值（百万蒲式耳）	1	19	25
总消耗量（百万蒲式耳）	4 464	4 340	4 411
期末库存（百万蒲式耳）	274	230	335
农场平均价格（美元/蒲式耳）	13.3	14.2	12.1

根据USDA预测，2023—2024年度美国大豆供需情况如下：播种面积和收获面积大致保持不变，但每英亩收获产量提高，导致总产量增加。期初库存下降，进口量保持不变，总供应量略有增加。压榨量继续增长，出口量略有下降，种子用量稍减少，调整值为正数，总消耗量增加。因此，期末库存将回升，农场平均价格将下降。

由上表可知供需报告的构成要素包括：播种面积、收获面积、每英亩收获产量、期初库存、产量、进口量、总供应量（供给方面）；压榨量、出口量、种子用量、调整值、总消耗量（需求方面）；期末库存。重要公式如下：

1. 产量＝收获面积×每英亩收获产量
2. 期初库存＝上期末库存
3. 总供应量＝期初库存＋产量＋进口量
4. 总消耗量＝压榨量＋出口量＋种子用量＋调整值
5. 期末库存＝总供应量－总消耗量
6. 库存使用比＝期末库存/总消耗量

一般的交易者最关心的就是期末库存、库存使用比，以及与上一年度及历史平均水平数值的比较。该供需平衡表公布的时间通常是每月的第二个周二早上或周五晚上。调整时间跨度为美国大豆作物年度，从9月1日至次年8月31日。USDA从每年5月开始公布新年度的种植报告，并持续调整到次年10月，共18个月（2008—2009年度除外，因USDA在2008年10月28日发布了补充报告，所以该年度有19个报告）。这意味着一份报告从产生到定稿需要18个月的修正。同时，USDA在5月至10月期间需对旧年度和新年度的供需平衡表进行调整（详见表7-4）。

表7-4 USDA调整的因素

报告月份	调整项目	关注报告	市场焦点
3月到6月	播种面积、收获面积	大豆种植面积意向报告、大豆种植面积报告	大豆和玉米的期货比价、天气情况
6月到次年1月	收获面积、每英亩收获产量	大豆播种进度表、大豆作物生长状况表、大豆作物出苗率、大豆作物开花率、大豆作物结荚率、大豆作物落叶率、大豆作物收割率等报告	6月、7月、8月、9月、10月、11月的美国大豆主产区的天气，特别是干旱和早霜
12月到次年10月	压榨量和出口量；残余用量和种子用量（调整很小）	美国普查局月度压榨报告、美国油籽加工商协会（NOPA）公布的月度压榨报告、一周出口检验报告、出口销售周报	美国生物能源政策和饲料需求、中国的需求、南美大豆的产量
5月到次年10月	库存	影响供需的所有报告、季度库存报告	关注9月30日公布的截至当年9月1日的季度库存报告，基本确定旧作的期末库存

如何利用 USDA 报告：

（1）对比数据：比较 USDA 公布的数据与分析师的预测值。在 USDA 报告公布前几天，各大机构的分析师会对美国大豆的期末库存进行预测，并在每年的 10 月、11 月以及次年的 1 月预测新年度的每英亩收获产量和产量。

（2）关注三个方面的数字比较：本年度库存与去年同期库存的比较；本年度库存与上月报告中的库存的比较；本年度库存与市场平均预测的库存的比较。

（3）重视与分析师预测的比较结果：新报告公布的数字与其他三方比较的结果差异越大，行情往相反方向波动的概率和幅度越大。其中，与分析师预测的比较结果最为重要。

报告公布前一天的期货操作策略如表 7－5 所示。

表 7－5　报告公布前一天的期货操作策略

市场预期	报告公布前的期货价格表现	报告公布前一天的操作策略
报告利多	期货价格出现较大的涨幅	多单减持或离场
报告利多	期货价格涨幅不大甚至下跌	建立空单
报告利空	期货价格出现较大的跌幅	空单减持或离场
报告利空	期货价格跌幅不大甚至上涨	买入多单
报告中性	期货价格上涨	适当建立多单
报告中性	期货价格下跌	适当建立空单

（二）宏观经济分析

1. 宏观经济数据

宏观经济数据对商品供需波动有普遍影响。基于宏观经济进行分析是判断商品期货等衍生品的价格的重要方法。宏观经济指标能反映国家整体经济状况，大宗商品价格会相应变动。投资者可以通过分析宏观经济数据和相关指标，寻找宏观经济、大宗商品价格和其他因素之间的内在规律，预测期货价格。

主要指标包括国内生产总值（GDP）和经济增长率、采购经理指数（PMI）、失业率、通货膨胀率、利率和汇率等。商品期货交易与金融市场特别是货币市场有着紧密的联系。货币供应量的多少、利率的高低、汇率的变动都直接影响商品期货价格的变动。

（1）货币供应量。

货币供应量指流通中的现金和存款总额，其变化反映了中央银行的货币政策调整。它对企业生产经营、金融市场和投资者影响重大。货币供应量对大宗商品价格有两种影响途径：首先，货币供应量增加，会直接导致名义货币收入上升，短期内刺激需求增加。其次，由于单位货币购买力下降，人们会选择放弃货币而转向投资大宗商品等来保值。这增加了大宗商品的投资需求，推动其价格上涨。

（2）利率。

利率是资金借贷过程中的价格，反映了资金供求的变动。利率的变化对金融衍生品交易影响较大，对商品期货影响较小。在货币政策中，利率对大宗商品价格有负向影响。在我国，短期真实利率与大宗商品价格存在显著负相关关系，而长期真实利率则与大宗商品价格没有明显相关性。这是因为我国市场利率仍受一定管制，利率传导的有效性不足。利率调整是政府对经济进行宏观调控的手段。

（3）汇率。

期货市场是一个开放的市场，期货价格与国际市场商品价格密切相关。国际市场商品价格涉及各国货币之间的交换比值，即汇率。当本币贬值时，以本币表示的外国商品价格将上升，即使外国商品价格不变；相反，本币升值会导致外国商品的本币价格下降。因此，汇率的变化必然会影响相应的期货价格。据估算，美元对日元贬值10%，东京谷物交易所的进口大豆价格将相应下降约10%。同样，如果人民币对美元贬值，国内大豆期货价格也会上涨。

2. 经济周期

商品市场的波动通常与经济周期密切相关，期货价格也不例外。期货市场与国际市场紧密相连，因此价格波动受国内和全球经济状况影响。经济周期一般包括复苏、繁荣、衰退和萧条四个阶段。价格波动往往滞后于经济波动，这是经济周期的一般特征。期货交易者应密切关注主要经济指标如GDP增长率、失业率、价格指数和汇率等。

案例 7-2

美林“投资时钟”理论

美林投资时钟理论是一种将资产、行业轮动、债券收益率曲线和经济周期的四个阶段联系起来的实用工具，用于指导投资周期（见图7-12）。根据经济增长和通胀水平的不同组合，美林投资时钟理论将经济周期划分为四个阶段：

复苏阶段：经济上行，通胀下行。股票对经济有较大弹性，在这个阶段相对于债券和现金具备明显的超额收益。

过热阶段：经济上行，通胀上行。在此阶段，通胀上升增加了持有现金的机会成本，政府可能会出台加息政策降低债券的吸引力，因此股票配置具有较高的价值，商品市场也表现出明显的牛市走势。

滞胀阶段：经济下行，通胀上行。在滞胀阶段，持有现金可获得较高收益，因为经济下行对企业盈利构成负面影响，股票的表现相对较差，而债券的收益率相对提高。

衰退阶段：经济下行，通胀下行。在衰退阶段，通胀压力下降，货币政策趋于宽松，债券表现突出。随着经济即将触底的预期逐步形成，股票的吸引力逐渐增强。

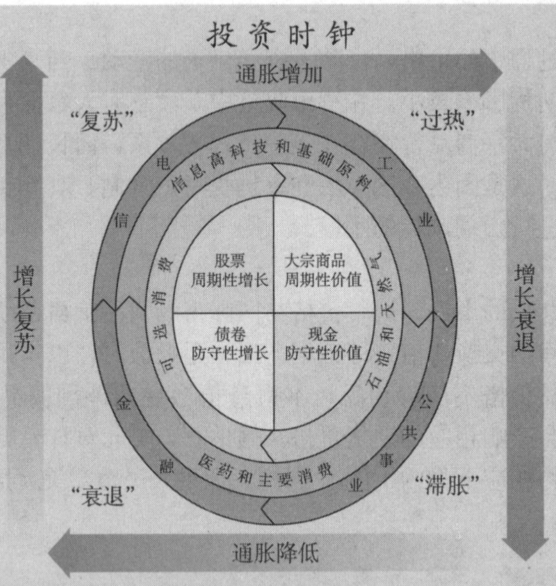

图 7－12　投资时钟理论

历史地比较几类资产的收益率，可以列出每个阶段各类资产收益率的排序：

Ⅰ衰退阶段：债券＞现金＞股票＞大宗商品；

Ⅱ复苏阶段：股票＞债券＞现金＞大宗商品；

Ⅲ过热阶段：大宗商品＞股票＞现金/债券；

Ⅳ滞胀阶段：大宗商品＞现金/债券＞股票。

3. 政治因素

期货市场价格对国际和国内政治气候以及相关政策的变化非常敏感。政治因素主要包括国际和国内政治局势、爆发的国际性政治事件、引起国际关系格局变化的因素、国际经贸组织的建立和相关商品协议的达成，以及政府干预经济所采取的各种政策和措施。这些因素会导致期货市场价格的波动。在分析政治因素对期货价格的影响时，需要注意不同商品所受影响程度的差异。例如，在国际局势紧张时，战略物资价格所受的影响比其他商品更大。

案例 7－3

政治因素影响国际油价

除了供需，政治因素毫无疑问是影响原油价格走势的最重要因素。从图 7－13 世界原油价格变动的历史趋势中就可以发现这一点。

以三次石油危机为例，第一次危机发生于 1973 年，由第四次中东战争引发，导致原油价格从每桶 3.011 美元飙升至 10.651 美元。第二次危机源于 1979 年伊朗革命，使得原油价格从 13 美元激增至 1980 年的 34 美元，在半年多时间内持续不稳定，成为 20 世纪 70 年代末西方经济全面衰退的主要原因之一。第三次危机起因于 1990 年 8 月，伊拉克入侵科威特导致原油价格激增。

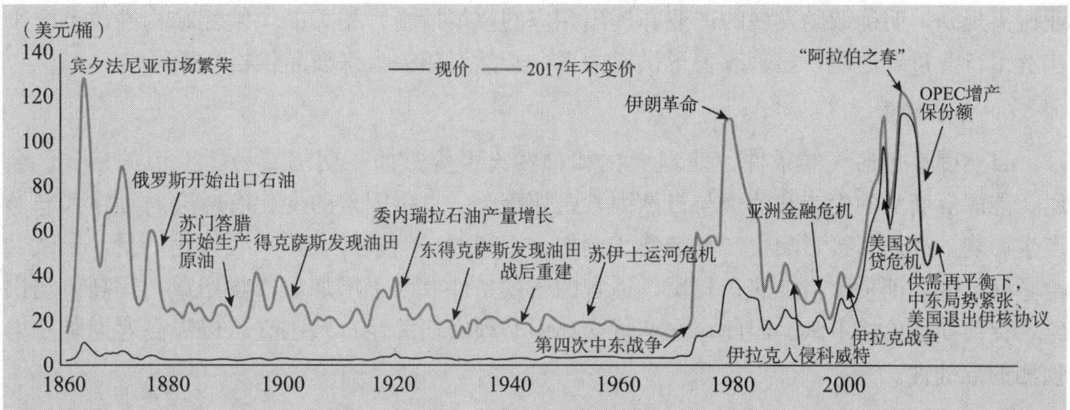

图 7-13 原油价格走势

世界原油供应主要集中在中东地区的波斯湾周边国家以及非洲的利比亚和安哥拉等国。这些地区的政治局势非常不稳定，尤其是近年来美国与伊朗和叙利亚的紧张关系使得波斯湾地区充满了不确定性。伊朗有能力随时封锁霍尔木兹海峡，因此美伊政治危机严重威胁着全球原油供应的稳定性。

4. 政府政策

国际市场上某种期货品种的价格常受相关国家政策的影响，这些政策包括经济政策、农业政策、贸易政策、食品政策、储备政策以及国际经贸组织和协定等。其中，经济政策对商品期货价格具有普遍影响。常见的经济政策包括货币政策、财政政策、汇率政策和产业政策。

(1) 货币政策。

货币政策是各国广泛采用的调控工具，通过管理货币供应量来影响利率，并传导到实体经济和金融市场。宽松的货币政策刺激经济增长，增加货币流通量，降低利率，引发通货膨胀预期，使得一般商品物价上涨，从而商品期货价格通常会上升。相反，紧缩的货币政策减少货币供应量，提高利率，削弱通货膨胀预期，使得一般商品物价下降，从而商品期货价格通常会下跌。

(2) 财政政策。

财政政策是国家直接调控经济的手段，通过调整财政收入与支出来影响生产供给和市场需求。在经济繁荣时，采取紧缩的财政政策以平衡过热的经济，导致大宗商品市场走弱，推动商品期货价格下跌。而在经济萧条时，采取宽松的财政政策刺激经济复苏，改善大宗商品市场的外部环境，推动商品期货价格回升。

(3) 汇率政策。

汇率政策影响国际贸易和国际投资，引起国际收支失衡，对宏观经济运行产生负面影响。政府常对汇率波动进行预警和管制，如动用外汇储备来维持汇率稳定。同时，政府也可能采取关税政策和国际贸易补贴等措施，调整社会总需求和总供给，达到稳定汇率水平的目的。

(4) 产业政策。

产业政策是常用的经济政策之一，以特定产业为目标进行扶持或抑制。国家通过财政政策和货币政策实现产业政策目标。例如，中国在应对 2008 年金融危机时出台了十大产业振兴规划，明确鼓励发展的产业并提出相应的政策措施。相关的供给侧结构性改革政策化解了行业过剩产能，显著改善了供求关系，必然对相关大宗商品价格产生影响。

5. 自然因素

自然因素包括气候条件、地理变化和自然灾害等方面。期货交易所上市的粮食、金属、能源等商品的生产和消费与自然因素密切相关。自然因素的变化有时会对运输和仓储产生影响，进而间接影响生产和消费。例如，不利的自然条件会影响农作物产量，导致供给紧缩，推动期货价格上涨；相反，适宜的气候条件有助于增加农作物产量，提高市场供给，促使期货价格下跌。因此，在期货交易中必须密切关注自然因素，以提高对期货价格预测的准确性。

案例 7-4

历史上旱灾对粮食价格的影响

气候异常经常对农产品产生严重影响，其中干旱被认为是最具破坏性的自然灾害之一。严重的干旱直接影响粮食产量，导致粮价上涨，并阻碍粮食贸易，引发粮食安全问题。相比于国际市场，我国通过实行粮食储备制度，使得旱灾对粮食价格上涨幅度的影响较小。

过去多次干旱导致全球粮食价格大幅上涨。例如，在 2006 年，澳大利亚、美国等地的高温干燥和干旱导致小麦大幅减产，全球小麦产量估计下降了 4%。由于供应紧缺，国际小麦价格从 348.9 美分/蒲式耳飙升至 502.4 美分/蒲式耳，创下 10 年来的新高。类似地，2007 年再次出现不利天气，导致主要出口国小麦产量继续下降，全球小麦价格屡创历史纪录。类似情况也发生在 2012 年，美国遭遇 56 年来最严重的高温干旱，导致玉米、大豆和小麦价格大幅上涨。

我国多次遭受旱灾也引发了粮食价格上涨。例如，在 1999 年冬季旱灾的基础上，2000 年春季和夏季黄淮、江淮地区持续缺雨，严重干旱影响了夏季粮食生产。由于旱灾造成的减产，全国范围内有 60 811 万亩受旱，造成粮食损失 1 199.2 亿斤。类似情况也发生在 2007 年和 2009 年，旱情导致全国多个省份受灾，造成粮食减产，粮食价格相应上涨。然而，与国际市场相比，我国粮食价格上涨幅度较小。

总之，干旱对粮食的生产产生直接影响，进而导致粮食价格上涨。政府通过粮食储备制度可以缓解旱灾对粮食价格的冲击，并确保国内市场供应稳定。

6. 投机和心理因素

投机和心理因素在期货市场中扮演着关键角色。投机者利用价格波动赚取利润，他们迅速买入合约以期待价格上涨并出售以获利，这会推动价格进一步上涨；相反，当价格下跌时，他们迅速卖空合约，等到价格下降后再平仓以获取利润，这将引发更多的价格下跌。投机者通常根据消息或价格波动进行交易，他们的行为会对期货价格产生影响。有时，投机者甚至通过散布谣言、操纵市场等手段人为地影响物价以获取利润。

与投机相关的是心理因素，即投机者对市场的信心。当投机者对市场充满信心时，即使没有明显利好消息，价格也可能上涨；相反，当投机者对市场失去信心时，即使没有明显的利空因素，价格也可能下跌。在期货交易中，投机者的心理变化常常与投机因素交织在一起，形成综合效应。投机者的目标是利用价格波动买卖期货合约以获取利润，而他们的心理状态会随着市场价格的变化而不断调整，同时也成为其他投机者进行交易的动因。

因此，投机者的心理变化和投机行为在期货交易中相互制约、相互依赖。

案例 7-5

1979年，美国的白银大王纳而逊·亨特兄弟操纵了白银市场。他们在纽约商业交易所和芝加哥期货交易所以每盎司6～7美元的价格大量收购白银，总共掌握了1.2亿盎司的现货和超过0.5亿盎司的期货，分别占据了纽约商业交易所53%和芝加哥期货交易所69%的白银市场份额。随着对大量白银的控制，亨特兄弟开始推高银价。到1980年1月17日，银价已经上涨到每盎司48.7美元，而到1月21日更是达到有史以来的最高价——每盎司50.35美元，比一年前上涨了8倍以上。这种疯狂的投机活动导致了白银价格与实际需求脱离了实际情况。

7. 季节性因素

许多期货商品，尤其是农产品有明显的季节性，价格亦随季节变化而波动。

案例 7-6

黄金的季节性特征

20世纪70年代布雷顿森林体系瓦解后黄金迎来牛市行情，之后受地缘政治等因素影响金价持续上涨，最高时一度上冲至800美元/盎司；1981—2000年间，黄金呈现了持续20年的熊市行情。统计数据显示，这个时期黄金价格在9月份的平均涨幅最大，其次是11月和4月；而2月、6月和12月的平均跌幅较为显著（见图7-14）。在上述时间段中，9月和11月是黄金价格上涨概率最高的月份，都达到了60%；相反，12月、1月和2月的下跌概率较高，都超过了65%（见图7-15）。

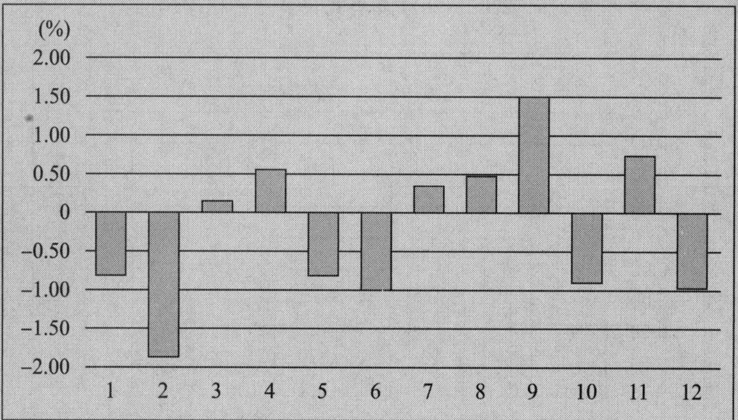

图7-14　1981—2000年各月份黄金价格平均涨幅

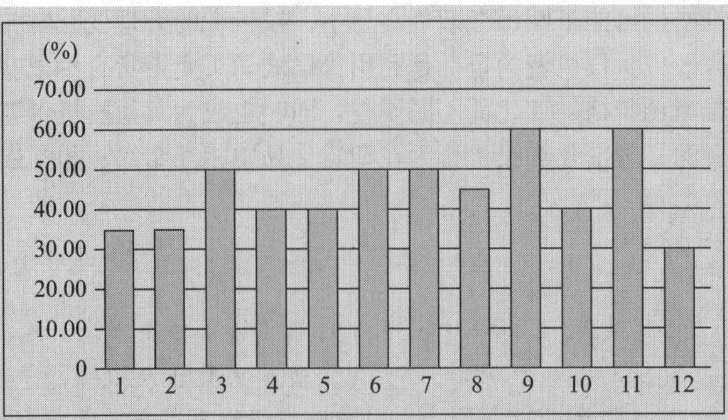

图 7-15　1981—2000 年各月份黄金价格上涨概率

进入 2001—2011 年的黄金牛市阶段后，除了 3 月、6 月和 10 月以外，其他月份黄金价格都呈现上涨趋势（见图 7-16）。其中，8 月、9 月和 11 月的平均涨幅最大。同样地，5 月、8 月、9 月和 11 月的上涨概率最高，都超过了 82%。而 3 月、6 月和 7 月的上涨概率较低，仅为 45.45%（见图 7-17）。

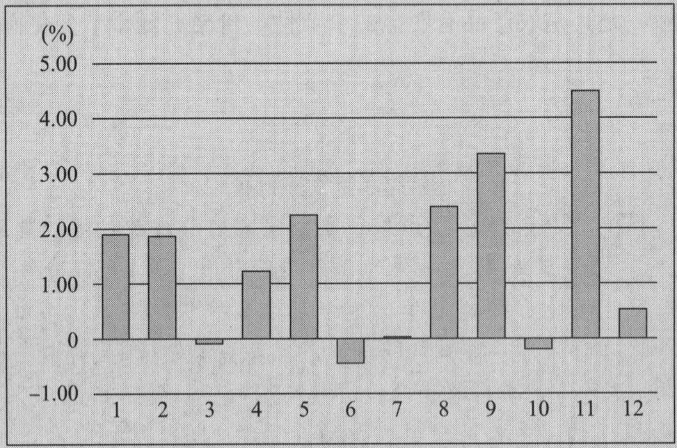

图 7-16　2001—2011 年各月份黄金价格平均涨幅

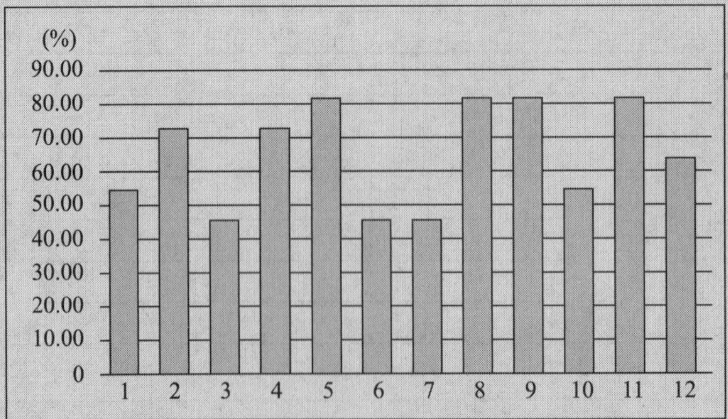

图 7-17　2001—2011 年各月份黄金价格上涨概率

总结以上数据，可以发现黄金价格在不同阶段具有季节性特征。根据频率较高的可靠性原则，综合考虑三个时期的数据，可以得出以下结论：9月和11月是黄金价格表现最活跃的月份，有稳定的上涨趋势；而3月、6月和10月则是表现较为低迷的月份。

进一步的综合分析显示，黄金价格在下半年的上涨趋势较明显，尤其是8月、9月和11月表现最坚挺。相反，上半年的3月、6月的价格较为疲软。

这种季节性特征主要受到黄金需求的影响。通常上半年黄金的实物需求较低，导致价格相对疲软；而下半年随着需求的增加，黄金价格开始走强。全球黄金消费国家如印度、中国以及西方国家的节日和高峰购买季节都集中在下半年，为黄金需求提供了有力支撑。

总体而言，黄金价格的季节性特征显示出下半年的走势较为强劲，而上半年的3月、6月表现相对较弱。

8. 资金分析

资金分析在股市中很普遍，在商品期货中也是一种重要的分析方法。商品期货的资金分析主要有两种方法。一是持仓报告分析，是一种通过期货交易机构公布的持仓信息进行分析的方法，以分析投机者的资金动态为主。二是买卖套保成本分析法，通过计算套保者的买卖套保成本，来把握市场价格达到何种水平时多空力量可能会倾斜的一种方法。

（三）高科技在大宗商品交易基本面分析中的应用

高科技在大宗商品交易基本面分析中的应用已成为关键。新技术如大数据、人工智能、卫星遥感等提高了分析的准确性和时效性，保护投资者利益和国家安全。遥感技术通过观测农作物生长、监测病虫害等，提供了准确预测农产品产量和价格的手段。卫星观测大宗商品采挖和运输情况，比如石油、铝、铜等，可以预测库存变化和价格走势。大数据分析电子商务平台的消费数据，揭示消费倾向，为预测需求量提供线索。这些技术的应用提升了大宗商品定价自主权，维护了国家利益和经济稳定。通过高科技应用，大宗商品交易参与者可以更全面、及时、准确地获取相关信息，提升基本面分析的质量和效果。

三、金融类衍生品的基本面分析

（一）金融类衍生品供需的特殊性

金融类衍生品是金融产品的一种，主要包括汇率、利率和权益类衍生品，如期货、远期和互换等。它们具有特殊的商品属性，价格受供求因素的影响，基本面分析与商品类衍生品相似。然而，金融产品的供求特征与普通产品有所不同，这决定了对金融产品，尤其是金融类衍生品的研究不能简单地采用常见的供求分析方法。下面将通过与普通产品的对比来阐述金融类衍生品供求的特点。

1. 金融类衍生品的供给特点

金融产品与普通产品不同，其生产主要依赖金融知识和技术，特别是金融类衍生品。金融产品的生成速度几乎是即时的，而普通产品需要一定的生产时间。普通产品的供给是有限的，而金融产品的供给是无限的，尤其是当允许进行空头交易时。

2. 金融类衍生品的需求特点

金融类衍生品的需求特点如下：首先，与普通产品相比，金融产品的需求与人们的基本需求脱离，更多地体现出投资或投机功能，与经济贸易活动和资本市场相关。其次，金融产品的需求主要集中在投资和投机方面，人们购买金融产品追求的是投资回报、风险管理或利润获得，并非满足日常使用需求。再次，金融产品的需求容易受个人信心和预期的影响，市场参与者的信心水平和对未来走势的预期会对其需求产生影响，呈现出较高的变动性和敏感性。最后，金融产品的需求可以在短时间内迅速增长或减少，个人信心和预期可能受到经济、政治、社会等多种因素的影响，导致需求的快速变化。需要注意的是，金融产品的需求特点使其具有一定的风险和不确定性，投资者在参与金融产品市场时应谨慎考虑风险管理策略，并充分了解市场动态和相关因素的影响。

（二）不同的金融类衍生品的基本面分析

对金融类衍生品的基本面分析更注重金融指标的分析，如货币供应量、利率和汇率等，以及相应的货币政策和财政政策分析。利率在金融类衍生品的基本面分析中最重要。不同的金融类衍生品有共性和差异。

1. 汇率类衍生品分析

货币与货币交换的价格即汇率水平由货币供求决定。当一种货币需求增加时，该货币升值，汇率下降。然而，汇率变化是一个复杂的金融现象，受多种因素影响。

（1）分析国际收支对汇率的影响时，重点考虑资本项目和经常项目中资金净流入或净流出的变化，即顺差和逆差的变化。如果外国货币表示的资金净流入，本币升值，汇率下降；反之，若净流出，则本币贬值，汇率上升。

（2）利率变化会促使短期资金流动和外汇需求变化。当一个国家的利率提高时，其他国家对该国货币的需求增加，导致该国货币升值，汇率下跌。根据利率平价理论，远期汇率的计算公式为：$F_1=F_0e^{(r_d-r_f)T}$。其中，F_1 为 T 年之后的远期汇率，F_0 是当前的汇率，r_d 为本国货币年利率，r_f 为外国货币年利率。从该式中可以看出，本国货币利率上升将导致远期汇率上升。

（3）物价变化对汇率有影响。购买力平价理论认为，汇率由两个国家的物价总水平决定。如果一个国家的物价总水平高于另一个国家，其汇率水平更高。然而，投资者还需考虑资本流动对汇率的影响。

（4）宏观经济变量对汇率有多方面影响。当一国经济增长率高时，收入增加，国内需求提高，导致进口增加，经常项目逆差，本币汇率下跌。但若该国经济以出口为导向，经济增长是为了增加出口，出口增长会弥补进口增加的影响，减缓本币汇率下跌。货币供应量也是汇率分析中要关注的宏观经济变量之一。货币供应量增加会导致本币贬值、汇率上升；货币供应量减少则会导致本币升值、汇率下降。由于货币供应量变化与央行货币政策密切相关，投资者需关注货币政策对货币供应量和利率的影响。

2. 利率类衍生品分析

市场利率水平的变化对利率类衍生品（如利率期货）具有决定性作用，其他因素则是人们对利率预期的反应。通常情况下，利率期货合约的价格与市场利率呈反向关系，即当利率上升时，利率期货价格下跌；而当利率下降时，利率期货价格上涨。投资者需要关注金融市场的重要基准利率，如银行同业拆借市场报价利率、银行间回购定盘利率等数据。此外，投资者还需要关注债券收益率曲线、利率互换曲线、债券指数等的变化。

（1）经济周期反映了宏观经济循环波动的周期性变化。在经济扩张期，投资和消费需求旺盛，对资金的需求增加，导致市场利率上升。相反，在经济收缩期，由于投资和消费需求低迷，对资金的需求下降，导致市场利率下降。

（2）货币政策。通常情况下，经济数据疲软表明经济增长势头减弱，央行采取宽松的货币政策增加货币供应量，提供流动性，从而推动利率下降。相反，如果经济数据好转，出现通货膨胀迹象，央行倾向于收紧货币政策，进而推动利率上升。在我国，需要关注央行主要政策工具的调整，如基准利率、定期存款利率以及逆回购和正回购操作。

（3）财政政策是政府通过财政部门采取的经济政策，以调节经济。在扩张性财政政策下，社会总需求增加，导致对资金的需求上升，使得市场利率水平上升。而紧缩的财政政策则减少社会总需求，使利率水平下降。

3. 权益类衍生品分析

权益类衍生品的价格波动与股票市场密切相关。影响股票市场的因素包括宏观经济数据、各种经济政策、政治军事因素、偶发事件和投资者行为等。

（1）经济周期对股票价格波动有重要影响。在经济复苏阶段，随着公司经营改善，股票价格回升，推动股票指数上涨。在经济活跃期间，公司业绩提升增强投资者的信心，进一步推动股市大幅上扬。经济过度扩张导致经济停滞和成本上升，股市通常开始下跌，处于疲软状态。在经济处于谷底时，股票指数在低位徘徊。需要注意的是，股票市场的走势与经济周期基本一致，但时间上并不完全同步。股票指数走势通常领先于经济周期，成为经济运行的“晴雨表”。

（2）货币政策和财政政策对股票市场有影响。在宽松货币政策下，市场利率降低，股市上涨；在紧缩货币政策下，市场利率上升，股市下跌。积极的财政政策增加总需求，推动股市上涨；紧缩的财政政策减少总需求，导致股市下跌。

案例 7-7

与外汇期货息息相关的国际经济指标解读

美国经济数据在汇市中备受关注，原因是美元在外汇市场的地位以及大部分外汇交易以美元为中心。以下是一些重要经济指标的理论观察方法和结论：

（1）GDP 反映一个国家的整体经济状况和增长情况，被视为最综合的经济动态指标。稳定增长的数据表明经济蓬勃发展、国民收入增加，有利于美元汇率。连续两个季度下降的情况被视为衰退。此数据每季度由美国商务部统计，分为初值、修正值和终值。

(2) 失业率与债券价格正相关，与股价和美元汇率负相关。失业人数与债券价格负相关，与股价和美元汇率正相关。失业率是经济发展的晴雨表，与经济周期密切相关。上升的数据说明经济发展受阻，下降则看好。失业率在4%左右被认为是正常水平，超过9%则表示经济处于衰退。此数据每月第一个周五由美国劳工部发布。

(3) 贸易赤字是国际贸易中的重要组成部分。贸易逆差不利于美元，贸易赤字缩小则有利于美元。此数据每月中下旬某日晚间由美国商务部发布。

(4) 经常项目收支记录了一国与外国之间的商品/劳务进出口、投资所得和其他因素产生的资金流动状况。正数为顺差，有利于本国货币；反之则不利。此数据每月中旬某日由美国商务部发布。

(5) 资本项目收支描述了一国长期和短期的资本流动情况，对汇率的影响与经常项目类似。

(6) 利率是借出或使用资金的回报或代价，对汇率有直接影响。高利率的货币由于回报率较高，需求上升，从而汇率升值；反之则贬值。美国联邦基金利率由美联储会议决定。

(7) 工业生产者出厂价格指数（PPI）衡量不同生产阶段商品价格的变化，上升表明生产旺盛、通胀可能上升。此数据每月第二个周五发布。

(8) 居民消费价格指数（CPI）是关于居民生活相关产品和劳务价格的指标，用于讨论通胀。数据上升表示通胀可能上升，对美元有利。通胀应保持一定幅度，太高或太低都不利于汇率。此数据每月第三周某日发布。

(9) 批发物价指数（WPI）是根据大宗物资批发价格编制的指数，是讨论通货膨胀时提及的重要指标之一，观察方法与CPI和PPI类似。此数据每月中旬发布。

(10) 领先指标由多个项目构成，包括股价、消费品订单、失业救济金索求、建筑许可、消费者预期、制造商交货订单变动、货币供应、销售业绩、敏感原料价格变动、厂房设备订单和平均工作周等，用于观察未来经济。

(11) 个人收入是各种来源的收入总和，如工资、社会福利、储蓄支出和股利。数据上升表示经济好转，可能增加消费，有利于本国货币；反之则不利。由美国经济研究局每月公布。

(12) 商业存货包括工厂、批发和零售业存货，用于评估生产循环。低存货可能增加生产，经济向好，对货币有利；反之则不利。由美国商务部每月公布。

(13) 采购经理人指数是衡量制造业的重要指标，考察生产、新订单、商品价格、存货、雇员等方面。数据超过50表示制造业向好，对货币有利；反之表示衰退，对货币不利。由美国供应管理协会（ISM）每月公布。

(14) 耐用品订单代表未来一个月内制造商的生产情况，与汇率正相关，但需注意国防订单因素。由美国商务部统计，每月公布。

(15) 设备使用率是工业总产出与生产设备的比率，涵盖多个产业项目。超过95%代表接近极限，通胀压力上升，对美元有利；低于90%且持续下降表示经济衰退，对美元不利。每月中旬公布。

(16) 新屋开工率指标与建筑许可增加相关，理论上对美元有利，但需综合考量其他经济数据。每月公布。

(17) 消费者信心指数反映消费者对经济的信心，与债券市场和股票市场关联紧密。上升可能被视为债券利空、股票利好。消费者信心指数对美元的影响通常与美联储的政策预期相关。

(18) 制造业订单指标包括新订单、未出货订单、出货量和存货量，用于判断制造业的当前情况和未来趋势，是评估经济形势的重要指标。

(19) 个人收入与消费支出的增长显示实体经济增长，对债券市场一般是利空消息，可能需担忧美联储加息。对股市而言，强于预期的数据通常是利好消息，但需注意过热经济的影响。美元走势通常与利率走势一致。

(20) 零售数据显示个人消费开支的强弱，对经济和 GDP 预期有影响。低于预期可能意味着较低的 GDP 增长、通胀率和利率，对债券市场利好。稳定的销售一般被视为对股票市场利好，除非利率上升过多。对美元而言，零售数据相对较次要，但大规模增长可能影响进口额，对美元是利空消息。

四、基本面分析的不足

基本面分析推导出的价格往往与现实存在较大差距，主要表现在以下几个方面：

首先，基本面分析面临可知性和不可知性的挑战。研究商品供求需要考虑大量事实，以大豆为例，必须考虑中美和南美的种植面积、实际产量及其变化，政府的政策和政治因素，还有饲料和油脂行业的消费等众多因素。进行基本面分析需要掌握复杂的资料和数据，同时难以预测交易者对新信息的预期程度。

其次，基本面分析滞后于价格的变化。供求关系综合了各种影响价格变动的因素。当新信息出现时，会迅速反映在价格变动中。个体因素直接影响价格的即时变动，而这些信息也会影响供求关系集合因素，进而影响价格的中期变动方向。

最后，基本面分析中的利多利空对市场的影响难以精确衡量。有时候利多消息出现时，价格下跌；利空消息出现时，价格上涨。这表明价格走势和未来的不确定对基本面分析可能更重要，即所谓的“利多出尽是利空”和“利空出尽是利多”。

总结而言，基本面分析存在可知性和不可知性的困难、滞后于价格变动以及利多利空对市场的影响度难以精确量化等不足之处。投资者在应用基本面分析时需要认识到这些局限性，并结合其他分析方法进行综合判断。

第三节 技术分析法

一、期货技术分析概述

(一) 期货技术分析的含义

技术分析是一种预测市场价格变化方向的方法，指对期货市场的日常交易状态，包括价格变动、交易量和持仓量等数据，通过绘制图形、表格或使用指标系统来进行研究分析，以预测未来的期货价格走势。

（二）技术分析的理论基础

技术分析理论建立在三个合理的假设之上：

（1）市场行为包容消化一切。价格变化反映了供求关系，因此我们只需研究价格变化即可。

（2）价格以趋势方式演变。趋势是技术分析的核心概念。通过及时准确地揭示早期趋势的形成和发展，技术分析能够帮助我们顺应趋势进行交易。

（3）历史会重演。技术分析与市场行为和人类心理学紧密相关。过去的价格变动方式可能在未来重复出现，因此投资者可以借鉴和研究过去的价格形态和特点。

（三）技术分析与基本面分析的比较

技术分析主要研究市场行为，而基本面分析则集中考察供求关系对价格变化的影响。这两种方法都旨在预测价格变化的方向，但基本面分析追究市场运动的前因，而技术分析研究其后果。

投资决策过程可分为市场分析和选择出入市时机两个阶段。期货市场的杠杆作用使得时机成为交易成功与否的关键。在市场分析阶段，可以采用技术分析或基础面分析，但在选择具体的出入市时机时，只能依靠技术分析。

对于商品期货而言，技术分析可以同时跟踪多种商品，而基本面分析往往难以全面覆盖。经济基础方面的资料非常繁杂，大多数基本面分析师只能专注于某种或某类商品，例如农产品或金属类商品。

（四）技术分析在股市和期货市场应用上的比较

尽管技术分析在股市和期货市场应用上基本原理和工具相似，但存在以下差异：

（1）标价方式不同。期货市场标价方式较复杂，交易商需了解商品的交易所、标价方式和价格变化单位等具体情况。

（2）有效期限不同。商品期货合约有有效期限，而股票没有此限制。

（3）保证金水平不同。所有期货交易均需要保证金，通常占交易量的10%左右。价格变动对交易者影响巨大，存在高杠杆效应，因此在期货市场选择正确的时机比股票市场更为重要。

（4）时间域不同。股票市场偏向于长时间预测，期货市场受杠杆效应影响，交易商需实时关注市场变动，关注近期甚至短期的走势。因此，期货市场更注重提炼出即时有效的工具，如较短周期的移动平均线组合（如 4 天、9 天和 18 天）。

（5）时机选择的重要性不同。在期货交易中，时机决定成败，几分钟的时间差异就可能带来完全不同的结果。

（6）平均指数的重要性不同。股票市场广泛关注平均价格指数，如道琼斯工业平均指数或标准普尔500股票指数。但在期货市场中，这样的指数较少见，尽管有一些代表商品市场总体价格走势的指数（如商品研究局期货价格指数），但重要性不及股票指数突出。

(7) 广泛性技术信号的使用频度不同。股票市场分析中广泛应用涨跌线、新高新低指数和空头动向比等技术信号，而这些在期货市场并不常见。

二、技术分析常见理论

(一) 道氏理论

道氏理论是目前广为流传的技术分析理论之一，其基本原则可以总结为以下六个：

(1) 平均价格包容消化一切因素。所有可能影响供求关系的因素都会通过平均市场价格来表现。

(2) 市场具有三种趋势。趋势可分为上升和下降两种。连续的高点和低点构成上升趋势，相反则构成下降趋势。道氏理论将趋势分为主要趋势、次要趋势和短期趋势，时间跨度通常分别为一年以上、数周至数月和数周以内。

(3) 大趋势分为三个阶段。大趋势通常经历积累、上涨和繁荣三个阶段。在积累阶段，市场摆脱负面消息并开始回升；在上涨阶段，投资者积极参与，推动价格快速上涨；在繁荣阶段则是市场热情高涨，但也预示着趋势结束。

(4) 各种平均价格必须相互验证。道氏理论认为只有当多个平均价格同时发出看涨或看跌信号时，才有可能出现大规模的牛市或熊市。不同类别的商品之间需要相互验证，例如金属类和农产品。

(5) 交易量必须验证趋势。交易量是验证价格走势的重要指标。在上升趋势中，价格上涨时交易量应增加；而在下降趋势中，价格下跌时交易量应减少。

(6) 确凿无疑的反转信号判断趋势终结。只有在出现明确的反转信号后，才能确定一个趋势已经结束。这一原则是顺应趋势方法的基础，即趋势通常具有惯性并可能延续。当市场调整或反转不明确时，更倾向于认为趋势将延续。

道氏理论的应用能够帮助投资者更好地理解市场趋势和价格行为，提供决策依据。

(二) 波浪理论

波浪理论，即艾略特波浪理论，以其创始人 R. N. 艾略特（R. N. Elliott）的名字命名。它将价格的上涨和下跌视为波浪的起伏。波浪的起伏遵循自然界的规律，而价格也有相应的规律。通过分析波浪状况，可以确定市场价格所处的趋势和阶段，从而判断买卖时机。波浪理论认为：

(1) 价格的上涨和下跌是重复出现的，并且具有周期性特征，就像水波一样循环往复。

(2) 大周期的价格运动可以细分为小周期，小周期又可以进一步细分为更小的周期；不论时间长短，价格周期都以一种特定模式进行。

(3) 一个完整的价格周期包括 8 个过程：上升周期由 5 个上升过程（上升浪）和 3 个下降调整过程（调整浪）组成；下跌周期则由 5 个下跌过程（下跌浪）和 3 个上升调整过程（调整浪）组成。一个周期结束后，才会进入下一个周期。

从图 7-18 可见，前面五个波浪形成了上升周期的 1 至 5 波浪结构，而后面三个波浪则是调整浪的 A 至 C 波浪结构，这是一个示意图。

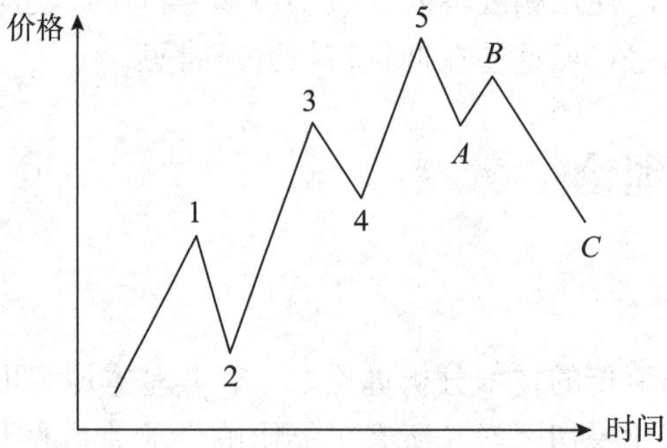

图 7－18　波浪理论的基本形态

波浪理论在应用中主要考虑三个方面：价格形态、高点和低点的相对位置以及完成价格形态所需的时间，也被称为“形态、比例和时间”。其中，价格形态是最重要的，它是波浪理论的基础。波浪理论中的各个波浪具有一定的长度规律，通过分析波浪之间的比例和时间，可以确定未来价格波动的支撑和压力位置。

（三）江恩理论

威廉·江恩（William Gann）是 20 世纪最著名的投资专家之一，以在股票和商品期货市场上取得的骄人业绩而闻名，其平均成功率曾高达 88%。江恩认为股票和期货市场也遵循自然规律，价格运行趋势并非杂乱无章，而是可以预测的。他通过综合运用数学、几何学、宗教和天文学等领域的知识，建立了一套独特的分析方法和市场预测理论，被称为江恩理论。江恩理论包含了江恩时间法则、江恩价格法则以及江恩线等多个方面。投资者可以通过构造圆形图来预测价格运行的时间周期，使用方形图来预测具体的价格水平，借助角度线来预测价格的支撑位和阻力位，而江恩轮中轮则将时间和价格结合起来进行预测。

（四）循环周期理论

循环周期理论认为，任何价格波动都不会永远朝着一个方向持续下去。价格波动过程必然会产生局部的高点和低点，并且它们的出现在时间上具有一定的规律性。价格的上涨和下跌都呈现出周期性的特征。因此，投资者可以利用价格波动的周期性，在低点做多和在高点做空来获取利润。

（五）相反理论

相反理论认为，当大多数投资者对某个观点达成一致时，通常意味着他们是错误的。因此，投资者的正确选择应该是先确认大多数投资者的交易行为，然后采取与其相反的策略。如果投资者想要获得更高的投资收益，就必须与大多数人的交易行为保持不一致。在操作上，相反理论具体体现为在投资者情绪高涨时出场，在投资者稀少时进场。

三、技术分析方法

（一）K线分析

K线图起源于日本，最初由日本米市商人用来记录米市价格的波动。其细腻而独特的标绘方式逐渐被应用于期货市场和股市。由于其形状类似蜡烛，K线图也被称为蜡烛图。

1. K线的画法及含义

在K线图中，纵轴表示价格，横轴表示时间。根据时间单位的不同，K线图可以是分时图、日线图、周线图、月线图等。以日线图为例，两端有尖影线，上端代表当日最高价，下端代表最低价。中间的长方形类似蜡烛，则表示开盘价和收盘价。如果收盘价高于开盘价，则为阳线；如果收盘价低于开盘价，则为阴线。图7－19展示了一个例子：

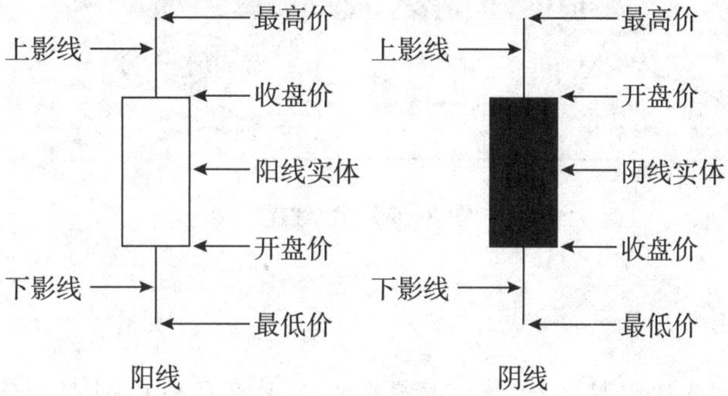

图7－19　K线图示例

在分析K线图的形态时，除了注意其基本形态外，还应注意以下几点：

（1）注意上影线和下影线的长度关系。当上影线极长而下影线极短时，表明卖方力量较强；当下影线极长而上影线极短时，表明卖方受到买方的抵抗。

（2）注意实体部分与上下影线的比例关系，以分析买卖双方的力量。

（3）注意K线图所处的价位区域。相同形态的K线出现在不同位置时，其意义和解释可能不同甚至完全相反。例如，具有长影线的K线实体，如果出现在上升行情末期，则表示天价的形成；但如果出现在下跌行情末期，则表示底价的出现。

此外，阳线锤子和阴线锤子的上下影线也需要注意。当它们出现在高价位时，通常预示后市转跌；而在低价位时，通常预示后市看涨。因此，在进行K线图分析时，需要观察阴线或阳线各部分之间的长度比例关系和阴阳线的组合情况，以判断买卖双方实力的消长，并对价格走势进行判断。

同时，使用K线图时应注意结合市场背景和成交量，不能仅依赖K线图单独判断市场方向。

2. 在看盘软件中调出当前品种K线图的方法

方法一：在分时走势图中，按F5键或输入“05”来调出K线图。

方法二：点击菜单工具栏上的图标来调出K线图。

方法三：在行情报价窗口中选择相应品种后，右键单击鼠标，在弹出的菜单中选择“变换画面”，然后用鼠标左键单击“K 线图”选项。

K 线图示例如图 7－20 所示。

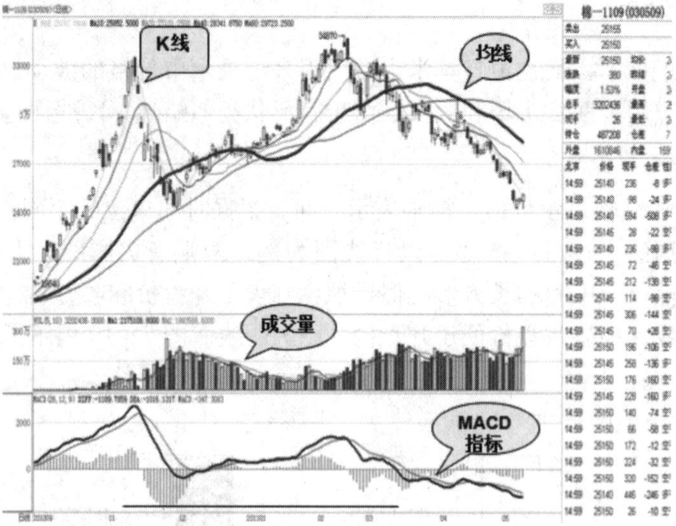

图 7－20　K 线图

（二）趋势分析

在技术分析中，趋势是核心概念。支撑和阻力水平、价格形态、移动平均线、趋势线等工具都是辅助我们判断市场趋势的，我们根据趋势方向进行交易。

1. 趋势的含义

趋势指的是市场运动的方向。市场趋势并不是直线，而是曲折的波浪形式，有明显的高峰和低谷。因此，市场趋势由一系列上升或下降的波峰和波谷构成。市场趋势主要分为上升趋势、下降趋势和横向趋势三种形式（见表 7－6）。

表 7－6　三种趋势图

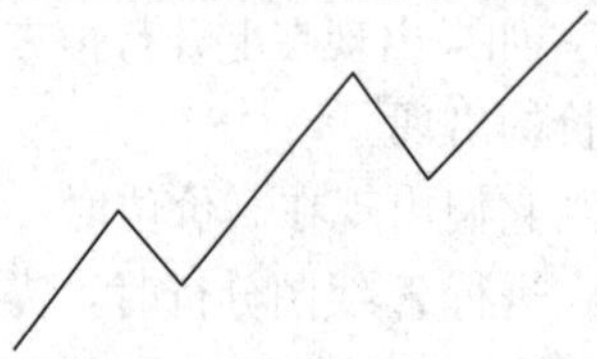	上升趋势，其中波峰和波谷均依次递升
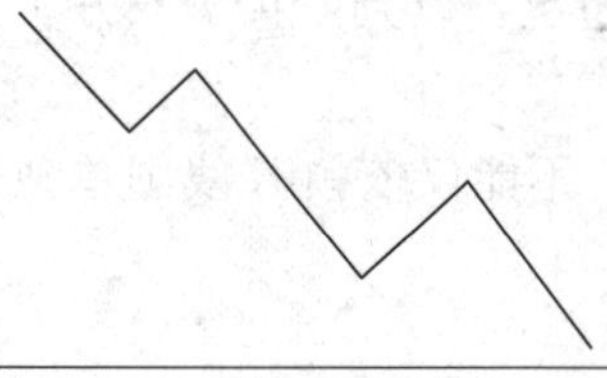	下降趋势，其中波峰和波谷均依次下降
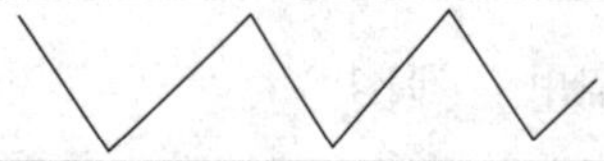	横向趋势，其中波峰和波谷均水平伸展，这类市场常被称为“无趋势”市场

2. 趋势的三种类型

根据道氏理论，趋势可以分为主要趋势、次要趋势和短期趋势。在市场中，无论是短期趋势还是长期趋势，同时存在着许多大小不一的趋势。对于期货市场而言，主要趋势通常持续六个月以上，次要趋势持续三个星期到数月，短期趋势则持续两个至三个星期。每个趋势都是上一级更长期趋势的组成部分，同时也由更短期趋势构成。

图 7－21 展示了三种趋势类型：主要趋势、次要趋势和短期趋势。点 1—4 表示一个主要上升趋势，2—3 波代表这一主要趋势中的次要调整，即次要趋势。同时，每个次要趋势也可以分解为若干短期趋势，例如，次要波 2—3 可以分解为短期波（也即短期趋势）A、B、C。

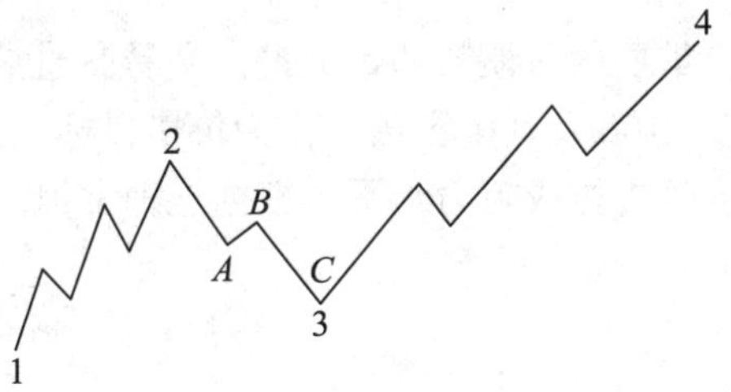

图 7－21　三种趋势类型

不同交易者对趋势的理解往往不同，因此存在相当多的误解。对于长线交易者来说，持续几天甚至几周的价格变化可能并不重要。而对日内交易者来说，持续两三天的上升就构成了一个重要的上升趋势。因此，在讨论市场时，特别重要的是明确趋势的时间范围，确保双方指的是同一个概念。

一般来说，期货市场中，大多数顺应趋势的方法聚焦于次要趋势，即持续数月的趋势。短期趋势主要用于选择进出市场的时机。在中等上升趋势中，短期回撤可以用来建立多头头寸。而在中等下降趋势中，短期反弹可以用来建立空头头寸。

3. 支撑和阻力

支撑是指波谷或被称为“反弹低点”。当价格下跌到某一价位（支撑位）附近时，会停止下跌甚至出现反弹，这是因为之前的空头开始回补或者新的买入者进场所致。支撑位起到阻止价格继续下跌的作用。支撑位通常位于前期低点、成交量密集区或者重要关口（如整数位、政府干预价格）。

阻力是指波峰或被称为“反弹高点”。当价格上涨到某一价位（阻力位）附近时，会停止上涨甚至回落，这是因为空头在此抛售或之前的多头平仓所致。阻力位起到阻止价格继续上涨的作用。阻力位通常位于前期高点、成交量密集区或者重要关口（如整数位、政府干预价格）。

在上升趋势中，市场无法突破前一个高点，或在下降趋势中，市场无力跌破前一个低谷支撑，这将发出第一个预警信号，表明当前趋势可能即将改变。

市场在试探支撑和阻力水平时，会形成各种价格图案，被称为价格形态。支撑和阻力是构成这些形态的基本要素。支撑和阻力图见图 7－22。

当支撑或阻力水平被足够大的价格波动有效地突破时，它们的角色就会互换，从而演变成相反的作用。

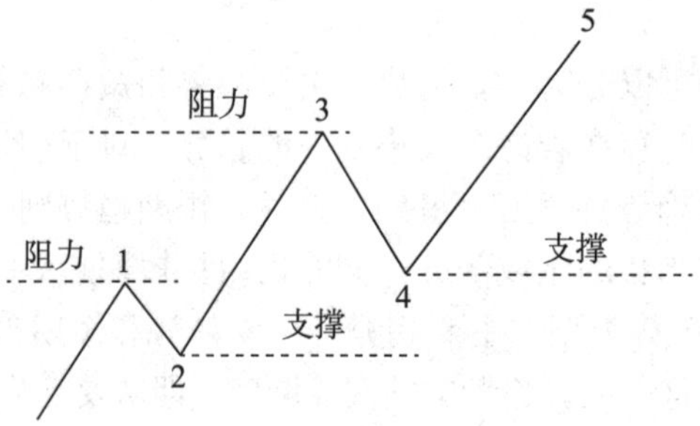

图 7-22　支撑和阻力图

在判断支撑和阻力时，重要的习惯数非常关键。交易商通常喜欢以一些重要的习惯数（例如 10、20、25、50、75、100 及其整数倍）作为价格目标，并相应地采取行动。因此，这些习惯数经常成为心理上的支撑或阻力水平。根据这种常识，交易者可以在市场接近某个重要习惯数时平仓以获取利润。

4. **趋势线**

趋势线是技术分析中最简单且最有价值的基本工具之一，用于判断市场趋势。它分为上升趋势线和下降趋势线。

如图 7-23 所示，上升趋势线由依次上升的反弹低点连接而成。在两个连续上升的低点（点 1 和点 3）之下绘制临时趋势线，并通过第三个点（点 5）确认其有效性。

下降趋势线通过连接连续下降的高点绘制而成。先绘制临时下降趋势线（点 1 和点 3），然后通过第三个点（点 5）验证其有效性。

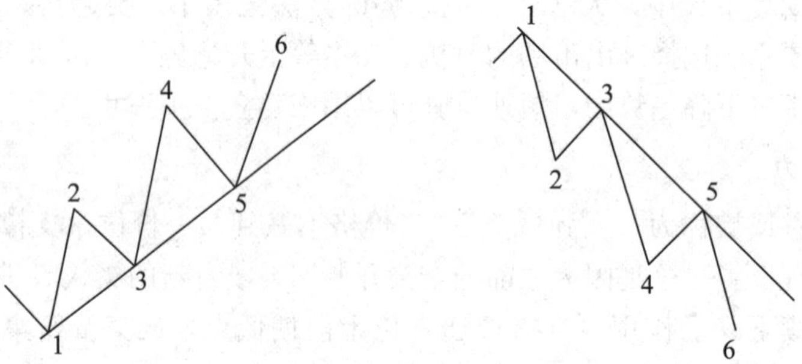

图 7-23　上升趋势及下降趋势图

基于趋势概念，已形成的趋势通常会顺势延续。因此，一旦趋势线显示出一定的坡度或发展速率，往往会保持相同的趋势。趋势线不仅可以确定市场调整阶段价格的极限位置，更重要的是能指示原趋势是否即将改变。

在上升趋势中，调整性的下跌是常见的，但通常只触及或接近上升趋势线。期货交易商倾向于在上升趋势中的下跌时买入，因此趋势线在市场下方提供了支撑区域。下降趋势线则可用作阻力区域，并实现卖出目标。只要趋势线未被突破，我们就可以使用它来确定买入或卖出区域。一旦趋势线被突破，将发出趋势变化的信号，要求我们平仓原有顺势头寸。趋势线的突破通常是最佳的趋势变化预警信号。

趋势线的试探次数越多，时间越长，这条趋势线就越重要，其突破也将产生越大的影响。

对于相对较小的突破动作，如果当日内收市价回到原趋势线之上，我们可以忽略这样的“毛刺”，继续使用原趋势线。如果变动较大，可以添加一条新的临时趋势线进行尝试。

我们可以使用“3%穿越原则”或“双日原则”辅助判断趋势线是否被有效突破。“3%穿越原则”要求收市价格至少要突破趋势线3%，才能判定为有效突破。这种方法主要用于判断长期趋势线的突破。“双日原则”指如果市场连续两天收市价在趋势线下方，才能确认趋势线被突破。

一旦趋势线被突破，离开趋势线的价格目标与趋势反转之前价格达到的垂直距离相等。例如，图7-24中大豆0605合约，突破位为2 645，低点为2 505，高点为2 795。

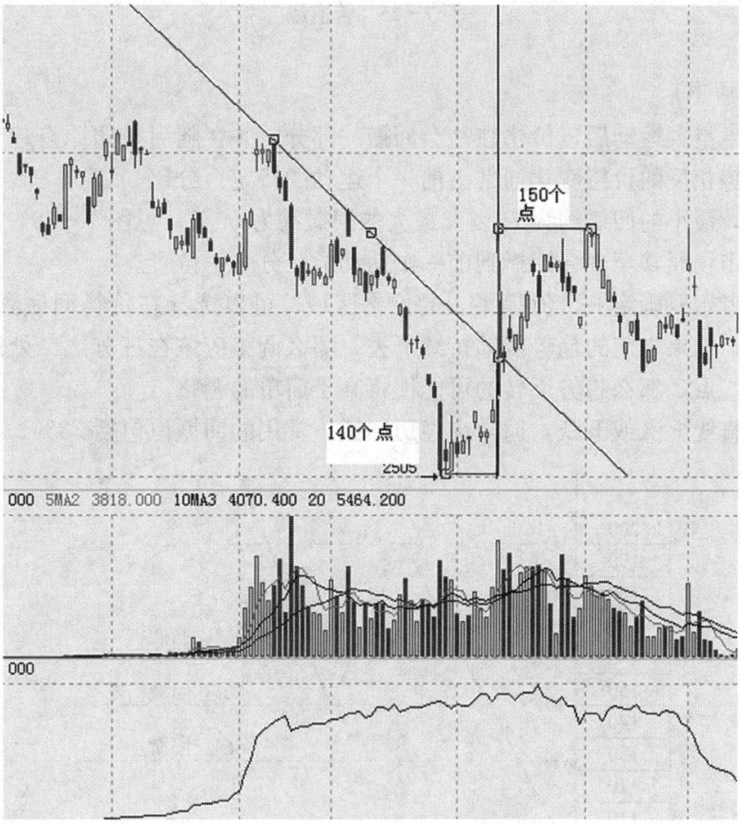

图7-24 大豆合约价格走势图

5. 管道线

管道线，又称返回线，是趋势线技术的重要应用之一。在某些情况下，价格趋势局限于两条平行线之间，其中一条是基本趋势线，另一条是管道线。

图7-25是管道线的示例。通过点1和点3确定基本上升趋势线后，我们可以通过点2处的峰值引出平行线（虚线），即管道线。基本上升趋势线用于开立新的多头头寸，而管道线可用作短期盈利时的参考线。一些积极的交易商甚至可能利用管道线建立与趋势相反的空头头寸。与趋势线类似，管道线未被触及的时间越长，试探成功的次数越多，其效果越好。

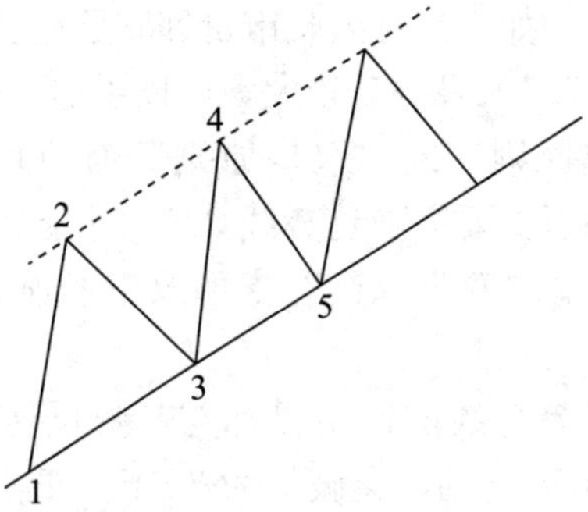

图 7－25　管道线

6. 百分比回撤

在市场发生重大运动后，价格往往会回撤一部分，并在随后按照原有趋势方向继续发展。这种与趋势相反的价格变化通常占前一个运动的特定百分比。

一般而言，最小的回撤约为 33％，最大的回撤约为 66％，见图 7－26。在强劲趋势的调整过程中，市场通常至少会回撤到前一个运动的三分之一位置。

如果交易者想要确定一个值得买入的价格区域，可以选择在价格回撤到 33％至 50％之间进行买入；如果之前的趋势能够持续下去，那么调整应该在三分之二处停止。若价格跌破了三分之二点，那么趋势反转的可能性将高于简单的调整。

价格不会直线上涨或下跌，通常会经历回撤。常用的回撤位包括 33％、50％和 66％。

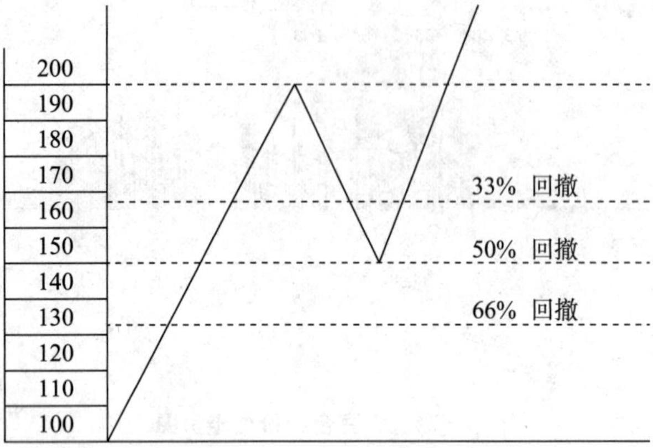

图 7－26　百分比回撤

7. 反转日

反转日通常出现在市场的顶部或底部（见图 7－27）。

顶部反转日指的是在上升趋势中，某一天的价格达到新的高点，但当天收盘价却低于前一天的收盘价。换句话说，在上升行情中，市场可能会在某一天创下新的高点（通常发生在开盘时或开盘后不久），但随后价格逐渐回落，导致收盘价低于前一天的收盘价。

底部反转日指的是在下降趋势中，某一天的市场可能会达到新的最低点，但当天收盘价却高于前一天的收盘价。反转日的价格变动范围越大，交易量越大，意味着近期趋势可能发生反转，其信号的重要性也越高。

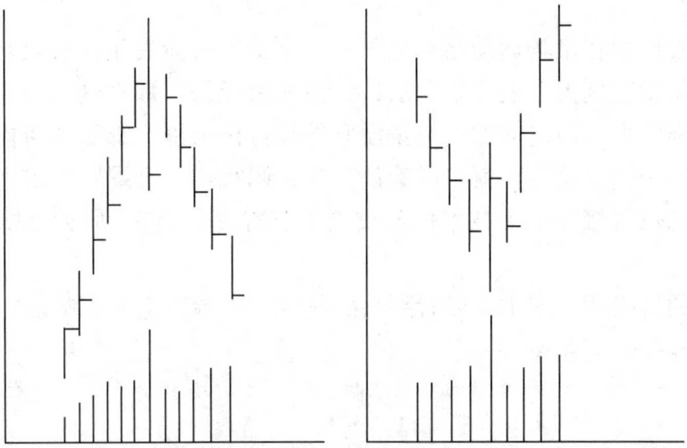

图 7-27 顶部反转日及底部反转日

需要注意的是，许多反转日只表示现有趋势的暂时调整，随后趋势仍将继续。只有极少数反转日具备关键的趋势反转意义。

顶部双日反转是指在上升趋势中，前一天价格创下新高，并且接近高点收盘，而次日价格开盘接近前一天的收盘价，但无法持续上涨，价格一路下跌，收盘价接近或低于前一天的低点。

底部双日反转是指在下降趋势中，前一天价格创下新低，并且接近低点收盘，而次日价格开盘接近前一天的收盘价，但价格持续上涨，收盘价达到或超过前一天的高点。

周反转和月反转与单日反转和双日反转类似，只是发生在周线图和月线图中。周反转比日反转更重要。

8. 价格跳空

价格跳空是指在K线图上没有发生交易的区域。向上跳空表明市场坚挺，向下跳空则通常是市场疲软的标志。价格跳空一般分为普通跳空、突破跳空、中继跳空、衰竭跳空四类。

（1）普通跳空。

普通跳空在四种类型中预测性价值最低，通常发生在交易量极小或横盘阶段。市场参与者对市场失去兴趣，交易清淡，即使较小的交易指令也足以造成价格跳空。

（2）突破跳空。

突破跳空通常发生在重要价格运动完成后或新的重要运动开始时。在市场形成主要底部反转形态（如头肩底）后，突破颈线往往以突破跳空的形式出现。重要的顶部或底部突破是突破跳空的温床。突破跳空通常伴随着高交易量，并且往往不会被填补回来。价格可能回到跳空的上边缘（对于向上突破），或者部分填补跳空，但通常会保留一部分未填补。交易量越大，跳空被填补的可能性越小。

（3）中继跳空。

在新的市场运动发展一段时间后，在整个运动的中间阶段，价格再次跳跃前进，形成中继跳空。这表明市场以中等交易量顺利发展。在上升趋势中，中继跳空表示市场坚挺；而在下降趋势中，则表明市场疲软。中继跳空通常构成支撑区域，并且通常不会被填补。如果价格重新跌破中继跳空，这是对上升趋势不利的信号。

（4）衰竭跳空。

衰竭跳空通常出现在市场运动接近尾声时，预示着可能发生趋势反转。如果跳空发生当天或第二天交易量特别大，但未来无法持续该大量交易，那么这可能是衰竭跳空。如果跳空后的交易量异常大，而之前的交易量没有伴随价格上涨，那么这可能是衰竭跳空。如果跳空后的行情出现当日反转，就可以确认其为衰竭跳空。衰竭跳空前通常有一个持续性跳空。如果跳空的位置接近某个技术位或重要的支撑/阻力位，那么该跳空成为衰竭跳空的概率增大。

在图 7－28 的价格调控图中可以看到突破跳空、中继跳空和衰竭跳空。

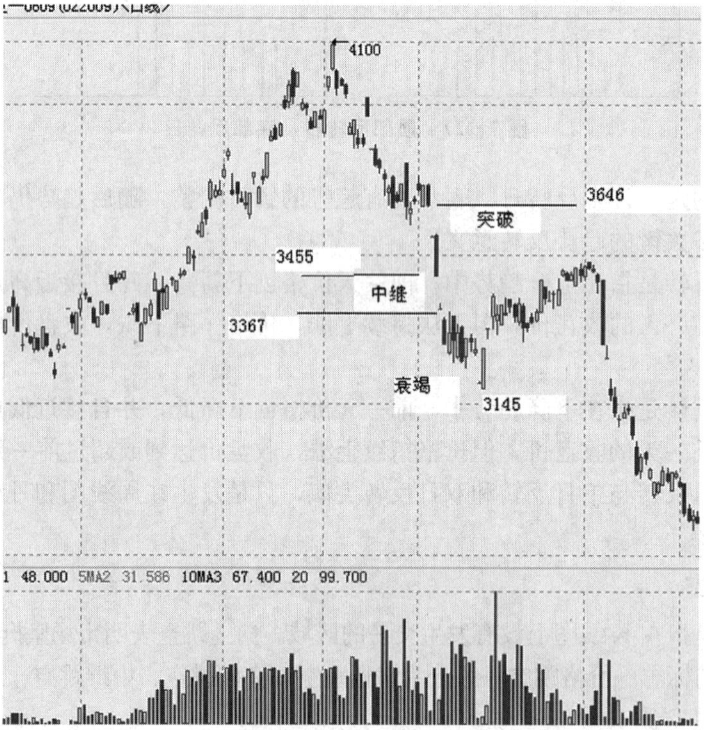

图 7－28　价格跳空图

（三）形态分析

价格形态分为反转形态和持续整理形态两大类。

1. 反转形态

反转形态意味着趋势将发生重要反转，而持续整理形态则表示市场可能只是暂时休整，调整近期的超买或超卖情况后，现有趋势将继续。关键在于在形态形成过程中及早确定其类型。

最常用的主要反转形态包括头肩形、双重顶（底）、三重顶（底）、圆形（盆形）顶（底）以及 V 字顶（底）等形态。

（1）反转形态所共有的基本要领。

①反转形态存在的前提是市场中已经存在一种明确趋势。

②第一个即将发生反转的信号通常是重要趋势线的突破。

③形态的规模越大，随之而来的市场动作越大。

④顶部形态的时间通常较短，但波动性较强。

⑤底部形态的价格范围通常较小，但酝酿时间较长。

⑥交易量对验证向上突破信号的可靠性具有更高的参考价值。

(2) 头肩形（见图 7-29)。

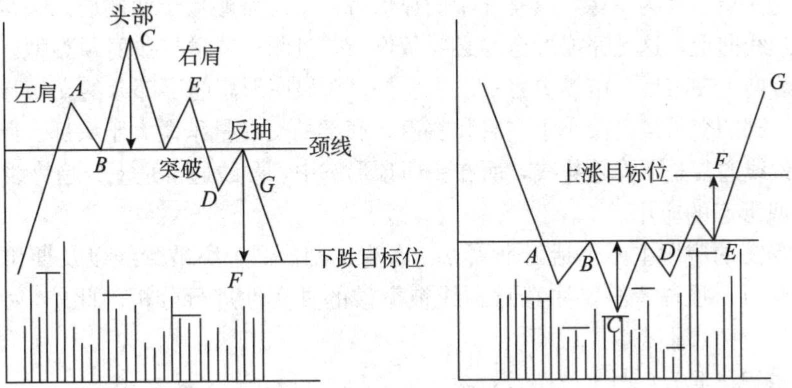

图 7-29 头肩顶及头肩底

①头肩顶的形成过程。

左肩（点 A)：价格持续上升一段时间后，交易量增大，出现获利沽出压力，价格回落，交易量减少，形成左肩。

头部（点 C)：价格再次上升，成交量较左肩显著减少，价格再度回落至低于左肩，接近上次回落低点，交易量减少，形成头部。

右肩（点 E)：价格再次回升，但投资情绪减弱，成交量明显减少，价格无法达到头部高点，回落形成右肩。

颈线突破（点 D)：价格有效下跌突破颈线，形态完成。有时价格会反弹至颈线附近后再次下跌（反抽)，但并非必然。

②颈线方向。

颈线向下倾斜表示右肩较弱，市场表现疲弱；轻微上斜或水平也可能发生；个别情况下略微向下倾斜。

③反扑。

所谓反扑是指价格重新弹回颈线或者前一个向上反弹的低点 D 或 G 处。不一定总发生，有时只形成一段极小反弹。如果在突破颈线的初始阶段，交易量极大，反扑余地便大为减小。因为突然增加的交易活动反映市场上较重的向下压力。如果在突破颈线的初始阶段，交易量较大，反扑的可能性便会增大。在反弹较小的交易量之后新的下降趋势恢复下跌时，应伴随着显著增加的交易活动。

④头肩顶中交易量的重要性。

头部的交易量比左肩小，早期警示市场上买入压力减轻。主要信号出现在右肩交易量较前两峰明显减少上。突破趋势线时，交易量扩大；反抽时，交易量减小；反抽结束后的下跌伴随着交易量的再次扩大。

⑤头肩顶形态的应用。

头肩顶有三个卖出点：右肩是整个头肩顶形态的最佳卖出点，但风险较高，价格不一定能突破颈线；颈线被有效突破的点是头肩顶形态最重要的卖出点，表示趋势反转；期价突破颈线后反弹至颈线附近（反扑），这是最后一个可靠的卖出点。然而，这种情况有时不会出现，投资者可能错失机会。

⑥头肩底与头肩顶的区别。

头肩底与头肩顶互为镜像，具有三个明显低谷，中间谷略低于两侧肩。关键是收盘价格要有效突破颈线向上，这是完成形态的必要条件，并且测算技术与头肩顶相似。区别在于在底部，当颈线向上突破后，市场更容易发生反扑。头肩底形态前半部分的交易量形态与头肩顶相似，即头部的交易量稍微小于左肩和右肩，底部的交易量稍微大于头部。此外，在头肩底形态中，颈线通常是下降趋势线，而在头肩顶形态中，颈线通常是上升趋势线。

⑦头肩底形态的应用。

头肩底形态的应用主要包括三个买点：右肩、期价向上突破颈线以及期价从颈线上方回落至颈线附近。投资者需要注意对颈线被突破的真实性进行分析。此外，头肩顶（底）有时也可呈持续整理形态。

（3）双重顶（底）（见图 7－30）。

双重顶（底）是一种常见的反转形态，仅次于头肩形态。它易于辨识，通常被称为“M 头”或“W 底”。特征是有两个峰，价格水平大致相同。第一峰时交易量较大，而第二峰时交易量较小。

双重顶反转形态满足以下条件：

①冲第二峰时，收盘价无力穿越前一个高点并开始回落，此时可能形成潜在的双重顶（底）；

②收盘价突破前一低点的支撑后，反转得以确认；

③突破时交易量较大，出现反扑现象。

在价格有效突破 M 头颈线时可以卖出，或者在反抽至颈线受阻时卖出；在价格有效突破 W 底颈线时可以买入，或者在反抽至颈线获得支撑时买入。需要注意的是，反抽并非必然发生。突破后的最小目标位是形态的高度。

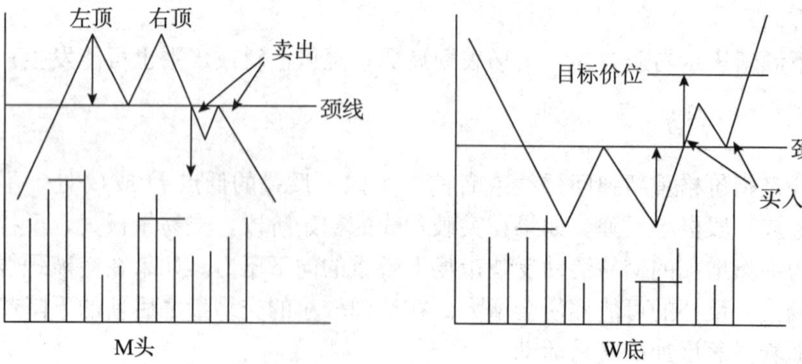

图 7－30　双重顶及双重底

（4）三重顶（底）。

三重顶（底）与头肩顶（底）相似，都有三个峰（谷），位于大致相同的水平上，如

图 7－31 所示。在三重顶形态中，随着相继的峰出现，交易量逐渐减小，而向下突破时应该增加。只有当价格向下突破两个中间低点所形成的支撑水平后，形态才算完成。在三重底形态中，收盘价需要向上突破两个中间峰值的水平。底部完成时，关键还在于向上突破的交易量是否强劲有力。

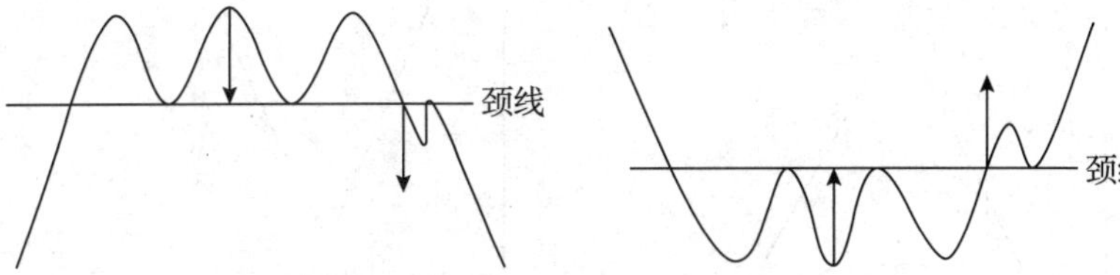

图 7－31　三重顶及三重底

（5）圆形（盆形）顶（底）。

圆形（盆形）顶（底）是一种特殊的形态，通过连接一段时间内的价格高点或低点，可以得到一条类似圆弧的曲线，见图 7－32。这条曲线并非数学上的圆或抛物线，只是一种具有特殊形态的曲线。圆形底的特点如下：

①价格变化从上升到下降或从下降到上升的过程非常平缓。

②交易量往往呈现盆状形态。随着市场逐步转向，交易量逐渐收缩；当新的价格方向占据主导地位时，交易量逐步增加。

③在交易量的底部，经过中点后，交易量突然开始上升。随着价格进一步上涨，交易活动逐步增加。当出现平台时，交易量下降。接下来，当价格向上突破时，交易量再次扩张。在底部阶段，中间位置稍后处，价格在异常的交易量下突破，然后冲刺上涨，再回落到缓慢的发展过程中。最后，在底部末端出现一个平台，随后趋势恢复。

圆形顶（底）没有明确的测算规则，持续时间越长，未来运动的潜力越大。原有趋势的规模是重要的参考因素，可以提供价格回撤的大致范围。

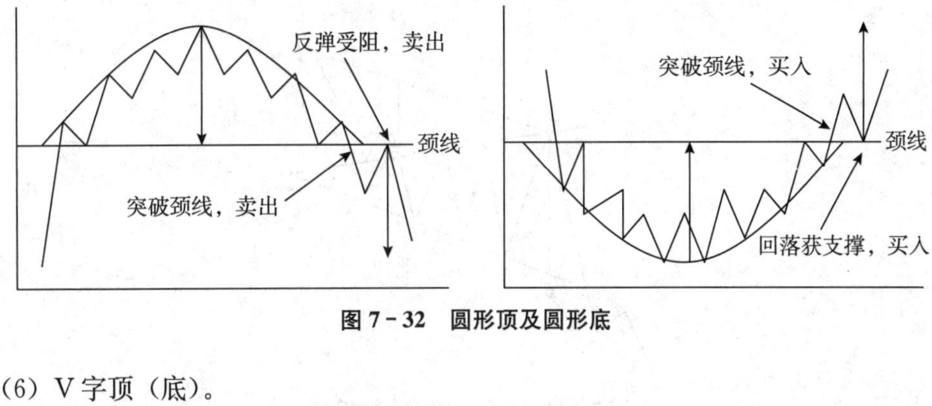

图 7－32　圆形顶及圆形底

（6）V 字顶（底）。

V 字顶（底）代表市场的剧烈反转，其发生突然且意外，随后以剧烈的运动朝相反方向发展，并常常伴随关键的反转日的产生（见图 7－33）。以下是 V 字顶（底）反转成立的条件：

①存在陡峭或急速变化的趋势。关键的反转日或岛形反转形态标志着重要的转折点，并伴随着大量的交易量。有效的信号是对陡峭趋势线的突破。

②迅速回撤，快速回到原趋势的 1/3 或 1/2 水平。

③明显出现减仓。

V字顶（底）形成的原因通常是原先的趋势过于强烈，在缺乏支撑和阻力水平的情况下发生，往往会有跳空现象出现。判断V字顶（底）比较困难，唯一有效的信号是对非常陡峭的趋势线的突破。

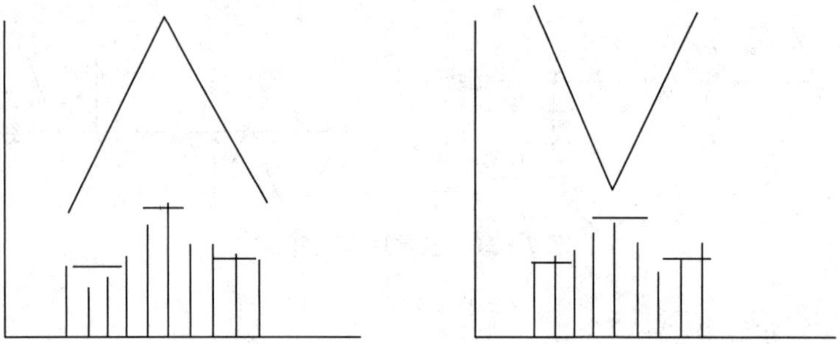

图7-33　V字顶及V字底

2. 持续整理形态

持续整理形态是指在价格经历快速变动后，进入一个区域内上下波动有限的状态，等待时机继续朝原趋势方向发展。持续整理形态通常持续时间较短，可以分为短期或中期形态，并包括三角形、旗形、楔形、矩形、喇叭形和菱形等常见形态。

（1）三角形。

三角形是一种常见的持续形态，可分为对称三角形、上升三角形和下降三角形。对称三角形具有两条逐渐收敛的趋势线，上面的线倾斜下降，下面的线倾斜上升，左侧的垂直压力线表示形态高度，两条趋势线在右侧相交处形成顶点。三角形至少有四个转折点，每条趋势线上至少发生两次转折，但实际上大部分三角形通常具有六个转折点（见图7-34），包括三个峰和三个谷，总共形成五个波浪。

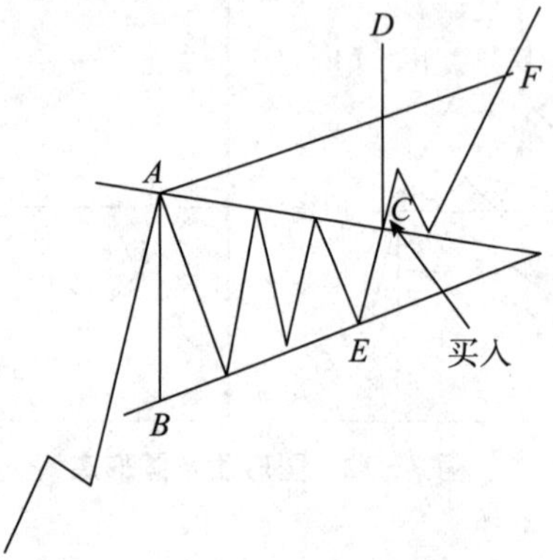

图7-34　三角形的六个转折点

通常情况下，价格应该在三角形横向宽度一半到四分之三的位置上突破，超过四分之三的范围表明失去了潜力，价格可能会持续震荡，直到突破顶点之外。聚拢的趋势线定义了形态的价格边界，可以通过价格是否穿越趋势线来判断是适当的形态完成还是原趋势的恢复。形成时间通常为数周至三个月。

持续整理形态中的交易量具有以下特点：

①随着价格波动幅度的减小，交易量也会相应地萎缩，这是所有调整形态中普遍存在的现象。

②在形态完成时，交易量应明显增加；反弹过程中，交易量较小；趋势恢复时，交易活跃度更高。

③向上突破的交易量比向下突破的交易量更具有重要意义。

④可将交易量的大小作为判断上升运动或下降运动的线索。

如图 7-35 所示，上升三角形的上边趋势线水平，下边趋势线上升，显示买方比卖方更积极，突破上边趋势线是形态结束的标志，此时交易量应该增加，反弹时交易量应相对较小。

下降三角形的上边趋势线下降，下边趋势线水平，属于看跌形态，卖方比买方更积极，突破下边趋势线是形态结束的标志，此时交易量应该增加，也会出现反弹。

不论上升三角形还是下降三角形，无论它们出现在趋势结构的哪个部分，都具有明确的预测意义：上升三角形看涨，下降三角形看跌。对称三角形本质上属于中性形态（持续整理形态），只需要确定原有趋势的方向，然后假设趋势将恢复即可。

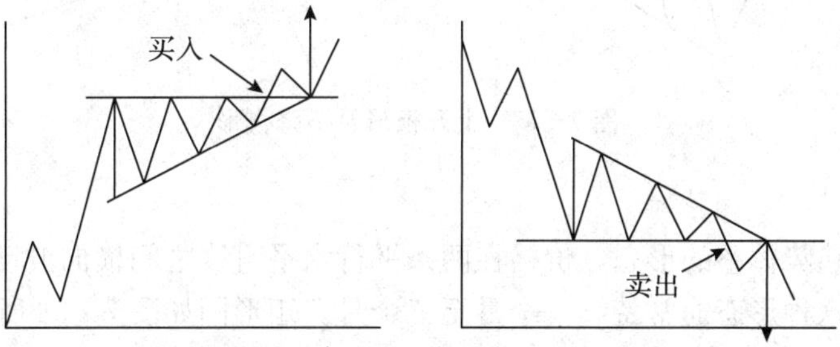

图 7-35 上升三角形及下降三角形

（2）旗形。

旗形是一个上倾或下倾的平行四边形（或三角形），其形态方向与原有趋势方向相反（见图 7-36）。在旗形出现之前，通常会有一个旗杆，这是由价格以剧烈近乎直线的方式上升或下降所形成的。旗形的出现表明市场的上涨或下跌过于迅猛，需要稍作休整后再继续朝着原有方向飞奔。

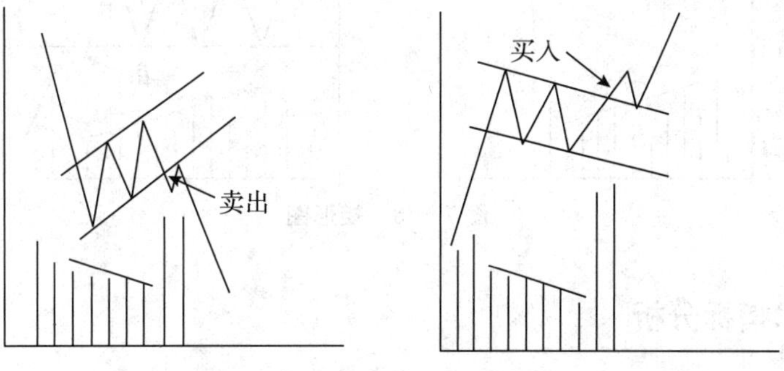

图 7-36 上倾旗形及下倾旗形

上倾旗形的交易量特征包括：

①形态出现前会有陡峭的价格上升，并伴随着重大的交易量。

②随着形态的形成，交易量应显著减少。

③在向上突破时，交易活动会突然激增。

(3) 楔形。

楔形是一种持续时间为一个月至三个月的中等形态，其特征是有两条相互聚拢的趋势线，并且它们在交点处形成顶点，具有明显的倾斜角度，该角度与主要趋势相反。

楔形的结束需要突破顶点的 2/3 位置或达到顶点后才算完成。在下降趋势中，楔形的持续时间比在上升趋势中更短。

在楔形形成过程中，交易量应该收缩，而在突破时交易量会增加。无论是出现在市场中间还是末尾，上升楔形都预示着看跌趋势，而下降楔形则都预示着看涨趋势（见图 7-37）。

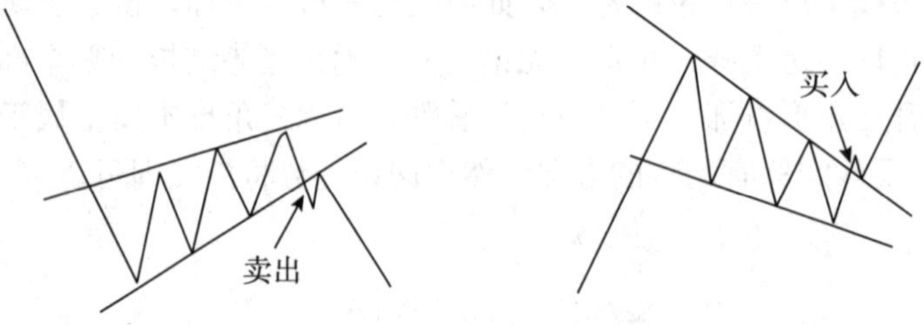

图 7-37　上升楔形及下降楔形

(4) 矩形。

矩形是一种趋势休整的形态，价格在两条平行水平直线之间横向波动，也被称为交易区间或密集区。这种形态通常持续一个月至三个月。矩形图如图 7-38 所示。

由于价格在两个方向上的波动范围相当广，需要注意交易量在哪个方向上更重要。如果在价格上升时交易量较大，在价格下跌时交易量较小，这可能表明该形态是上升趋势中的持续整理形态。而在下降趋势中则相反。在矩形运动中，需要警惕出现趋势反转的迹象。例如，在上升趋势中，如果较大的交易量发生在价格下跌时，意味着趋势可能会发生逆转。

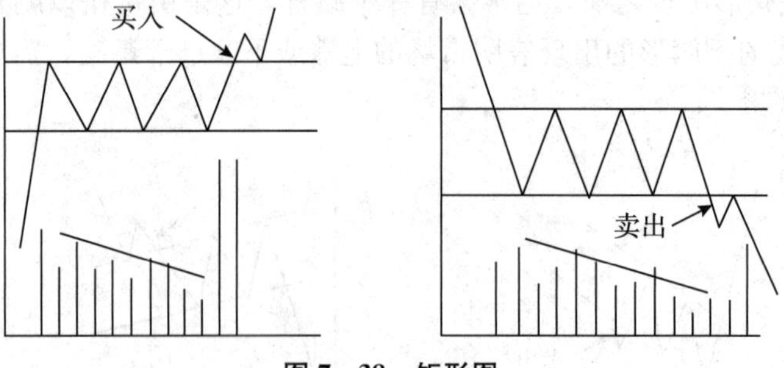

图 7-38　矩形图

(四) 技术指标分析

市场上有许多常用的技术指标，包括移动平均线、平滑异同移动平均线、动向指数、相对强弱指数、威廉指标和随机指标等。

在技术指标的分析与应用中，我们主要考虑指标的背离、交叉、取值、形态、转折、中轴和盲点等方面。

指标的背离是指技术指标曲线和价格曲线的波动方向不一致。背离意味着价格波动没有得到技术指标的支持，可作为趋势反转的早期信号。

指标的交叉是指技术指标图形中两条曲线的相交现象，如短期均线上穿中长期均线或指标曲线上穿零线等。

指标的取值过大或过小，表明市场某个方面已经达到极端程度，进入超买区或超卖区。

指标的形态是指技术指标曲线在波动过程中出现的反转形态，与形态理论相符。

指标的转折是指技术指标曲线在高位或低位发生调头，表明一个趋势即将结束，另一个趋势即将开始，如动向指数。

指标的中轴是指 0、50 等数值，代表牛市和熊市之间的交替。

指标的盲点是指技术指标在大部分时间内无法提供有效的指导。

(1) 移动平均线。

移动平均线（MA）是一种常见的技术指标，它利用统计学中的移动平均原理，将一个时期内的股票价格平均值连接成曲线，用于显示股价的历史波动情况，并反映股价指数未来的发展趋势。它是道氏理论的形象表达方式。常见的移动平均线包括：

①短期移动平均线（周线），通常使用 5 日和 10 日作为计算周期，代表一周或两周的平均价，可用于短期买卖判断。其中，MA10 是跟踪上涨和下跌趋势最有效的均线之一。

②中期移动平均线（月线），通常以 20 日为基准，表示一个月的平均价或成本，也有以 26 天计算的月移动平均线。

③长期移动平均线（年线），一般使用 60 日以上的均线，特别是 200 日均线是最可靠的均线之一，可用于跟踪基本趋势。

期货软件中常用的移动平均线组合包括 5 日、10 日、20 日、40 日和 60 日均线。观察这些移动平均线可以判断市场的多空倾向。一般将长、中、短期的移动平均线同时显示在图表上。如果这三条均线同时上涨，这意味着市场处于多头占优势的状态；相反，如果这三条均线同时下跌，这意味着市场呈现空头占优势的格局。移动平均线能够识别旧趋势的结束或反转，并提供新趋势的形成契机。它不能领先于行情，但能忠实地反映市场的走势。由于移动平均线是平滑曲线，能有效过滤掉不明确的小波动，因此能客观地反映市场的大趋势。

葛兰维尔移动平均线运用八个法则：

a. 平均线由下降逐渐转为盘局或上升，并且价格从平均线下方突破，为买进信号；

b. 价格虽然跌破平均线，但迅速回升到平均线上方，而平均线仍保持上升势态，也是买进信号；

c. 价格走势线在平均线上方，下跌未跌破平均线并立即反转上升，同样是买进信号；

d. 价格突然暴跌并跌破平均线，且远离平均线，可能有反弹上升的机会，也是买进信号；

e. 平均线由上升逐渐转为盘局或下跌，并且价格向下跌破平均线，为卖出信号；

f. 价格虽然上涨并突破平均线，但迅速回落至平均线下方，而平均线仍持续呈下降势态，也是卖出信号；

g. 价格走势线在平均线下方，上升但未突破平均线并立即反转下跌，同样是卖出信号；

h. 价格突然暴涨并突破平均线，且远离平均线，可能出现回跌的机会，也是卖出信号。

在实际应用中，以上准则中的第 a、c、e、g 较为可靠。同时也可以使用短期平均线和长期平均线组合进行分析。

（2）平滑异同移动平均线。

平滑异同移动平均线（MACD）是根据移动平均线掌握趋势变动方向的优点发展而来的指标。它使用两条不同速度的指数平滑移动平均线（一条是快速的短期指数移动平均线，另一条是较慢的长期指数移动平均线），通过计算它们之间的差异（DIF）来判断行情，并进一步计算出 DIF 的 9 日指数平滑移动平均线，即 MACD 线。MACD 实际上是利用快速和慢速指数移动平均线的聚合和分离来判断买入和卖出的时机和信号。

在 MACD 的应用中，常以 12 日作为快速指数移动平均线（12 日 EMA），以 26 日作为慢速指数移动平均线（26 日 EMA）。首先计算这两条指数移动平均线的数值，然后计算它们之间的差离值，即差离值（DIF）＝12 日 EMA－26 日 EMA。接着根据差离值计算出 9 日 EMA 值（即 MACD 值）。将 DIF 和 MACD 分别绘制成线条，然后采用“交错分析法”进行分析，当 DIF 线向上突破 MACD 平滑线时，表示确认涨势，即买入信号；相反，当 DIF 线向下跌破 MACD 平滑线时，表示确认跌势，即卖出信号。

MACD 应用法则如下：

①DIF 和 MACD 在 0 以上，表示市场处于多头状态。

②当 DIF 向上突破 MACD 时，可以进行买入操作；当 DIF 向下跌破 MACD 时，只能平仓原有持仓，不可新开卖单。

③DIF 和 MACD 在 0 以下，表示市场处于空头状态。

④当 DIF 向下跌破 MACD 时，可以进行卖出操作；当 DIF 向上突破 MACD 时，只能平仓原有持仓，不可新开买单。

⑤高档二次向下交叉表明大幅下跌，低档二次向上交叉表明大幅上涨。

（3）动向指数。

动向指数（DMI），又称移动方向指数或趋向指数，是一种用于判断趋势的技术指标。其基本原理是通过分析股票价格在上升和下跌过程中供需关系的平衡点来判断趋势。动向指数由三条线组成，包括上升指标线（＋DI）、下降指标线（－DI）和平均动向指数线（ADX）。这三条线可以设定周期，通常为 14 天。

DMI 的计算方法相对复杂，这里不做详细介绍，感兴趣的读者可自行查阅相关技术分析书籍。应用法则如下：

①当＋DI 线向上交叉－DI 线时，可考虑买入。

②当＋DI 线向下交叉－DI 线时，可考虑卖出。

③当 ADX 指标超过 50 并开始向下转折时，表示市场趋势可能即将结束。

④当 ADX 滑落至＋DI 线下方时，不宜进场交易。

⑤当 ADX 指标低于 20 时，可以参考 TBP 和 CDP 等反应指标作为交易参考。

（4）相对强弱指数。

相对强弱指数（RSI）是一种通过比较一个时期内平均收盘涨幅和平均收盘跌幅来分析市场买盘和卖盘意向及实力的指标，以预测未来市场走势。其计算公式和方法如下：

$$RSI=\frac{\text{上升平均数}}{\text{上升平均数}+\text{下跌平均数}}\times 100\%$$

应用法则如下：

①RSI 值在 0 到 100%之间呈正态分布。当 6 日 RSI 值超过 94%时，市场处于超买状态，若出现 M 头形态，可考虑卖出；当 6 日 RSI 值低于 13%时，市场处于超卖状态，若出现 W 底形态，可考虑买入。

②当快速 RSI 从下方向上突破慢速 RSI 时，为买入时机；当慢速 RSI 从上方向下跌破快速 RSI 时，为卖出时机。

（5）威廉指标。

威廉指标（W%R）是一种利用摆动点来衡量股市超买卖现象的指标，可预测循环期内的高点或低点，并提供有效的投资信号。

$$W\%R=\frac{H_n-C}{H_n-L_n}\times 100\%$$

其中，C 为当日收盘价，L_n 为 n 日内最低价，H_n 为 n 日内最高价。常用的参数 n 一般设为 14 日或 20 日。

应用法则如下：

①W%R 值介于 0 到 100%之间，100%置于底部，0 置于顶部。

②在 W%R 中设定 80%作为超卖线，当价格从 80%到 100%之间上升后再次回升至 80%以上时，可视为买入信号。

③在 W%R 中设定 20%作为超买线，当价格从 20%到 0 之间下降后再次跌至 20%以下时，可视为卖出信号。

④在 W%R 中设定 50%作为中轴线，当行情从下方向上穿越 50%时，表示确认买入信号；当行情从上方向下穿越 50%时，表示确认卖出信号。

四、价量分析

期货市场价量分析是基于对期货盘面价格变化、交易量和持仓量的增减变化的研究来分析判断未来期货价格走势的方法。

（一）交易行为与持仓量

第一，当买方和卖方同时进入市场时，持仓量增加。

第二，当买方和卖方中的一方进行平仓交易（即换手）时，持仓量保持不变。

第三，当买方和卖方均作为原交易者进行平仓时，持仓量减少。

如表 7-7 所示，如果买方和卖方都建立了新头寸，则持仓量增加。如果双方都平仓结算原有头寸，则持仓量减少。如果一方没有建立新的交易头寸，而另一方平仓了原有头寸（即换手），则持仓量保持不变，包括多头换手和空头换手两种情况。

表 7-7　交易行为与持仓量之间的关系

	买方	卖方	持仓量
1	多头开仓	空头开仓	增加（双开仓）
2	多头开仓	多头平仓	不变（多头换手）
3	空头平仓	空头开仓	不变（空头换手）
4	空头平仓	多头平仓	减少（双平仓）

（二）交易量与价格形态

期货合约的交易量反映了合约成交的活跃程度和买卖双方博弈的激烈程度，经常用于验证价格形态。在反转形态中，头肩顶的一个预兆是，在头部形成过程中，当价格冲高到新高点时，交易量较少，但随后在回落至颈线时，交易量增大；在双重顶和三重顶形态中，当价格冲高到每个后续峰值时，交易量较少，但随后在回落过程中，交易量增大。一般来说，所有价格形态在完成（突破点）时，只要突破信号有效，就应伴随着较大的交易量。

（三）持仓量分析

持仓量是从期货合约开始交易起计算的未平仓合约数量。持仓量增加表明资金正在流入期货市场，而减少则说明资金正在流出期货市场。分析持仓量的变化可以推测资金在期货市场的流向和主力资金的交易行为，有助于投资者判断下一步价格波动的方向。以美国为例，美国商品期货委员会（CFTC）每周五公布上一周截至本周二的持仓结构报告，包括非商业持仓、商业持仓和非报告持仓三部分。非商业持仓主要指大型机构（如基金）的投机仓位，商业持仓主要指用于套期保值的商业仓位，而非报告持仓指散户的投机持仓。一般认为，基金是市场价格行情的推动力量，其净多头和净空头的变化对价格波动有很大影响。

以上是从不同角度对期货市场进行分析的技术分析法。虽然它们在采取方式上存在差异，但彼此并不排斥，相互之间存在交叉和联系。在使用过程中，分析者通常会同时使用多种分析方法进行市场研判。

本章小结

本章全面介绍了期货与期权的行情解读、基本面分析法和技术分析法，帮助读者掌握价格分析的基本方法和技巧。首先，准确解读期货与期权的行情信息，包括合约规范、交易制度和行情报价等，可以做出有效的交易决策。其次，本章深入介绍了基本面分析法，这种方法有助于预测商品期货和金融类衍生品的价格走势。读者可以通过了解基本面分析法的原理、方法和步骤，运用经济、政治和供需等因素对市场进行分析，把握价格趋势。最后，本章详细介绍了技术分析法，概述了常见的理论、方法和工具，这种方法帮助分析和预测期货及期权市场的价格走势。学会使用图表模式、趋势线、指标等工具，可以捕捉市场价格变动的特征，并做出相应的交易决策。通过本章的学习，深入理解期货与期权市场，掌握行情解读、基本面分析法和技术分析法等工具，可以提高在期货及期权交易中的决策能力和成功率。

读者可将本章与实训项目九和十相结合，运用所学知识和技巧进行期货与期权行情解读、基本面分析和技术分析。实训项目九培养读者对市场行情的敏感性和解读能力，帮助他们分析行情走势并做出投资决策，同时考虑经济数据和政治动态等因素。实训项目十注重技术分析，在期货与期权交易中运用常用的技术指标和图表模式。通过这些实践项目，读者将进一步理解和应用本章介绍的期货与期权行情解读、基本面分析法和技术分析法，提升在实际交易中的判断力和决策能力。

实训案例

假设你是一名期货交易员，现在按以下步骤进行技术分析，并制定相应的交易策略。

1. 选择标的物：选择一个你感兴趣和熟悉的期货品种作为标的物，比如原油期货。

2. 收集数据：收集最近一段时间内的原油期货价格和成交量数据。可以从交易所、财经网站或专业金融数据提供商处获取相关数据。

3. 绘制价格图表：使用收集到的数据，绘制原油期货的价格图表。可以选择日、周或月等不同的时间周期，根据自己的交易目标确定最合适的周期。

4. 添加技术指标：在价格图表上添加一些常用的技术指标，如移动平均线、相对强弱指数或随机指标。这些指标可以帮助你发现价格走势和可能的买卖信号。

5. 分析价格走势：通过观察价格图表和技术指标，分析原油期货的价格走势。注意重要的价格支撑位和阻力位，以及价格的趋势方向（上涨、下跌或震荡）。

6. 制定交易策略：根据价格走势分析，制定相应的交易策略。例如，如果观察到原油期货价格处于长期上涨趋势中，并且短期出现了回调，可以考虑在适当的支撑位附近买入。

7. 风险控制：在制定交易策略时，要始终考虑风险控制。设定合理的止损位和盈利目标，以保护资金并确保交易风险可控。

8. 执行交易计划：根据制定的交易策略，执行实际的交易操作。注意实时关注市场动态，灵活调整交易计划。

9. 监控和评估：持续监控交易的进行，及时评估交易的结果和效果。总结经验教训，不断完善自己的交易技巧。

二维码视频材料

练习与思考

本章附录

Python 量化金融三方库数据源汇总

第八章

互换类金融衍生工具

导入案例

我国已与多个“一带一路”沿线国家进行了广泛的合作，推动了人民币在这些国家的使用和流通。例如，在阿根廷，双边本币互换协议为其应对金融危机和外汇压力提供了缓解；巴基斯坦通过人民币清算安排促进了贸易和投资；印度尼西亚获得了600亿元的人民币境外合格机构投资者试点额度，便利了其机构投资中国市场；中俄签署的边贸本币结算协定为边境地区居民和企业提供了支付便利。这些案例表明，在“一带一路”框架下，我国与沿线国家开展了多种形式的互换合作，实现了货币互换、清算、投资和结算等功能，为两国经济发展和金融稳定提供了支持。除了货币互换外，还存在其他类型的互换，如利率、商品和权益互换。那么什么是互换？互换有什么作用？本章将详细介绍互换的概念、类型、机理、应用和市场情况，并通过实例和数据说明它们的作用和影响。

学习目的

通过本章的学习，掌握互换的概念、类型、机理和功能，包括利率互换和货币互换的定义、分类、合约条款和市场惯例；熟悉互换的设计和应用，包括利率互换和货币互换的定价、风险管理、套期保值、套利和投机等策略；理解互换与其他衍生工具的联系和区别，包括互换与远期、期货、期权的异同和转换；了解我国互换市场的发展概况，包括互换市场的发展现状、存在的问题、发展趋势和展望。

素养目标

党的二十大报告明确提出了“深化金融体制改革”“把发展经济的着力点放在实体经

济上”以及“防范金融风险”等目标。本章旨在通过介绍互换工具的背景、合约特点和我国互换市场发展历程，加深对互换工具在全球金融业务革新中服务实体经济和国家战略的作用的理解，并增强对中国特色社会主义制度和道路的信心。同时，本章还结合我国实际情况，运用互换基本原理探讨了互换产品的设计和应用，培养读者分析问题、解决问题的能力以及创新思维和实践能力。通过学习本章，读者可以更好地理解和应用互换类金融衍生工具的原理，并深化对我国金融改革开放和金融服务实体经济的认识。

第一节 互换概述

一、互换的概念及类型

（一）互换的定义

互换（swaps）是指在约定的时间内，两个或多个当事人按照商定条件交换一系列现金流的合约。每一次现金流交换都可以看作是类型不同、头寸相反的两份远期合约的轧差。互换可以被视为一系列远期合约的组合。

（二）互换的分类

根据交换的现金流的类型和特征，互换可分为以下几种：

1. 利率互换

利率互换是指双方同意根据同种货币的同样名义本金，在未来一定期限内交换现金流。其中一方的现金按浮动利率计算，另一方按固定利率计算。利率互换可用于转换固定利率债务和浮动利率债务，或利用不同市场的利差进行套利。

2. 货币互换

货币互换是指双方同意将一种货币的本金和固定或浮动利息与另一种货币的等值本金和固定或浮动利息进行交换。货币互换可用于规避汇率风险、降低融资成本，或进行多元化融资。

3. 权益互换

权益互换是指双方同意在未来的一定期限内交换与股票或指数等权益资产的收益率有关的现金流。权益互换可用于转换股票和债券的收益特征，或投资或做空某些难以买卖的权益资产。

4. 商品互换

商品互换是指双方同意在未来的一定期限内交换与商品价格或价格指数有关的现金流。商品互换可用于对冲或投机商品价格风险，或进行商品价格与其他资产价格之间的套利。

5. 其他互换

除了以上四种常见的互换外，还有一些特殊的互换，如波动率互换、信用违约互换、气候互换、互换期权等。这些互换通常涉及更复杂和更具创新性的交易结构和条件，以满足不同市场参与者的需求。

在互换市场中，利率互换和货币互换是最大且最常见的类型，占据了市场规模的60%以上。本章将重点介绍利率互换和货币互换的相关内容。

二、互换的相关机理

（一）互换产生的理论基础

互换交易的理论基础是国际贸易中的比较优势理论，由经济学家大卫·李嘉图提出。根据该理论，在两个国家都能生产两种产品且一国在这两种产品的生产上都有优势，而另一国则处于相对劣势时，通过专业化分工和国际贸易，双方仍能从中获益。简言之，就是“两利相权取其重，两弊相权取其轻”。

互换交易正是利用交易双方的比较优势进行的。具体而言，互换交易的条件包括：交易双方对对方的资产或负债均有需求，并且双方在这些资产或负债上存在比较优势。

（二）互换的定价原理

互换的定价原理是基于无套利条件和风险中性假设，即互换双方在交易时没有任何利润或损失，而且对未来现金流的预期与市场一致。根据这一原理，互换的价值等于两种现金流的折现值之差，即：

$$V_{\mathrm{swap}} = V_{\mathrm{fixed}} - V_{\mathrm{floating}}$$

其中，V_{swap}是互换的价值，V_{fixed}是固定利率现金流的折现值，V_{floating}是浮动利率现金流的折现值。折现值的计算方法因互换类型而异，通常使用相关的利率曲线或价格指数等市场信息。

（三）互换的基本要素

互换合约的基本要素包括以下内容：

1. 交易双方

交易双方是进行货币或利率互换的交易者，通常包括直接用户、互换经纪商和互换交易商。

直接用户利用互换市场的主要目的有低成本筹资、提高资产收益、保值利率和汇率风险、进行短期资产负债管理以及投机。直接用户包括银行、公司、金融和保险机构、国际组织代理机构和政府部门等。

互换经纪商在交易中充当代理人，协助寻找合适对手方，但不承担金融风险。

互换交易商承担互换经纪商职责，并可能承担金融风险，但其目的是完成交易而非投机。

金融机构在互换市场上既是最终使用者又是中介者，通过互换市场管理资产与负债，并提供建议、信息和承担风险。跨国集团公司、国际性机构和政府部门也是重要的互换市场参与者，通过交易实现资产负债保值增值、风险规避和降低筹资成本。

2. 合约金额

合约金额是互换双方约定的用于计算利息和现金流的金额，它不一定等于实际交换的金额或双方债务/资产的金额。由于互换市场参与者的目的是融资、投资或财务管理，因此互换交易金额通常较大，一般超过 1 亿或 10 亿美元（或其他等值货币）。合约金额根据互换的货币而定，同种货币只需确定一个金额，不同货币则需确定两个金额，并按即期汇率进行折算。

3. 互换的货币

理论上，互换可以涉及任何国家的货币，但实际上使用最广泛的是世界上主要可自由兑换的货币，如美元、欧元、瑞士法郎、英镑、日元、加拿大元、澳大利亚元、新加坡元、港币等。

4. 互换的利率

互换市场涉及的利率种类包括固定利率、存单利率、银行承兑票据利率、优惠利率、商业票据利率、国库券利率、零利息债券利率等。

5. 合约到期日

互换交易通常在外汇市场或期货市场无法提供中长期合约时使用，因此合约的到期日一般较长，通常为中长期。

6. 互换价格

利率互换价格由市场条件决定，与固定利率、浮动利率和信用评级相关；货币互换价格由交易双方协商确定，通常反映了两国货币的利率水平，主要参考政府债券利率。此外，货币互换价格还受到政府改革目标、流动性需求、通胀预期以及交易双方的信用评级等影响。

7. 权利义务

互换交易的双方根据合约明确各自的权利和义务，在合约到期日承担相互交换利息或货币的义务，同时享有对方支付利息或货币的权利。

8. 价差

价差是指买卖价格之间的差异。美元利率互换的价差通常为 5～10 个基点，而货币互换的价差不固定，通常取决于信用风险的大小。

9. 支付频率

支付频率是指互换双方交换现金流的次数，通常以月、季度或半年为单位。

10. 其他费用

其他费用包括互换市场中介者通过安排客户的互换交易获得的收入，例如法律费用、交易费用、咨询费用、合约执行监督费用等。

三、互换的功能

互换交易作为表外业务，不计入资产负债表，具有降低融资成本、规避风险、创造新产品和提高流动性等多种功能。

（一）降低融资成本

互换可利用市场利率差异或比较优势，帮助借款人降低融资成本。例如，一家美国公司可以以低固定利率在美元市场借款，然后通过货币互换转换为欧元债务，以获得更低的欧元浮动利率。同样地，一家欧洲公司可以以低浮动利率在欧元市场借款，再通过货币互换转换为美元债务，获得更低的美元固定利率。

（二）规避风险

互换是一种有效的风险管理工具，可帮助规避市场风险（如利率、汇率和价格波动）、信用风险和操作风险。互换参与者可以采取对冲、分散和监控等策略来管理这些风险。对冲通过建立相反或相抵消的头寸来减少市场风险或信用风险。例如，利率互换参与者可以通过买卖债券或期货等工具对冲利率风险。分散则是通过与不同的对手方或市场进行多个互换交易，以降低单一风险源对投资组合的影响。监控方面，互换参与者需要使用有效的系统和程序实时或定期收集、分析和报告互换交易的信息和数据，并采取必要的措施来应对潜在的风险事件。

（三）创造新产品

互换可帮助借款人或投资者创造符合其需求和偏好的新产品，以实现收益最大化或效用最大化。例如，一家公司可以通过总收益互换将股票收益与固定利率或浮动利率交换，从而实现股票和债券收益特征的转换。反之，公司也可以通过总收益互换将固定利率或浮动利率与股票收益交换，实现债券和股票收益特征的转换。

（四）提高流动性

互换可以帮助借款人或投资者提高流动性，增加资金来源和使用的灵活性。例如，一家公司可以通过信用违约互换将不良资产转让给另一方，从而获得现金流和信用保护；反之，一家公司也可以通过信用违约互换承担另一方的不良资产，从而获得额外的收入和投机机会。

第二节 利率互换

一、利率互换分类

利率互换旨在以同种货币表示调换双方持有的采用不同计息方式计息的资产或负债。在利率互换中，交易双方仅交换利息而无须交换本金，因为本金和规模是相同的。未来现金流主要涉及利息的交换。利率互换主要分为三种形式：固定利率换浮动利率、浮动利率换浮动利率和固定利率换固定利率。

（一）固定利率换浮动利率

固定利率换浮动利率是最基本和常见的形式。一方的现金流按浮动利率计算，而另一方的现金流按固定利率计算。如图 8－1 所示，该互换将 SOFR 和固定利率进行互换。这种互换也被称为息票互换或单纯互换。

图 8－1　息票互换的流程图

（二）浮动利率换浮动利率

在浮动利率换浮动利率的互换中，双方的现金流都采用浮动利率，但所依据的浮动利率基准不同。如图 8－2 所示，一方的现金流以美国优惠利率（Prime）为基准利率计算，而另一方的现金流则以 SOFR 为基准利率计算。这种互换被称为基点互换。

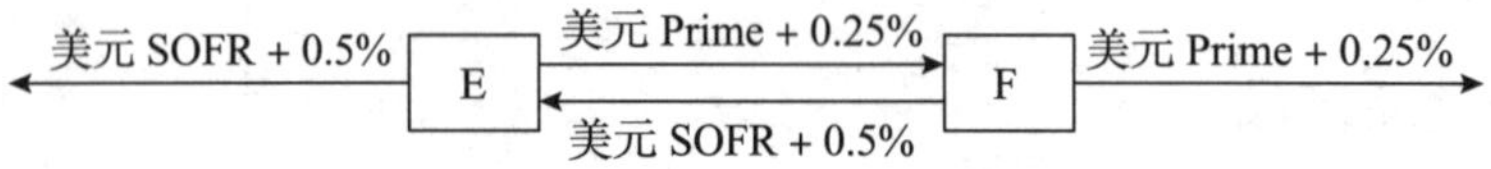

图 8－2　基准互换的流程图

（三）固定利率换固定利率

在固定利率换固定利率的互换中，双方的现金流都采用固定利率。这种互换通常将融资的利息基础从正常息票固定利率换成无息票固定利率，即固定利息一次性支付。这种互换被称为零息互换。

接下来，我们将以常见的固定利率换浮动利率的利率互换为基础，介绍相关内容。

二、利率互换合约条款及市场惯例

（一）合约基本条款

以我国银行间市场为例，利率互换合约应包含以下主要条款（见表 8－1）：

表 8－1　银行间市场利率互换合约条款

一般条款				
期限	名义本金（万元）	交易日	首期起息日	起息日
营业日准则	到期日	计息天数调整	计算机构	清算方式
交易双方支付条款				
固定利率支付				

续表

固定利率	固定利率计息方法	固定利率计息基准	固定利率支付周期	固定利率支付日
浮动利率支付				
参考利率	浮动利率计息基准		浮动利率计息方法	
浮动利率支付周期	浮动利率支付日		利率确定日	

1. 互换期限

互换期限通常较长，如1年、2年、3年、4年、5年、7年、10年，甚至有30年和50年等。此外，我国银行间市场还提供了较短期限的利率互换合约，包括1个月、3个月、6个月和9个月，以及几天的超短期利率互换。

2. 支付周期

支付周期是指利息支付的频率约定，常见的是每半年或每三个月支付一次。固定利息和浮动利息的支付频率通常是相同的，但也可能存在不一致的情况。在我国银行间市场，基于7天回购利率的利率互换通常每三个月交换一次，浮动端的支付额等于这三个月内所有7天回购利率的滚动复利值。

3. 计息基础

计息基础是利率互换中确定现金流支付频率和利息计算的规定。常见的计息基础有Act/360、Act/365和Act/Actual。以Act/360为例，每个计息期根据实际天数计算，将这段时间的天数除以360得到计息期长度，然后根据固定利率计算利息金额。共同确定计息基础可以确保双方一致理解利息计算方式，符合约定和市场惯例。

4. 浮动利率

浮动利率常用的国际指标包括EURIBOR等，而我国银行间市场常用的浮动利率包括七天回购利率、隔夜SHIBOR、三个月SHIBOR、一年定期存款利率、一年贷款利率，以及不同类型或等级的浮动利率债券（如GB10、CDB10、D1/G10、AAA3/D3和FDR0070等）。在现金流交换中，浮动利率的计算基准由交换合同规定的计息方式确定。

5. 相关日期

相关日期包括交易日（双方达成互换协议的日期）、起息日（也称生效日，固定利率和浮动利率开始计息的日期，通常是交易日后两个营业日）、支付日（每个阶段结束后进行支付的日期，每个阶段对应一个支付日）以及到期日或终止日（整个互换结束的日期，也是最后一次现金流交换的日期）。

（二）市场惯例

1. 净额结算

利率互换在实际结算过程中通常使用利息净额进行交割。每个计息期初，根据观察到的浮动利率与固定利率之间的利息净差额进行计算，并在计息期末支付。互换本金仅用于计算利息，称为名义本金。净额结算可以显著降低交易双方的风险敞口头寸，并降低信用风险。

2. 互换报价

我国银行间市场交易系统提供三种报价方式：公开报价、双向报价和对话报价。交易双方通过对话报价进行交易要素的商谈，并在达成一致后确认成交。公开报价和双向报价必须转为对话报价才能成交。公开报价通常以买卖价格报价，交易者可以根据意愿报出买进价或卖出价。同时，具备银行间债券市场做市商或结算代理业务资格的金融机构可以进行双向报价，即同时报出买进价和卖出价。公开报价可进行互换利差报价，即报出特定期限的互换买卖利率与具有相同期限、无违约风险的平价到期收益率之间的差值。

3. 互换头寸结清

互换头寸结清可以通过出售原协议、对冲原协议和解除原协议等方式实现。出售原协议是将未到期的互换协议在市场上出售，转移利息收付权利与义务给购买者。对冲原协议是签订一份与原协议本金、到期日和利率相同但收付利息方向相反的互换协议。解除原协议则是提前结束合约，双方的权利和义务相互抵消。这些方式为互换头寸的结清提供了重要工具和途径，在国际互换交易的快速发展中发挥着重要作用。

三、利率互换设计及应用

（一）利率互换双方的界定

买方：收取浮动现金流、支付固定现金流的一方，被定义为买方，也是利率看涨者。其目的是降低融资成本（有借款需求者）、规避利率上涨风险或赚取利率上涨收益。

卖方：收取固定现金流、支付浮动现金流的一方，被定义为卖方，也是利率看跌者。其目的是降低融资成本（有借款需求者）、规避利率下跌风险或赚取利率下跌收益。

（二）利率互换的条件及作用

利率互换的条件因不同情形而异，以下是常见的条件：

1. 双方均有借款或投资需求的情况

如果双方未来分别有固定利率和浮动利率的借款需求，并且借款规模和期限基本匹配，同时双方在利率市场上都具有比较优势，而且在自己具有比较劣势的市场上有借款需求，他们可以达成互换协议。通过在各自市场上进行借贷或投资，并进行互换，可以降低总成本或提高总收益，实现双方的借款或投资目标，并降低成本或提高收益。这样的互换操作既可实现信用套利，又能够管理利率风险。

2. 双方为利率资产或负债持有人的情况

如果双方分别持有固定利率资产（负债）和浮动利率资产（负债），并且双方对自己持有的资产（负债）的现金流性质不满意，希望与对方资产或负债的现金流进行交换，且双方持有的资产（负债）规模和期限基本匹配，在存在利率预期差异的情况下，双方可以通过互换协议来管理利率风险。通过互换操作，双方可以更好地满足现金流需求，减轻利率波动带来的风险。

（三）利率互换的案例设计

利率互换的理论基础是李嘉图的比较优势原理。根据这一原理，筹资者只需在自身具有比较优势的市场筹资，然后通过利率互换来调整计息方式，从而实现更廉价的融资。以下是相关案例说明。

1. 互换双方有借款需求

案例 8-1

假设有甲、乙两家公司，甲公司希望筹措浮动利率资金 1 000 万美元，而乙公司则希望筹措固定利率资金 1 000 万美元，两家公司筹措资金的期限均为三年。这两家公司的信用等级和筹资利率如表 8-2 所示。

表 8-2 甲、乙两公司的信用等级与筹资利率

	甲公司	乙公司	利差
信用等级	AAA	BBB	—
固定利率	5%	6%	1%
浮动利率	SOFR+0.25%	SOFR+0.75%	0.5%

解答：第一步：比较优势、借款需求及互换条件分析。

根据比较优势原理，甲公司信用等级高于乙公司，在固定利率和浮动利率市场上的借款利率都低于乙公司。甲公司在固定利率市场具有更大的优势，在浮动利率市场具有更小的优势。通过利率互换，两家公司可以共同降低利息支出，减少筹资成本。两家公司借款期限、规模和付息频率相同，并且符合互换条件。

第二步：计算利率互换能够降低的融资总成本。

$$
\begin{aligned}
\text{节省利率} &= (\text{甲公司浮动利率}-\text{乙公司浮动利率}) \\
&\quad -(\text{甲公司固定利率}-\text{乙公司固定利率}) \\
&= (\text{SOFR}+0.25\%-\text{SOFR}-0.75\%)-(5\%-6\%) \\
&= -0.5\%+1\% \\
&= 0.5\%
\end{aligned}
$$

第三步：计算双方互换后的实际融资成本。

假设双方平均分配这一节省的利率，则双方各能节省 0.25% 的利息支出。因此，甲、乙两家公司的最终借款成本分别为：

$$
\begin{aligned}
\text{甲公司借款成本} &= \text{甲公司浮动利率}-\text{节省利息} \\
&= \text{SOFR}+0.25\%-0.25\% \\
&= \text{SOFR}
\end{aligned}
$$

$$
\begin{aligned}
\text{乙公司借款成本} &= \text{乙公司固定利率}-\text{节省利息} \\
&= 6\%-0.25\% \\
&= 5.75\%
\end{aligned}
$$

第四步：设计互换进程。

协议开始后，甲和乙分别在各自具有比较优势的市场借款 1 000 万元。甲以固定利率借款，乙以浮动利率借款。在付息日，双方按约定方式交换利息，即甲向乙支付浮动利息，乙向甲支付固定利息（结算差额）。这个过程一直持续到到期，从而实现了彼此借款性质的互换，如图 8－3 所示。

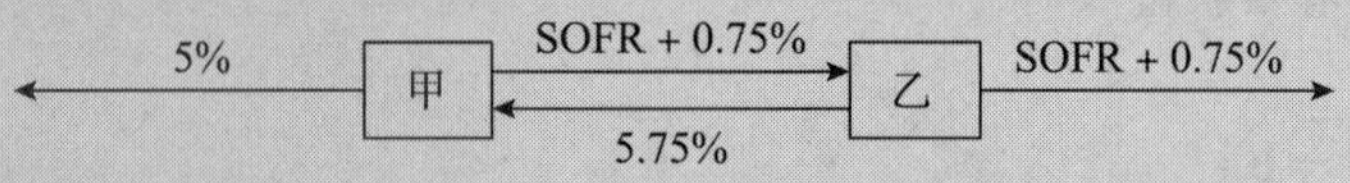

图 8－3　利率互换的结果

从图中可以看出，为了完成利率互换并实现我们需要的最终结果，只需甲乙双方进行利息差额的支付即可。利息差额指的是两者之间箭头数值的差异。因此，甲乙双方只需由甲公司向乙公司支付 SOFR－5％的利息差额即可完成互换，图 8－3 只是其中一种设计方案。

第五步：互换交易头寸方向的确定。

根据利息差额的正负情况确定支付方向。如果利息差额为正，甲公司向乙公司支付；如果利息差额为负，乙公司向甲公司支付。支付方向的确定取决于浮动利率参照指标 SOFR 的数值大小。在这三年期间，每一期（通常是一年或半年）利息差额的支付方向会随着 SOFR 的变动而改变。

2. 有中介参与其中的互换设计

案例 8－2

信息同上例，假设甲乙两公司通过金融中介（如银行）进行利率互换，并支付给金融中介 10 个基点的手续费，试对此时的利率互换进行设计。

解答：根据之前的信息，甲乙两公司共同节约的利息成本是 0.5％。考虑到金融中介的参与，甲乙各自节约的利息成本为 0.2％[＝(0.5％－0.1％)/2]。因此，甲、乙两公司的最终借款成本分别为：

$$
\begin{aligned}
\text{甲公司借款成本} &= \text{甲公司浮动利率} - \text{节省利息} \\
&= \text{SOFR} + 0.25\% - 0.2\% \\
&= \text{SOFR} + 0.05\% \\
\text{乙公司借款成本} &= \text{乙公司固定利率} - \text{节省利息} \\
&= 6\% - 0.2\% \\
&= 5.8\%
\end{aligned}
$$

根据上述信息，我们可以设计出可能的一种利率互换，如图 8－4 所示。

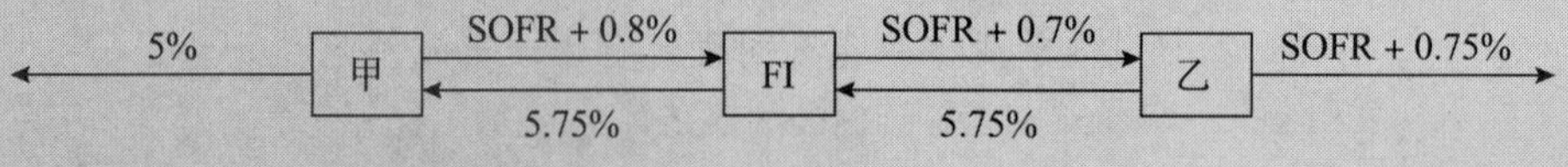

图 8－4　有金融中介参与的利率互换的结果

从中可见，要完成利率互换并实现所需的最终结果，甲公司只需向金融机构支付SOFR－4.95%的利息差额，而金融机构则向乙公司支付SOFR－5.05%的利息差额。

3. 互换双方持有资产的互换设计

需注意的是，上述2个例子是负债互换的表现形式。对于资产互换来说，利率越高越好，与负债互换相反。因此，在比较优势方的判断标准和互换设计上会有明显的不同。

案例 8-3

A和B两家公司分别持有1 000万美元的贷款，A的贷款利率为固定利率6%，B的贷款利率为浮动利率SOFR＋1%。为了规避利率风险，它们决定进行利率互换。

双方约定以1 000万美元作为名义本金，不进行实际交换。A支付固定端6%的年化利息，即每年支付60万美元；B支付浮动端SOFR的年化利息，即每年支付SOFR乘以1 000万美元的金额。这样，A实际上以SOFR＋1%的浮动利率借款，而B则以6%的固定利率借款。双方实现了各自想要的计息方式，没有增加或减少总体的借款成本。

例如，在第一年末，SOFR为5%，A向B支付60万美元，B向A支付50万美元；在第二年末，SOFR为4%，A向B支付60万美元，B向A支付40万美元；在第三年末，SOFR为3%，A向B支付60万美元，B向A支付30万美元。总体上，A支付了180万美元，收取了120万美元，净支出60万美元；B支付了120万美元，收取了180万美元，净收入60万美元。这与原有的贷款利息支出或收入相同，只是计息方式发生了变化。

通过这个案例，我们可以看出利率互换可帮助交易双方管理利率风险。如果SOFR下降，A可以获得更低的浮动利率借款，而B可以保持固定利率借款；如果SOFR上升，A可以保持固定利率借款，而B可以获得更高的浮动利率借款。双方都可以根据市场情况获得收益或减少损失。

第三节 货币互换

一、货币互换分类

货币互换是指在约定期限内交换两种货币的本金数量，并定期交换两种货币的利息的交易。货币互换主要有两种基本形式：利息交换和本金交换。

（一）利息交换形式

（1）固定对固定：交易双方按固定利率计算利息，这是最传统和常见的货币互换形式（见图8－5）。

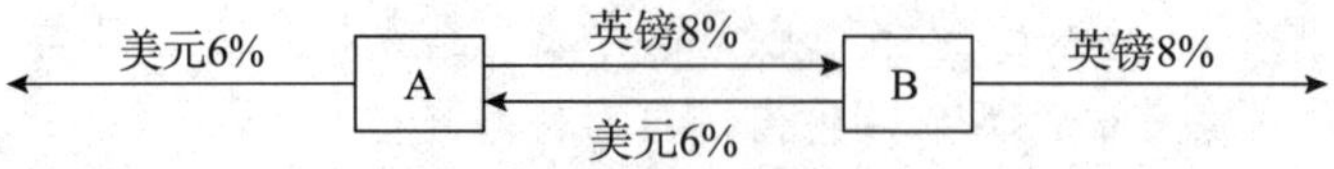

图 8-5　货币互换示意图

（2）浮动对浮动：交易双方按浮动利率计算利息，通常以额度互换的形式进行。通过利用不同市场的利率差异而无须考虑汇率风险（见图 8-6）。

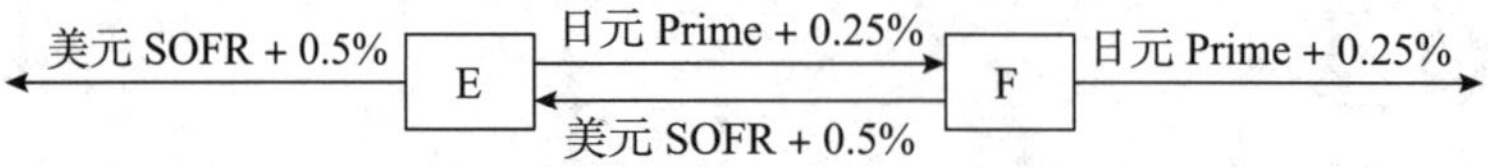

图 8-6　基准互换的流程图

（3）固定对浮动：一方按固定利率计算利息，另一方按浮动利率计算利息。这种互换被称为交叉货币互换（见图 8-7）。

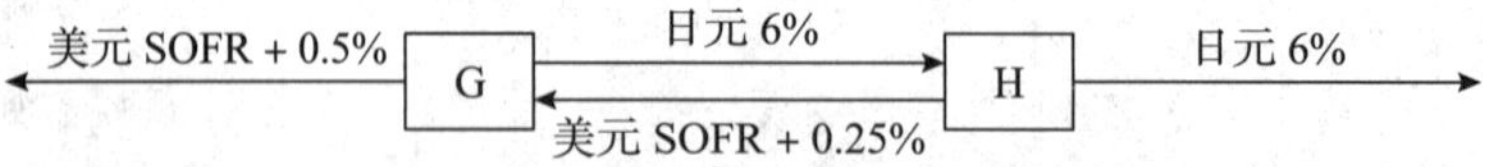

图 8-7　交叉货币互换的流程图

（二）本金交换形式

本金交换形式（以我国银行间市场相关规定为例）包括以下几种形式：

（1）实际本金交换：在协议生效日，双方按约定的汇率交换两种货币的本金，并在协议终止日以相同的汇率和金额进行一次本金的反向交换。适用于两种货币的名义本金不相等的情况。

（2）非实际本金交换：在协议生效日和终止日不实际交换两种货币的本金。适用于两种货币的名义本金相等的情况。

（3）单向本金交换：在协议生效日或终止日仅进行一次两种货币的本金交换。适用于一方只需要一种货币的情况。

除了以上形式，还可能存在根据主管部门规定的其他形式。

二、货币互换与外汇掉期的联系与区别

外汇掉期交易是指交易双方约定在两个不同起息日进行方向相反的两次货币交换。第一次交换按约定汇率用货币 A 交换货币 B，第二次交换按另一约定汇率用货币 B 交换货币 A。

货币互换和外汇掉期都是一种在约定期限内交换两种货币的本金和利息的交易，但它们在以下几个方面存在不同之处：

（一）交易形式

外汇掉期是外汇市场上的一种交易形式，通常用于管理资金头寸或进行套利操作；而货币互换则是一种衍生工具，以合约的形式表现，通常用于管理资产和负债或筹措外资。

（二）交易场所

外汇掉期是在外汇市场上进行的，通常由银行或其他金融机构提供；而货币互换则在专门的互换市场上交易，通常由互换经纪人或其他中介机构提供。

（三）交易期限

外汇掉期的交易期限一般为1年以内，最长不超过2年；而货币互换的交易期限一般为1年以上，最长可达10年或更长。

（四）交换汇率

外汇掉期的前后交换货币通常使用不同的汇率，即即期汇率和远期汇率；而货币互换的前后交换货币通常使用相同的汇率，即协议生效日的即期汇率。

（五）交换利息

外汇掉期不进行利息交换，只进行本金交换；而货币互换通常进行利息交换，利率可以是固定利率、浮动利率或两者的组合。

三、货币互换设计及应用

（一）货币互换的条件

当交易双方达成互换协议时，不同情形下需要满足的互换条件有所差异，具体如下：

1. 双方具有借款需求

双方具有借款需求时，需满足以下条件：首先，双方分别需要不同币种的借款，且借款规模和期限相匹配。其次，双方可能因在不同货币市场上存在比较优势或借款制度障碍而寻求借款。最后，双方都在处于相对弱势或存在制度障碍的市场上有借款需求。

2. 持有人具有不同比重的资产或负债

不同比重的资产或负债持有人在满足以下条件时可进行互换交易：首先，双方分别持有固定利率的资产或负债。其次，双方对自己所持资产或负债的现金流情况不满意，希望与对方的资产或负债持有人进行现金流交换。最后，双方持有的资产或负债规模和期限基本相符。

（二）货币互换的作用

1. 降低融资成本或提高资产收益

通过互换协议，双方可以先在各自具有比较优势的市场上进行借款或投资，然后进行互换，从而降低总成本或提高总收益，实现信用套利。

2. 管理汇率风险或同时管理利率风险

通过互换协议，在降低融资成本或提高资产收益的同时，投资者可根据汇率预期借入资金或进行投资，以规避汇率风险。同时，利用货币互换的形式，可以管理不同币种资产或负债间的利率风险。

3. 规避外汇管制或同时管理利率风险

货币互换最初推出是为了规避外汇管制，目前仍可选择货币互换来规避外汇管制。此外，通过货币互换可以改变参与者的资产（负债）结构或类型，以构造符合客户需求的结构化产品。同时，也可以管理利率风险。

（三）货币互换的步骤

货币互换根据交易双方的互补需要，将持有的不同种类的货币，以商定的筹资本金和利率为基础，进行货币本金的交换并结算利息。货币互换交易通常包括以下三个基本步骤：

第一步：本金的初期互换。根据交易双方的互补需求和商定的筹资本金和利率，交换不同种类货币的本金，并结算利息。

第二步：利率的互换。交易双方根据协定利率和未偿还本金，进行互换交易的利率支付。

第三步：到期日本金的再次互换。在合约到期日，交易双方通过互换交易，将期初交换的本金再次交换回来。

在考虑互换中介的情况下，对于美国和英国公司而言，其货币互换的流程如图 8－8 所示。

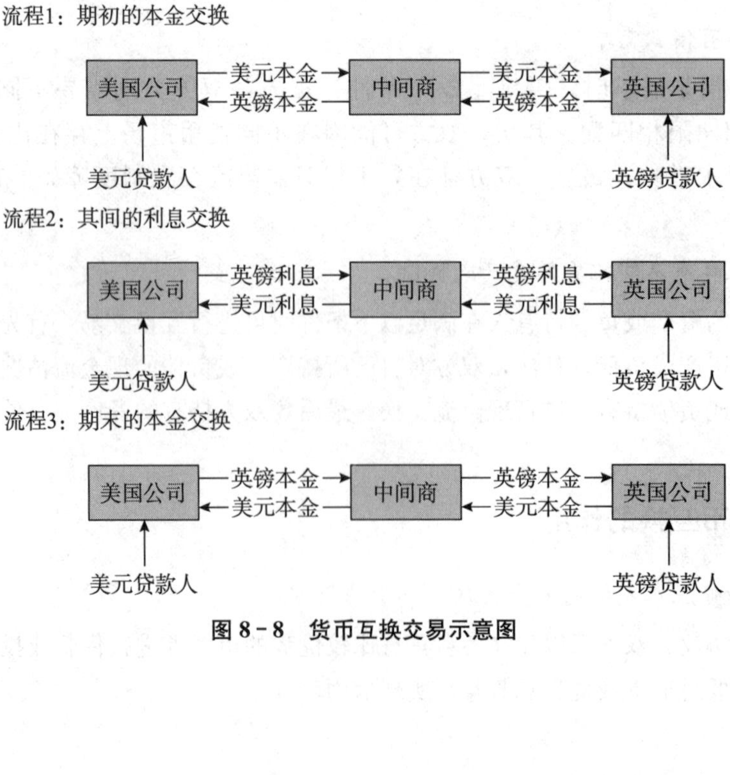

图 8－8　货币互换交易示意图

（四）货币互换的案例设计

货币互换的设计过程与利率互换类似，需要先确定交易双方的比较优势、分配互换收益，并以此为基础进行货币互换的设计。下面通过一个案例来说明货币互换的设计。

案例 8-4

假设A公司需要借入3 000万日元，B公司需要借入相当规模的欧元，汇率为1欧元=130日元。市场向A、B公司提供的借款利率如下：

	欧元	日元
A公司	1%	2.5%
B公司	2.0%	3.0%

解答：

第一步：比较优势、借款需求及互换条件分析。

A公司由于信用等级较高，在两个借贷市场上都有优势，即借款成本低于B公司。A公司在欧元市场上的优势为1%，在日元市场上的优势为0.5%。B公司在两个市场上的借款成本均高于A公司，但在日元市场上具有比较优势。

第二步：融资总成本及互换收益计算。

首先，A、B公司分别在各自具有比较优势的市场上借款，B公司借入3 000万日元，按汇率计算，A公司借入23.077万欧元。然后进行互换。如果按照各自的意愿借款，A借入日元，B借入欧元，融资总成本为4.5%。如果A借入欧元，B借入日元，融资总成本为4.0%。通过互换，融资总成本可降低0.5%，即比较优势的大小。

如果双方平分收益且没有中介参与，A、B公司的融资成本分别为：

A公司的融资成本：2.5%－0.5%/2=2.25%。

B公司的融资成本：3.0%－0.5%/2=2.75%。

第三步：货币互换进程。

通过降低融资成本，A、B公司可以实现借入所需货币和管理汇率风险的目标。具体互换过程可参考图8-9。

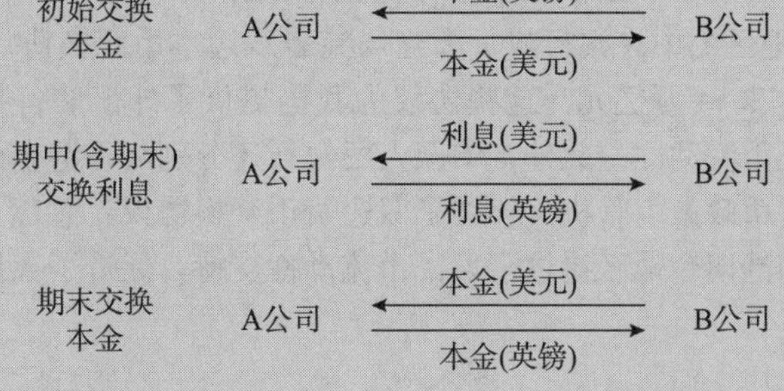

图8-9 A公司和B公司货币互换现金流结构图

A 公司和 B 公司在降低融资成本的同时，可实现各自对借款币种的需求和管理汇率风险的目的。

第四节 我国互换市场概况

一、我国互换市场的发展现状

（一）利率互换市场

利率互换在我国是最早且规模最大的互换品种。2006 年，中国人民银行发布了《关于开展人民币利率互换交易试点有关事宜的通知》，正式启动了人民币利率互换业务。随后，2008 年，该市场扩大到涵盖所有银行间债券市场参与者。2014 年，通过《关于建立场外金融衍生产品集中清算机制及开展人民币利率互换集中清算业务有关事宜的通知》，我国建立了场外金融衍生品集中清算机制。2017 年，我国引入了银行间回购定盘利率（FDR）互换产品和 5 年以上的利率互换品种。2020 年，我国推出了美元担保隔夜融资利率（SOFR）利率互换产品。2023 年，中国人民银行发布了《内地与香港利率互换市场互联互通合作管理暂行办法》，以规范内地与香港利率互换市场互联互通合作，并保护投资者权益、维护市场秩序。根据中国人民银行的数据，2022 年，我国利率互换名义本金总额已达到 21.0 万亿元。

（二）货币互换市场

我国货币互换市场在应对国际金融危机和维护区域金融稳定的背景下得以发展。自 2000 年 5 月起，东盟十国及中日韩达成了货币互换协议（清迈倡议），用于应对货币遭受攻击或其他危机情况。此后，中国人民银行与多个国家的中央银行或货币当局签署了双边货币互换协议，包括日本、韩国、泰国、马来西亚、印度尼西亚和菲律宾等。从 2010 年 3 月开始，清迈倡议多边化生效，建立了总额为 1 200 亿美元的多边货币池，并由东盟+3 宏观经济研究办公室（AMRO）提供监测和分析服务。

我国货币互换市场规模不断扩大，合作范围不断拓展。截至 2021 年底，中国人民银行已与 40 个国家和地区的中央银行或货币当局签署双边本币互换协议，总金额超过 4.02 万亿元，有效金额达 3.54 万亿元。这些协议为我国提供了外汇储备补充渠道，并支持其他国家和地区的人民币流动性。此外，中国人民银行还分别与香港金融管理局、澳门金融管理局、台湾地区货币政策主管机关签署了双边货币互换协议，总额达到 1.1 万亿元人民币。这些协议为我国港澳台地区提供了人民币流动性支持，促进了人民币在这些地区的使用和发展。

（三）商品互换市场

我国商品互换市场是近几年才开始快速发展的新兴市场，涵盖能源、农产品等标的物。自 2018 年以来，我国商品互换业务规模迅速增长。仅 2019 年累计名义本金就达到了 403.68 亿元，同比增长近 4 倍；而 2020 年 1—7 月的累计名义本金更高达 202.27 亿元。该市场得到了国内重要金融基础设施的支持。上海清算所为大宗商品互换业务提供中央对手方清算服务，覆盖了 6 个行业板块的大宗商品互换业务。同时，大连商品交易所推出商品互换业务，采用大连商品交易所期货价格和商品指数作为交易标的，并提供交易登记、盯市、资金管理和双边清算等全面服务。

商品互换市场主要由期货公司下属的风险管理公司运营。根据 2020 年上半年的数据，在 68 家备案公司中共有 60 家风险管理公司从事场外衍生品业务。前三家风险管理公司的持仓集中度达到 61.4%，前五家则达到 72.4%。产业客户是该市场的主要服务对象。在 2020 年上半年，共有 825 个产业客户参与了场外衍生品交易，占总参与交易客户数的 65.22%。而在新增交易中，产业客户贡献超过 30%的名义金额。

二、我国互换市场发展趋势与展望

（一）利率互换市场

经过近 30 年的利率市场化改革，我国已基本形成了市场化的利率形成和传导机制。央行通过公开市场操作和短期政策利率（逆回购利率）调整来影响货币市场和债券市场利率，通过政策利率引导贷款市场报价利率（LPR），进而影响银行的贷款利率。利率互换市场受到这些变化的影响，市场预期管理措施加强，基准利率波动溢价降低；基础设施逐步完善，产品序列更加完备。人民币利率互换作为风险管理工具将发挥更大作用，市场发展空间将扩大。

此外，人民币利率互换衍生品市场的“北向互换通”实现了人民币自由可兑换，进一步扩大了人民币国际化的范围。香港人民币衍生品市场的发展有助于境外人民币资产风险管理和便捷使用，对推动人民币国际化具有重要意义。

（二）货币互换市场

我国的货币互换与美联储的货币互换存在以下差异。首先，目的不同。美联储的货币互换旨在维持国际金融市场和金融体系稳定，充当全球最后贷款人角色；而中国人民银行的货币互换主要为了服务实体经济，促进人民币在贸易和投资中的使用，推动人民币国际化。其次，资金用途不同。美联储的货币互换满足外国银行的美元融资需求；而中国人民银行的货币互换主要提供贸易信贷和营运资金，并通过注入流动性稳定离岸人民币市场及为签署国提供人民币储备资产。此外，活跃期限、驱动因素和对象范围也各有差异。

展望未来，我国货币互换协议市场将扩大合作范围和规模，增强货币的稳定性和信用度。随着全球经济复苏和贸易增加，双边货币互换协议将提供更多人民币流动性，支持跨境贸易和投资，增加人民币的国际使用。这将提高市场对人民币的信心，促进人民币在贸易结算和储备货币中的应用，推动人民币国际化。同时，我国货币互换协议市场也将在促进“一带一路”倡议等方面发挥重要作用。

（三）商品互换市场

商品互换为生产者、消费者和投资者提供价格风险管理工具，促进了商品价格形成机制的完善和商品市场的深化发展。该市场为产业客户提供了有效的价格风险管理工具，帮助产业客户稳定经营并增强抗风险能力。展望未来，随着我国商品期货和期权市场的不断完善和创新，商品互换市场将进一步丰富产品类型和交易方式，提高交易效率和透明度。

本章小结

本章全面介绍了互换类金融衍生工具。首先概述了互换的基本知识，包括概念、类型和相关机理，并强调了其多重功能。接着详细讨论了利率互换，包括分类、合约条款、市场惯例以及设计和应用方面的内容。然后聚焦于货币互换，介绍了其分类、与外汇掉期的联系和区别，并深入探讨了设计和应用。最后回顾了我国互换市场的发展现状和未来趋势。通过学习本章的内容，读者能够全面了解互换类金融衍生工具的概述、分类、合约条款、设计和应用，以及我国互换市场的发展现状和未来趋势。

读者学习本章时，可结合实训项目十一进行利率互换设计的模拟，以加深对互换交易的理解，并掌握互换交易的原理、流程和技巧。读者可以通过分析利率互换在不同市场环境下的表现和效果，培养对金融市场的敏感度和洞察力。

实训案例

宝洁公司是一家全球知名的日用品制造商，涵盖清洁用品、个人护理用品、美妆用品等多个领域。信孚银行则是一家专注于为企业客户提供金融服务和衍生产品的美国商业银行。

1994 年 4—5 月，宝洁公司与信孚银行签署了一份利率互换合约，旨在降低宝洁公司的借款成本。考虑到预测美国的利率水平将下降，宝洁公司选择以浮动利率计息来交换固定利率。具体互换方式为：信孚银行按 5.30%的固定利率支付给宝洁公司，宝洁公司则按浮动利率支付给信孚银行，浮动利率的计算公式如下所示：

$$\text{浮动利率}=30\text{ 天期商业本票平均利率}-75\text{ 个基点}+\text{价差}$$

这种利率互换与一般的利率互换相比，主要区别在于基点数量和价差计算方式。双方在交易后的第一个半年内价差为 0，接下来每半年调整一次，按以下公式确定：

$$\text{价差}=\max[0,(17.0415\times \mathrm{YTM})-(0.01\times \mathrm{TBP})]$$

其中，YTM 是 5 年期国债的到期收益率，TBP 是 30 年期国债的价格。

将价差改写为对利率的敏感度，以衡量利率每变动 1 个百分点，对价差影响的百分比。考虑到债券价格与到期收益率呈相反关系，原先公式中 30 年期国债价格若改为以到期收益率表示，则前面的负号将变成正号。因此，上述价差可以改写为如下形式：

$$\text{价差}=(17.0415\times \Delta \mathrm{YTM}\%)+(13.6442\times \Delta \mathrm{YLD}\%)$$

其中，ΔYTM%是 5 年期国债到期收益率的变动率，ΔYLD%是 30 年期国债到期收益率的变动率。从改写后的价差公式可以看出，价差对5年期利率的敏感度大于对30年期利率的敏感度。当5年期国债到期收益率上升1%时，价差将上升17.041 5%；而当30年期国债到期收益率上升1%时，价差将上升13.644 2%。如果两者同时上升1%，则价差将上升30.685 7%。

这种价差机制使得互换具有高财务杠杆，利率变动对价差产生倍数效应。此外，价差对中期（5年期国债）利率的敏感性高于长期（30年期国债）利率，若两种利率变动方向相同，价差将扩大。

然而，由于当时美国景气持续回升，为抑制过热的景气，美联储自1994年开始施行紧缩性货币政策，连续6次调高利率，导致利率走势反转上升。这使得宝洁公司支付的浮动利率迅速上涨，远超一般利率水平，进而导致宝洁公司的损失不断扩大，高达1.57亿美元。

同时，宝洁公司发现在互换前信孚银行未充分告知风险，并且利率计算与宝洁公司的要求存在差异。基于这些问题，宝洁公司对信孚银行提出控告，最终双方达成和解。

请根据以上背景信息回答以下问题：

1. 宝洁公司为何选择复杂且高风险的互换合约，而非一般的利率互换合约？

2. 利率变动对宝洁公司和信孚银行的互换收益和损失有何影响？宝洁公司如何管理和控制互换风险？

3. 信孚银行在互换前是否尽责履行了风险告知义务？宝洁公司与信孚银行之间的纠纷及解决方案是否合理和公平？

二维码视频材料

练习与思考

第九章

信用衍生产品

导入案例

2008年，美国雷曼兄弟公司的破产引发了全球金融市场的动荡。在这场危机中，信用衍生产品广泛运用于资产和收益保护，但同时也给一些金融机构和投资者带来了巨大损失，其中的典型案例就包括美国国际集团（AIG）。作为最大的信用违约互换（CDS）保护卖方之一，AIG通过出售CDS并承担巨大信用风险，为参与者提供在信用事件发生时获得补偿权的保障。然而，当次贷危机爆发后，AIG面临巨额赔付责任，由于缺乏足够的资金而无法履行合约义务，不得不向美国政府寻求850亿美元的紧急救助。那么，什么是信用衍生产品？它能发挥什么作用？我国信用衍生产品市场又是怎样的呢？本章将探讨这些问题。

学习目的

通过本章的学习，掌握信用衍生产品的定义、功能和特性，包括信用衍生产品的含义、产生的背景和发展历程、能够实现的风险管理和资产配置等功能，以及信用衍生产品的杠杆效应、复杂性、不透明性等特性；了解信用衍生产品的主要种类，包括信用违约互换、总收益互换、信用联结票据、信用期权与信用价差期权、担保债务凭证等；了解我国信用衍生产品市场的概况，包括我国信用衍生产品市场的发展现状和特点、存在的问题和对策，以及未来的发展趋势和展望。

素养目标

党的二十大报告强调了以人民为中心的发展思想。本章旨在培养学生的金融创新意识和能力。通过了解信用衍生产品的历史背景、原理和应用方法，学生将认识到信用衍生产品在信用风险转移、资金利用效率提高和资产负债结构优化方面的作用，并树立正确的金融价值观和职业道德。

第一节 信用衍生产品的概述

信用风险是指在金融交易中，由于交易对手或债务发行人违约或信用品质发生变化而导致损失的可能性。作为金融市场中最常见且最重要的风险之一，它不仅影响投资者和金融机构的资产和收益，也对市场的稳定和发展产生影响。因此，有效管理和控制信用风险成为金融业所面临的重大挑战。为了分散和转移信用风险，提高投资者和金融机构的信用管理效率和灵活性，信用衍生产品应运而生。

一、信用衍生产品的定义

信用衍生产品（也称信用衍生工具）最早是在1992年巴黎举行的国际互换与衍生品协会（ISDA）年会上被提出的。ISDA将信用衍生产品定义为一系列金融工程技术，通过从基础资产中剥离和转移出信用风险来实现。交易双方通过签署具有法律约束力的金融合约，将信用风险从贷款或债券的众多风险中独立出来，并转移给对方。其主要特点是将信用风险与其他风险分离，并提供转移机制。

简言之，信用衍生产品是一种金融合约，旨在减少或消除信用风险。它们可以在未来的某个时间点或时间段内产生确定或不确定的现金流，通过将由信用事件引起的风险转移给交易对手，来保护、优化或提高自身的资产及其收益。从风险管理的角度来看，信用衍生产品与其他金融衍生产品有相似之处。实际上，一些信用衍生产品就是传统金融衍生产品在信用风险管理中的特殊运用。

二、信用衍生产品产生的背景和发展历程

信用衍生产品产生于20世纪80年代末期至90年代初期，背景是国际金融市场出现了一系列债务危机，如拉美债务危机和亚洲金融危机。这些危机导致许多投资者和银行遭受了巨大损失。为了应对这种情况，金融机构开始寻求将信用风险转移给愿意承担的主体，以降低自身的资本占用和损失风险，从而推动了信用衍生产品的诞生。最早的信用衍生产品是CDS，它由纽约的信孚银行和瑞士信贷银行金融产品部在20世纪90年代初首次推出。

在20世纪90年代中期至21世纪初期的第二阶段，国际金融领域发生了一系列重大事件，如安然公司的财务造假案，加剧了金融风险和信用风险集中暴露的问题。这促使投资者对分散和对冲信用风险的需求变得更加突出。在这一阶段，除了CDS外，还出现了其他新型的信用衍生产品，如总收益互换（TRS）、信用联结票据（CLN）、信用价差期权（CSO）和担保债务凭证（CDO）。这些产品满足了不同投资者和金融机构对分散和转移信用风险的需求，同时提供了更多的投资机会和收益来源。

第三阶段发生在21世纪初期至今，主要是为了防范和化解信用衍生产品所暴露的系统性风险。各国政府和监管机构加强了对信用衍生产品市场的监管和规范，推动交易从双边向集中清算转变，提高市场透明度和效率，并制定更严格的资本要求和披露规则，提升风险管理水平。同时，为了适应市场变化和需求，信用衍生产品市场进行了创新和改进，开发了更多品种和功能，优化了定价机制和评估模型，并整合了更多信息和数据以提高分析能力和预测准确性。

三、信用衍生产品的功能

信用衍生产品具有多种功能，对金融市场起到了重要作用。

（一）信用风险管理

通过信用衍生产品，投资者和金融机构可以转移或分散信用风险，降低潜在损失，提高资产质量。例如，购买CDS或CLN可以将持有的债券或贷款的信用风险转移给保护卖方或发行人，减轻自身的风险敞口。

（二）优化融资成本

通过购买CDS或发行CLN，借款人或发债人可以改善其信用状况，降低借款利率或发债利差，提高融资效率。同时，出售CDS或购买CLN也可以为借款人或发债人带来额外收入，增强其还款能力，进一步优化融资条件。

（三）提升投资收益

通过承担或投机信用风险，投资者和金融机构可以获得额外的收益，提高其投资回报。出售CDS或购买CLN可以承担较高的信用风险，从而获得更高的收益。同时，购买CDS或出售CLN也可以对冲或投机参考实体的信用风险变动，获取差价收益。

（四）市场完善和创新

信用衍生产品通过提供更多的信息、选择和机会，能够完善市场功能，促进市场的透明度和效率。例如，交易CDS或CLN可以形成和反映对参考实体的信用评价，增加市场的信息。创造CDS指数等新型信用衍生产品可以满足不同类型和层次的信用风险管理和投资需求，推动市场的多样化和深化。

四、信用衍生产品的特性

信用衍生产品的特性包括表外性、债务不变性、可交易性、保密性、低成本性、可塑性和杠杆性。

（一）表外性

信用衍生产品作为表外项目，不会直接反映在交易者的资产负债表上。这使得金融机构能够调整风险敞口，而无须增加实际资产。

（二）债务不变性

信用衍生产品交易只涉及债务的结构成分，而不影响原债务人与债权人之间的关系。这意味着即使交易了信用衍生产品，原始债务仍然存在，并未改变。

（三）可交易性

信用衍生产品可以在独立的市场上进行买卖交易，提供了一种转移和交易信用风险的方式，增加了灵活性和流动性。

（四）保密性

信用衍生产品的交易发生在风险转嫁方与借款人之外，保持了银行客户记录的机密性。这种保密性允许交易参与者在不公开披露交易信息的情况下进行交易。

（五）低成本性

信用衍生产品通常具有较低的操作成本，相比传统的债务融资或保险机制，交易过程中的手续费和法律程序较少，使交易更加高效和经济实惠。

（六）可塑性

信用衍生产品可以根据投资者和金融机构的需求进行量身定制，以满足多样化的风险管理和投资需求。

（七）杠杆性

信用衍生产品通过使用杠杆效应，能够在不占用实际资金的情况下控制更大规模的信用风险敞口，提高潜在收益。

第二节 信用衍生产品的主要种类

一、信用违约互换

（一）信用违约互换的定义及运作原理

信用违约互换（credit default swap，CDS）是最具代表性和交易量最大的信用衍生产品之一。在 CDS 合约中，保护买方定期向保护卖方支付一定的费用，被称为 CDS 点差或溢价。当预先定义的信用事件发生时，如主权债务违约，保护卖方向保护买方支付赔偿金，通常等于债券面值减去回收价值。CDS 相当于一种信用保险，在债务人违约时为保护买方提供补偿，并让保护卖方通过收取费用承担信用风险。

CDS 广泛应用于各个领域，不仅限于债券持有者，还包括银行、公司和其他经济主体。例如，银行按合约规定支付保险费购买 CDS，为其发放的贷款提供保险。如果参考信贷发生信用事件（如破产、支付违约和重组等），银行将获得相应的支付作为赔偿。而违约保护卖方（即银行的交易对手）可以按面值购买这一违约的资产，或通过现金结算来弥补银行的资产损失。

需要注意的是，进行 CDS 交易的双方并不需要持有参考实体的债务，这使得 CDS 交易具有灵活性和广泛适用性，尤其在银行间市场上更加常见。图 9－1 为信用违约互换的运作原理示意图。

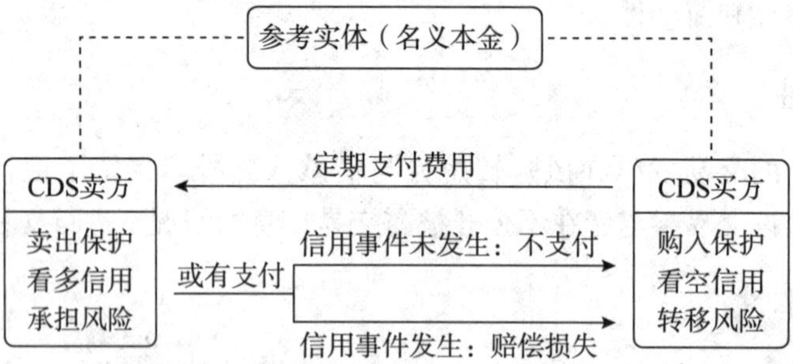

图 9－1　信用违约互换结构图

（二）信用事件后结算方式

信用事件后结算方式指的是在信用事件发生后，保护买方和保护卖方确定和交换赔偿金的方法。主要有实物交割和现金交割两种方式。

1. 实物交割

实物交割是通过实际交易参考资产来进行结算的方式。保护买方向保护卖方交付参考资产或等价资产的面值金额，并从保护卖方处获得相同金额的现金。这样，保护买方可以按面值价格出售参考资产，而不受市场价值下跌的影响。实物交割可以完全消除保护买方的信用风险，但需要保护买方事先持有或购买参考资产，并承担交割风险。

2. 现金交割

现金交割是根据参考资产市场价值确定赔偿金的方式。保护卖方向保护买方支付参考资产或等价资产的面值金额与其市场价值之间的差额，并不涉及参考资产的实际交易。这样，保护买方可以以市场价格出售参考资产，并从保护卖方处获得补偿。现金交割让保护买方无须事先持有或购买参考资产，并减少交割风险，但需要确定参考资产的市场价值。

通常情况下，CDS 合约会规定信用事件后结算方式的选择权归属于哪一方，或由双方协商确定。过去，实物交割是主要方式，但随着 CDS 市场的发展和创新，现金交割越来越普遍。为了确定参考资产的市场价值，CDS 市场采用了拍卖机制，并由 ISDA 制定相应的规则和流程。

（三）信用违约互换的分类

根据参考资产的不同，CDS 可分为以下几种：

1. 单一名称 CDS

单一名称 CDS（single-name CDS）是一种以单个经济实体为参考实体的 CDS 合约。保护买方可以选择持有或不持有该实体发行的债券或贷款，只要实体发生违约事件，就可以从保护卖方处获得赔偿金。单一名称 CDS 是信用衍生产品市场中应用最广泛、最基础的产品。

根据参考资产的债务主体划分，单一名称 CDS 可以分为企业债务 CDS 和主权债务 CDS 两类；根据参考资产的债务形式划分，单一名称 CDS 可以分为银行贷款 CDS 和债券 CDS。银行购买以银行贷款为参考资产的 CDS，旨在将贷款的违约风险转移给交易对手方，降低风险集中度，提高经营稳健性；同时，与高信用评级机构成为交易对手方，替代信贷资产的风险权重为对手方的信用水平，实现资本缓释，减少资本金占用，提高资本充足率。以企业债券为参考资产的 CDS 主要来自公开市场上各类机构投资者对其持有的企业债券的需求。他们的主要目的是在信用风险上升时转移企业违约风险。

2. 一篮子 CDS

一篮子 CDS（basket CDS）是以多个经济实体为参考实体的 CDS 合约，保护买方可以自定义包含不同经济实体的信用组合。当其中任何一个或多个经济实体发生违约时，保护买方可以从保护卖方获得赔偿金。一篮子 CDS 的利差取决于篮子中参考资产的违约相关性。根据设定，一篮子 CDS 可以设计为第 n 违约一篮子 CDS，即当组合中第 n 个资产违约时才触发协议约定的信用事件。

对于保护卖方而言，一篮子 CDS 能够使其获得比单一名称 CDS 下更高的收益率。例如，假定一篮子 CDS 包含 5 个参考实体且被设计为第 1 违约一篮子 CDS，在极端情况下，若这 5 个参考实体的违约概率相等且相关性为 0，那么第 1 违约一篮子 CDS 的违约概率等于这 5 个参考实体的违约概率之和。保护买方支付的违约互换利差等于 5 个单一名称 CDS 的利差之和，但保护卖方在单一名称 CDS 发生信用事件时的偿付金额不变。因此，保护卖方实际收益率得到了提升。

对于保护买方而言，其更倾向于购买针对相关性强的参考实体的信用保护。例如，在一个包含 5 个参考实体的产品中，若各参考实体的违约相关性达到最大值，那么相应的第 1 违约一篮子 CDS 的信用事件发生概率与篮子中单一资产的最大违约概率相等。保护买方只需支付与该最大概率相应的违约利差，即可实现对篮子内各资产的保护，这是一种更有效的风险管理手段。

当单一资产的信用事件相关系数介于 0 和 1 之间时，相关系数越大，保护买方以较低费用支付覆盖更多资产的信用风险越有利；而相关系数越小，则更有利于保护卖方。在同一行业内的企业中，违约相关性较高。因此，在传统周期性行业违约事件增加期间，保护买方可通过购买同一行业或相关行业的一篮子 CDS 来对冲行业整体景气度下行的风险。

3. CDS 指数

CDS 指数（CDS index）是以标准化的信用指数为参考实体的 CDS 合约。该指数由具有相似特征（如地区、行业、评级等）的经济实体组成的加权平均指数构成。当指数中的任何一个或多个经济实体发生违约事件时，保护买方可从保护卖方处获得赔偿金。

全球主要的 CDS 指数分为两类：CDX 指数和 iTraxx 指数。CDX 指数由 IHS Markit 旗下的 CDS 指数公司编制，覆盖北美和新兴市场；而 iTraxx 指数由 IHS Markit 旗下的国际指数公司提供，主要涵盖欧洲和亚太-新兴市场。目前，iTraxx 指数是市场上广泛使用的指数之一。

（四）信用违约互换的优缺点

CDS 具有降低债权人信用风险、促进经济创新和发展、提高资产配置灵活性以及提高市场透明度和效率等优点。它使债权人能够有效管理风险、免受债务人违约损失，同时鼓励投资于高风险项目，推动经济创新和增长。此外，CDS 还为债权人提供了灵活调整信用敞口的机会，根据市场情况进行资产配置，适应变化。最重要的是，CDS 通过分享更多关于信用质量和风险的信息，减少了债权人和债务人之间的信息不对称，提高了市场的透明度和效率，减少了不确定性。

然而，CDS 也存在一些缺点。首先，它可能导致债权人在监督和要求方面过于放松，降低市场纪律性，因为债权人依赖互换来转移风险，减少了对债务人的审查和监控，增加了道德风险。其次，CDS 可能使债权人承担过多的信用风险，增加市场波动性和不稳定性。大规模违约事件可能导致债权人的巨大损失，引发市场不确定性和波动。此外，CDS 可能引发债权人与债务人之间的利益冲突，增加逆向选择和道德风险。债权人可能通过互换获得更高回报，但这可能给债务人带来更大的财务压力，甚至导致违约风险。最后，CDS 可能使保护卖方缺乏足够的资本来履行支付义务，引发系统性风险。若保护卖方无法承担大规模赔偿，可能影响金融系统的稳定性。

因此，尽管 CDS 在管理信用风险和提高市场效率方面有优点，但我们必须警惕其潜在的缺点，包括减弱监督和纪律性、增加波动性和逆向选择风险、引发道德冲突和系统性风险。

二、总收益互换

（一）总收益互换的定义及运作原理

总收益互换（total return swap，TRS）是一种金融衍生工具，用于交换某种资产或指数的总收益和某种利率或货币的收益。在这种交易中，一方作为总收益支付方承担资产或指数的所有风险和回报，另一方作为总收益接收方承担利率或货币的风险和回报。通过总收益互换，交易双方能够进行资产组合调整和风险管理，而无须实际买卖资产。

举例来说，假设 A 和 B 是两个交易方，A 持有价值 1 000 万元的股票组合，而 B 持有 1 000 万元的现金。A 希望获取更高收益但不想出售股票组合，B 希望分散风险但不想购买股票组合。他们达成了一个为期一年的总收益互换协议，约定如下：

A作为总收益支付方，在一年内向B支付股票组合的总收益，包括利息、股息、升值或贬值等；B作为总收益接收方，按照固定利率6%向A支付现金的利息；在交易期限结束时，双方不交换本金。

假设一年后，股票组合的价值增长了10%，达到1 100万元。根据约定，A向B支付100万元（=1 000万元×10%），而B向A支付60万元（=1 000万元×6%），双方最终净额结算为40万元。这意味着B相当于以6%的成本借入了1 000万元，并以10%的回报投资了股票组合，获得了4%的净收益；而A相当于以10%的成本借出了1 000万元，并以6%的回报投资了现金，承担了4%的净损失。

若一年后，股票组合的价值下跌了10%，情况则相反。A需要向B支付−100万元[=1 000万元×(−10%)]，而B向A支付60万元（=1 000万元×6%），双方最终净额结算为160万元。这意味着B相当于以6%的成本借入了1 000万元，并以−10%的回报投资了股票组合，承担了16%的净损失；而A相当于以−10%的成本借出了1 000万元，并以6%的回报投资了现金，获得了16%的净收益。

（二）总收益互换的主要风险

总收益互换与CDS不同，除了面临信用风险外，还面临市场风险。价格可能受市场供需、利率水平、汇率变动、政策调整和突发事件等因素的影响而波动，从而影响交易双方的预期收益。为了降低市场风险，交易双方通常根据自身的风险承受能力和偏好，选择适合的标的物、期限和利率，并及时调整和优化交易策略。

此外，总收益互换还涉及操作风险。作为一种复杂的金融工具，总收益互换的设计和定价涉及多个因素和模型，难以准确预测和评估其价值和风险。同时，作为场外交易，总收益互换的信息披露和监管程度较低，可能存在信息不对称、利益冲突和欺诈等问题。为了降低操作风险，交易双方通常建立完善的风险管理体系，包括风险识别、评估、控制和监测，并遵守相关法律法规和行业规范。

（三）总收益互换的特点与应用

总收益互换实现了资产披露和所有权的分离，允许交易双方在不改变资产结构和所有权的情况下，调整风险敞口和收益预期。此外，总收益互换提高了资产流动性和市场效率，使交易双方能够进行资产配置和套期保值，而不会影响市场价格和需求。它还降低了交易成本和资本占用，避免了印花税、手续费和保证金的支付，并且无须占用资本金。总收益互换还增加了交易灵活性和创新性，允许交易双方根据需求选择交易标的、期限、利率等条件，并与其他金融工具结合使用，创造更多的交易策略。

在实践中，总收益互换常被用作企业的应收账款管理工具。我国企业应收账款通常占流动资产的40%至50%，有些企业甚至达到80%。这样巨大的应收账款规模，加上管理意识的缺乏，严重限制了企业的发展。因此，加快金融市场的发展，运用总收益互换解决应收账款问题具有巨大的发展潜力。

对于作为总收益支付方的企业而言，总收益互换有助于维持财务杠杆比率。作为表外融资方式，它既不增加企业投入，也不改变负债水平；在将资产转化为现金的同时，不会增加负债，从而有利于维持企业的偿债能力，并为未来筹资提供便利。

对于作为总收益接收方的银行而言，总收益互换有两个好处：首先，在没有融资成本的情况下，可以获得应收账款的风险收益，无须直接与债务人建立联系；其次，避免了与直接购买资产相关的清算、融资和执行等烦琐程序。作为表外融资方式，对于资本限制较严的金融机构来说，总收益互换是利用杠杆实现资本收益最大化的经济手段之一。

三、信用联结票据

（一）信用联结票据的定义及运作原理

信用联结票据（CLN）是一种结合了债券和 CDS 的特点的金融衍生工具。发行方通常是银行或其他金融机构，投资者可以是机构投资者或个人投资者。信用联结票据的收益和风险与特定参考资产或参考组合的信用状况相关。如果参考资产或参考组合发生信用违约事件，发行方可选择不履行或部分履行对投资者的还本付息义务。

以 A 作为银行，B 作为企业，C 作为投资者为例。A 向 B 发放了一笔贷款，但担心 B 可能违约，因此希望转移贷款的信用风险。为实现这一目的，A 向 C 发行了一份面值为 1 000万元、期限为一年、利率为 8%的信用联结票据，并将 B 的贷款作为参考资产。同时，A 和 C 达成了为期一年的 CDS 协议，具体约定如下：

A 作为保护卖方，向 C 支付 B 贷款在一年内的利息收入，即 80 万元（=1 000 万元×8%）；C 作为保护买方，向 A 支付按 6%固定利率计算的信用联结票据利息，即 60 万元（=1 000 万元×6%）。

如果 B 在一年内没有违约，A 在到期时向 C 偿还信用联结票据的本金，即 1 000 万元。如果 B 在一年内违约，A 可以选择不偿还或部分偿还信用联结票据的本金，具体数额取决于 B 贷款的违约损失率。

假设一年后，B 没有违约，则 A 向 C 支付 1 000 万元，C 向 A 支付 60 万元（=1 000 万元×6%），双方净额结算 940 万元。这样，A 以 6%的成本转移了 B 贷款的信用风险，并以 8%的回报收取了 B 贷款的利息；C 以 8%的成本承担了 B 贷款的信用风险，并以 6%的回报持有了信用联结票据。若一年后 B 违约，假设违约损失率为 50%，则 A 向 C 支付 500 万元［=1 000 万元×(1−50%)］，C 向 A 支付 60 万元（=1 000 万元×6%），双方净额结算 440 万元。这样，A 以 6%的成本转移了 B 贷款的 50%的信用风险，并以 8%的回报收取了 B 贷款的利息；C 以 8%的成本承担了 B 贷款的 50%的信用风险，并以 6%的回报持有了信用联结票据。

（二）信用联结票据的特点与应用

从图 9-2 可以看出，信用联结票据旨在转移贷款的信用风险给投资者，减少发行方的信用敞口。发行方向投资者发行票据，投资者按面值支付本金，并获得较高的利率收益。相比于直接购买公司债券，购买信用联结票据更便宜，因此投资者更喜欢选择这种方式。对于发行方来说，如果信用事件不发生，他可以从第三方获取保险费以增加收益；但如果信用事件发生，他需要向第三方支付一定金额，但返还给投资者的是扣除该支付金额后的本金。这意味着投资者实际上承担了由发行方支付的金额。

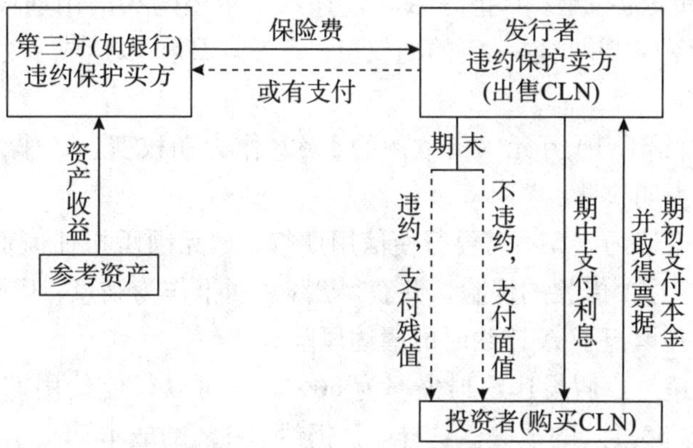

图 9-2 信用联结票据示意图

与 CDS 相比，在违约风险增大时，信用联结票据发行方在合约结束时的总支付金额保持不变，减少了交易对手风险，因此更受有对冲信用风险需求的机构青睐。

信用联结票据实现了信用风险和收益的转移和分配，降低了发行方的信用敞口和资本占用，提高了资产利用率和盈利能力。同时，投资者在不持有参考资产的情况下获得信用收益和风险溢价，提高了投资收益和风险分散程度。

此外，信用联结票据提高了信用市场的流动性和效率，实现了无须影响参考资产市场价格和需求的信用交易，并可进行套期保值或套利。它还降低了信用交易的成本和限制，无须支付印花税、手续费和保证金，也不受参考资产的交易规则和限制的约束。

最后，信用联结票据具有灵活性和创新性，发行方和投资者可以根据需要选择标的、期限、利率等条件，并与其他金融工具结合使用，创造更多的信用策略。

四、信用期权与信用价差期权

（一）信用期权与信用价差期权的定义及运作原理

期权类信用衍生产品主要有两种类型。一种是以债券或票据价格为协定价格的期权，适用于浮动利率的债券或票据；另一种是以信用价差为协定价格的期权，适用于固定利率的债券或票据。前者被称为信用期权（credit options），后者被称为信用价差期权（credit spread options）。

1. 信用期权

信用期权是一种金融衍生工具，其标的是参考资产或参考组合的信用情况。买方支付一定的期权费给卖方，获得在一定期限内按约定方式行使或不行使特定权利的选择权。信用期权的买方通常是面临较大信用风险敞口的机构或个人，通过购买信用期权来保护自己免受参考资产或参考组合发生信用违约事件带来的损失。卖方通常是面临较小信用风险敞口的机构或个人，通过出售信用期权获取额外收入，但同时也承担参考资产或参考组合发生信用违约时履约义务的风险。

以企业 A、银行 B 和投资者 C 为例说明信用期权的基本原理。A 向 B 借款 1 000 万元，利率为 8%，期限为一年。B 担心 A 可能违约，希望购买信用期权来保护自己，而 C 愿意出售信用期权给 B，并收取一定的期权费。于是，B 和 C 达成了为期一年的信用期权合约，约定如下：

B 作为买方支付给 C 10 万元（借款额的 1%）作为期权费；C 作为卖方收取 10 万元（借款额的 1%）作为期权费。

如果一年内 A 未违约，B 不需要行使信用期权，C 无须承担任何责任。这样，B 相当于以 1%的成本购买了 A 借款的保险，并获得 8%的回报作为利息；C 则以 1%的收入出售了 A 借款的保险，并承担了 A 违约时的履约风险。

如果一年后 A 违约，假设违约损失率为 50%，B 可以行使信用期权，要求 C 赔偿其 500 万元（借款额的 50%）的损失。这样，B 仍然以 1%的成本购买了 A 借款的保险，并获得 8%的回报作为利息；C 则以 1%的收入出售了 A 借款的保险，并承担了 A 违约时的履约风险。

2. 信用价差期权

信用价差期权是一种特殊类型的信用期权，其标的物是参考资产或参考组合与无风险资产之间的利差变化，反映了市场对信用风险的预期和评估。利差扩大表示市场预期信用风险增加，而利差收缩表示市场预期信用风险减少。买方通常是面临较大信用风险敞口的机构或个人，通过购买信用价差期权来对冲利差变化的影响。卖方通常是面临较小信用风险敞口的机构或个人，通过出售信用价差期权获取额外收入，但同时也承担利差变化时的履约风险。

例如，一个投资者预期某特定信用价差将在未来 6 个月内扩大。他可以购买以该价差为标的物的 6 个月期看涨期权。若在 6 个月后，该价差果然扩大并超过协定价差，则该期权带来利润，投资者可行使期权获得收益；若价差没有扩大，则投资者只损失支付的期权费。

（二）信用期权与信用价差期权的特点与应用

信用期权和信用价差期权实现了信用风险和收益的转移和分配，提供了灵活的信用交易方式。买方能够降低信用敞口和资本占用，提高资产利用率和盈利能力，无须出售或转让参考资产或组合。卖方则可在不持有参考资产或组合的情况下获取额外收入，但承担履约风险。

这些期权还能提高信用市场的流动性和效率。买方和卖方可以在不影响参考资产或组合市场价格和需求的情况下进行信用交易，并利用信用期权或信用价差期权进行套期保值或套利。

此外，信用期权和信用价差期权降低了信用交易的成本和限制。买方和卖方可以在不支付印花税、手续费和保证金的情况下进行信用交易，并且不受参考资产或组合的交易规则和限制的约束。

最后，信用期权和信用价差期权提供了具有灵活性和创新性的信用交易方式。买方和卖方可以根据自身需求和偏好自由选择期权的标的物、期限、行权价等条件，也可以将其与其他金融工具结合使用，创造更多的信用策略。

五、担保债务凭证

（一）担保债务凭证的定义及运作原理

担保债务凭证（collateralized debt obligation，CDO）是将多种信用风险较高的债务资产进行分级打包和证券化的产品。它通常由银行或其他金融机构发行，投资者可以是机构投资者或个人投资者。担保债务凭证的收益和风险与其持有的债务资产组合的信用状况相关，不同级别的凭证享有不同优先顺序和收益率。

担保债务凭证的运作原理类似于资产证券化，包括构建基础资产池、组建特殊目的机构（special purpose vehicle，SPV）并转移资产、发售债券并支付利息、管理资产池和进行结算等工作。其大致流程如图 9－3 所示。为增强吸引力，信用增级方式可分为内部增级和外部增级。外部增级包括第三方提供信用支持，例如银行信用担保、债券保险和次级贷款。然而，外部增级费用高且存在不确定性。因此，资产证券化主要通过内部手段实现信用增级。

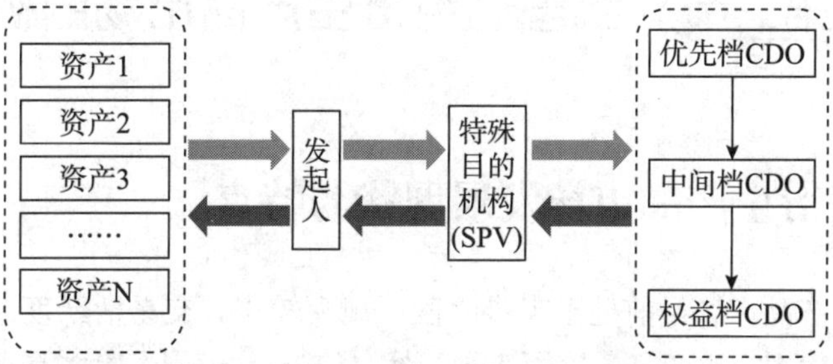

图 9－3　担保债务凭证流程示意图

担保债务凭证通过分层结构实现内部信用增级，将债券或银行贷款构成的资产池的现金流按优先顺序分配到不同层级（档），包括优先档、中间档和权益档。权益档是不公开发行的系列，多为发行者自行买回，相当于用此部分的信用支撑其他档的信用，具有股权性质。通过这样的设计，优先档能够获得更好的信用评级。担保债务凭证分层结构示意图如图 9－4 所示。

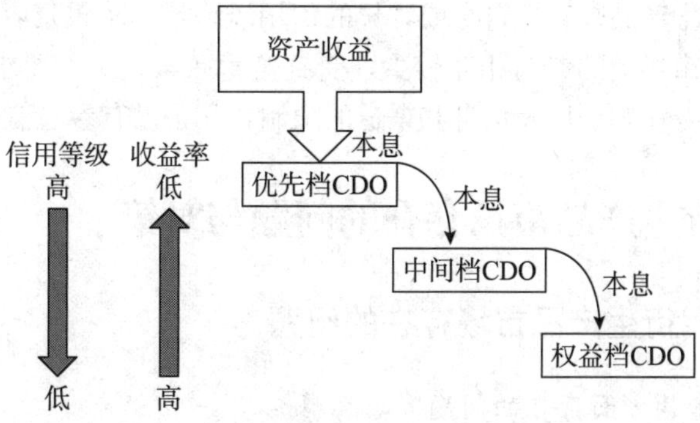

图 9－4　担保债务凭证分层结构示意图

（二）担保债务凭证的特点与应用

担保债务凭证实现了信用风险和收益的转移和分配，使发行方能够降低信用敞口和资本占用，提高资产利用率和盈利能力，而投资者则能在不持有债务资产组合的情况下获得信用收益和风险溢价，提高投资收益和风险分散程度。

此外，担保债务凭证还有助于提升债务市场的流动性和效率。发行方和投资者可以进行信用交易，不会对债务资产组合的市场价格和需求产生影响。同时，该工具还可用于债务资产组合的套期保值或套利操作。

担保债务凭证还能够降低信用交易的成本和限制。发行方和投资者无须支付印花税、手续费和保证金，即可进行信用交易，并且不受债务资产组合的交易规则和限制的约束。

最后，担保债务凭证增加了信用交易的灵活性和创新性。发行方和投资者可以根据自身需求和偏好自由选择担保债务凭证的标的、期限、利率等条件，并将其与其他金融工具结合使用，创造更多的信用策略。

第三节 我国信用衍生产品市场的概况

一、我国信用衍生产品市场发展现状与特点

我国信用衍生产品市场目前处于起步阶段，规模较小，交易活跃度低，品种结构单一。主要有四种类型的信用衍生产品：信用违约互换（CDS）、信用风险缓释凭证（CRMW）、信用风险缓释合约（CRMA）和信用联结票据（CLN）。根据中国证监会的数据，截至2022年底，我国信用衍生产品市场总名义本金约为1.5万亿元。各品种的占比为：CDS 0.6%、CRMW 2.8%、CRMA 40.3%和CLN 56.3%。美国信用衍生产品市场总名义本金约为1.5万亿美元，其中CDS占比85.9%，其他品种占比14.1%。

我国信用衍生产品市场的主要参与者包括商业银行、证券公司、基金公司、保险公司等金融机构，以及大型企业和机构投资者。其中，商业银行和证券公司是最活跃的参与者，通过购买或出售信用衍生产品来管理自身或客户的信用风险或寻求投资收益。相比之下，基金公司和保险公司在该市场上的参与相对较少，受到监管政策、资本要求和投资范围的限制。个人投资者由于缺乏专业知识以及信息和渠道的限制，几乎没有参与信用衍生产品市场。

二、我国信用衍生产品市场存在的问题与对策

（一）我国信用衍生产品市场存在的问题

1. 市场规模与结构方面存在的问题

我国信用衍生产品市场相对于发达国家仍处于起步阶段，市场规模较小，交易活跃度低，品种结构较为单一。当前主要有信用违约互换、信用风险缓释凭证、信用风险缓释合

约和信用联结票据等四种类型的产品，缺乏创新和更加多样化的产品，无法满足不同投资者和金融机构对分散和转移信用风险的需求。2022 年新创设的信用衍生工具中，地方国有企业占比为 72.55%，中央国有企业占比为 4.90%，而民营企业仅占 18.63%。这表明民营企业在信用衍生产品市场的份额相对较低，无法有效分散民企的信用风险。

2. 市场参与者较少，市场功能不完善

我国信用衍生产品市场存在市场参与者较少、市场功能不完善的问题。主要参与者有商业银行、证券公司、基金公司等金融机构，以及大型企业和机构投资者。商业银行和证券公司是最活跃的参与者，而基金公司和保险公司的参与相对较少。在成熟的国际信用衍生产品市场中，保险公司是重要的参与者之一，为市场提供流动性支持。然而，我国保险机构在信用衍生产品领域的创设和购买参与较少。修订相关规定，扩大保险机构在信用衍生产品市场的参与范围，可以增加市场的流动性。此外，应提升保险机构购买信用衍生产品的积极性，可能需要对资本占用力度进行调整。此外，个人投资者由于缺乏专业知识、信息和渠道，几乎没有涉足信用衍生产品市场。

3. 市场监管方面存在的问题

我国现行的与信用衍生产品相关的法规主要由各监管机构针对具体产品制定，缺乏统一的金融衍生品监管法律和相关指引，难以满足市场发展的需求，特别是无法有效应对跨系统、跨部门蔓延的风险。对于信用联结票据等产品，应加强信用评级和风险披露，以提高产品的透明度和可理解性。此外，应修订相关规定，允许境内投资者参照中资美元债的信用联结票据进行交易，从而降低产品结构的复杂性和隐蔽性，提高市场参与者的投资决策能力。

（二）发展我国信用衍生产品市场的对策

1. 加快市场建设和开放步伐

我国应加快完善市场体系，推动创新多样化的产品设计与交易方式，以满足不同类型和层次的信用风险管理和投资需求。积极推进对外开放，吸引境外参与者进入市场，增强竞争力和活力。针对民营企业持续累积的信用风险，监管部门可通过激励政策支持民营企业的发债融资和信用风险分散。例如，鼓励创设机构为民营房地产企业提供信用衍生工具，如债券发行和信用衍生工具组合。上海证券交易所已推出民企 CDX 组合，涵盖优质民营企业，为投资者提供精准的对冲工具，有助于民企进行债券融资。未来，监管部门可扩大民企 CDX 组合的参考实体范围，推出新的组合，进一步分散民营企业的信用风险，增强投资者对民营企业的信心。

2. 建立健全市场监管和法律制度

我国应制定统一的金融衍生品监管法律，明确信用衍生产品的定义、分类、功能、交易规则和风险管理要求。加强监管机构间的协调和沟通，建立信息共享和风险预警机制，防范系统性风险。允许资本实力雄厚、风控能力健全的保险机构提供信用风险保护，减少信用衍生工具的资本占用，鼓励更多保险机构购买信用保护，增加市场参与者的多样性。修订相关监管政策和规定，使保险机构能够参与信用风险缓释工具和信用保护工具的创设，并提高其购买信用衍生工具的灵活度。适当调整信用衍生工具的风险权重，提高保险机构购买信用保护的动力。这些举措将促进市场竞争，提高价格发现机制的有效性，提高市场的透明度和效率。

3. 培养和引进专业人才，提高市场素质

我国应加强对信用衍生产品市场的宣传和教育，提高市场参与者的认识和理解，增强其对信用衍生产品的信心和兴趣。同时，也应该加强对信用衍生产品市场参与者的专业培训和考核，提高市场参与者的技能和水平，培养和引进更多的专家型人才，发展中坚力量。

本章小结

本章介绍了信用衍生产品的背景和发展历程，探讨其功能、特性和主要种类，如信用违约互换、总收益互换、信用联结票据、信用期权和信用价差期权以及担保债务凭证。同时，本章分析了我国信用衍生产品市场的现状和问题，包括监管不完善、品种结构单一和流动性不足等。为解决这些问题，本章提出了应加强监管、加快市场建设和开放步伐以及提高市场流动性等对策，旨在促进我国信用衍生产品市场的健康发展。

读者学习本章时，可结合实训项目十二进行信用违约互换设计的模拟，以加深对信用违约互换交易的理解。

实训案例

某银行为了规避其持有的一笔面值为 1 000 万元、期限为 5 年、利率为 4%的企业债券的信用风险，与某保险公司签订了一份信用违约互换合约，约定如下：如果债券发生违约，保险公司向银行支付债券的剩余本金和利息；如果债券没有违约，银行每年向保险公司支付 0.5%的互换费用。假设在第三年末，债券发生违约，保险公司按照合约履行了义务。请回答以下问题：

1. 请分析银行和保险公司通过信用违约互换实现了什么样的风险转移和收益分配。
2. 请评价银行和保险公司在签订信用违约互换合约时的决策是否合理。

二维码视频材料

练习与思考

第十章

金融衍生品市场监管与风险控制

导入案例

2022 年 3 月，一场史无前例的期货价格大战围绕着有色金属——镍爆发。在俄乌冲突的“黑天鹅”影响下，伦敦金属交易所（LME）镍期货价格在短短几天内暴涨近 50%，创下历史新高，在轰动全球金融市场的同时，也将主要空头方——一向低调的全球不锈钢产业龙头、中国民营企业青山控股集团推向了风口浪尖。青山控股集团在印度尼西亚拥有大量镍产能，为了对冲价格波动风险，在 LME 进行了大规模的空头套期保值交易。然而，由于 LME 镍期货合约设计存在缺陷，与青山控股集团生产的镍产品不匹配，导致其无法有效进行套期保值。同时，由于 LME 缺乏涨跌停板等风控制度，以及场外交易不透明等问题，青山控股集团面临巨额保证金追加压力和强行平仓风险。最终，在 LME 紧急出台一系列应对措施后，青山控股集团与多头方达成和解协议，结束了这场惊心动魄的价格战。

这一事件引发了对金融衍生品市场监管和风险控制的深思。金融衍生品市场存在哪些风险？如何建立健全法律法规和监管机制？如何完善交易规则和风险控制制度？如何防范和化解系统性风险和异常波动？本章将探讨这些问题。

学习目的

通过本章的学习，掌握金融衍生品市场的风险类型、特征、成因和管理流程，包括市场风险、信用风险、操作风险、法律风险等，以及它们的来源、影响和控制方法；了解我国金融衍生品市场监管体系，包括我国金融衍生品市场监管的发展历程、主要监管机构和职能、监管规则和措施，以及对场内和场外金融衍生工具的监管方式；了解金融衍生品市场风险控制，包括交易所、金融机构和交易者的风险控制措施，如保证金制度、持仓限制、风险评估等。

素养目标

党的二十大报告强调了“加强和完善现代金融监管，强化金融稳定保障体系，依法将各类金融活动全部纳入监管，守住不发生系统性风险底线”。本章旨在通过介绍我国金融衍生品市场监管体系的构成、功能以及金融衍生品市场的风险控制手段和方法，使学生深入了解我国金融衍生品市场监管方面的法律法规、制度规范和自律机制。同时，引导学生认识到金融监管的重要性和必要性，培养他们遵守金融法律法规、遵循市场规则、尊重市场纪律的意识和行为。此外，本章还帮助学生了解金融衍生品市场中存在的利益冲突、道德困境和社会影响等问题。通过对这些内容的介绍，使学生认识到树立正确的价值观是从事金融活动的前提和基础，从而培养学生坚持真理、追求卓越、服务社会、奉献祖国的价值观和责任感。

第一节 金融衍生品市场的风险及其成因

一、金融衍生品市场的风险类型

金融衍生品市场风险是指金融衍生品市场的价格、利率、汇率等因素发生变化，或金融衍生品市场的参与者、交易所、清算机构等出现违约、失误、诉讼等情况，导致投资者或其他相关方面的收益或损失发生变化的可能性。

1994 年 7 月，巴塞尔银行监管委员会在全面考察和分析金融衍生品市场风险的基础上，发布了《金融衍生工具风险管理指南》。该指南将金融衍生工具的风险根据不同的来源和影响，概括为信用风险、市场风险、流动性风险、操作风险和法律风险五大类。

（一）信用风险

信用风险是指金融衍生品市场上的参与者、交易所和清算机构等无法履行合约义务或支付相应款项，从而导致投资者或其他相关方面的收益或损失发生变化的风险。譬如，卖方无法按期交割标的资产或支付现金差价，买方将面临损失。金融衍生工具的信用风险主要源自场外交易中交易对手的违约。

信用风险与合约期限密切相关，期限越长，信用风险越大。同时，同一合约的信用风险也会随时间发生变化。不同地点进行金融衍生品交易的信用风险也各有差异。通常情况下，交易所内的产品信用风险较小，因为交易所采取了特殊制度安排来降低信用风险；而场外交易的衍生产品风险较高，因为场外交易既没有保证金要求，也缺乏集中的清算制度，使双方承担较大的信用风险。

（二）市场风险

市场风险是指金融衍生品市场的价格、利率、汇率等受到市场供求、政策变化、突发事件等影响而波动，导致投资者或其他相关方面的收益或损失发生变化的风险。该风险是金融衍生品最常见也最普遍的风险，存在于各种衍生产品中。这是因为每种金融衍生品的交易都基于对标的资产价格变化的预测，当实际变化与预测方向背离时，就会造成相应的损失。

（三）流动性风险

流动性风险是指金融衍生品市场交易量或交易深度不足，导致投资者较难以合理的价格和时间买入或卖出金融衍生品，从而影响其收益或损失的风险。例如，如果期权合约的买卖双方数量不匹配，投资者将难以找到合适的对手方进行交易。

新上市的金融衍生工具往往存在较大的流动性风险。这是由于，新产品上市时间较短，交易参与者较少，市场深度不够，在市场剧烈波动时往往难以找到交易对手，因此其流动性风险相当大。此外，金融衍生工具作为交易者资金运用的一部分，与交易者的整体经营水平和资产负债情况密切相关。如果经营不善或资金来源短缺，交易者将无法及时履行合约义务或追加保证金，面临相当高的风险。

（四）操作风险

操作风险是金融衍生品市场中的参与者、交易所、清算机构等在交易过程中出现人为失误、系统故障、欺诈行为等情况，导致投资者或其他相关方面的收益或损失发生变化的风险。它属于管理问题，主要源自技术问题，例如计算机失灵、报告和控制系统缺陷以及价格变动反映不及时，从而引发损失。

操作风险往往会无意识地导致市场风险和信用风险。在金融衍生工具交易中，欺诈行为也属于操作风险的一种。通常情况下，欺诈行为具有三个特征：欺诈方必须是故意的；必须存在欺诈另一方的行为；受欺诈的一方因此遭受损害。欺诈行为的表现形式主要包括越权交易、误导客户、主体不合法、进行私下对冲等。这类风险在金融衍生品交易中具有巨大的危险性。

（五）法律风险

法律风险是指金融衍生品市场缺乏健全的法律法规和监管机制，或其变化导致投资者面临诉讼、处罚、无效合约等影响收益的风险。例如，某些机构没有适当的期货代理资格，因此投资者与其签订的经纪代理合同可能无法得到法律保护，就会面临法律风险。由于金融衍生品通常是创新型金融工具，在发生争议时，有时可能难以找到适用的依据或规则，进而带来风险。统计数据显示，金融衍生工具交易中的业务损失大多源于法律上的缺陷或不完善。

二、金融衍生品市场的风险特征

（一）风险的放大性

金融衍生品市场采用杠杆交易，投资者只需支付少量保证金或权利金就可参与大额交易，从而放大了收益或损失的可能性。例如，投资者以1 000元的保证金买入一张价值10万元的期货合约，当期货价格上涨或下跌1%时，投资者的收益或损失就达到了10%。另外，双向交易和对冲机制增加了交易者的投机动机，容易引发过度投机现象，进而扩大交易风险。此外，T+0交易制度提供了频繁交易的机会，导致交易量过大，风险过于集中。

（二）风险的复杂性

金融衍生品市场中涉及多种交易品种和方式，使得风险具有复杂性。不同的衍生品拥有不同的特性和敏感度，需要投资者具备专业知识和技能进行准确的评估和预测。购买复杂的期权组合时需考虑多个因素，如标的资产价格、波动率、时间价值、利率等，增加了决策和风险管理的挑战。

（三）风险的不透明性

金融衍生品市场中的交易信息和交易机制缺乏公开性和公平性，使得投资者或其他相关方难以获取和核实真实有效的信息。特别是在场外交易市场，透明度更低。投资者可能无法获悉对手方的信用状况、交易价格、交易规模等重要信息，增加了交易的不确定性和风险。缺乏透明度也使得监管机构难以有效监控和管理市场风险。

（四）风险的传染性

金融衍生品市场中的风险可能通过衍生品之间或衍生品与其他金融市场的关联和传导，形成系统性风险。当一个金融机构遭受巨额亏损或违约时，可能引发其他金融机构或市场的信任危机和资金链断裂。这种风险传染效应可能扩散到整个金融系统，对整体经济的稳定性产生严重影响。

自20世纪90年代以来，国际金融市场上不断发生与金融衍生品交易相关的事件，引起人们对风险的关注和反思（见表10-1）。因此，了解和应对这些风险特征对于投资者和监管机构至关重要。投资者需要具备充分的专业知识和风险管理能力，在交易中审慎决策和控制风险。监管机构需加强监管和规范，提高市场透明度和信息披露，有效防范和化解系统性风险的传染效应。

表10-1　金融衍生品市场风险案例汇总

涉及主体	亏损	事实	风险类别	年度
德国金属公司	13亿美元	交易石油期货合约亏损	市场风险、流动性风险、信用风险	1993

续表

涉及主体	亏损	事实	风险类别	年度
加州橘郡	17亿美元	利用债券与金融衍生品，希望增加投资基金获利，造成亏损	市场风险、流动性风险、操作风险	1994
巴林银行	14亿美元	交易员越权交易，出现亏损从而造成银行倒闭	操作风险、信用风险	1995
大和银行	11亿美元	未经授权的交易造成亏损	操作风险、信用风险	1995
住友商事	40亿美元	交易员逾越权限交易铜期货，造成亏损	操作风险、市场风险	1996
长期资本管理公司（LTCM）	40亿美元	俄罗斯国债违约造成交易亏损	市场风险、信用风险	1998
爱尔兰联合银行	6.91亿美元	交易员隐瞒外汇交易损失	操作风险、信用风险、法律风险	2002
中国航油（新加坡）股份有限公司	5.5亿美元	时任总裁从事石油期货投机亏损，被迫债务重组	市场风险、信用风险、法律风险	2004
中国国家粮食和物资储备局	9.2亿元人民币	在伦敦金属交易所进行铜期货交易而遭受重大损失	市场风险、流动性风险、操作风险	2005
瑞富公司（Refco）	24亿美元	隐瞒债务后，宣布破产	信用风险、法律风险	2005
Amaranth基金	66亿美元	交易员交易天然气期货合约，做错方向	市场风险、流动性风险、信用风险	2006
蒙特利尔银行	6.8亿加拿大元	交易天然气，做错方向	市场风险、操作风险、信用风险	2007

三、金融衍生品市场的风险成因

金融衍生品市场的风险成因是指导致金融衍生品市场风险产生和发展的各种因素，可分为内部原因和外部原因两类。

（一）内部原因

1. 金融创新和复杂化

金融创新是针对金融市场需求和功能进行的创造性变革，包括理论、技术和制度等方面。金融创新提高了市场效率和活力，但过度发展和复杂化的金融创新会增加市场不稳定性和加剧风险传染。这表现在以下几个方面：

复杂金融衍生品（如CDS和CDO）提供了多样化的风险管理和投资工具，但也增加了市场的不透明性和杠杆效应，放大了系统性风险并加剧了风险传染。

新型金融衍生品交易方式（如场外交易、影子银行和高频交易）提高了市场灵活性和效率，但也增加了监管难度和风险敏感性，降低了市场的稳定性和安全性。

2. 银行业务的表外化

金融衍生品交易是银行的表外业务。它不仅可以绕过《巴塞尔协议》对银行最低资本的要求，而且能够提高银行的盈利性，无须增加资本，并且不会对银行的资产负债表产生影响。传统的财务报表变得不准确，无法真实反映与这些产品相关的业务。这导致了经营透明度的下降。同时，银行业务的不透明性增加了金融衍生品市场的信息不对称和信息不完全问题，使得参与者难以获取和核实真实有效的信息，从而影响了金融衍生品市场的价格发现和风险评估能力。

3. 技术和交易方式变革

技术包括计算机、通信和网络等科学技术，交易方式指交易平台、规则和策略等。这些技术和交易方式的改变是为了适应金融市场的发展和需求。这种变革是导致金融衍生品市场风险的内在原因，主要体现在以下几个方面：

现代化的金融技术提高了市场效率和活力，但也增加了复杂性和不确定性，带来新的风险和挑战，如数据安全问题、网络攻击和算法失控问题。

高频交易利用计算机程序在极短时间内进行大量交易操作。它提高了流动性和效率，但也可能增加市场波动性和敏感性，出现程序错误或网络延迟时可能导致价格异常或市场失序。

4. 金融监管的滞后和缺失

金融监管是政府或其他机构对金融市场进行的规范和管理，旨在维护金融市场的稳定和发展。有效的金融监管应与金融创新相适应，以确保市场公平和安全。然而，在实际应用中，金融创新的快速发展和不同国家或地区之间法律法规和监管标准的差异，造成了金融监管的滞后和缺失。这导致一些潜在风险无法及时发现和防范，违规行为无法及时查处和惩罚，危机情况无法及时应对和处置。例如，在 2008 年金融危机中，美国等国家未能及时监管场外交易、影子银行和评级机构，导致潜在风险无法及时发现和防范。

5. 金融机构管理面临的挑战

管理层对金融衍生品风险的认识不足，导致高层领导或决策者在使用和交易这些产品时缺乏深入了解，无法准确把握产品细节和做出明确判断。这可能因过于乐观或盲目追求利润而忽视风险的存在及其后果，带来较大的不确定性。

同时，内部控制薄弱和交易系统漏洞也是金融衍生品风险管理的重要问题。内部控制是指金融机构或企业通过规划和控制来管理自身，包括风险、财务、人力资源等方面。当内部控制薄弱时，监管和控制存在缺陷或错误，导致金融衍生品交易失序或造成损失。此外，交易系统可能存在技术故障或安全漏洞，加剧风险并导致交易数据丢失或被篡改。

激励机制的过度使用也是金融衍生品风险管理的挑战之一。激励机制通过奖惩等方式激发金融参与者的积极性和创造性。然而，过度激励可能导致金融参与者的过度冒险和投机行为。为追求高收入，交易员可能不自觉地增加风险，只关注眼前利益而忽视未来可能发生的灾难。尽管决策者对金融衍生品交易做出了明确规定，但并不一定会检查是否存在越权行为。这可能导致交易员受到表彰，得意忘形，逐渐减弱风险意识，并逐步增加交易金额和风险系数，偏离最初的决策目标。

6. 金融参与者的非理性行为

金融参与者是指在金融市场中进行交易或投资活动的个人或机构，如投资者、交易员、经纪商、基金经理等。金融参与者应该根据自身的目标和风险偏好，以及市场信息和预期，进行理性的决策和行为。然而，在实际中，信息不完全、认知偏差、情绪影响等因素导致了一些非理性行为。例如，在金融衍生品市场中，一些投资者可能受到羊群效应、过度自信、损失厌恶等心理因素的影响，从而进行过度投机、追涨杀跌、逆势操作等行为。

（二）外部原因

1. 宏观经济的波动和不稳定

宏观经济是一个国家或地区总体经济状况的指标，如GDP、通货膨胀率、失业率和贸易收支。宏观经济的波动和不稳定会对金融衍生品市场的标的资产价格和需求产生影响，进而导致金融衍生品市场出现价格波动和风险增加。例如，在2008年金融危机中，美国房地产市场崩溃引发了全球经济衰退，导致大宗商品价格暴跌，给金融衍生品市场的投资者带来了巨大损失。

2. 国际金融市场的联动和冲击

随着发达国家对国际资本流动限制的取消，各国金融市场逐步开放，投资者在全球范围内追逐高收益和高流动性，实现风险分散。通过计算机和卫星网络，全球资金调拨和融通仅需几秒钟完成，世界各地的金融中心和机构紧密相连，形成了全时区、全方位的一体化国际金融市场，极大地便利了金融衍生品的交易。因此，在当前的国际金融环境下，投资者通过金融衍生品市场的跨境交易和套利机会将风险传导到其他国家或地区的金融衍生品市场，导致价格同步变动和风险传染。

3. 政治和社会事件的干扰和影响

政治和社会事件指发生在某个国家或地区的重大或突发政治或社会变化，如战争、恐怖袭击、政治危机和社会动荡等。这些事件会干扰和影响金融衍生品市场参与者的信心和预期，导致金融衍生品市场出现异常价格波动和风险增加。

四、金融衍生品市场的风险管理流程

为了有效地应对和管理金融衍生品市场中的风险，金融机构和投资者需要建立和完善科学规范的风险管理流程。风险管理是一个持续的过程，其目标是识别、分析、度量和处理损失风险，并采取控制措施以减轻不利影响。基本流程包括风险识别、风险评估、风险控制、风险监测和风险报告。

（一）风险识别

风险识别是金融衍生品交易中对面临的各种风险进行分析和评估的重要步骤。它涵盖了风险来源、类型、程度和影响等方面。准确地识别风险对于有效评估和控制风险至关重要。

为了有效地进行风险识别，可采用定性分析和定量分析两种方法。定性分析依靠经验和判断，通过收集和整理相关信息，对可能发生的情况进行分类和描述，以形成清晰的风险画像。定量分析则借助数学模型和统计数据，计算和测量各种风险因素的大小和概率，得出具体可比较的风险指标。

在实践中，企业可以运用多种方法辅助风险识别，如风险列举法、流程图分析法和分解分析法。风险列举法逐项列举可能存在的风险，并根据业务流程进行考虑。流程图分析法全面分析整个业务过程，逐环节考虑可能遇到的风险因素。分解分析法将复杂事物分解为简单部分，进一步分析潜在风险和可能的损失。

此外，图解表示方法可用于调查损失发生前的失误事件，或对引起事故的原因进行分解分析，具体判断哪些失误最可能导致损失风险的发生。这些方法有助于全面了解风险，并为有效的风险管理提供依据。

（二）风险评估

风险评估是对已识别的风险进行量化或定级，以反映其大小和可能性，是风险管理流程中的关键步骤。金融衍生品市场的风险评估方法包括敏感性分析、场景分析、在险价值方法、信用评级、信用价值调整方法和流动性溢价方法等。

敏感性分析衡量金融衍生品价值对市场价格或利率等因素变化的响应程度，以衡量市场风险的大小，常用指标有久期、凸性、Delta、Gamma、Vega 等。

场景分析假设市场价格或利率等因素发生特定的变化，并计算金融衍生品价值的变化幅度，以衡量市场风险的可能性。场景分析可以基于历史事件进行历史场景分析，也可以基于未来可能发生的事件进行假设场景分析。

在险价值是指在一定置信水平和持有期内，金融衍生品价值可能遭受的最大损失。在险价值方法是一种综合性的风险评估方法，可以同时考虑市场价格或利率等因素的波动和相关性，常用的计算方法有方差-协方差法、历史模拟法和蒙特卡罗模拟法等。

信用评级是对交易对手方的信用状况进行评估和分类，以衡量信用风险的大小。可由专业的信用评级机构提供信用评级，也可以由金融机构自行制定。常用的评级标准包括财务状况、经营状况、行业状况和市场状况等。

信用价值调整方法将交易对手方违约概率和违约损失率等因素纳入金融衍生品定价模型中，计算因信用风险而产生的折扣。信用价值调整方法是一种动态的信用风险评估方法，随着市场条件和交易对手方信用状况的变化而调整。

流动性溢价是指由于流动性不足而导致金融衍生品价格低于其理论价值或公允价值的差额。流动性溢价可以反映流动性风险的大小，并用作流动性风险管理的成本或收益。常用的计算方法有比较法、回归法和期权法等。

（三）风险控制

风险控制是指根据风险评估结果采取适当措施和方法来减少或转移风险。它是风险管理流程的核心步骤。有效的风险控制可以保护资产价值并确保收益稳定。在金融衍生品市场中，常用的风险控制方法包括套期保值、套利、对冲、分散化、收取保证金、引入中央对手方等。

风险控制的最高境界是消除或规避风险，然而完全杜绝风险是理想状态。利益相关者在付出巨大努力后仍然会面临风险，因为有些风险无法控制。同时，风险控制需要在成本和收益之间权衡。例如，期货交易所或期货公司长期大幅提高保证金比例可以消除客户爆仓风险，但可能导致客户放弃交易，面临经营风险。类似地，推出创新业务以更好地服务市场虽然具有一定风险，但若只考虑风险，就会牺牲整个市场的效率。

此外，对于期货投机者而言，参与期货交易的目的是获取风险收益。如果追求完全消除风险，就没有必要参与期货交易。因此，风险控制包括选择适当的措施并权衡成本和收益，制订切实可行的应急方案，充分准备以应对可能发生的风险，并按照预先制订的方案最大限度地控制损失。

（四）风险监测

风险监测是对已实施的风险控制措施进行持续跟踪和检查，以评估其有效性和适应性。这是风险管理流程的重要一步，确保及时监测和处理新出现或变化的风险，维持风险管理的有效性和灵活性。金融衍生品市场采用偏离度分析、压力测试和回溯测试等方法进行风险监测。

偏离度分析通过比较实际价值或收益与预期价值或收益的差异，评估风险控制措施的执行情况和效果。它能发现措施的不足或失效之处，并为调整或优化风险控制提供依据。

压力测试在假设市场价格或利率等因素发生极端或非正常变化的情况下，计算衍生品价值或收益的变动幅度，评估风险控制措施的抗压能力和稳健性。它验证措施的有效性和适应性，并增强风险意识和应对能力。

回溯测试将衍生品的实际价值或收益与过去某一时期内的在险价值进行比较，评估在险价值模型的准确性和可靠性。它验证模型的假设和参数，并为模型的修正或改进提供依据。

（五）风险报告

风险报告以规范透明的方式向内部和外部相关方传达风险管理的过程和结果，是风险管理流程的关键步骤。金融衍生品市场的风险报告主要包括风险政策、组织结构、责任分配、业务流程、数据系统、指标体系、监测结果和应急预案。这些报告内容全面披露了风险管理的各个方面，提高了市场的透明度和稳健性，同时也有助于提升风险管理的质量和效率。

第二节 我国金融衍生品市场监管体系

一、我国金融衍生品市场监管的发展历程

金融衍生品市场是金融创新的成果，也是金融风险的重要来源。监管金融衍生品市场是保障金融稳定和发展的关键手段、提升金融竞争力和影响力的重要途径。我国金融衍生

品市场监管在过去几十年里经历了不断发展和完善的历程，形成了多层次、多元化、高效率的监管体系。

第一阶段（1990—1999 年）：期货市场监管体系的建立和完善。这一阶段，我国期货市场从无到有，经历了快速发展和混乱调整的过程。为了规范期货市场的运行和发展，我国政府陆续出台了《期货交易管理暂行条例》等法规，建立了国务院证券委员会、中国证监会等监管机构，实行了期货交易所、期货公司、期货投资者三级管理体制。

第二阶段（2000—2006 年）：期货市场监管体系的调整和优化。这一阶段，我国期货市场进入了稳步发展和逐步完善的阶段。为了适应市场的变化和需求，我国政府对期货市场的监管体系进行了一系列的调整和优化，包括取消国务院证券委员会，将其职能转移给中国证监会；成立中国期货业协会，加强行业自律管理；成立中国期货保证金监控中心（现更名为中国期货市场监控中心），提高市场监测能力；此外，还建立了中国金融期货交易所，开展股指期货交易，为投资者提供了更多的交易选择和风险管理工具。

第三阶段（2007—2021 年）：期货市场监管体系的创新和升级。这一阶段，我国期货市场迎来了新的发展机遇和挑战。为了促进期货市场的健康和有序发展，我国政府对期货市场的监管体系进行了创新和升级，包括颁布《期货交易管理条例》，为期货市场提供了法规保障；发布了《期货监管协调工作规程（试行）》，建立了中国证监会、证监局、期货交易所、中国期货市场监控中心、中国期货业协会的“五位一体”监管协作机制。该机制以统一领导、共享资源、各负其责、密切合作、合力监管为原则，确保监管工作高效进行和有效发挥作用。同时，推进跨境合作与互联互通，提升国际影响力，使我国期货市场与国际市场更加紧密地连接和交流。

第四阶段（2022 年至今）：衍生品市场监管体系的拓展和完善。这一阶段，我国衍生品市场进入了多元化和高质量发展的新时代。为了适应衍生品市场的多样化和复杂化，我国政府对衍生品市场的监管体系进行了拓展和完善，包括出台《中华人民共和国期货和衍生品法》，将衍生品纳入法律规范；推出更多的衍生品品种，满足不同投资者的需求；加强风险控制和消费者保护，保障市场安全和效率等。

二、中国证监会

为了规范各利益主体的行为，保护各方的合法利益和社会公共利益，维护期货市场的正常秩序，政府需要依法行政，对期货行业实施全方位的监管。中国证监会作为国务院直属机构，在法律法规和国务院授权下，集中统一对期货市场进行监督管理，维护市场秩序和运行的一致性。作为期货市场的主管机关，中国证监会颁布了一系列行政规章和规范性文件，如《期货交易所管理办法》《期货公司监督管理办法》《期货公司董事、监事和高级管理人员任职资格管理办法》《期货从业人员管理办法》《期货市场客户开户管理规定》等，对期货交易所、期货公司、期货从业人员等市场主体进行行政管理。

三、地方证监局

中国证监会在全国范围内设立了36个证券监管局和上海、深圳证券监管专员办事处，作为其派出机构，实行垂直领导的管理体制。这些机构与中国证监会共同进行对中国期货市场的集中统一监管。各地证监局的主要职责包括：根据中国证监会的授权，监督管理辖区内的上市公司、证券和期货经营机构，以及涉及证券期货业务的中介机构如律师事务所、会计师事务所和资产评估机构等；查处辖区内的违法违规案件。

四、中国期货业协会

中国期货业协会是在2000年12月29日根据《社会团体登记管理条例》成立，依据《中华人民共和国期货和衍生品法》履行法定职责的全国期货行业自律性组织，为非营利性的社会团体法人。中国期货业协会由期货公司等从事期货业务的会员、期货交易所特别会员和地方期货业协会联席会员组成。中国期货业协会接受中国证监会和中华人民共和国民政部的业务指导和监督管理。其宗旨是维护会员的合法权益，推动期货市场的规范发展，保护投资者利益，构建公开、公平、公正的期货市场。

五、期货交易所

期货交易所是买卖期货合约的核心场所，对期货市场起着关键作用。作为非营利机构，期货交易所的主要职责包括：制定和发布期货合约的规则和标准，组织和监督期货合约的交易和结算，确保期货市场正常运行；设立和实施风险控制措施，预防和化解市场风险，维护市场稳定；制定和执行会员管理制度，监督和检查会员的资格、资本、业务和风险情况，并对违反规则的会员进行纪律处分或采取其他措施；收集、整理和发布市场数据和信息，为市场参与者提供决策依据；参与国际期货组织，开展国际合作与交流。目前我国有四家商品期货交易所（上海期货交易所、郑州商品交易所、大连商品交易所、广州期货交易所）以及一家金融期货交易所（中国金融期货交易所）。

六、中国期货市场监控中心

中国期货保证金监控中心成立于2006年，之后正式更名为中国期货市场监控中心。它负责对保证金的安全进行监控，并进行每日稽核，如发现问题则立即报告中国证监会。中国证监会将根据情况及时处理问题。中国期货市场监控中心接受中国证监会的指导、监督和管理。随着期货市场的发展，中国期货市场监控中心的职能也逐步拓展，包括期货市场统一开户、期货保证金安全监控、期货市场运行监测、期货经营机构监测、期货及衍生品交易报告库的建设和运营、为期货投资者提供交易结算信息查询服务、进行宏观和产业分析研究、代管期货投资者保障基金、为监管机构和期货交易所提供信息服务、进行期货市场调查以及协助风险公司处置等。

七、我国对场外金融衍生工具的监管

我国的场外衍生品市场虽起步较晚，但经过十几年发展已取得进步，在资本市场中的影响力逐渐增强。最初的场外衍生品交易主要在20世纪90年代中期发生于商业银行和国有企业之间，外资银行成为早期参与者。随着时间的推移，中国人民银行主导的银行间场外衍生品市场和证监会主导的证券期货场外衍生品市场逐步形成，外资机构主导的柜台市场也崭露头角，构成了我国当前的场外衍生品市场格局。我国的场外衍生品市场已具备一定规模，其中银行间市场的业务规模最大，商业银行是最活跃的参与机构。尽管取得了进步，但与国外相比仍存在提升空间和需要解决的问题，如市场分割、基础服务不足、自律调节不足等。整个市场亟须完善生态体系，以提高市场效率和稳定性。

我国对场外金融衍生工具的监管由中国人民银行和证监会负责，参考国际指引和经验，旨在促进市场健康发展、防范风险、服务实体经济。主要措施包括建立统一的法律法规体系、制定多层次的监管机构体系、构建多元化的市场主体体系，以及建立多样化的产品与服务体系。2022年8月1日，《中华人民共和国期货和衍生品法》正式实施，为期货市场和衍生品市场服务实体经济、防控金融风险和深化金融改革提供法律保障，规定了期货市场和衍生品市场的基础制度。监管部门根据职责分工进行宏观审慎管理、综合监管和资格审批等工作。市场主体包括发起方、中介方和终端方，涵盖利率、汇率、信用、股票、债券、商品等多个领域。不断创新和完善的产品与服务满足了不同市场主体的需求，提高了市场透明度和效率。

第三节 金融衍生品市场风险控制

一、交易所的风险控制

交易所作为金融衍生品交易的管理者和风险承担者，其风险监控是整个市场风险监控的核心。交易所面临两个主要风险源：一是监管执行风险，二是市场非理性价格波动风险。

为此，除了加强现有风险监管制度的执行力度外，交易所还可采取以下措施加强风险监控：加强资本充足性管理，制定适当的资本充足标准，以防止信用风险发生；根据资本多少确定交易的持仓限额；合理制定并及时调整保证金率，以避免连锁性的合同违约风险；加强清算、结算和支付系统的管理，协调期货和现货市场，提高衍生品的流动性和应变能力，降低流动性风险；加强交易系统的开发、维护和检修，防范系统故障引发的操作风险；制定合理的交易制度和交易合约，以尽可能保持交易活跃性。

交易所应建立动态监控系统，对交易全过程进行监控，包括交易价位的变动、交易规模的变化、交易头寸的转换以及账户资金和持仓规模的比例等。此外，交易所应建立风险异常监控系统，有效监测和控制非理性价格波动风险、大户持仓风险和资金风险。

此外，交易所应建立和严格管理风险基金，以防止会员或交易所无法履约的情况发生。风险基金可以用于应对会员破产或无法偿还负债的情况。同时，在结算过程中收取的手续费也可用作赔偿或风险基金。应设立风险基金以确保交易所的整体抗风险能力。

目前，我国期货交易所主要设立和管理的风险基金包括风险准备金和结算担保金。风险准备金用于维护市场正常运转并弥补交易所不可预见风险带来的亏损。结算担保金则用于应对结算会员的违约风险。交易所应按规定提取、管理和使用风险基金，确保其合规性和稳定性。

知识链接

上海证券交易所、中国证券登记结算有限责任公司股票期权试点风险控制管理办法

二、金融机构的风险控制

金融机构的内部风险管理制度是有效控制风险的关键。巴塞尔银行监管委员会在1998年发布的《内部控制制度的评估框架》草案中指出，市场参与者内部风险控制系统崩溃的原因包括经营环境变化、新人员加入和业务增长等。加强中介机构和银行的内部风险控制是最有效且成本最低的方法。在金融衍生工具方面，美国联邦储备委员会、美国证券交易委员会、加拿大金融机构监管办公室以及国际金融监管机构提出了具体框架，为金融衍生工具的监管提供了标准。

金融机构应明确交易目的，建立适当的控制系统，规定交易种类、交易量和本金限额，并谨慎选择和使用金融衍生品。为加强内部控制，应严格控制交易程序，分离操作权、结算权和监督权。需要建立严格的层次分明的业务授权体系，加大对越权交易的处罚力度。同时，应设立专门的风险管理和监管部门，记录、确认和评估金融衍生品交易中的风险，并向决策层及时汇报市场情况和交易情况。

应对银行资本充足率标准进行修改，提高银行抗风险能力。1988年，巴塞尔银行监管委员会发布了《巴塞尔协议Ⅰ》，首次建立了一套国际通用的银行资本充足率标准和计算方法，对世界各国监管方法的发展产生了重要影响。2004年，巴塞尔银行监管委员会在修订1988年《巴塞尔协议Ⅰ》的基础上发布了《巴塞尔协议Ⅱ》，在最低资本要求的基础上，增加了外部监管和市场纪律两个新的“支柱”，从而形成了具有“三大支柱”的全面风险监管框架。2010年，巴塞尔银行监管委员会又发布了《巴塞尔协议Ⅲ》，延续了传统的以风险为本的监管理念，从银行个体和金融系统两方面加强监管，确定了宏微观审慎相结合的金融监管新模式。监管机构可参考上述协议加强银行资本金管理。

作为代理期货业务的法人主体，期货公司的风险管理目标是为客户提供安全可靠的投资市场，并维护客户权益。期货公司应严格遵守净资本管理规定，将净资本作为核心进行风险控制。中国证监会发布的《期货公司风险监管指标管理办法》要求期货公司建立适应风险监管指标体系的内部控制制度和风险监控机制，并确保调整后的净资本等风险监管指标符合监管要求。

此外，期货公司还应设立首席风险官制度，对公司经营合规性和风险管理状况进行监督，加强客户信用风险控制，严格执行保证金和追加保证金制度，公开市场信息并做好技术保障。同时，应加强从业人员管理和培训，提高业务运作能力。

三、交易者的风险控制

客户作为金融衍生品市场利益承担的主体，其风险管理的目标是维护投资权益并保障财务安全。为了实现这一目标，客户在期货交易中应采取以下防范措施：

首先，客户应充分了解期货交易的基本特点。在投资期货市场之前，客户必须对期货交易有足够的了解，以识别欺诈行为并保护自身权益。其次，客户应慎重选择期货公司。应认真了解期货公司的信用状况、交易业绩、代理业务范围以及相关规则和制度。通过选择安全可靠的期货经纪公司，客户可以降低代理风险。最后，客户应制定正确的投资战略。应正确评估自身财力，分析期货价格变动规律，并制定适当的投资战略来降低投资风险。同时，应养成及时止损的习惯，避免因拒绝止损而导致重大损失。

机构投资者在内部风险控制方面应采取以下措施：

第一，建立由董事会、高层管理部门和风险管理部门组成的风险管理系统，且确保高层管理部门拟定书面程序并经董事会批准。风险管理部门应独立于业务部门，作为各方之间的纽带。

第二，制定合理的风险管理流程，包括建立全面、准确和及时衡量机构在交易中面临的风险的管理系统。同时设定风险限制，一旦超过限制，就要及时向管理部门和董事会报告风险情况。

第三，建立相互制约的业务操作内部监控机制。前台负责具体交易操作，按规定和权限管理交易资金，记录每天的交易活动并报告给中台和后台。中台负责交易复核、对账和财务处理。后台负责监督整个业务操作并核对持仓。

第三，还需加强高层管理人员对内部风险监控的力度，采用总量控制和交易程序化的方式进行内部风险监控。这包括评估运行、制定实际可行的盈利目标、分析盈利与损失原因、监控交易记录的真实性和准确性等。

第四，强制执行交易风险监控措施。监控部门应书面规定交易风险监控手段，并确保交易人员执行。这包括管理目标、交易形式、交易管理手段、授权权限、盈亏评估标准、交易监控手段和结算原则等，以有效监控金融衍生品的交易活动和整个交易过程。

本章小结

本章重点讨论金融衍生品市场的监管与风险控制。首先详细分析了金融衍生品市场的风险类型、特征和成因。其次介绍了我国金融衍生品市场监管体系，包括中国证监会、地方证监局、中国期货业协会、期货交易所和中国期货市场监控中心等机构的职责和作用。最后讨论了金融衍生品市场的风险控制方法，包括交易所、金融机构和交易者在风险控制方面的策略。通过学习本章内容，读者可以深入了解金融衍生品市场监管与风险控制的理论和实践，同时了解我国金融衍生品市场监管体系的组成以及各主体在风险控制中的角色。有效的监管和风险控制措施有助于保护投资者利益、维护市场稳定，并促进金融衍生品市场的健康发展。

实训案例

某期货公司在2023年3月发生了一起重大的违约事件，导致该公司资金链断裂，无法履行其对客户和交易所的义务，引发了市场的恐慌和不安。请根据以下信息，回答问题：

该期货公司从事股指期货、国债期货和商品期货经纪业务，同时进行自营和资产管理业务。从2023年1月开始，该公司预期市场将上涨，大幅增加自营业务的杠杆比例，利用保证金贷款和资产抵押扩大多头头寸。2023年2月，中国证监会进行现场检查，发现该公司违反了持仓限制、风险控制和信息披露规定。2023年3月，市场逆转导致股指和商品期货大幅下跌，使该公司自营账户亏损扩大，无法满足交易所保证金要求，并无法偿还借入的保证金贷款和资产抵押贷款，资金链断裂。该公司试图转移客户资金和资产以弥补亏损，但被交易所和中国期货市场监控中心及时制止。最终，中国证监会责令其停业并对其进行调查。

1. 请分析该期货公司在此次事件中面临的主要风险类型和特征，并说明其风险成因。

2. 请评价中国证监会、交易所和中国期货市场监控中心在此次事件中的监管作用和效果，并提出改进建议。

3. 请总结该期货公司在此次事件中的教训和启示，并提出风险控制建议。

二维码视频材料

练习与思考

实训篇

实训项目一

期货业务咨询服务

实训学时：2 学时
实训类型：设计
实训要求：必修

一、实训目的

理解并能够清楚解释期货合约的主要条款；理解并能够解释各项期货交易制度的含义；能够为投资者提供一般性期货咨询服务。

二、实训准备

期货业务咨询服务流程图见表 1-1。

表 1-1　期货业务咨询服务流程图

流程	责任主体	涉及的资料及作业说明
期货交易的概念、基本特征及功能介绍 ↓ 期货合约解读 ↓ 期货交易制度介绍	1. 投资者 2. IB 营业部柜员	1. 期货交易的宣传手册 2. 各交易所交易制度 3. 各交易品种的合约

国内5家期货交易所部分上市品种及其期货合约分别见表1-2、表1-3、表1-4、表1-5、表1-6。

表1-2　上海期货交易所部分上市品种及其期货合约

交易品种	阴极铜	铝	天然橡胶	燃料油	锌	黄金
交易单位	5吨/手	5吨/手	10吨/手	10吨/手	5吨/手	1 000克/手
最小变动价位	10元/吨	5元/吨	5元/吨	1元/吨	5元/吨	0.02元/克
涨跌停板幅度	上一交易日结算价±3%	上一交易日结算价±3%	上一交易日结算价±3%	上一交易日结算价±5%	上一交易日结算价±4%	上一交易日结算价±3%
合约月份	1—12月		1月、3—11月	1—12月	1—12月	
交易时间	上午9：00—11：30，下午1：30—3：00，以及交易所规定的其他交易时间					
最后交易日	合约交割月份的15日（遇国家法定假日顺延）			合约交割月份前一月份的最后1个交易日	合约交割月份的15日（遇法定假日顺延）	
最后交割日	最后交易日后连续2个工作日					最后交易日后连续1个工作日
交割等级	标准阴极铜 替代品： 1. 高级阴极铜； 2. LME注册阴极铜	铝锭 替代品： LME注册铝锭	1. 国产天然橡胶（SCR WF） 2. 进口3号烟胶片（RSS3）	RMG 380船用燃料油	锌锭，其中锌含量不小于99.995%	金含量不小于99.95%的国产金锭及LBMA标准金锭
最低交易保证金	合约价值的5%			合约价值的8%	合约价值的5%	合约价值的4%
交易手续费	不高于成交金额的万分之二		不高于成交金额的万分之一点五	不高于成交金额的万分之二		
交易代码	CU	AL	RU	FU	ZN	AU

表1-3　大连商品交易所部分上市品种及其期货合约

交易品种	黄大豆1号	豆粕	大豆原油	黄玉米	线性低密度聚乙烯（LLDPE）	棕榈油
交易单位	10吨/手	10吨/手	10吨/手	10吨/手	5吨/手	10吨/手
最小变动价位	1元/吨	1元/吨	2元/吨	1元/吨	5元/吨	2元/吨
涨跌停板幅度[a]	上一交易日结算价的4%					

续表

交易品种	黄大豆1号	豆粕	大豆原油	黄玉米	线性低密度聚乙烯（LLDPE）	棕榈油
合约月份	1、3、5、7、9、11月	1、3、5、7、8、9、11、12月	1、3、5、7、8、9、11、12月	1、3、5、7、9、11月	1—12月	1—12月
最后交易日	合约月份的第10个交易日					
最后交割日	最后交易日后第7个交易日	最后交易日后第4个交易日	最后交易日后第3个交易日	最后交易日后第2个交易日		
交割等级	三等非转基因黄大豆	符合DCE豆粕交割质量标准	符合DCE豆油交割质量标准	符合DCE玉米交割质量标准	符合DCE LLDPE交割质量标准	符合DCE棕榈油交割质量标准
最低交易保证金	合约价值的5%					
交易手续费	不超过4元/手	不超过3元/手	不超过6元/手	不超过3元/手	不超过8元/手	不超过6元/手
交易代码	A	M	Y	C	L	P

a　大连商品交易所交割月份的涨跌停板幅度为上一交易日结算价的6%。

注：黄大豆2号与黄大豆1号合约条款的差别在于交割等级，黄大豆1号标准交割品为三等非转基因黄大豆，黄大豆2号只规定大豆品质要求，转基因大豆可以交割，可以理解为压榨用油大豆标准，交易代码为B。

表1-4　郑州商品交易所上市品种及其期货合约

交易品种	优质强筋小麦	硬冬白小麦	菜籽油	精对苯二甲酸（PTA）	白砂糖	一号棉花
交易单位	10吨/手	10吨/手	5吨/手	5吨/手	10吨/手	5吨/手
最小变动价位	1元/吨	1元/吨	2元/吨	2元/吨	1元/吨	5元/吨
每日价格最大波动限制	不超过上一交易日结算价的±4%					
合约月份	1、3、5、7、9、11月			1—12月	1、3、5、7、9、11月	
最后交易日	合约交割月份的倒数第7个交易日		合约交割月份的第10个交易日			
交割日期	合约交割月份的第1个交易日至最后交易日			合约交割月份的第12个交易日		
交割等级	二等优质强筋小麦	二等硬冬白小麦替代品：一、三等硬冬白小麦	符合郑州商品交易所四级菜籽油质量标准	优等品PTA	一级白糖	328B级国产锯齿细绒白棉
最低交易保证金	合约价值的5%	合约价值的5%	合约价值的5%	合约价值的6%	合约价值的6%	合约价值的5%
交易手续费	2元/手	2元/手	4元/手	4元/手	4元/手	8元/手
交易代码	WS	WT	RO	TA	SR	CF

表 1-5　中国金融期货交易所指数期货合约

合约标的	沪深 300 指数	中证 500 指数	中证 1000 指数	上证 50 指数
合约乘数	每点 300 元	每点 200 元	每点 200 元	每点 300 元
报价单位	指数点			
最小变动价位	0.2 点			
合约月份	当月、下月及随后两个季月			
交易时间	上午：9：30—11：30，下午：13：00—15：00			
每日价格最大波动限制	上一交易日结算价的±10%			
最低交易保证金	合约价值的 8%			
最后交易日	合约到期月份的第三个周五，遇国家法定假日顺延			
交割日期	同最后交易日			
交割方式	现金交割			
交易代码	IF	IC	IM	IH
上市交易所	中国金融期货交易所			

表 1-6　广州期货交易所上市品种及其期货合约

交易品种	碳酸锂	工业硅
交易单位	1 吨/手	5 吨/手
最小变动价位	50 元/吨	5 元/吨
涨跌停板幅度	上一交易日结算价±4%	
合约月份	1、2、3、4、5、6、7、8、9、10、11、12 月	
交易时间	每周一至周五（北京时间，法定节假日除外）9：00—11：30，13：30—15：00，以及交易所规定的其他时间	
最后交易日	合约月份的第 10 个交易日	
最后交割日	最后交易日后第 3 个交易日	
交割等级	见《广州期货交易所碳酸锂期货、期权业务细则》	见《广州期货交易所工业硅期货、期权业务细则》
最低交易保证金	合约价值的 5%	
交割方式	实物交割	
交易代码	LC	SI

注：交易所可以根据市场情况调整各合约涨跌停板幅度和交易保证金标准。日盘交易分为三个交易小节，分别为第一节 9：00—10：15、第二节 10：30—11：30 和第三节 13：30—15：00。

三、实训项目

情景假设：某客户前来咨询有关期货交易的问题，请作为理财经理或客户经理的你进行详细的解释。要求表述准确，条理清楚。咨询的形式可以是电话咨询或现场咨询。

（1）什么是期货交易？期货交易有什么用？

（2）沪深 300 指数期货合约的主要条款分别代表什么意思？

（3）目前我国的期货交易所都有哪些交易品种？

（4）期货交易的制度有哪些？

（5）期货交易和股票交易是不是一样的？可以长期持续下去吗？

四、实训步骤

分小组进行，每小组 2 人，一人扮演客户，一人扮演客服人员。

五、实训要求

（1）小组人员的角色需要互换；

（2）学生可自行设计咨询问题。

六、实训报告

实训报告——期货业务咨询服务							
姓名		班级		学号		得分	
实训条件	实训室、可操作的电脑						
实训资料	指导材料、实训报告						
课时安排	2 课时						
实训目的	1. 理解并能够清楚解释期货合约的主要条款 2. 理解并能够解释各项期货交易制度的含义 3. 能够为投资者提供一般性期货咨询服务						
实训内容							
1. 什么是期货交易？期货交易有什么用？ 2. 沪深 300 指数期货合约的主要条款分别代表什么意思？ 3. 目前我国的期货交易所都有哪些交易品种？							

续表

4. 期货交易的制度有哪些？ 5. 期货交易和股票交易是不是一样的？可以长期持续下去吗？
实训效果与体会
教师批改意见及成绩

实训项目二

期货交易开户与销户

实训学时：2 学时
实训类型：设计
实训要求：必修

一、实训目的

能够正确地选择期货公司；能独立为客户办理期货开户手续。

二、实训准备

实训业务各流程分别见表 2－1 至表 2－4。

表 2－1　期货开户流程图

流程	责任主体	涉及的资料及作业说明
客户本人至营业部办理期货开户流程 → 自然人开户： 1. 签署《期货交易风险说明书》 2. 签署《期货经纪合同》《银期转账协议书》及其他开户资料，如实提供固定电话、手机、联系地址和邮政编码 3. 提供开户人的身份证原件并留复印件，如有其他授权的，被授权人也应带好本人身份证一同前往 → 法人开户： 1. 签署《期货交易风险说明书》 2. 签署《期货经纪合同》《银期转账协议书》及其他开户资料，如实提供固定电话、手机号、联系地址和邮政编码 3. 提供有效营业执照副本原件并留复印件 4. 签署开户代理人授权委托书原件 5. 签署法定代表人身份证明书原件	1. 投资者 2. IB 营业部柜员	1. 资料包括： 自然人客户： （1）开户人的身份证（原件及复印件） （2）被授权人的身份证（原件及复印件） （3）提供拟开通银期转账的银行卡及复印件

续表

<table>
<tr><th>流程</th><th>责任主体</th><th>涉及的资料及作业说明</th></tr>
<tr><td>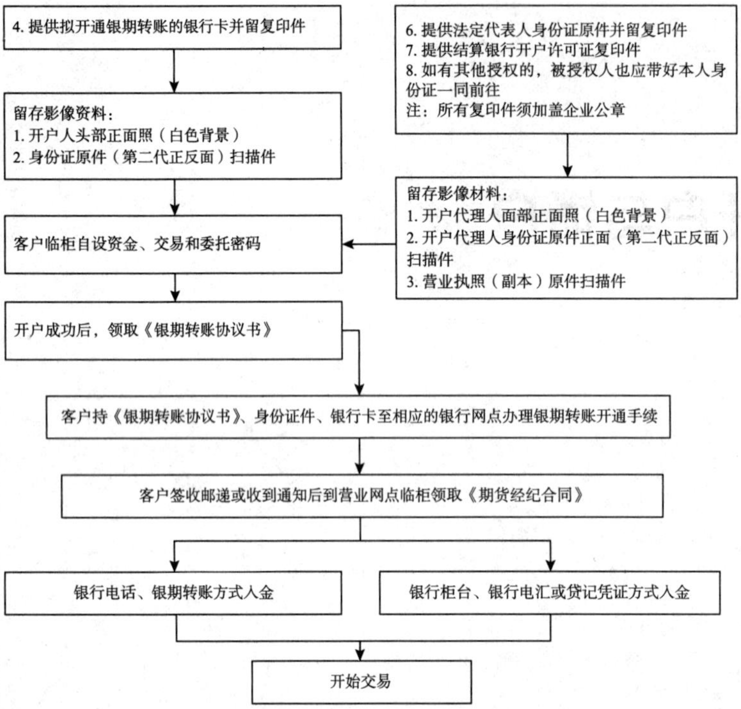
</td><td></td><td>法人客户：
（1）代理人身份证（原件及复印件）
（2）营业执照（原件及复印件）
（3）结算银行开户许可证、代理授权委托书等
2. 需填写的表格：《期货交易风险说明书》《期货经纪合同》《银期转账协议书》
3. 客户设定交易初始密码和资金存取密码等
4. 客户持《银期转账协议书》、身份证件、银行卡至相应的银行网点办理银期转账开通手续</td></tr>
</table>

表 2-2　金融期货开户流程图

<table>
<tr><th>流程</th><th>责任主体</th><th>涉及的资料及作业说明</th></tr>
<tr><td>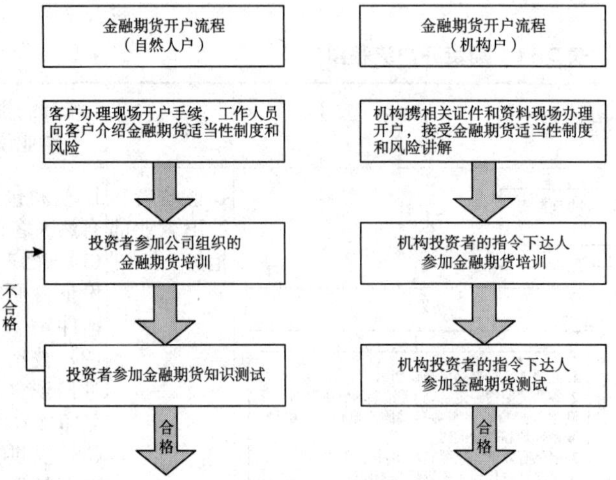
</td><td>1. IB营业部柜员
2. 投资者
3. 期货公司总部</td><td>1. 对投资者进行金融期货培训
2. 组织投资者参加金融期货知识测试</td></tr>
</table>

续表

流程	责任主体	涉及的资料及作业说明
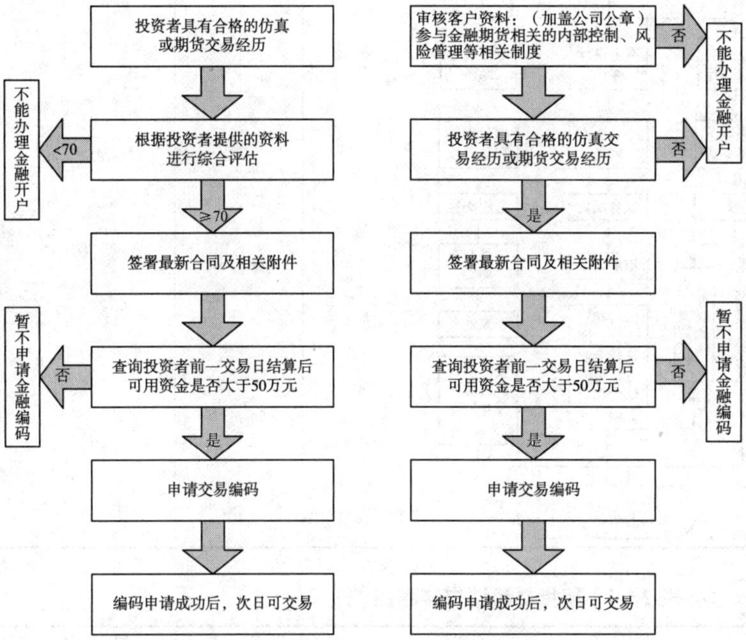		

表 2-3 银期转账办理流程图

流程	责任主体	涉及的资料及作业说明
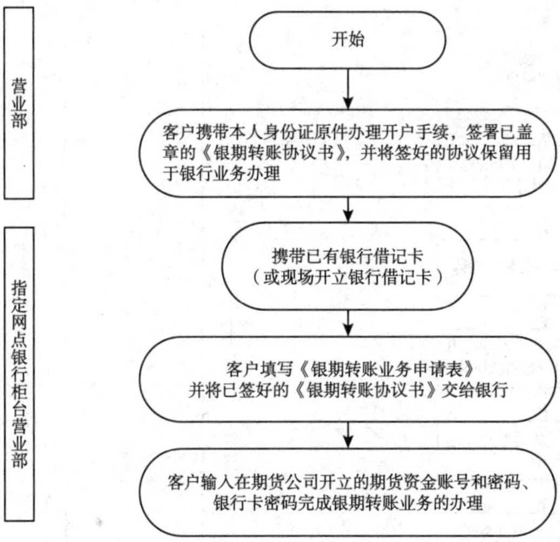	1. 期货营业部柜员 2. 银行网点柜员 3. 投资者	客户签署《银期转账协议书》，结算人员对该客户银期转账权限进行相关设置，提供资金调拨密码并由客户签署《资金调拨密码确认书》。客户携带本人身份证原件、银行储蓄卡和盖有期货公司公章的《银期转账协议书》到所选择的银行营业网点，据实填写《银期转账业务申请表》

续表

<table>
<tr><th>流程</th><th>责任主体</th><th>涉及的资料及作业说明</th></tr>
<tr><td>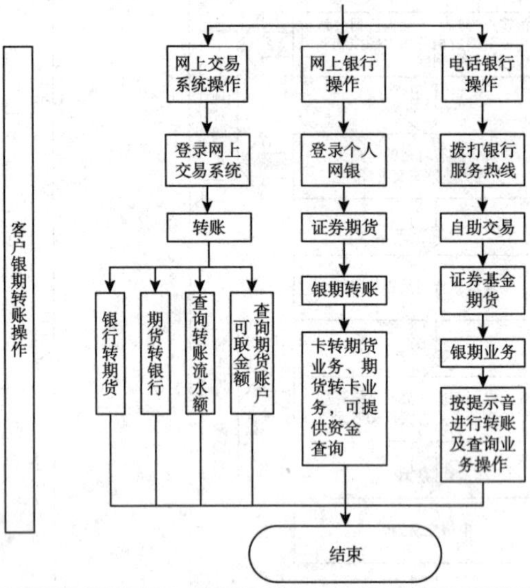
</td><td></td><td></td></tr>
</table>

表 2-4　期货交易销户流程图

<table>
<tr><th>流程</th><th>责任主体</th><th>涉及的资料及作业说明</th></tr>
<tr><td>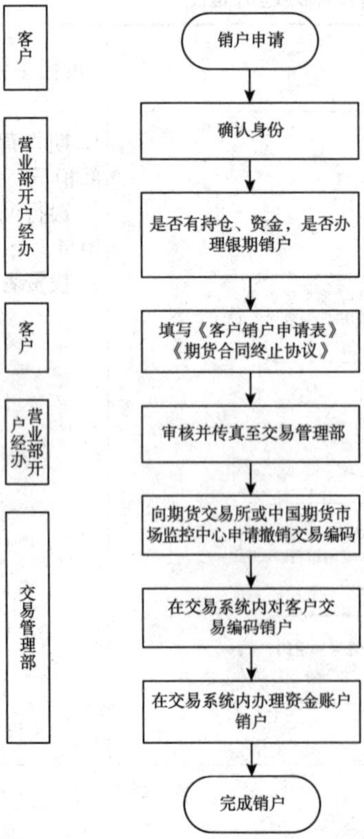
</td><td>1. 投资者
2. 期货营业部柜员
3. 交易管理部</td><td>1.《客户销户申请表》
2.《客户销户确认书》</td></tr>
</table>

三、实训项目

项目一：模拟期货开户业务

实训项目目标：（1）能够正确地选择期货公司；

（2）能独立为客户办理期货开户手续。

实训项目准备：电脑、《期货交易风险说明书》《期货经纪合同》等。

工作任务：（1）模拟办理期货开户手续，完成期货合同中的相关文件的签署；

（2）向客户解释期货经纪合同中的专业名词和内容；

（3）对开办金融期货账户的客户进行适当性测试、评估。

项目二：模拟银期转账业务的办理

实训项目目标：能为客户办理银期转账业务，并向客户介绍出金、入金的操作方法。

实训项目准备：能上网的电脑、《银期转账协议书》《银期转账业务申请表》等。

工作任务：（1）模拟期货柜台人员填写《银期转账协议书》；

（2）模拟银行柜台人员办理银期转账业务，填写《银期转账业务申请表》；

（3）向客户介绍银期转账的操作方法。

项目三：模拟期货销户业务

实训项目目标：能为客户办理销户手续。

实训项目准备：能上网的电脑、《客户销户申请表》《客户销户确认书》等文件资料。

工作任务：模拟期货柜台人员办理销户手续。

四、实训步骤

项目一：模拟期货开户业务

第一步：分小组进行，每小组 2 人，一人扮演客户，一人扮演期货柜台人员；

第二步：由期货柜台人员向客户揭示期货风险；

第三步：由客户提交开户材料，在柜台人员的协助下签署《期货经纪合同》；如开立的是金融期货，还需进行金融期货适当性的测试、评估；

第四步：由柜台人员采集影像资料，并由系统开户，获取交易编码。

项目二：模拟银期转账业务的办理

第一步：分小组进行，每小组 3 人，一人扮演客户，一人扮演期货柜台人员，另一人扮演银行柜台人员；

第二步：由期货柜台人员协助客户签署《银期转账协议书》；

第三步：由客户携带本人身份证及签署并盖章的《银期转账协议书》和银行借记卡到银行网点；

第四步：由银行柜台人员协助客户填写《银期转账业务申请表》，并由客户输入在期货公司开立的期货资金账号和密码、银行密码完成银期转账业务；

第五步：由银行柜台人员向客户介绍银期转账的操作方法。

项目三：模拟期货销户业务

第一步：分小组进行，每小组 3 人，一人扮演客户，一人扮演期货柜台人员，另一人扮演期货交易管理部门；

第二步：由客户提出销户申请，期货柜台人员确认客户身份并查询是否有持仓和资金；

第三步：由客户填写《客户销户申请表》；

第四步：由期货柜台人员审核并传真至期货交易管理部；

第五步：由期货交易管理部向期货交易所或中国期货市场监控中心申请撤销交易编码，在交易系统内对客户交易编码和资金账号销户。

五、实训要求

小组人员的角色需要互换，熟悉各项合同当中的内容，熟练各项业务操作。

六、实训报告

实训报告——模拟期货开户业务							
姓名		班级		学号		得分	
实训条件	实训室、可操作的电脑						
实训资料	指导材料、实训报告						
课时安排	1 课时						
实训目的	1. 能够正确地选择期货公司 2. 能独立为客户办理期货开户手续						
实训内容							
1. 如何挑选合适的期货公司？							

续表

2. 模拟办理期货交易开户过程，填写以下相关开户表格，并签署期货经纪合同相关文件（相关文档请扫描右侧二维码获取）。

客户所需携带资料清单：

自然人开户所需材料

序号	份数	所需证明文件	
1	1 份	本人身份证原件扫描件（正反面 JPG 格式）	□
2	1 份	本人身份证复印件	□
3	1 份	期货结算账户银行卡复印件	□
4	1 份	本人头部正面照（JPG 格式、白色背景、近期）	□
5	1 份	拟开通银期转账的银行卡及复印件	□

法人或机构开户所需材料

序号	份数	所需证明文件	
1	2 份	法人营业执照正本、副本复印件（加盖公章）	□
2	1 份	法人营业执照副本原件扫描件（JPG 格式）	□
3	1 份	法人代表人身份证复印件（加盖公章）	□
4	1 份	被授权开户代理人身份证复印件（加盖公章）	□
5	1 份	被授权开户代理人身份证原件扫描件（JPG 格式）	□
6	1 份	被授权开户代理人头部正面照（JPG 格式、白色背景、近照）	□
7	1 份	资金调拨人、指令下单人、结算单确认人身份证复印件（加盖公章）	□
8	1 份	资金调拨人、指令下单人、结算单确认人身份证原件扫描件（JPG 格式）	□
9	1 份	结算银行开户许可证复印件	□

注：1. JPG 格式文件不得修改；

2. 身份证复印件和身份证原件扫描件均指正、反两面的复印件和扫描件；

3. 如果资金调拨人、指令下单人、结算单确认人均为被授权开户代理人，则资料无须重复提供。

（机构加盖公章）：

签署日期：　　年　月　日

续表

期货市场个人客户开户登记表

会员名称						
会员号	上海期货交易所		大连商品交易所		郑州商品交易所	

个人开户申请（申请人填写）

姓名		性别		年龄		职业	

身份证号码		联系电话	
联系地址		邮政编码	

指令下达人

姓名		身份证号码		联系电话
联系地址			邮政编码	

资金调拨人

姓名		身份证号码		联系电话
联系地址			邮政编码	

结算单确认人

姓名		身份证号码		联系电话
联系地址			邮政编码	

本人有能力承担风险，并保证资金来源的合法性和所提供资料的真实性。

申请人签名：　　　　申请日期：　　年　　月　　日

同意开户记录（会员填写）

投资者交易编码	上海期货交易所		大连商品交易所		郑州商品交易所	

审批意见：

会员盖章：　　　　负责人签字：　　　　审批日期：　　年　　月　　日

第一联：申请人留存　　　　第二联：会员留存

期货市场单位客户开户登记表

会员名称						
会员号	上海期货交易所		大连商品交易所		郑州商品交易所	

单位客户开户申请（申请单位填写）

单位名称		单位性质	

续表

续表

<table>
<tr><td colspan="2">统一社会信用代码</td><td colspan="6"></td></tr>
<tr><td colspan="2">法定代表人</td><td colspan="2"></td><td colspan="2">注册资本</td><td colspan="2"></td></tr>
<tr><td colspan="2">开户银行</td><td colspan="2"></td><td colspan="2">银行账号</td><td colspan="2"></td></tr>
<tr><td colspan="2">经营范围</td><td colspan="6"></td></tr>
<tr><td colspan="2">联系地址</td><td colspan="3"></td><td>邮政编码</td><td colspan="2"></td></tr>
<tr><td colspan="2">联系人</td><td colspan="3"></td><td>联系电话</td><td colspan="2"></td></tr>
<tr><td colspan="8">开户授权人</td></tr>
<tr><td>姓名</td><td></td><td>身份证号码</td><td colspan="2"></td><td>联系电话</td><td colspan="2"></td></tr>
<tr><td>联系地址</td><td colspan="4"></td><td>邮政编码</td><td colspan="2"></td></tr>
<tr><td colspan="8">指令下达人</td></tr>
<tr><td>姓名</td><td></td><td>身份证号码</td><td colspan="2"></td><td>联系电话</td><td colspan="2"></td></tr>
<tr><td>联系地址</td><td colspan="4"></td><td>邮政编码</td><td colspan="2"></td></tr>
<tr><td colspan="8">资金调拨人</td></tr>
<tr><td>姓名</td><td></td><td>身份证号码</td><td colspan="2"></td><td>联系电话</td><td colspan="2"></td></tr>
<tr><td>联系地址</td><td colspan="4"></td><td>邮政编码</td><td colspan="2"></td></tr>
<tr><td colspan="8">结算单确认人</td></tr>
<tr><td>姓名</td><td></td><td>身份证号码</td><td colspan="2"></td><td>联系电话</td><td colspan="2"></td></tr>
<tr><td>联系地址</td><td colspan="4"></td><td>邮政编码</td><td colspan="2"></td></tr>
<tr><td colspan="8">本单位有能力承担风险，并保证资金来源的合法性和所提供资料的真实性。

申请单位盖章：　　　　法定代表人签字：　　　　申请日期：　　年　　月　　日</td></tr>
<tr><td colspan="8">同意开户记录（会员填写）</td></tr>
<tr><td>投资者
交易编码</td><td>上海期货
交易所</td><td></td><td>大连商品
交易所</td><td></td><td>郑州商品
交易所</td><td colspan="2"></td></tr>
<tr><td colspan="8">审批意见：

会员盖章：　　　　负责人签字：　　　　审批日期：　　年　　月　　日</td></tr>
</table>

第一联：申请单位留存　第二联：会员留存

续表

股指期货自然人投资者适当性综合评估表

指标项目	指标明细	分值	得分	计分原则
一、基本情况		≤15分		以下两者得分相加计算得分
年龄	18～22（含）□	1		限选一栏
	22～60（含）□	10		
	60～70（含）□	1		
学历	硕士及以上□	5		限选一栏
	本科□	4		
	大专□	3		
	大专以下□	1		
二、相关投资经历		≤20分		以下两者得分取最高值纳入计算
商品期货交易经历（最近三年10笔以上）□		≤20		根据交易情况、风险控制情况等综合评估
证券交易经历□		≤10		
三、财务状况		≤50分		以下两者得分取最高值纳入计算
金融类资产	30万元（含）以下□	1		限选一栏
	30万～50万元（含）□	≤20		
	50万～100万元（含）□	≤40		
	100万元以上□	50		
本人年收入	12万元（含）以下□	1		限选一栏
	12万～20万元（含）□	≤20		
	20万～300万元（含）□	≤40		
	30万元以上□	50		
四、诚信状况		≤15分		
个人诚信记录	有诚信证明材料且无不良诚信记录			
	存在不良诚信记录	扣分项		应当根据情况在综合评估总分中扣减相应分数。扣减分数不设上限。不得为存在严重不良诚信记录的投资者开立股指期货交易编码。
总得分	备注：70分以上（含）为合格			
本人承诺 1. 本人对所提供相关证明材料的真实性负责，并自愿承担因材料不实导致的一切后果。				

续表

续表

2. 本人不存在重大未申报的不良信用记录。 3. 本人不存在证券、期货市场禁入以及法律、行政法规、规章和交易所业务规则禁止从事股指期货交易的情形。 4. 本人身体健康，不存在不适宜从事股指期货交易的情形。 投资者（签字）： 日期：
客户开发责任人（签字）： 开户经办人（签字）： （公司正式员工） 日期： 日期：
总部业务部门负责人（签字）： 日期：
公司评估意见： 公司高级管理人员或者授权人员（签字或者盖章）： 日期：

注：投资者在公司总部开户的，营业部负责人签字栏由公司总部相关业务负责人签字。

实训效果与体会

教师批改意见及成绩

实训报告——模拟银期转账业务的办理							
姓名		班级		学号		得分	
实训条件	实训室、可操作的电脑						
实训资料	指导材料、实训报告						
课时安排	1 课时						
实训目的	1. 模拟期货柜台人员填写《银期转账协议书》 2. 模拟银行柜台人员办理银期转账业务，填写《银期转账业务申请表》 3. 向客户介绍银期转账的操作方法						
实训内容							

为客户办理银期转账业务，并向客户介绍出金、入金的操作方法。填写《银期转账业务申请表》，签署《银期转账协议书》（相关文档请扫描右侧二维码获取）。

*****银行银期转账业务申请表**

年　月　日

客户名称		期货公司	
证件类别	□身份证　□护照　□其他__________		
客户证件号码			
代理人姓名		代理人证件类型	
代理人证件号码			
银行借记卡号		期货资金账号	
电子邮箱		邮编	
电话			
地址			
申请业务类型	□签约开通本业务　□解约撤销本业务 □入金（银行转期货）　□出金（期货转银行） □期货资金账号余额查询		
客户信息修改	□更换借记卡		
修改内容	原借记卡卡号： 新借记卡卡号：		

续表

		续表
申请人声明	本人自愿申请＊＊＊银行银期转账业务，保证上述资料完全真实，并同意遵守贵行和期货经纪公司对此业务的相关规定。本人已知晓银期转账业务的风险，对因信息失真或违反规定而造成的损失和后果，本人愿意承担一切责任。 申请人/代理人签名： 机构类客户公司公章：	

经办人：　　复核人：　　经办人盖章：

备注：机构类投资者填写“证件类型”“证件号码”项时，填入该机构的统一社会信用代码。

实训效果与体会
教师批改意见及成绩

实训报告——模拟期货销户业务							
姓名		班级		学号		得分	
实训条件	实训室、可操作的电脑						
实训资料	指导材料、实训报告						
课时安排	1课时						
实训目的	能为客户办理期货销户手续						

续表

<table>
<tr><td>实训内容</td></tr>
<tr><td>模拟为客户办理期货销户手续
期货有限公司
客户销户申请表
客户资金账号：________________
<table>
<tr><td colspan="4">自然人销户申请（申请人填写）</td></tr>
<tr><td>姓名</td><td></td><td>身份证号码</td><td></td></tr>
<tr><td colspan="4">法人销户申请（申请单位填写）</td></tr>
<tr><td>单位名称</td><td></td><td>统一社会信用代码</td><td></td></tr>
<tr><td>销户经办人</td><td></td><td>身份证号码</td><td></td></tr>
<tr><td colspan="4">销户原因：
□对公司服务不满意；
□期货交易风险太大；
□在其他期货公司已开户；
□被认定为市场禁入者；
□其他：________________
注：由投资者或单位画对勾选择。</td></tr>
<tr><td colspan="4">本人/单位现决定终止________年____月____日与中证期货有限公司签订的《期货经纪合同》。本人/单位已结清与中证期货有限公司之间的所有债权债务，与中证期货有限公司之间不存在任何交易纠纷及其他未了结权利义务关系。本人/单位对此前在中证期货有限公司进行的全部交易结果和资金存取情况均予确认，并承诺不再主张任何权利。本人/单位自愿注销在期货交易所的交易编码。
申请人签名：
法定代表人或被授权人：　　　　申请单位盖章：
申请日期：　　年　　月　　日</td></tr>
<tr><td colspan="4">同意销户记录</td></tr>
<tr><td>营业部确认</td><td colspan="3">□资金账户无交易　□资金账户资金为零
□客户银期关系已注销　□个人客户身份证复印件
□机构客户营业执照复印件、经办人身份证复印件、授权委托书
□其他________________
负责人签名：
日期：　　年　　月　　日</td></tr>
<tr><td>总部确认</td><td colspan="3">根据客户以上申请，本司同意并于________年____月____日办理完客户销户手续，同时终止与该客户签订的《期货经纪合同》。
中证期货有限公司
日期：　　年　　月　　日</td></tr>
</table>
</td></tr>
</table>

续表

<table>
<tr><th colspan="6">销户流程登记表</th></tr>
<tr><th>部门</th><th colspan="2">进程情况</th><th colspan="2">处理结果</th><th>办理人员签字</th></tr>
<tr><td rowspan="9">交易管理部</td><td colspan="2">资金账号</td><td colspan="2"></td><td rowspan="9"></td></tr>
<tr><td colspan="2">接收时间</td><td colspan="2"></td></tr>
<tr><td rowspan="2">业务类型</td><td>撤销期货账户</td><td colspan="2"></td></tr>
<tr><td>注销交易编码</td><td colspan="2"></td></tr>
<tr><td colspan="2">客户印鉴是否一致</td><td colspan="2"></td></tr>
<tr><td colspan="2">文件签署是否完整</td><td colspan="2"></td></tr>
<tr><td colspan="2">当日无交易（委托、成交、持仓）</td><td colspan="2"></td></tr>
<tr><td colspan="2">前一交易日及当日是否无资金</td><td colspan="2"></td></tr>
<tr><td colspan="2">银期是否解约</td><td colspan="2"></td></tr>
<tr><td rowspan="3">结算风控部</td><td rowspan="3">是否有其他未结业务（适用于机构客户）</td><td>标准仓单</td><td colspan="2"></td><td rowspan="3"></td></tr>
<tr><td>仓单业务</td><td colspan="2"></td></tr>
<tr><td>其他</td><td colspan="2"></td></tr>
<tr><td rowspan="7">交易管理部</td><td rowspan="4">注销交易编码类型及撤销日期</td><td>郑州商品交易所编码</td><td></td><td>撤销日期：</td><td></td></tr>
<tr><td>上海期货交易所编码</td><td></td><td>撤销日期：</td><td></td></tr>
<tr><td>大连商品交易所编码</td><td></td><td>撤销日期：</td><td></td></tr>
<tr><td>中国金融期货交易所编码</td><td></td><td>撤销日期：</td><td></td></tr>
<tr><td colspan="2">交易系统办理销户日期</td><td colspan="2"></td><td></td></tr>
<tr><td colspan="2">手机短信是否已删除</td><td colspan="2"></td><td></td></tr>
<tr><td colspan="2">开户管理部门负责人签字</td><td colspan="3"></td></tr>
</table>

销户确认书

甲方：＊＊＊期货经纪有限责任公司

乙方：

甲乙双方就乙方在甲方开立的资金账户____________________的销户事宜达成以下项：

一、截至本销户确认书签署止，乙方确认其在甲方不持有任何合约的头寸；

二、乙方确认本销户确认书签署之前的所有交易结算结果；

三、甲乙双方对已完成的委托代理均无任何异议；

四、乙方确认资金账户余额为零，甲乙双方之间不存在任何债权债务关系；

五、本销户确认书经甲乙双方签署后，甲乙双方因《期货经纪合同》设定的权利义务关系随之终止。

甲方：＊＊＊期货经纪有限责任公司　　乙方：

（签章）　　（签章）

经办人：　　法定代表（授权人）：

日期：　　日期：

续表

实训效果与体会
教师批改意见及成绩

实训项目三

期货交易流程

实训学时：2 学时

实训类型：设计

实训要求：必修

一、实训目的

能够准确、快速地下单；理解期货成交和结算过程，能够解释资金结算表各项内容。

二、实训准备

实训业务准备所涉及的期货交易流程及下单流程分别见表 3－1 和表 3－2。

表 3－1　期货交易流程图

流程	责任主体	涉及的资料及 作业说明
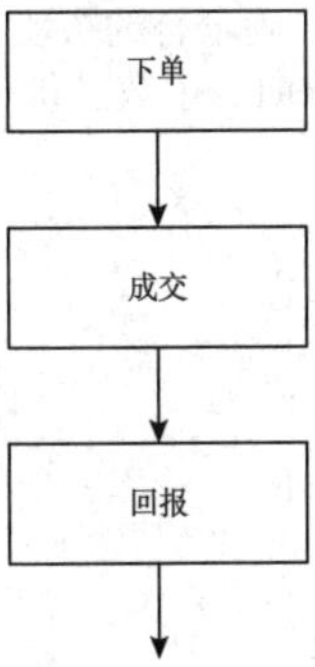	1. 投资者 2. 期货经纪公司 3. 期货交易所	1. 客户下单： （1）书面下单：书面填写指令单 （2）电话下单：电话通知客户姓名、交易编码、交易品种、数量、价格、开仓还是平仓 （3）直接用计算机终端下单：通过互联网将指令传输到交易市场，指令单类型包括限价指令、市价指令、止损指令或取消指令 2. 成交： （1）客户指令单由经纪公司转入交易市场 （2）计算机根据价格优先、时间优先的原则对下单指令撮合成交；指令单成交后，计算机系统自动回报，显示成交的价格和成交量

续表

流程	责任主体	涉及的资料及作业说明
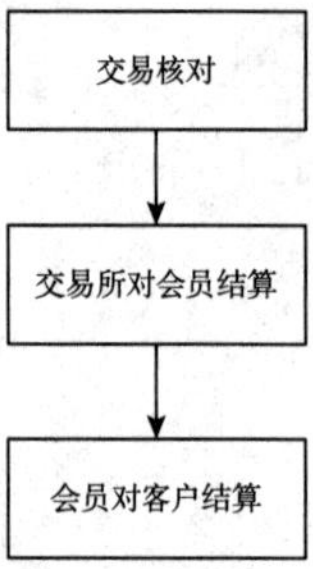		3. 交易核对： (1) 交易所每日对经纪公司会员和自营会员进行结算，以便核对 (2) 经纪公司会员对客户结算，使客户确认所有交易指令是否正确执行 4. 交易所对会员结算： (1) 每日结算盈亏、手续费和交易保证金是对客户结算的依据 (2) 向会员提供《会员当日平仓盈亏表》《会员当日成交合约表》《会员当日持仓表》和《会员资金结算表》 (3) 如对结算结果有异议，第二天开市前30分钟以书面形式通知交易所，否则视为准确 (4) 结算完成后，将会员资金划转数据传给结算银行 5. 会员对客户结算： (1) 结算方法基本同上，手续费按规定执行 (2) 经纪公司对客户每日发出结算单，对客户的交易情况进行结算，每日计算客户的交易盈亏情况和浮动盈亏状况，并以客户约定的方式和在客户约定的地点通知客户 (3) 客户本人也有义务实时了解本人的资金状况 (4) 对结算单没有异议，应签字确认；如有异议，应在下一交易日开市前向经纪公司提出异议，否则视为对结算单确认

表3-2 期货交易下单流程图

流程	涉及的资料及作业说明
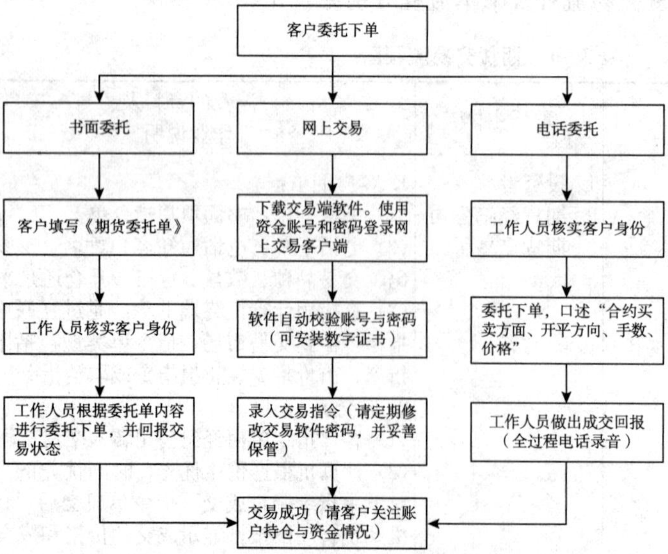	1. 安装开户期货公司的行情交易软件。在浏览行情界面，点击屏幕上方的“交易”或者按“F12”功能键进入交易系统 2. 确定合约买卖方向、开平方向、手数、价格

三、实训项目

模拟期货下单、成交与结算

实训项目准备：能上网的电脑。

工作任务：（1）模拟期货交易，熟悉期货交易指令和下单系统；

（2）在交易系统异常的情况下帮助客户通过书面委托完成交易；

（3）向客户解释结算单的内容，对具体数值进行试算。

四、实训步骤

1. 以安装博易大师模拟交易系统为例

博易大师是国内主流的期货行情和交易软件，集国内期货、国际期货、金融指数、外汇和期权等于一身，是交易者的看盘利器。其内嵌的“闪电手”交易系统可以让用户便捷地进行期货交易，包含多种下单界面、画线下单、止损止盈和条件单等功能。安装博易大师模拟交易软件的演示过程可扫描右侧二维码查看。

2. 结算单查收确认

客户可以在交易终端或登录中国期货市场监控中心官网查询结算单（具体方法见第二章）。

五、实训要求

能熟练使用交易软件进行下单操作，能理解期货成交和结算过程，能够解释资金结算表各项内容。

六、实训报告

实训报告——期货交易流程							
姓名		班级		学号		得分	
实训条件	实训室、可上网的电脑						
实训资料	指导材料、实训报告						
课时安排	2 课时						
实训目的	1. 能够准确、快速地下单 2. 理解期货成交和结算过程，能够解释资金结算表各项内容						

续表

实训内容
1. 下载并安装博易大师交易系统，注册账号，参加期货模拟交易。写出操作过程。 2. 假设小王到永安期货经纪有限公司开户。10 月 15 日的交易是在交易系统异常的情况下通过书面委托完成的。如果您是他的经纪人，请您填写书面委托单。客户账号为 100。

永安期货经纪有限公司委托单

买　　NO 0003413

客户名称			账号			日期	年　月　日
交易所	品种	交割期	开仓	平仓	数量（手）	价格	
						限价	
成交回报	申报序号	成交价　　手数					
接单员		年　月　日　时　分					

客户签字：

浙江工商期货经纪有限公司委托单

卖　　NO 0004414

客户名称			账号			日期	年　月　日
交易所	品种	交割期	开仓	平仓	数量（手）	价格	
						限价	
成交回报	申报序号	成交价　　手数					
接单员		年　月　日　时　分					

客户签字：

追加保证金通知书

请在下一个交易日开市之前，将应追加的保证金缴入我公司（部），如果所需保证金未能及时到达，我公司（部）将根据客户协议之规定，对您的持仓予以全部或部分平仓；同时保留在市况急剧变化时，提前以我公司（部）认为合适的方式，对您的持仓予以全部或部分平仓的权利，并不再进一步通知。

期货经纪有限公司授权签字/盖章：________　　客户授权签字：________

本报表旨在向您提供交易的具体信息，请妥善保管，如有质疑，请于次交易日开市前及时告知，若无回复，视作认可。

期货经纪有限公司授权签字/盖章：________　　客户授权签字：________

3. 某投资者李冰上日客户权益为 150 万元。2023 年 9 月 15 日以 2 800 点买入开仓 6 手沪深 300 指数期货 IF0712 合约，当日股指大幅下跌，于是在 2 400 点卖出平仓 2 手，当日结算价为 2 300 点。9 月 16 日，因保证金不足，被要求追加保证金，投资者无力追加保证金，开市后以 2 200 点卖出平仓 2 手，

续表

当日结算价为 2 400 点。沪深 300 指数期货交易单位是 300 元/点，保证金比例为 13%，手续费为 200 元/手（单向）。请对两天的交易进行结算，并把结算结果填入下表。

	结算内容	金额
9 月 15 日	上日客户动态权益（上日结存）	
	手续费	
	平仓盈亏	
	浮动盈亏	
	今日客户动态权益	
	今日持仓保证金	
	可用资金	
9 月 16 日	上日客户动态权益	
	手续费	
	平仓盈亏	
	浮动盈亏	
	今日客户动态权益	
	今日持仓保证金	
	可用资金	

实训效果与体会

教师批改意见及成绩

实训项目四

期货交割流程

实训学时：2 学时
实训类型：设计
实训要求：必修

一、实训目的

熟悉实物交割、期转现交易的各个环节和方式，能够办理交割的各项手续。

二、实训准备

各交易所交割流程及期货转现货流程见表 4－1 至表 4－6。

表 4－1　郑州商品交易所交割流程图

流程	责任主体	涉及的资料及作业说明
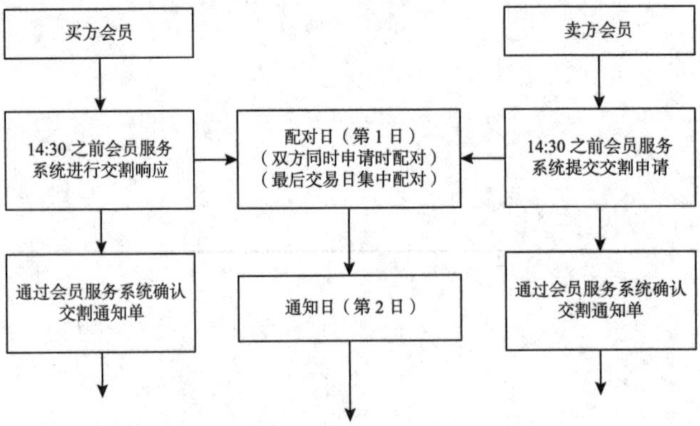	1. 投资者 2. 期货经纪公司 3. 期货交易所	交割通知单

流程	责任主体	涉及的资料及作业说明
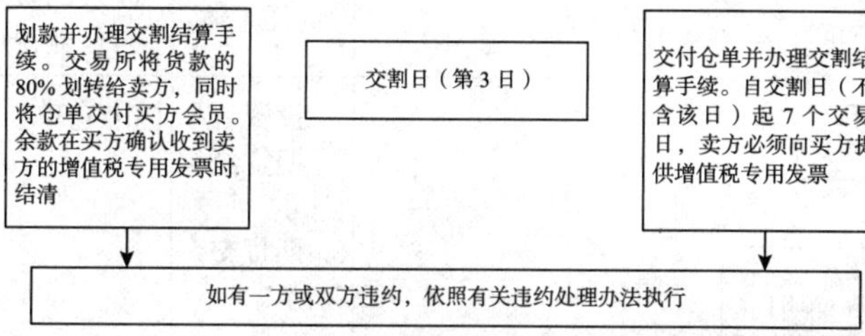		

表4-2　上海期货交易所实物交割流程图

流程	责任主体	涉及的资料及作业说明
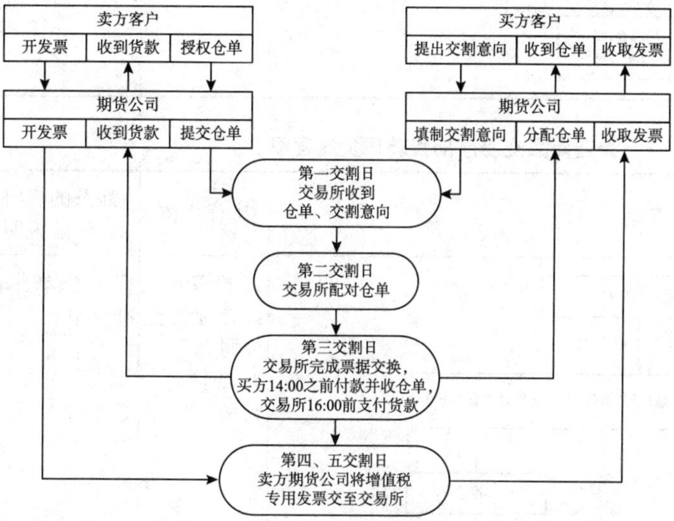	1. 投资者 2. 期货经纪公司 3. 期货交易所	1. 交割通知单 2. 标准仓单

表4-3　大连商品交易所实物滚动交割流程图

流程	责任主体	涉及的资料及作业说明
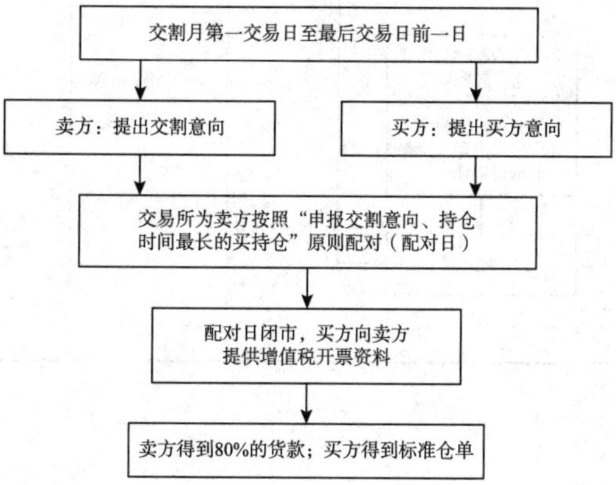	1. 投资者 2. 期货经纪公司 3. 期货交易所	交割申请

表 4-4　大连商品交易所实物一次性交割流程图

<table>
<tr><th>流程</th><th>责任主体</th><th>涉及的资料及作业说明</th></tr>
<tr><td>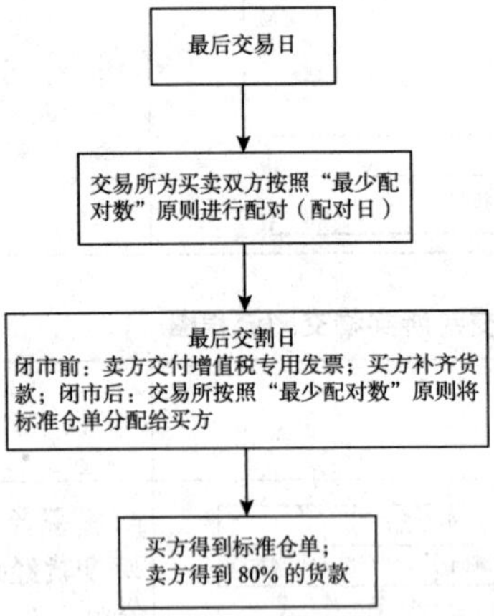
</td><td>1. 投资者
2. 期货经纪公司
3. 期货交易所</td><td>标准仓单</td></tr>
</table>

表 4-5　大连商品交易所期货转现货流程图

<table>
<tr><th>流程</th><th>责任主体</th><th>涉及的资料及作业说明</th></tr>
<tr><td>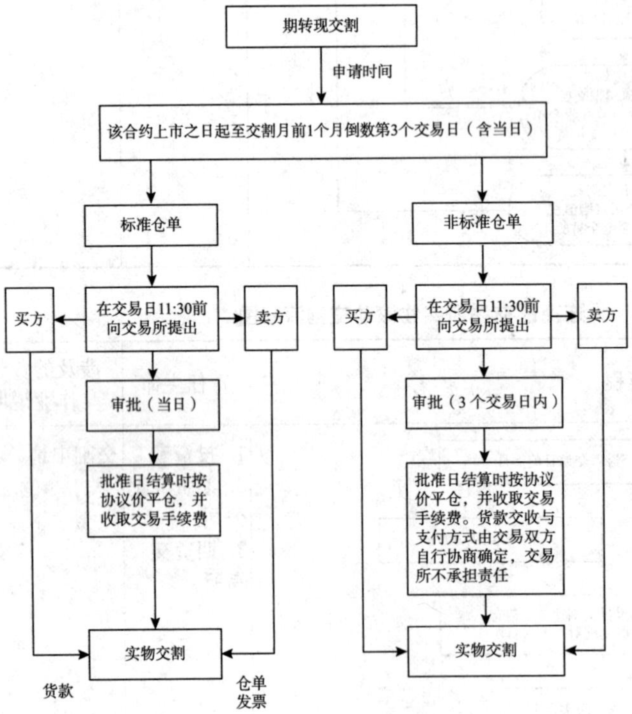
</td><td>1. 投资者
2. 期货经纪公司
3. 期货交易所</td><td>标准仓单、非标准仓单</td></tr>
</table>

表 4-6 上海期货交易所期货转现货流程图

<table>
<tr><th>流程</th><th>责任主体</th><th>涉及的资料及作业说明</th></tr>
<tr><td>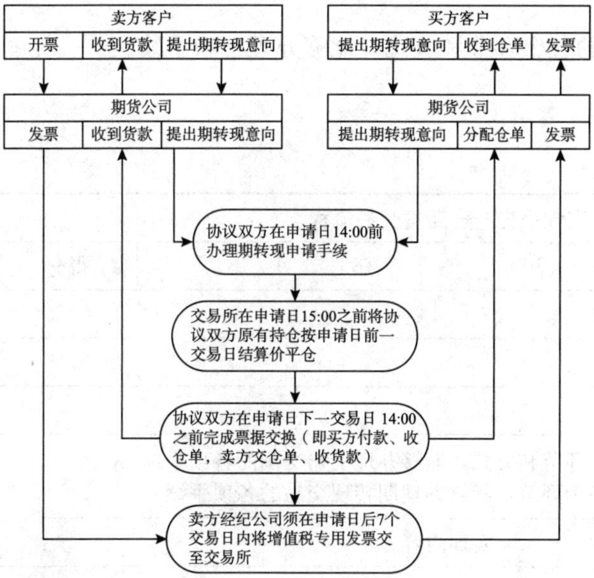
</td><td>1. 投资者
2. 期货经纪公司
3. 期货交易所</td><td>标准仓单</td></tr>
</table>

三、实训项目

项目一：模拟期货交易所实物交割流程

实训项目目标：熟悉实物交割的各个环节和方式，能够办理实物交割的各项手续。

实训项目准备：能上网的电脑。

工作任务：（1）解释期货实物交割的含义；

（2）向客户介绍不同期货交易所实物交割的流程。

项目二：模拟期货转现货流程

实训项目目标：熟悉期转现交易的各个环节，能够办理期转现交易的各项手续。

实训项目准备：能上网的电脑。

工作任务：（1）解释期转现交易的含义；

（2）向客户介绍期转现交易的流程。

四、实训步骤

第一步：分小组进行，每小组 3 人，一人扮演期货的买方，一人扮演期货的卖方，另一人扮演期货交易所工作人员；

第二步：由客户提出办理实物交割和期转现交易的需求；

第三步：由期货交易所工作人员指导客户办理实物交割和期转现交易业务。

五、实训要求

熟悉实物交割、期转现交易的各个环节和方式，能够办理各项手续。

六、实训报告

实训报告——期货交易流程							
姓名		班级		学号		得分	
实训条件	实训室、可上网的电脑						
实训资料	指导材料、实训报告						
课时安排	2 课时						
实训目的	1. 熟悉实物交割的各个环节和方式，能够办理实物交割的各项手续 2. 熟悉期转现交易的各个环节，能够办理期转现交易的各项手续						
实训内容							
1. 图示郑州商品交易所交割流程。 2. 期货交割违约处理方式。							
实训效果与体会							
教师批改意见及成绩							

实训项目五

期货交易策略之——套期保值

实训学时：2 学时
实训类型：设计
实训要求：必修

一、实训目的

能够清楚解释通过套期保值回避价格风险的原理；熟悉套期保值流程，能够办理套期保值业务；能够根据企业实际情况制订套期保值方案。

二、实训准备

套期保值业务准备中涉及的流程见表 5－1 至表 5－3。

表 5－1　套期保值业务决策流程

流程	责任主体	涉及的资料及作业说明
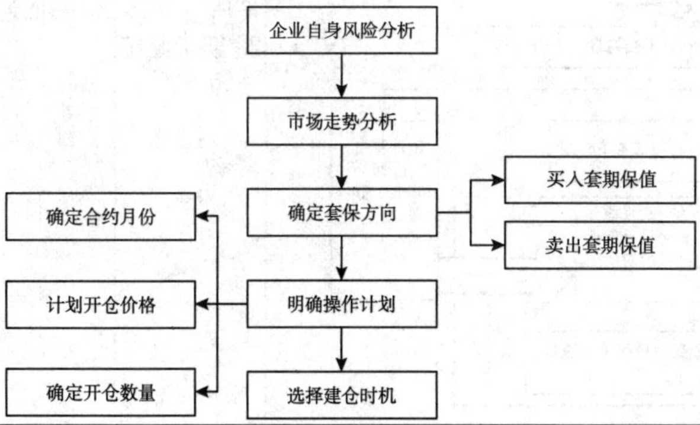	1. 投资者 2. 期货经纪人	

续表

<table>
<tr><th>流程</th><th>责任主体</th><th>涉及的资料及作业说明</th></tr>
<tr><td>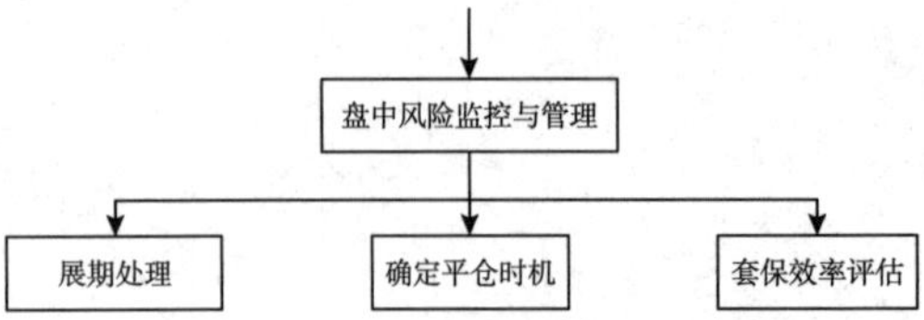
</td><td></td><td></td></tr>
</table>

表 5-2　套期保值业务申请流程

<table>
<tr><th>流程</th><th>责任主体</th><th>涉及的资料及作业说明</th></tr>
<tr><td>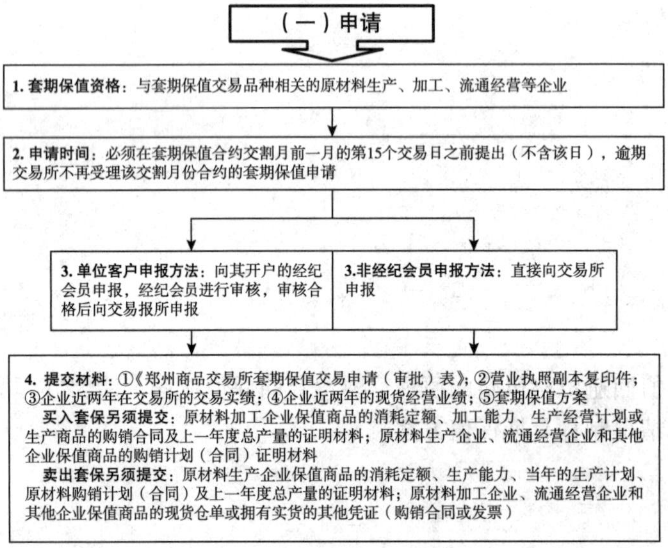
</td><td>1. 投资者
2. 期货经纪公司</td><td>1. 套期保值交易申请表
2. 购销合同</td></tr>
</table>

表 5-3　套期保值业务审核流程

<table>
<tr><th>流程</th><th>责任主体</th><th>涉及的资料及作业说明</th></tr>
<tr><td>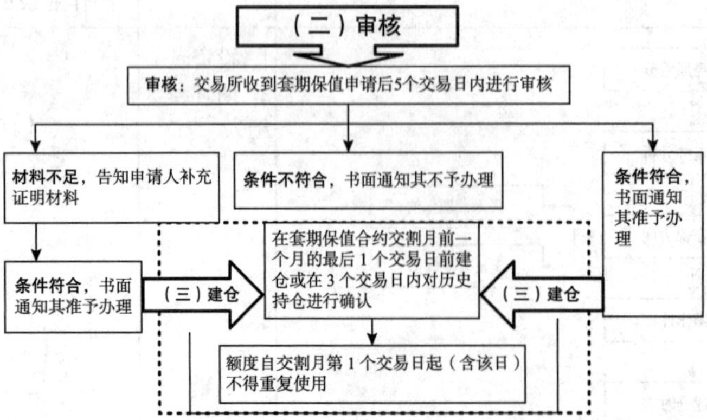
</td><td>1. 期货交易所
2. 期货经纪公司</td><td>1. 套期保值申请
2. 书面通知</td></tr>
</table>

三、实训项目

模拟企业进行套期保值操作

实训项目目标：（1）能够清楚解释通过套期保值回避价格风险的原理；

（2）熟悉套期保值流程，能够办理套期保值业务；

（3）能够根据企业实际情况制订套期保值方案。

实训项目准备：电脑、期货交易软件。

工作任务：（1）假设您是期货公司市场部经理，帮客户做一个书面的潜在套保客户拜访计划并进行实战演练，且能正确填写套期保值申请表。

（2）某现货商拟通过郑州商品交易所开展白糖套期保值业务。请您解释郑州商品交易所白糖套期保值业务有关规定和业务流程。

（3）举例说明基差变化对套期保值效果的影响。

四、实训步骤

模拟填写套期保值申请表

第一步：分小组进行，每小组 2 人，一人扮演客户，一人扮演期货公司柜台人员；

第二步：由期货公司柜台人员向客户介绍套期保值业务；

第三步：由客户提交套期保值申请材料；

第四步：由柜台人员帮助客户填写套期保值申请表。

五、实训要求

小组人员的角色需要互换，熟悉套期保值的交易要领和业务流程。

六、实训报告

<table>
<tr><td colspan="8">实训报告——套期保值交易</td></tr>
<tr><td>姓名</td><td></td><td>班级</td><td></td><td>学号</td><td></td><td>得分</td><td></td></tr>
<tr><td>实训条件</td><td colspan="7">实训室、可操作的电脑</td></tr>
<tr><td>实训资料</td><td colspan="7">指导材料、实训报告</td></tr>
<tr><td>课时安排</td><td colspan="7">2 课时</td></tr>
<tr><td>实训目的</td><td colspan="7">1. 能够清楚解释通过套期保值回避价格风险的原理
2. 熟悉套期保值流程，能够办理套期保值业务
3. 能够根据企业实际情况制订套期保值方案</td></tr>
</table>

续表

实训内容

1. 套期保值申请材料

郑州商品交易所套期保值申请（审批）表

会员名称			会员号	
客户名称			客户编码	
会员联系人			电话	
客户联系人			电话	
合约月份	买/卖	申请数量	是否建仓	交易所审批数量

客户负责人签字：	会员意见：	交易所意见：
公章 年　月　日	公章 年　月　日	公章 年　月　日

申请套期保值交易须提供的材料清单：

(1)《郑州商品交易所套期保值申请（审批）表》一式两份。

(2)《企业套期保值操作说明》。

(3) 企业营业执照副本复印件。

(4) 企业近2年的现货经营业绩说明。

(5) 卖出套期保值申请客户另须提供的材料：保值商品的现货购销合同、保值商品仓单、交割预报通知单、拥有实货的其他凭证。

(6) 买入套期保值申请客户另须提供的材料：保值商品的现货购销合同或其他证明材料。

(7) 申请套保客户如果是国有企业，另须提供法定代表人签署的同意套期保值交易的证明。

上述由客户提供的材料属复印件的须加盖客户公章，经期货公司审核后代为向交易所提供。

企业套期保值操作说明

企业名称			客户编码	
企业类型	□生产企业　□加工企业　□消费企业 □流通企业　□其他			
现货贸易情况	□已订生产计划□已订购销计划 □已订购销合同□其他			
	上一年度现货经营总量		万吨	
现货价格走势预测	□上涨	主要原因分析	1. 2. 3.	

续表

<table>
<tr><td>现货价格
走势预测</td><td>□下跌</td><td>主要原因分析</td><td colspan="3">1.
2.
3.</td></tr>
<tr><td rowspan="5">套期保值交易
操作计划</td><td rowspan="2">锁定价格</td><td>建仓</td><td>□是
□否</td><td>建仓价格</td><td>元/吨</td></tr>
<tr><td>平仓</td><td>□是
□否</td><td>平仓价格</td><td>元/吨</td></tr>
<tr><td rowspan="3">实物
交割</td><td>卖期保值
交售仓单</td><td>□是
□否</td><td>拟交仓
单数量</td><td>张</td></tr>
<tr><td>买期保值
接受仓单</td><td>□是
□否</td><td>拟接仓
单数量</td><td>张</td></tr>
<tr><td>接受仓单目的</td><td colspan="3">□自用 □转抛远月
□转售到现货市场
□持续接仓单</td></tr>
<tr><td>本年度已批准套
保额度使用情况</td><td colspan="5">额度使用率：
□0～10％ □10％～50％ □50％以上</td></tr>
</table>

客户盖章　　年　　月　　日

2. 某现货商拟通过郑州商品交易所开展白糖套期保值业务。请您简要解释郑州商品交易所白糖套期保值业务有关规定和业务流程。

3. 举例说明基差变化对套期保值效果的影响。

实训效果与体会

教师批改意见及成绩

实训项目六

期货交易策略之二——期货投机交易

实训学时：2 学时
实训类型：设计
实训要求：必修

一、实训目的

能够制订期货投机交易计划；能利用所学知识选择适当的入市（出市）时机；掌握期货投机的技巧、方法，增强对期货市场的了解。

二、实训准备

期货投机交易流程见表 6－1。

表 6－1　期货投机交易流程图

流程	责任主体	涉及的资料及作业说明
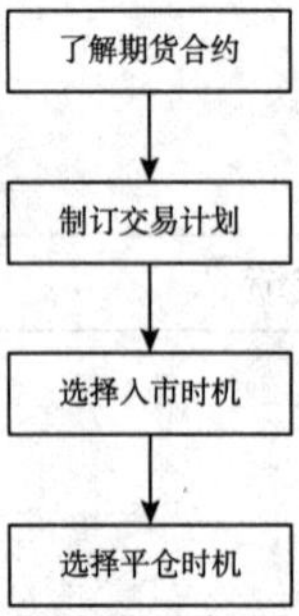	1. 投资者 2. 期货经纪人	期货投资品种的基本面分析和技术分析

三、实训项目

模拟期货投机交易

实训项目目标：(1) 能够制订期货投机交易计划；
(2) 能利用所学知识选择适当的入市（出市）时机；
(3) 掌握期货投机的技巧、方法，增强对期货市场的了解。

实训项目准备：能上网的电脑。

工作任务：(1) 进行期货投机交易计划的撰写；
(2) 记录期货投机交易的过程，并进行分析和总结。

四、实训步骤

第一步：开设期货模拟交易账户；
第二步：进行期货投机交易计划的撰写；
第三步：进行期货投机模拟交易；
第四步：记录期货投机交易的过程，并进行分析和总结。

五、实训要求

模拟交易持续时间不少于一个月，要求记录交易情况。

六、实训报告

<table>
<tr><td colspan="8">实训报告——模拟期货投机交易</td></tr>
<tr><td>姓名</td><td></td><td>班级</td><td></td><td>学号</td><td></td><td>得分</td><td></td></tr>
<tr><td>实训条件</td><td colspan="7">实训室、可操作的电脑</td></tr>
<tr><td>实训资料</td><td colspan="7">指导材料、实训报告</td></tr>
<tr><td>课时安排</td><td colspan="7">2 课时</td></tr>
<tr><td>实训目的</td><td colspan="7">1. 能够制订期货投机交易计划
2. 能利用所学知识选择适当的入市（出市）时机
3. 掌握期货投机的技巧、方法，增强对期货市场的了解</td></tr>
<tr><td colspan="8">实训内容</td></tr>
<tr><td colspan="8">1. 如果你是某期货公司的经纪人，请你为客户撰写一份期货的投机交易计划书（品种可以任意挑选）。</td></tr>
</table>

续表

2. 模拟期货交易。建议模拟交易持续时间不少于一个月，要求记录交易情况。模拟期货交易操作记录表根据需要可复制。

模拟期货交易操作记录

资金账号初始投资金额________________　　　　交易日期________________

一、操作计划

二、操作记录

每次交易请记录开仓和平仓的理由及截图。

多头投机交易表

交易品种	________期货市场
开仓日	买入____张____月份的合约，期货价格为________
平仓日	卖出____张____月份的合约，期货价格为________
多头投机结果	期货市场盈亏________

空头投机交易表

交易品种	________期货市场
开仓日	卖出____张____月份的合约，期货价格为________
平仓日	买入____张____月份的合约，期货价格为________
空头投机结果	期货市场盈亏________

三、交易总结

实训效果与体会

教师批改意见及成绩

实训项目七

期货交易策略之三——期货套利交易

实训学时：2 学时
实训类型：设计
实训要求：必修

一、实训目的

理解套利操作要点并能在实践中运用；能够估算出两个合约之间合理的价差，发现跨月套利机会；能够估算出期现套利的成本，发现期现套利机会。

二、实训准备

股指期货套利交易流程见表 7-1。

表 7-1　股指期货套利交易流程

流程	责任主体	涉及的资料及作业说明
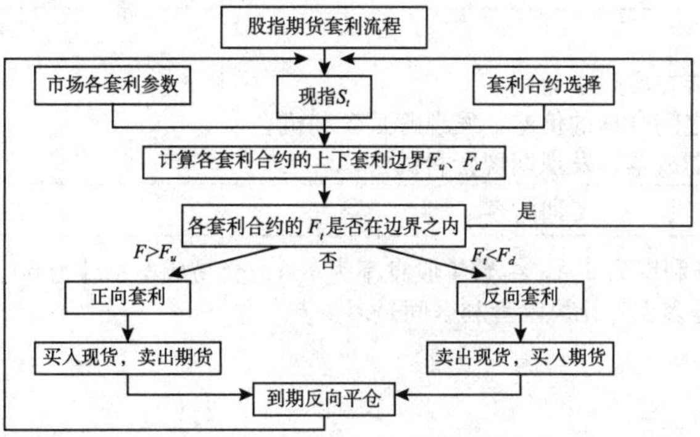	投资者	股指期货信息

三、实训项目

模拟期货套利交易

实训项目目标：（1）理解套利操作要点并能在实践中运用；
（2）能够估算出两个合约之间合理的价差，发现跨月套利机会；
（3）能够估算出期现套利的成本，发现期现套利机会。

实训项目准备：能上网的电脑。

工作任务：（1）注册、选择交易品种；
（2）期货商品基本面分析、技术分析；
（3）套利交易策略设计。

四、实训步骤

第一步：注册、选择交易品种；
第二步：进行期货商品基本面分析、技术分析；
第三步：设计套利交易策略；
第四步：记录期货套利交易的过程，并进行分析和总结。

五、实训要求

撰写实训分析报告，要求记录交易情况并总结。

六、实训报告

<table>
<tr><td colspan="8">实训报告——模拟期货套利交易</td></tr>
<tr><td>姓名</td><td></td><td>班级</td><td></td><td>学号</td><td></td><td>得分</td><td></td></tr>
<tr><td>实训条件</td><td colspan="7">实训室、可操作的电脑</td></tr>
<tr><td>实训资料</td><td colspan="7">指导材料、实训报告</td></tr>
<tr><td>课时安排</td><td colspan="7">2 课时</td></tr>
<tr><td>实训目的</td><td colspan="7">1. 理解套利操作要点并能在实践中运用
2. 能够估算出两个合约之间合理的价差，发现跨月套利机会
3. 能够估算出期现套利的成本，发现期现套利机会</td></tr>
<tr><td colspan="8">实训内容</td></tr>
<tr><td colspan="8">1. 现在沪深 300 指数为 4 000 点，市场利率为 6%，指数年股息率为 1%，交易成本总计为 60 点，则 1 个月后沪深 300 指数期货的合理价格是多少？无风险套利区间是多少？</td></tr>
</table>

续表

2. 通过分析某期货品种，进行套利交易策略设计，撰写研究报告。
实训效果与体会
教师批改意见及成绩

实训项目八

期权投资实操

实训学时：2学时
实训类型：设计
实训要求：必修

一、实训目的

理解期权相关概念，能够进行一般的期权价值分析；能够运用网络上的期权价格计算器估算期权的价格；能够根据市场具体情况选择期权投资方式和策略；能够进行期权投资的盈亏分析。

二、实训准备

买入及卖出期权交易流程分别见表8-1、表8-2。

表8-1　买入期权交易流程

流程	责任主体	涉及的资料及作业说明
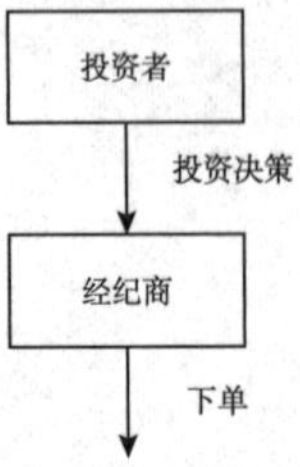	1. 投资者 2. 期货经纪人 3. 期货交易所	期权交易软件

续表

流程	责任主体	涉及的资料及作业说明
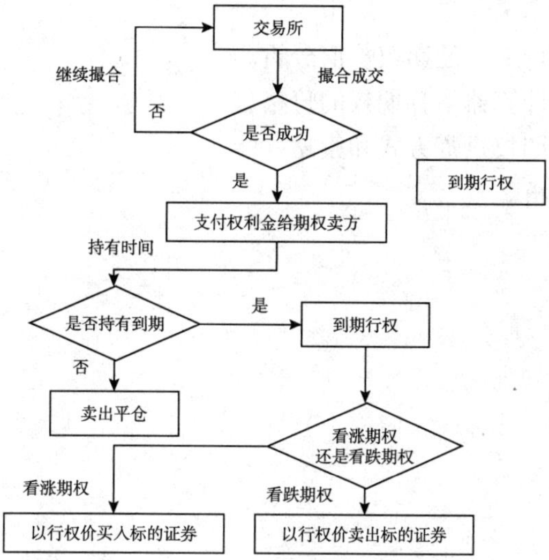		

表 8-2 卖出期权交易流程

流程	责任主体	涉及的资料及作业说明
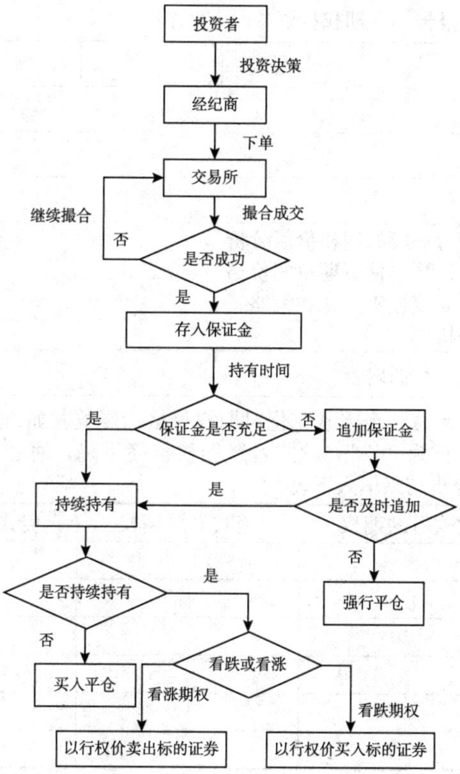	1. 投资者 2. 期货经纪人 3. 期货交易所	期权交易软件

三、实训项目

实训项目目标：

(1) 理解期权相关概念，能够进行一般的期权价值分析。

(2) 能够运用网络上的期权价格计算器估算期权的价格。

(3) 能够根据市场具体情况选择期权投资方式和策略。

(4) 能够进行期权投资的盈亏分析。

四、实训步骤

第一步：模拟期权开户；

第二步：模拟期权交易。

五、实训要求

熟悉期权开户流程，能熟练使用交易软件进行模拟下单操作。

六、实训报告

实训报告——期权投资							
姓名		班级		学号		得分	
实训条件	实训室、可操作的电脑						
实训资料	指导材料、实训报告						
课时安排	2 课时						
实训目的	1. 理解期权相关概念，能够进行一般的期权价值分析 2. 能够运用网络上的期权价格计算器估算期权的价格 3. 能够根据市场具体情况选择期权投资方式和策略 4. 能够进行期权投资的盈亏分析						
实训内容							

1. 期权价值分析。在其他因素保持不变时，考虑一个因素变化对期权价格的影响。如市场价格上涨，欧式看涨期权价格上升，两者同方向变化，记为“+”，欧式看跌期权价格下降，两者反方向变化，记为“−”，不能确定的记为“?”，请您把分析结果填入下表：

因素	欧式看涨期权	欧式看跌期权	美式看涨期权	美式看跌期权
市场价格	+	−		
执行价格				
有效期				
波动率				
无风险利率				
红利				

续表

2. 一个执行价格为 10 元的欧式看涨股票期权，市场价格为 12 元，波动率为 20%，有效期为 0.5 年，利率为 5%。利用网上的期权价格计算器，计算该期权的理论价格。如果该期权的权利金为 2.5 元，买入该看涨期权的盈亏平衡点是多少？请画出该期权的盈亏图。
实训效果与体会
教师批改意见及成绩

实训项目九

期货期权基本面分析

实训学时：2 学时
实训类型：设计
实训要求：必修

一、实训目的

能进行期货的供给与需求关系分析，从而判定期价基本走势；能辨别和收集影响期货期权价格的各种重要信息；能判断各种基本面因素变化对期价的影响。

二、实训准备

(一) 期货信息资料来源

1. 期货监管机构、期货行业协会（见表 9－1）

表 9－1　期货监管机构、协会网站

中国证监会	www.csrc.gov.cn
中国期货业协会	www.cfachina.org
中国证券业协会	www.sac.net.cn
香港证监会	www.sfc.hk
美国商品期货委员会（CFTC）	www.cftc.gov
美国全国期货协会（NFA）	www.nfa.futures.org
美国期货业协会（FIA）	www.futuresindustry.org
英国金融服务局	www.fsa.org.uk

2. 期货交易所（见表 9-2）

表 9-2 国内外主要期货交易所简称及徽标

交易所	简称和徽标	交易所	简称和徽标
上海期货交易所	SHFE	大连商品交易所	DCE
郑州商品交易所	ZCE	中国金融期货交易所	CFFEX
广州期货交易所	GFEX	上海证券交易所	SSE
深圳证券交易所	SZSE	芝加哥商品交易所	CME
芝加哥期权交易所	CBOE Cboe	欧洲期货交易所	EUREX
纽约期货交易所	NYBOT	新加坡交易所	SGX SGX
伦敦金属交易所	LME	东京国际金融期货交易所	TIFFE
东京商品交易所	TOCOM TOCOM	泛欧证券交易所	NYSE EURONEXT
香港交易所	HKEX HKEX 香港交易所		

3. 现货信息网站

根据期货合约标的的不同，期货可以分为商品期货和金融期货。相关现货网站见表 9-3。

表 9-3 相关现货网站一览

农产品	中国大豆网、中国粮油商务网、中国食品商务网、中国农业信息网、中华粮网、世纪农网、中国饲料在线网、饲料行业信息网、中国粮油食品信息网、中国粮食贸易网、国粮网、中国农业商务网、中国食用油信息网、天下粮仓网、中农网、粮油市场报； 中国棉花网、中国棉花信息网、新疆棉花信息网、中国棉花工业信息网、中国棉花杂志社、全球纺织网； 中国食糖网、中国食糖信息网、食糖市场信息周刊； 中国玉米网、玉米新品种信息网、谷盟网、中国玉米淀粉网； 中国菜籽网、中国植物油行业协会、上海邦成粮油在线、上海大宗农产品市场网； 中国橡胶市场网、中国农垦橡胶网、中国橡胶网、亚洲橡胶网、中国橡胶商情网； 美国农业部、美国谷物协会、美国大豆协会、联合国粮农组织、美国小麦协会、国际谷物理事会、加拿大农业及农食品部、马来西亚棕榈油局、油世界、加拿大油籽加工商协会、阿根廷农业部等
金属产品	华通金属网、中国铜网、上海有色金属网、中国冶金网、中华有色商务网、中国有色网、中国黄金信息网、新金属网、中国金属网、上海金属网、上海黄金交易所、国际铜业协会
能源产品	中国石油网、世界石油网、世界石油之窗、石油在线、中国石油期货网、中国石油和化工网、中华石油信息网、中国石油和化工交易网、上海石油交易所、BP 世界能源统计评论、美国能源情报署、新加坡商业时报、石油期货交易收盘评论（www.site-by-site.com/usa/commentaries/comm_close.htm）、美国能源资料协会（EIA）
金融产品	中国证券网、全景网、中证网、中国债券信息网、中国基金网、中国期权网、中国权证网、证券之星

4. 期货公司网站

据中国期货业协会统计，2023 年全国共有期货公司 150 家，绝大多数期货公司均建有网站。读者可以访问相关期货公司网站获取所需信息。2023 年 AA 级的期货公司有 17 家，分别是：永安期货、银河期货、中信期货、国泰君安、浙商期货、国投安信期货、广发期货、东证期货、光大期货、中粮期货、中信建投、南华期货、瑞达期货、方正中期期货、申银万国、五矿期货、华泰期货。

5. 专业财经网站和财经专栏

读者可访问综合性的专业财经网站，如中国期货网、和讯网、世华财讯、文华财经、金融界、东方财富网、中财网等；也可访问综合性网站、门户类网站的财经专栏，如人民网、新华网、搜狐、新浪、网易等的财经专栏等。

6. 其他网站

读者可访问其他网站如中国统计信息网（由中国国家统计局主办，提供权威的宏观经济统计数据）、中国宏观经济信息网（由中国宏观经济学会、中宏基金等机构共同主办）、国研网（由国务院发展研究中心信息中心主办），以及政府相关部门如国家统计局、中国人民银行、发展改革委、商务部、海关、外汇管理局的网站等。

对于上述网站以及其他相关网站，读者不用一一记住其网址，可以通过百度、谷歌等搜索引擎查询。

（二）博易大师看盘软件中的基本信息获取方式

博易大师为广大用户提供了大量新闻，以便用户能够从中得到有价值的信息资料。

（1）调出新闻列表。

方法一：点击工具栏中的图标。

方法二：在菜单中选择“新闻”，然后选择“即时新闻”。

方法三，按下 F9 键直接调出新闻页面。

（2）选择和查看新闻。

通过方向键“↓”“↑”或用鼠标在列表内选择新闻。

查看新闻内容：选择好新闻后使用回车键，也可直接用鼠标双击调出新闻页，如图 9-1 所示。

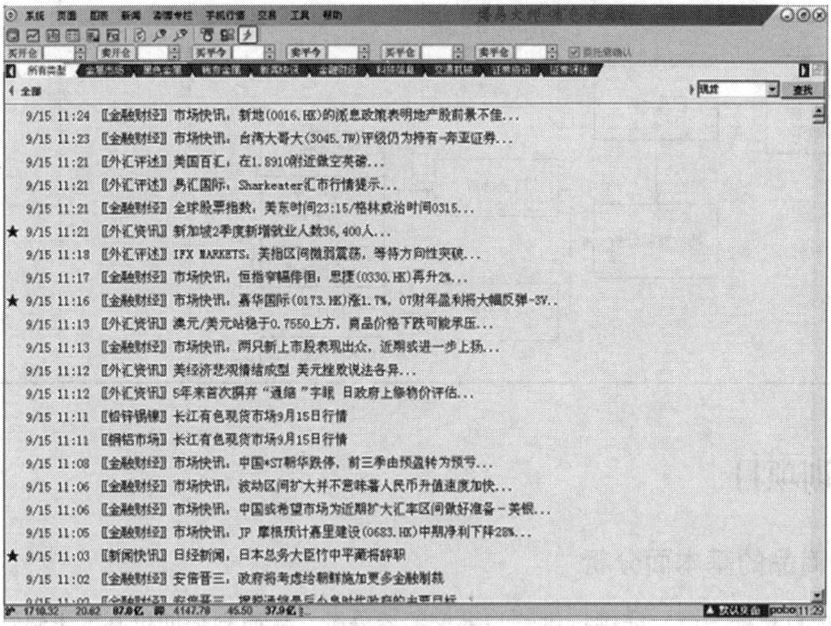

图 9-1　在新闻列表内点击查看新闻

（3）新闻的检索。

分类新闻检索：博易大师提供了金属市场、新闻快讯、科技信息和金融财经等分类新闻，用户只需点击相应的书签快捷方式即可进行检索（见图 9-2）。

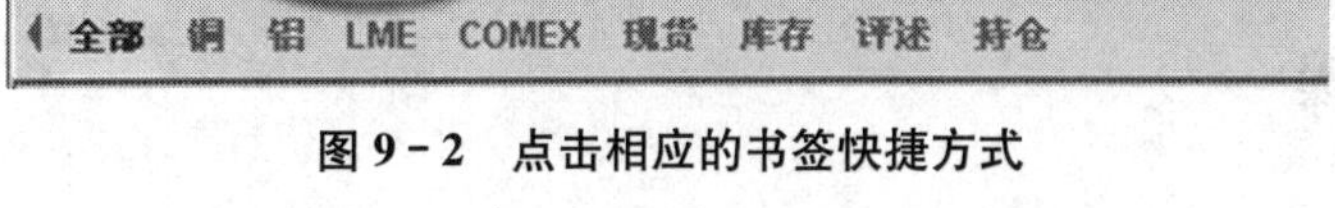

图 9-2　点击相应的书签快捷方式

关键字方式的查找：用户可以在“查找”按钮前的空白处选择想了解的相关新闻，也可以直接输入关键字，按 查找 即可。图 9-3 展示的是查找“现货”的相关新闻。

图 9-3　输入关键字查找相关新闻

期货基本面分析流程图见表 9-4。

表 9-4　期货基本面分析流程图

流程	责任主体	涉及的资料及作业说明
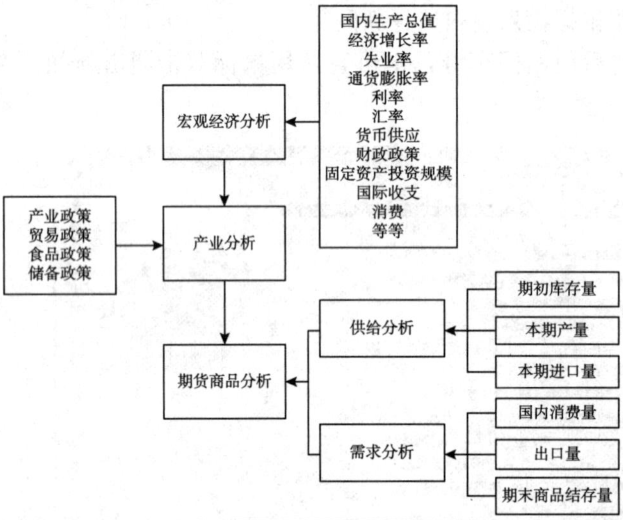	1. 投资者 2. 期货经纪人	期货投资品种的基本面分析

三、实训项目

期货商品的基本面分析

实训项目目标：(1) 能进行供给与需求关系分析，从而判定期价基本走势；

(2) 能辨别和收集影响期价的各种重要信息；

(3) 能判断各种基本面因素变化对期价的影响。

实训项目准备：能上网的电脑。

工作任务：(1) 解释影响黄金期货价格的基本面因素，按重要程度排列。

(2) 解释影响沪深 300 指数期货和期权价格的基本面因素。

(3) 选择任一期货或期权上市品种，分析其年度供求形势，撰写分析报告。

四、实训步骤

第一步：选择投资的期货品种；

第二步：上网收集该品种的供给和需求影响因素及统计数据；

第三步：辨析及处理数据。

五、实训要求

准备好能上网的电脑。

六、实训报告

实训报告——模拟期货投资交易							
姓名		班级		学号		得分	
实训条件	实训室、可操作的电脑						
实训资料	指导材料、实训报告						
课时安排	2 课时						
实训目的	1. 能进行供给与需求关系分析，从而判定期价基本走势 2. 能辨别和收集影响期价的各种重要信息 3. 能判断各种基本面因素变化对期价的影响						
实训内容							
1. 解释影响黄金期货价格的基本面因素，按重要程度排列。 2. 解释影响沪深 300 指数期货和期权价格的基本面因素。 3. 选择任一期货或期权上市品种，分析其年度供求形势，撰写分析报告。							
实训效果与体会							
教师批改意见及成绩							

实训项目十

期货期权技术分析

实训学时：4 学时
实训类型：设计
实训要求：必修

一、实训目的

（1）能用 K 线记录期货或期权的价格信息，准确绘出 K 线图。
（2）能理解单日 K 线的预测意义，把握投资机会。
（3）能作简单的 K 线分析，预测未来期货或期权价格（中短期）走势。
（4）能确定市场有无趋势以及是哪种趋势。
（5）能画出主要、次要趋势线，并能根据实际情况进行修正。
（6）能正确判断趋势是否反转。
（7）能找出近期重要的支撑位和阻力位。
（8）能正确判断顶部反转日、底部反转日、双日反转。
（9）能识别突破跳空、中继跳空，把握入市时机。
（10）能运用价量理论分析期价走势。
（11）能识别均线的多（空）头排列以及黄金（死亡）交叉点，把握买卖时机。
（12）能运用葛兰维尔八大法则把握买卖时机。
（13）能运用 MACD、RSI、KDJ、W%R、DMI 指标分析期价走势。
（14）能判断技术指标买卖信号的可靠性。

二、实训准备

期货技术分析流程见表 10－1。

表 10-1　期货技术分析流程

流程	责任主体	涉及的资料及作业说明
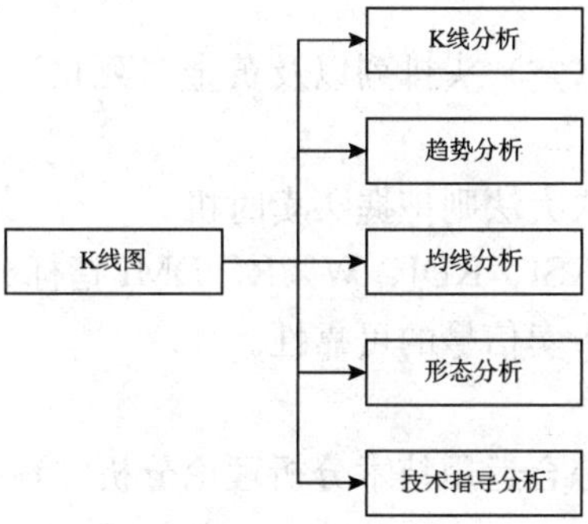	投资者	期货看盘软件

三、实训项目

项目一：K 线理论

实训项目目标：（1）能用 K 线记录期货或期权的价格信息，准确绘出 K 线图。

（2）能理解单日 K 线的预测意义，把握投资机会。

（3）能作简单的 K 线分析，预测未来期货或期权价格（中短期）走势。

实训项目准备：能上网的电脑。

工作任务：根据给定的交易数据绘出 K 线图。成交量以竖线表示，持仓量以折线表示，绘在图形下方。

项目二：趋势分析

实训项目目标：（1）能确定市场有无趋势以及是哪种趋势。

（2）能画出主要、次要趋势线，并能根据实际情况进行修正。

（3）能正确判断趋势是否反转。

（4）能找出近期重要的支撑位和阻力位。

（5）能正确判断顶部反转日、底部反转日、双日反转。

（6）能识别突破跳空、中继跳空，把握入市时机。

（7）能运用价量理论分析期价走势。

实训项目准备：能上网的电脑。

工作任务：（1）在指定的 K 线图中画出趋势线，标出主要趋势、次要趋势、支撑位及阻力位。

（2）在指定的沪深 300 指数期货或期权 K 线图中画出趋势线，并判断趋势是否已反转。

（3）解释顶部反转日、底部反转日、双日反转的形态特征，并举出实例。

（4）解释突破跳空的形态特征和意义，并举出实例。

(5) 综合运用K线、趋势、价量理论分析指定的玉米K线图，判断其价格走势。

项目三：形态分析

实训项目目标：(1) 能识别均线的多（空）头排列以及黄金（死亡）交叉点，把握买卖时机。

(2) 能运用葛兰维尔八大法则把握买卖时机。

(3) 能运用MACD、RSI、KDJ、W%R、DMI指标分析期价走势。

(4) 能判断技术指标买卖信号的可靠性。

实训项目准备：能上网的电脑。

工作任务：任选一期货或期权合约，综合运用技术分析理论分析并预测其价格走势。

四、实训步骤

第一步：选取任一期货或期权合约；

第二步：进行期货或期权投机交易计划的撰写；

第三步：进行期货或期权投机模拟交易；

第四步：记录期货或期权投机交易的过程，并进行分析和总结。

五、实训要求

在教学中教师可选定品种，并要求同学进行现场分析。

六、实训报告

实训报告——期货期权技术分析（一）							
姓名		班级		学号		得分	
实训条件	实训室、可操作的电脑						
实训资料	指导材料、实训报告						
课时安排	2课时						
实训目的	1. 能用K线记录期货或期权的价格信息，准确绘出K线图 2. 能理解单日K线的预测意义，把握投资机会 3. 能作简单的K线分析，预测未来期货或期权价格（中短期）走势						
实训内容							

1. 根据以下5天数据绘出K线图。成交量以竖线表示，持仓量以折线表示。

今开盘价	最高价	最低价	收盘价	成交量（手）	持仓量（手）
10 580	11 175	10 450	11 175	203 140	49 456
11 280	11 560	11 045	11 180	427 918	61 874

续表

续表

今开盘价	最高价	最低价	收盘价	成交量（手）	持仓量（手）
10 950	11 220	10 440	11 030	541 480	67 864
11 210	11 350	10 930	10 990	502 332	68 580
10 385	10 835	10 335	10 730	469 426	67 296

2. 分析上证 50 股指期货或期权的 K 线图，预测其未来的价格走势。

3. 下图中的 K 线组合选自上海三月铜连续图，指出下列 K 线组合的名称，判断其后市走势。

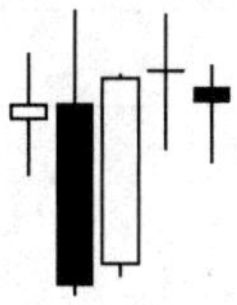			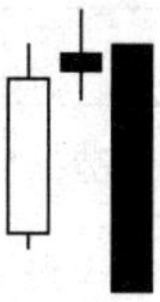	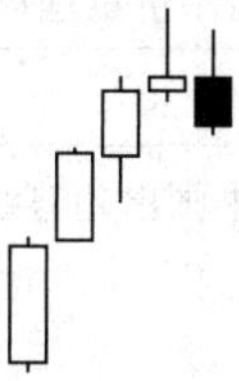	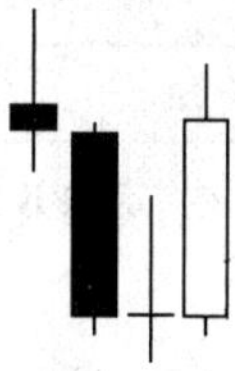

实训效果与体会

教师批改意见及成绩

<table>
<tr><td colspan="8">实训报告——期货期权技术分析（二）</td></tr>
<tr><td>姓名</td><td></td><td>班级</td><td></td><td>学号</td><td></td><td>得分</td><td></td></tr>
<tr><td>实训条件</td><td colspan="7">实训室、可操作的电脑</td></tr>
<tr><td>实训资料</td><td colspan="7">指导材料、实训报告</td></tr>
<tr><td>课时安排</td><td colspan="7">2 课时</td></tr>
<tr><td>实训目的</td><td colspan="7">1. 能确定市场有无趋势以及是哪种趋势
2. 能画出主要、次要趋势线，并能根据实际情况进行修正
3. 能正确判断趋势是否反转
4. 能找出近期重要的支撑位和阻力位
5. 能正确判断顶部反转日、底部反转日、双日反转
6. 能识别突破跳空、中继跳空，把握入市时机
7. 能运用价量理论分析期价走势</td></tr>
<tr><td colspan="8">实训内容</td></tr>
<tr><td colspan="8">1. 在指定的 K 线图中画出趋势线，标出主要趋势、次要趋势、支撑位及阻力位。

2. 在指定的沪深 300 指数期货或期权 K 线图中画出趋势线，并判断趋势是否已反转。

3. 解释顶部反转日、底部反转日、双日反转的形态特征，并举出实例。

4. 解释突破跳空的形态特征和意义，并举出实例。

5. 综合运用 K 线、趋势、价量理论分析指定的玉米 K 线图，判断其价格走势。</td></tr>
<tr><td colspan="8">实训效果与体会</td></tr>
<tr><td colspan="8"></td></tr>
<tr><td colspan="8">教师批改意见及成绩</td></tr>
<tr><td colspan="8"></td></tr>
</table>

实训报告——期货期权技术分析（三）							
姓名		班级		学号		得分	
实训条件	实训室、可操作的电脑						
实训资料	指导材料、实训报告						
课时安排	2 课时						
实训目的	1. 能识别均线的多（空）头排列以及黄金（死亡）交叉点，把握买卖时机 2. 能运用葛兰维尔八大法则把握买卖时机 3. 能运用 MACD、RSI、KDJ、W%R、DMI 指标分析期价走势 4. 能判断技术指标买卖信号的可靠性						
实训内容							
1. 任选一期货或期权合约，综合运用技术分析理论分析并预测其价格走势。（在教学中教师可选定品种，并要求同学进行现场分析。） 2. 综合运用技术分析理论（包括 K 线、趋势、形态、指标）分析并预测下图中期价走势。 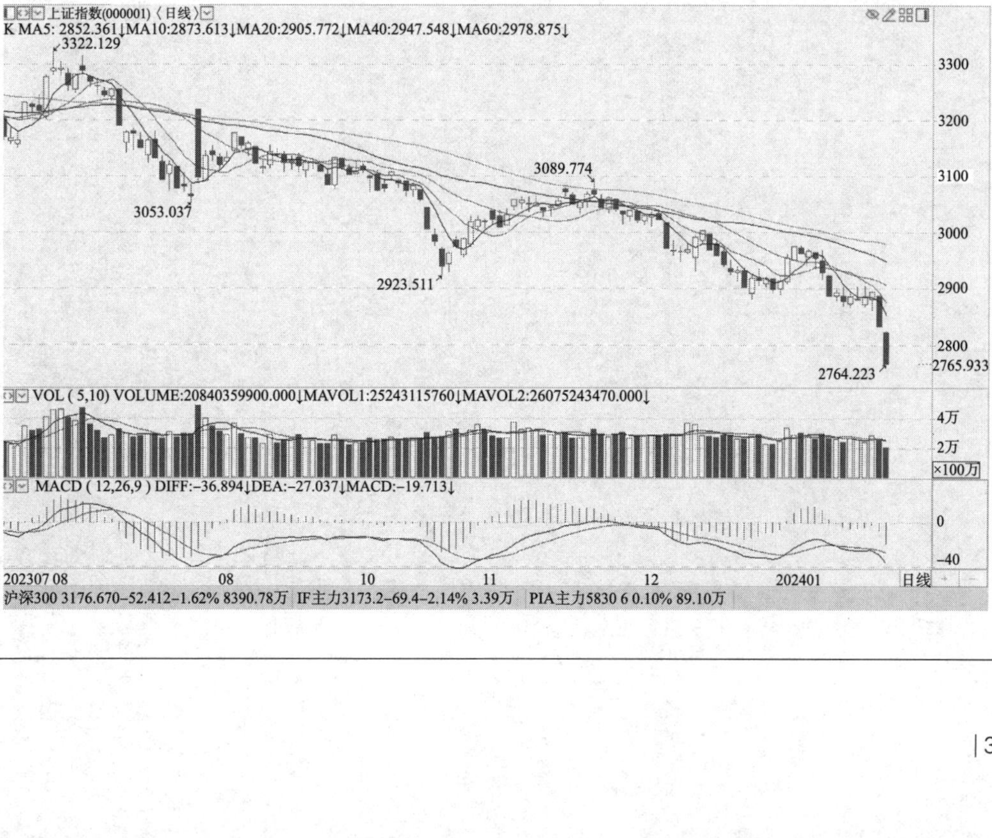							

续表

实训效果与体会
教师批改意见及成绩

实训项目十一

利率互换设计

实训学时：2 学时

实训类型：设计

实训要求：必修

一、实训目的

通过利率互换设计实操模拟，加深对互换交易的理解，掌握互换交易的原理、流程和技巧；通过分析利率互换交易在不同市场环境下的表现和效果，培养对金融市场的敏感度和洞察力。

二、实训准备

了解利率互换的基本概念、分类、功能和市场情况。人民币利率互换前期准备流程概览如图 11 - 1 所示。下面以选择国泰君安证券为例。

向中国银行间市场交易商协会（NAFMII）提交以下材料：

（1）拟参与机构和国泰君安证券签署完毕的《中国银行间市场金融衍生产品交易主协议》和相关的补充协议；

（2）利率互换交易的内部操作规程（需加盖机构公章，国泰君安证券可提供参考范本）；

（3）利率互换风险管理制度（需加盖机构公章，内部风险管理制度至少应包括风险测算与监控、内部授权授信、信息监测管理、风险报告和内部审计等内容，国泰君安证券可提供参考范本）。

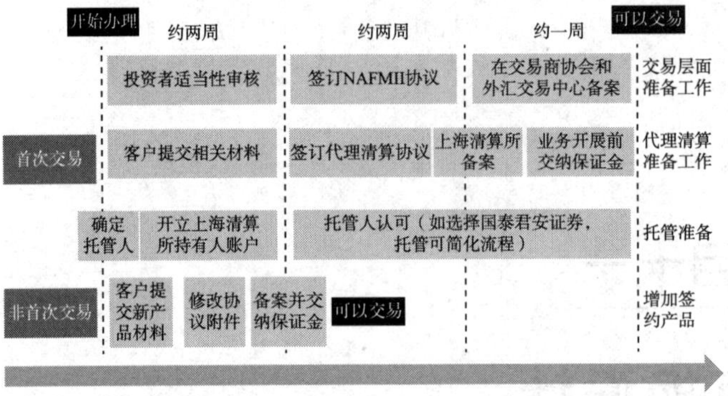

图 11－1　人民币利率互换前期准备流程

向中国外汇交易中心提交以下材料：

(1) 拟参与机构和国泰君安证券签署完毕的《中国银行间市场金融衍生产品交易主协议》和相关补充协议；

(2) 利率互换交易的内部操作规程（需加盖机构公章，国泰君安证券可提供参考范本）；

(3) 利率互换风险管理制度（需加盖机构公章，内部风险管理制度至少应包括风险测算与监控、内部授权授信、信息监测管理、风险报告和内部审计等内容，国泰君安证券可提供参考范本）；

(4) 拟参与机构签署的全国银行间同业拆借中心利率互换交易确认功能使用承诺函。

拟参与机构可登录中国外汇交易中心官网获取利率互换入市指南相关信息。

向上海清算所提交以下材料：

(1) 拟参与机构和国泰君安证券签署完毕的《人民币利率互换集中清算业务代理清算协议》；

(2) 拟参与机构填写的《上海清算所集中清算代理业务客户信息表》和《非清算会员客户终端管理员信息（变更）登记表》。

三、实训项目

利率互换设计实操模拟。

四、实训步骤

第一步：模拟利率互换交易过程；

第二步：分析利率互换交易的影响因素；

第三步：撰写一份利率互换交易的实操报告。

五、实训要求

熟悉期权开户流程，能熟练使用交易软件进行模拟下单操作。

六、实训报告

<table>
<tr><td colspan="8">实训报告——利率互换设计</td></tr>
<tr><td>姓名</td><td></td><td>班级</td><td></td><td>学号</td><td></td><td>得分</td><td></td></tr>
<tr><td>实训条件</td><td colspan="7">实训室、可操作的电脑</td></tr>
<tr><td>实训资料</td><td colspan="7">指导材料、实训报告</td></tr>
<tr><td>课时安排</td><td colspan="7">2 课时</td></tr>
<tr><td>实训目的</td><td colspan="7">1. 通过模拟或实际参与利率互换交易，加深对利率互换交易的理解
2. 掌握利率互换交易的原理、流程和技巧，培养对金融市场的敏感度和洞察力
3. 分析利率互换交易的影响因素和风险管理方法，评价利率互换交易的表现和效果，提出自己的建议和反思</td></tr>
<tr><td colspan="8">实训内容</td></tr>
<tr><td colspan="8">假设你是一家银行的财务经理，需要从另一家银行借款 1 亿元人民币，期限为 3 年，年付息。可选择两种借款方式：固定利率借款（6%）和浮动利率借款（SHIBOR＋0.5%）。预计 SHIBOR 上升，你更偏向于固定利率借款。但对方只提供浮动利率借款。通过与第三方进行利率互换交易实现目标：
• 与第三方（如一家证券公司）签订利率互换合约，按固定利率 6%和浮动利率 SHIBOR 每年交换现金流，交换金额为 1 亿元人民币。
• 借款 1 亿元人民币，按浮动利率借款方式支付利息。
步骤 1：利率互换交易模拟。使用 Excel 或其他软件模拟利率互换交易，计算现金流、净收益和风险敞口，并绘制图表（假设 SHIBOR 分别为 5.5%、6.5%和 7.5%）。
步骤 2：影响因素分析。分析如市场利率、信用风险和流动性风险，并探讨风险管理方法。
步骤 3：撰写实操报告。总结利率互换交易原理、流程和技巧，评价表现和效果，提出建议和反思。</td></tr>
<tr><td colspan="8">实训效果与体会</td></tr>
<tr><td colspan="8"></td></tr>
<tr><td colspan="8">教师批改意见及成绩</td></tr>
<tr><td colspan="8"></td></tr>
</table>

实训项目十二

信用违约互换设计

实训学时：2 学时
实训类型：设计
实训要求：必修

一、实训目的

通过信用违约互换实操模拟，加深对信用违约互换交易的理解，掌握信用违约互换交易的原理、流程和技巧，培养对金融市场的敏感度和洞察力，分析信用违约互换交易的影响因素和风险管理方法，评价信用违约互换交易的表现和效果，提出自己的建议和反思。

二、实训准备

信用违约互换合约是交易双方之间达成的一项协议，用于交换参考实体的信用风险。信用违约互换合约中的买方是信用保护的买方，相当于购买了一种信用保护。在合约有效期内，买方向卖方定期支付保费。当参考实体发生信用事件或信用状况恶化时，买方将从中获利。信用事件包括破产、债务违约等，有些合约还包括债务重组。买方通过购买信用违约互换可以达到卖空债券的效果，因此被称为信用风险的空头。

信用违约互换合约中的卖方是信用保护的卖方，相当于出售了一种信用保护。在合约有效期内，卖方向买方收取定期保费。当参考实体的信用状况稳定或改善时，卖方将从中获利。出售信用违约互换能够达到做多债券的效果，因此被称为信用风险的多头。

如图 12 - 1 所示，在合约有效期内，买方向卖方支付保费，通常根据名义本金乘以固定费率计算。这个费率也叫作信用违约互换利差或市场价格。利差以基点报价，用来衡量参考实体的信用风险，通常利差越大，风险越高。

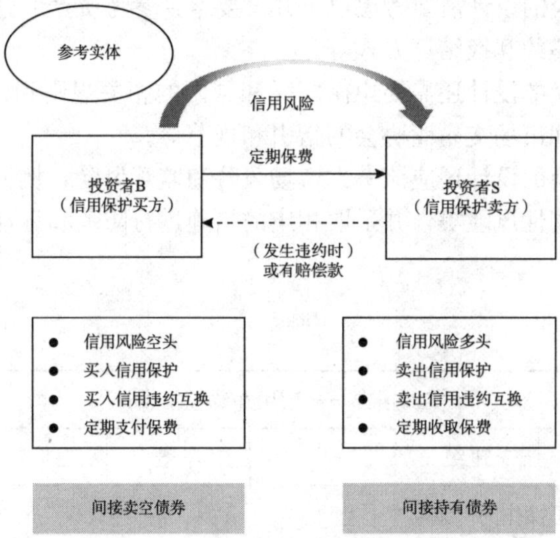

图 12 - 1　信用违约互换关系图

信用事件的定义对交易双方至关重要。一些国际和国内文件给出了明确定义，如国际掉期与衍生品工具协会（ISDA）发布的《2014 年信用衍生产品定义》和中国银行间市场交易商协会发布的《中国银行间市场金融衍生产品交易定义文件（2012 年版）》。信用事件可以包括破产、支付违约、债务重组、拒绝或延期支付以及债务加速到期等。

当信用事件发生时，会触发交割条款。交割方式可以是现金交割或实物交割。在现金交割中，卖方通过现金补偿买方的损失来解约。而在实物交割中，卖方购买买方持有的违约债券，以面值全额进行交割。

信用违约互换被视为衍生品，按照美国和国际会计准则，应按公允价值记录在账面和持有人记录中，并在每个报告期末记录公允价值的变动情况。

三、实训项目

信用违约互换设计。

四、实训步骤

第一步：模拟信用违约互换交易过程；

第二步：分析信用违约互换交易的影响因素；

第三步：撰写一份信用违约互换交易的实操报告。

五、实训要求

（1）信用违约互换的设计需要考虑以下几个要素：参考资产、违约事件、违约互换费用、违约互换价差、违约互换结算方式等。

（2）信用违约互换的设计还需要遵循国际和国内的相关规则和标准，例如 ISDA 的定义和条款、中国银行间市场交易商协会的指引和规范等。

（3）信用违约互换的设计还应该考虑市场风险和监管风险，例如流动性风险、对手方风险、道德风险、系统性风险等，并采取相应的措施进行防范和管理。

六、实训报告

<table>
<tr><td colspan="8">实训报告——信用违约互换设计</td></tr>
<tr><td>姓名</td><td></td><td>班级</td><td></td><td>学号</td><td></td><td>得分</td><td></td></tr>
<tr><td>实训条件</td><td colspan="7">实训室、可操作的电脑</td></tr>
<tr><td>实训资料</td><td colspan="7">指导材料、实训报告</td></tr>
<tr><td>课时安排</td><td colspan="7">2 课时</td></tr>
<tr><td>实训目的</td><td colspan="7">1. 加深对信用违约互换交易的理解，掌握其原理、流程和技巧
2. 培养对金融市场的敏感度和洞察力，分析不同市场环境下的交易表现和效果
3. 探讨信用违约互换交易的影响因素和风险管理方法，锻炼风险识别和管理能力</td></tr>
<tr><td colspan="8">实训内容</td></tr>
<tr><td colspan="8">假设你是一家投资公司的财务经理，持有一笔面值为 1 000 万美元、期限为 5 年、年付息、票面利率为 6%的美国公司债券。你担心该公司债券发行者的信用状况恶化，导致债券价格下跌或违约。你希望通过购买信用违约互换来规避这种信用风险。具体操作如下：
你与第三方（如一家银行）签订了一份信用违约互换合约，约定在未来 5 年内，每年向对方支付固定的费用（即信用违约互换利差），对方承诺在该公司债券发行者发生信用事件时向你支付相应的损失补偿（即债券面值减去回收价值）。交易金额为 1 000 万美元，即你购买了相当于该公司债券面值的信用保护。
你继续持有该公司债券，并按照票面利率收取利息。
你将向对方支付的固定费用视为购买信用保护的成本，将从对方收到的损失补偿视为购买信用保护的收益。如果该公司债券发行者没有发生信用事件，则你只需支付固定费用；如果该公司债券发行者发生了信用事件，则你可以获得损失补偿。
步骤 1：使用 Excel 等软件模拟信用违约互换交易过程，计算现金流、净收益和风险敞口，并绘制相关图表。假设无风险利率为 3%，信用违约互换利差为 2%，回收率为 40%。
步骤 2：分析信用违约互换交易的影响因素，如市场利率、信用利差、回收率和违约概率，并讨论风险管理方法。例如，市场利率上升导致信用违约互换价格下跌，买方净收益减少；信用利差扩大导致信用违约互换价格上升，买方净收益增加；回收率增大导致信用违约互换价格下跌，买方净收益减少；违约概率增大导致信用违约互换价格上升，买方净收益增加等。
步骤 3：撰写一份信用违约互换交易的实操报告，总结信用违约互换交易的原理、流程和技巧，评价信用违约互换交易的表现和效果，提出自己的建议和反思。</td></tr>
</table>

续表

实训效果与体会
教师批改意见及成绩

参考文献

［1］中国期货业协会. 期货及衍生品基础. 3 版. 北京：中国财政经济出版社，2021.

［2］中国期货业协会. 期货及衍生品分析与应用. 4 版. 北京：中国财政经济出版社，2021.

［3］李杰辉. 期货投资实验教程. 大连：大连理工大学出版社，2017.

［4］方杰，李杰辉. 金融工程学. 3 版. 厦门：厦门大学出版社，2022.

［5］郑振龙，陈蓉. 金融工程. 5 版. 北京：高等教育出版社，2020.

［6］约翰·赫尔. 期权、期货及其他衍生产品（原书第 11 版）. 北京：机械工业出版社，2023.

［7］张元萍. 金融衍生工具. 6 版. 北京：首都经济贸易大学出版社，2022.

［8］李强. 金融期货实物操作手册. 北京：中国财政经济出版社，2014.

［9］李强. 商品期货实物操作手册. 北京：中国财政经济出版社，2013.

［10］罗孝玲，罗巧玲. 期货投资案例. 北京：经济科学出版社，2010.

［11］宋浩平. 期货及期权投资实务. 北京：首都经济贸易大学出版社，2011.

［12］唐·M. 钱斯，罗伯特·布鲁克斯. 金融衍生工具与风险管理（第十版）. 北京：中国人民大学出版社，2020.

［13］陈松男. 金融风险管理：避险策略与风险值. 北京：机械工业出版社，2014.

［14］吴冲锋，刘海龙，冯芸，等. 金融工程学. 3 版. 北京：高等教育出版社，2021.

［15］刘岚. 金融衍生工具的信用风险管理. 西安：西安石油大学，2005.

[16] 史永东，赵永刚. 信用衍生品的国际发展机理研究. 财经问题研究，2008 (10)：54－60.

[17] 李杰辉，方杰.《金融工程学》教学中德育内容融合之探讨. 福建金融管理干部学院学报，2019 (3)：60－64.

拓展学习

期货公司工作岗位设置

期货交易手势

图书在版编目（CIP）数据

金融衍生工具理论与实务/李杰辉编著. --北京：中国人民大学出版社，2024.5
普通高等学校应用型教材. 金融
ISBN 978-7-300-32695-5

Ⅰ.①金… Ⅱ.①李… Ⅲ.①金融衍生产品-高等学校-教材 Ⅳ.①F830.95

中国国家版本馆 CIP 数据核字（2024）第 062829 号

普通高等学校应用型教材・金融
金融衍生工具理论与实务
李杰辉　编著
Jinrong Yansheng Gongju Lilun yu Shiwu

出版发行	中国人民大学出版社		
社　址	北京中关村大街 31 号	**邮政编码**	100080
电　话	010－62511242（总编室）		010－62511770（质管部）
	010－82501766（邮购部）		010－62514148（门市部）
	010－62515195（发行公司）		010－62515275（盗版举报）
网　址	http://www.crup.com.cn		
经　销	新华书店		
印　刷	北京昌联印刷有限公司		
开　本	787 mm×1092 mm　1/16	**版　次**	2024 年 5 月第 1 版
印　张	21.25	**印　次**	2024 年 5 月第 1 次印刷
字　数	497 000	**定　价**	48.00 元

教学支持说明

1. 教辅资源获取方式

为秉承中国人民大学出版社对教材类产品一贯的教学支持，我们将向采纳本书作为教材的教师免费提供丰富的教辅资源。您可直接到中国人民大学出版社官网的教师服务中心注册下载——http://www.crup.com.cn/Teacher。

如遇到注册、搜索等技术问题，可咨询网页右下角在线 QQ 客服，周一到周五工作时间有专人负责处理。

注册成为我社教师会员后，您可长期根据您所属的课程类别申请纸质样书、电子样书和教辅资源，自行完成免费下载。您也可登录我社官网的"教师服务中心"，我们经常举办赠送纸质样书、赠送电子样书、线上直播、资源下载、全国各专业培训及会议信息共享等网上教材进校园活动，期待您的积极参与!

2. 高校教师可加入下述学科教师 QQ 交流群，获取更多教学服务

经济类教师交流群：781029042

财政金融教师交流群：766895628

国际贸易教师交流群：162921240

税收教师交流群：119667851

3. 购书联系方式

网上书店咨询电话：010-82501766

邮购咨询电话：010-62515351

团购咨询电话：010-62513136

中国人民大学出版社经济分社

地址：北京市海淀区中关村大街甲 59 号文化大厦 1506 室　100872

电话：010-62513572　010-62515803

传真：010-62514775

E-mail：jjfs@crup.com.cn